企业经营知识与实务

主 编 沈 波 蒋新宁 肖立刚
副主编 （按姓氏笔画为序）
刘 杰 安娅燕 孙国楠
肖永红 吴晓晨 汪发成
汪红玲 张承祥 张春玲
周冬梅 胡丽君

东南大学出版社
SOUTHEAST UNIVERSITY PRESS
·南京·

内容提要

《企业经营知识与实务》是高职高专院校工商管理专业的一门专业课,该课程的教学旨在让学生树立现代经营管理的基本理念,理解、掌握并学会运用现代企业经营管理的基本原理、实用知识和应用方法,以使学生毕业后能够胜任从事商贸流通和服务类企业经营管理活动的需要。

教材兼顾高职教育和开放教育的教学特点,融合了工商管理系校企合作教材建设团队多年的教学经验和成果,在内容体系、结构和写作方法上力求做到内容新颖、选材得当、突出案例分析和工作中所最常用、最基本、最实务的经营管理知识与应用方法的学习。

教材分为"认识企业、了解经营""经营环境分析与市场调研""经营战略与决策""经营策略""经营业务管理""企业的发展和融资、投资分析""企业跨国经营""CI 与企业文化""经营活动指标及应用"等九个学习单元内容。各单元编写均在前面提出了本单元学习目标与知识、能力、素质三方面的要求,在各单元末尾按照高职教学规律的要求,进行"问一问""读一读""想一想""练一练""做一做"的形式对各单元重要知识点进行巩固练习,同时编入了与各单元内容紧密相关的思考案例,以便学生课后复习和进行技能训练。

本教材可作为高职高专工商管理、财经、贸易类各专业的教材,也可供开放教育、成人教育、企业培训以及中等职业学校管理类、贸易类各专业选用。

图书在版编目(CIP)数据

企业经营知识与实务/沈波,蒋新宁,肖立刚主编.
—南京:东南大学出版社,2017.9
ISBN 978-7-5641-7381-4

Ⅰ.①企⋯ Ⅱ.①沈⋯ ②蒋⋯ ③肖⋯ Ⅲ.①企业管理 Ⅳ.①F272

中国版本图书馆 CIP 数据核字(2017)第 196988 号

企业经营知识与实务

主　　编	沈　波　蒋新宁　肖立刚
责任编辑	陈　跃 (025)83795627
出版发行	东南大学出版社
地　　址	南京市四牌楼 2 号
销售电话	(025)83794121
网　　址	http://www.seupress.com
经　　销	全国各地新华书店
开　　本	700 mm×1000 mm　1/16
字　　数	587 千字
版 印 次	2017 年 9 月第 1 版　2017 年 9 月第 1 次印刷
书　　号	ISBN 978-7-5641-7381-4
定　　价	65.00 元
出 版 人	江建中
邮　　编	210096
电子邮箱	press@seupress.com
印　　刷	南京京新印刷有限公司
印　　张	25.5

(凡因印装质量问题,请与我社营销部联系。电话:025-83791830)

前　言

人类进入21世纪以来,新知识、新技术层出不穷,构成社会经济的基本细胞——企业已发生巨大的变化,全球化、信息化、市场化时代中的企业环境、企业文化、战略资源、组织结构、经营管理理念与方式、竞争手段与策略等也都正在发生着一场深刻的变革,从而使企业经营管理人员面临巨大的挑战。

《企业经营知识与实务》紧扣时代发展与变革的脉搏,比较全面和系统地概述了现代商贸、物流、连锁和各类服务类企业中基层管理和业务岗位在工作中最常用、最基本、最实务的经营管理知识与应用方法,目的是帮助高等职业院校工商管理及相关专业的学生能够系统地学习企业经营管理的基本知识与方法,了解企业目前经营管理的发展现状、问题,为今后职业生涯中从事商贸流通和服务类企业经营管理活动奠定知识和方法基础。为了更好地帮助高职学生学习与掌握企业经营管理的主要内容,本教材不仅在各单元开篇对学习目的与知识、能力、素质等提出要求,而且在各单元结尾按照高职教学规律的要求,以"问一问""读一读""想一想""练一练""做一做"的形式对各单元重要知识点进行巩固练习,同时编入了与各单元内容紧密相关的思考案例。

本教材共九单元,其基本结构是:第一单元认识企业、了解经营,作为经营管理的入门知识,主要对企业及经营方式、经营职能与经营机制、经营目标与经营计划等基本内容进行介绍;第二单元经营环境分析与市场调研,主要学习企业经营环境及其特点、宏观和微观环境分析的基本因素、经营机会与经营风险分析方法、市场调研与预测的实用方法等;第三单元经营战略与决策,主要让学生了解经营战略的基本理论、竞争战略、战略的评价方法和经营决策的方法;第四单元经营策略,主要学习企业市场营销组合、市场细分与目标市场选择以及产品、价格、促销、渠道等常用策略;第五单元经营业务管理,主要针对商贸连锁和物流企业中基层业务岗位必备的采购、销售、运输、储存管理知识与方法进行学习介绍;第六单元企业的发展和融资、投资分析,主要学习企业的发展及方式、融资及成本分析、投资决策与风险分析等基本方法;第七单元企业跨国经营,主要对跨国经营的基本知识和跨国经营方式及组织与控制做了简明介绍;第八单元 CI 与企业文化,则对 CI 及功能、CI 与企业文化等知识内容进行基本学习;第九单元经营活动指标及应用,主要对企业经营过程中常用的经营活动的基本指标及应用与分析做了概要介绍。

本教材编写,力求突出以下特点:

(1) 强调基础性、实用性。根据高职学生的培养目标,在内容选择上,力求突出经营管理基本原理、实用方法等基础知识的介绍。

(2) 突出实践性和经营管理技能的培养。本教材各单元都配备与学习内容相关的师生互动问答、案例分析、练习题和应用操作题,同时各学习单元设置若干企业经营专题栏目,以增加学生知识面和经营管理实践的视野,以启发学生的学习兴趣和对效果的自我检验和实践应用。

(3) 力求生动、精炼、通俗、简明。本教材编写在内容选择上、叙述方式上以及图表或案例应用上都力求删繁就简、生动活泼,以使经营管理的概念、性质、特点、功能、方法等变得尽可能生动、易于理解与接受。

(4) 紧随时代发展的步伐,本教材大量吸收了 20 世纪 90 年代至 21 世纪以来经营管理发展与变革的新思路、新理论和新方法,反映该领域中最新理论与实践。

本教材由南京城市职业学院工商管理系教学团队与行业专家、企业专家合作编写,以原有教材《企业经营管理概论》为基础并参考了大量经营管理理论相关的著述、教材和期刊文章(见附录参考文献),教材各单元中所使用的案例和大部分专栏阅读文章主要引自参与教材编写教师的备课教案与笔记,其取材溯源于网页,它们主要包括:中国企业网 http://www.qiye.gov.cn/;中国企业管理咨询网 http://www.consulting-china.cn/;管理资源网 http://www.m448.com/;聪慧网企业管理 http://www.ceo.hc360.com/;世界经理人 http://www.ceconline.com/;搜狗百科 http://baike.sogou.com/等。本教

前　言

材编写人员分工如下：第一、二、三单元由沈波、肖立刚、蒋新宁、孙国楠编写；第四单元由肖永红、刘杰编写；第五单元由吴晓晨、周冬梅编写；第六单元由汪红玲、蒋新宁编写；第七单元由汪发成编写；第八单元由张春玲、胡丽君编写；第九单元由汪红玲编写，南京现代服务业联合会常务副会长张承祥和南京物流行业协会秘书长安娅燕等行业和企业专家也对教材结构、内容和部分案例做了补充和修改。最后由沈波、蒋新宁、肖立刚进行统纂定稿。

总体来说，本教材展现了当代企业经营管理发展趋势，把知识性、实用性、实践性和操作性有机结合起来，是一本适合高职高专学生、开放教育、成人教育及培训教育学习经营管理理论知识和应用方法的教材。由于编者的水平有限，加之企业经营管理理论与实践在不断发展，书中难免存在不完善之处，恳请读者批评指正。

《企业经营知识与实务》编写组
二〇一七年九月

目 录

学习单元一 认识企业、了解经营 ……………………………（ 1 ）
- 学习任务一 企业及经营方式 ………………………………（ 2 ）
- 学习任务二 经营职能与经营机制 …………………………（ 18 ）
- 学习任务三 经营目标与经营计划 …………………………（ 31 ）
- 单元实训 ………………………………………………………（ 38 ）
  - 问一问 ……………………………………………………（ 38 ）
  - 读一读 ……………………………………………………（ 39 ）
  - 想一想 ……………………………………………………（ 44 ）
  - 练一练 ……………………………………………………（ 45 ）
  - 做一做 ……………………………………………………（ 47 ）

学习单元二 经营环境分析与市场调研 ……………………（ 48 ）
- 学习任务一 经营环境 ………………………………………（ 49 ）
- 学习任务二 宏观环境分析的基本因素 ……………………（ 51 ）
- 学习任务三 微观环境分析的基本因素 ……………………（ 60 ）
- 学习任务四 经营机会与经营风险分析 ……………………（ 65 ）
- 学习任务五 市场调查 ………………………………………（ 69 ）
- 学习任务六 常用的市场预测方法 …………………………（ 80 ）
- 单元实训 ………………………………………………………（ 88 ）
  - 问一问 ……………………………………………………（ 88 ）
  - 读一读 ……………………………………………………（ 90 ）
  - 想一想 ……………………………………………………（ 92 ）
  - 练一练 ……………………………………………………（ 93 ）
  - 做一做 ……………………………………………………（ 95 ）

实习单元三 经营战略与决策 ………………………………（ 96 ）
- 学习任务一 经营战略概述 …………………………………（ 97 ）
- 学习任务二 一般竞争战略 …………………………………（108）

1

学习任务三　经营战略的评价方法 ································ (112)
　　学习任务四　经营决策 ·· (116)
　　单元实训 ·· (128)
　　　　问一问 ·· (128)
　　　　读一读 ·· (129)
　　　　想一想 ·· (132)
　　　　练一练 ·· (141)
　　　　做一做 ·· (143)

学习单元四　经营策略 ·· (145)
　　学习任务一　市场营销组合 ···································· (146)
　　学习任务二　市场定位与目标市场 ······························ (150)
　　学习任务三　产品策略 ·· (161)
　　学习任务四　价格策略 ·· (174)
　　学习任务五　促销策略 ·· (180)
　　学习任务六　渠道策略 ·· (194)
　　单元实训 ·· (202)
　　　　问一问 ·· (202)
　　　　读一读 ·· (204)
　　　　想一想 ·· (206)
　　　　练一练 ·· (212)
　　　　做一做 ·· (214)

学习单元五　经营业务管理 ·· (215)
　　学习任务一　商品采购 ·· (216)
　　学习任务二　商品销售 ·· (226)
　　学习任务三　商品运输管理 ···································· (245)
　　学习任务四　商品储存管理 ···································· (250)
　　单元实训 ·· (258)
　　　　问一问 ·· (258)
　　　　读一读 ·· (259)
　　　　想一想 ·· (262)
　　　　练一练 ·· (265)
　　　　做一做 ·· (266)

学习单元六　企业的发展和融资、投资分析 …………………………（267）
学习任务一　企业的发展及方式 ………………………………（268）
学习任务二　融资及成本分析 …………………………………（272）
学习任务三　投资决策与风险 …………………………………（281）
单元实训 ………………………………………………………（295）
　　问一问 ………………………………………………………（295）
　　读一读 ………………………………………………………（296）
　　想一想 ………………………………………………………（300）
　　练一练 ………………………………………………………（302）
　　做一做 ………………………………………………………（304）

学习单元七　企业跨国经营 ……………………………………（305）
学习任务一　跨国经营的基本知识 ……………………………（306）
学习任务二　跨国经营方式 ……………………………………（314）
学习任务三　跨国公司的组织与控制 …………………………（322）
单元实训 ………………………………………………………（335）
　　问一问 ………………………………………………………（335）
　　读一读 ………………………………………………………（337）
　　想一想 ………………………………………………………（340）
　　练一练 ………………………………………………………（342）
　　做一做 ………………………………………………………（343）

学习单元八　CI与企业文化 ……………………………………（344）
学习任务一　CI及功能 …………………………………………（345）
学习任务二　CI与企业文化 ……………………………………（351）
单元实训 ………………………………………………………（359）
　　问一问 ………………………………………………………（359）
　　读一读 ………………………………………………………（360）
　　想一想 ………………………………………………………（362）
　　练一练 ………………………………………………………（363）
　　做一做 ………………………………………………………（364）

学习单元九　经营活动指标及应用 ……………………………（366）
学习任务一　常用的经营活动的基本指标及应用 ……………（367）

学习任务二　经营活动的效益指标及分析 …………………………………（374）
单元实训 ……………………………………………………………………（385）
　　问一问 …………………………………………………………………（385）
　　读一读 …………………………………………………………………（386）
　　想一想 …………………………………………………………………（388）
　　练一练 …………………………………………………………………（391）
　　做一做 …………………………………………………………………（394）

参考文献 ……………………………………………………………………（395）

学习单元一

认识企业、了解经营

 学习任务与目标

学习企业经营管理首先必须对企业及其经营管理的基本知识进行认识,本单元就是通过对企业、现代企业、企业组织、经营管理职能、经营机制、经营理念、经营计划、经营创新这些基本知识进行学习,使学生能够了解现代企业和经营管理知识的基本知识,为毕业后从事企业经营管理或个人创业发展奠定认知基础。

 **学习目标**

一、知识目标

1. 了解企业的含义、特征、类型
2. 理解企业的经营方式
3. 熟悉企业经营理念
4. 理解经营与管理的关系

二、能力目标

1. 初步学会辨别不同公司的类型及特点
2. 能够运用基本经营知识来制定创业计划与目标

三、素质目标

1. 初步掌握判断经营机制是否健全的标准
2. 能够运用经营理念思考如何创业和职业发展规划

学习任务一 企业及经营方式

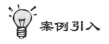

联想控股有限公司

联想控股有限公司(以下简称"联想控股")于1984年由中国科学院计算技术研究所投资20万元人民币,柳传志等11名科研人员创办。经过29年的发展,联想控股从单一IT领域,到多元化,到大型综合企业,历经三个跨越式成长阶段。2012年,联想控股综合营业额2 266亿元,总资产1 872亿元。目前,联想控股员工总数约为58 000人(含国际员工8 300人)。联想控股先后打造出联想集团(Lenovo)(HK0992)、神州数码(HK0861)、君联资本(原联想投资)、弘毅投资和融科智地等多个行业内领先的企业,并培养出多位领军人物和大批优秀人才。联想控股对企业机制体制有着深刻的理解,创造性地设计了公司治理结构,高度重视并充分发挥人的作用,为员工创造事业舞台,极大地激发了企业活力;同时,运用多年从事实业与投资所积累的对企业管理规律的认识、优秀的企业文化和良好的品牌声誉,正致力于打造出更多的卓越企业,实现产业报国的理想。

2010年,联想控股制定了中期发展战略:通过购建核心资产,实现跨越性增长,2014—2016年成为上市的控股公司。

为了实现中期战略目标,目前联想控股采用母子公司的组织结构,业务布局包括核心资产运营、资产管理、"联想之星"孵化器投资三大板块。其中,核心资产运营是联想控股实现中期战略目标的支柱业务,包括IT、房地产、消费与现代服务、化工新材料、现代农业等五大行业,它与资产管理板块(含君联资本、弘毅投资)、"联想之星"孵化器投资板块形成良好的互动。资产管理板块将持续创造现金流,为核心资产的运营和孵化器的投资提供资金保障;与此同时,资产管理还扮演了核心资产项目储备库的重要角色。

君联资本和弘毅投资分别成立于2001年和2003年,是联想控股旗下专事风险投资和股权投资及管理的成员企业,首期基金均来自联想控股。基于联想控股的根文化和多年积累的对企业管理规律的深刻认识,以及品牌、资金、资源等强有力的支持,君联资本和弘毅投资不断实践、创新,现已成为业内领先企业,不仅为投资人创造了优良的回报,还打造出了一支专业的投资和顾问团队。

1. 核心资产运营

核心资产运营是联想控股实现中期战略目标的支柱业务,通过战略投资的方式,在具备长期发展潜力的行业,投资或建立有远大目标的企业,搭建更有利的资源平台,不断培育和提升企业竞争力,实现其更长远的发展,使之成为行业内领先的企业。目前成员企业包括:联想集团、融科智地、丰联集团、苏州星恒、增益供应链、安信颐和、神州租车、弘基企业、联合保险经纪、拉卡拉、正奇金融、联泓集团、佳沃集团等企业。

2. 资产管理

资产管理板块包括资金管理、基金投资、少数股权投资及投后管理、法务支持四大职能。资金管理职能包括公司总体融资和资金配备,以及母子公司日常资金管理;基金投资职能包括对旗下君联资本和弘毅投资及其他基金的投资和日常管理;少数股权投资职能为联想控股直接从事的财务性投资及投后管理工作;法务支持职能为联想控股各类业务的法律规范性提供专业支持。

3."联想之星"孵化器投资

"联想之星"孵化器投资通过"创业培训、天使投资、开放平台"三位一体的创新模式,积极推动高科技成果产业化和早期科技企业的孵化,在科技成果转化的问题上寻求实质性突破,解决科技创业所面临的人才、资金、资源等困难。其中,创业培训包括"联想之星"创业CEO特训班(于2008年由中国科学院和联想控股共同发起)、区域短训班和"联想之星"创业大讲堂等多种形式;联想之星创业联盟则为结业后的学员提供持续和全方位的创业支持;天使投资首期基金4亿元人民币,以投资和专业增值服务助力初创期科技创业企业。

如今,联想控股已发展成为一家大型综合企业,经过30多年的不断实践、探索和总结,在四个方面取得了一定的突破:率先走出了一条具有中国特色的高科技产业化道路,不论是联想集团"贸一工一技"实践,还是联想控股后来开展的风险投资以及"联想之星",都在积极推动中国科技企业的更大发展;成功实施了股份制改造,使员工成为企业的主人,为公司的长远发展奠定了坚实的基础,也为中国科研院所高科技企业的机制改革探索了一条道路。立足中国本土市场,在与国际PC巨头的竞争中一举胜出,带动了一大批民族IT企业的发展。之后,联想集团国际化的成功,为中国企业"走出去"树立了信心,积累了宝贵经验。总结出了以"管理三要素"为核心的企业管理的一般性规律,形成了联想的核心竞争力,培养出了一批领军人物。

30多年来,联想控股始终为成为一家"值得信赖并受人尊重"的企业不懈努力:遵纪守法、照章纳税;提供高质量的就业机会,注重人才的培养和激励,为有能力的人提供广阔的事业发展舞台,打造优秀的企业文化;倡导良好的商业道德,在企业运营的多个层面持之以恒地践行社会责任;利用多年积累的资源与经验,扶助创业,助力更多的中小企业成长壮大,同时,也在支持教育、弘扬正气等方面进行了长期持续的关注与投入。联想控股坚信:"做好人、做好事、为社会做出好样子"的精神将会在联想人中代代相传。联想控股正在朝着愿景进发:以产业报国为己任,致力于成为一家值得信赖并受人尊重,在多个行业拥有领先企业,在世界范围内具有影响力的国际化控股公司。

【案例思考】通过联想控股的发展历程,谈谈你对企业的特征、功能、使命、任务的认识。

一、企业和现代企业

(一) 企业及特征

企业,是指商品经济中以盈利为目的,在市场上独立从事商品生产、流通、服务等经营活动的经济组织。企业是现代社会的一个经济细胞,它是生产社会化和商品经济的产物。企业具有以下特征:

(1) 经济性。企业是从事经济性活动的组织,这是企业的首要特性。作为企业,它或者从事商品生产,或者从事商品交换(流通),或者为社会公众、团体和个人提供服务,或者充当商品生产和流通的媒介。总之,通过商品生产、流通或服务,为商品消费者(个人或组织)提供使用价值,借以实现自己价值的活动,即为经济性,也可称之为商业性。

(2) 营利性。企业是从事经济性活动的组织,但并非一切从事经济性活动的组织都是企业。作为企业,还必须具有营利性。就是说,企业是为盈利而经营的经济组织。有些组织,虽然从事经济性活动,但如果不以营利为目的,就不能叫企业。这是区别企业组织和事业单位的主要依据。

(3) 独立性。企业实行独立核算、自主经营、自负盈亏,是独立的法人组织。企业不是行政机关的附属物,不隶属于行政部门领导。相应地,企业也没有行政官员和行政级别,企业的拓展也没有行政边界。

(二) 企业的产生、功能和使命

1. 企业的产生与发展

社会的生产力水平决定社会基本经济单位的组织形式。企业是社会生产力发展到一定水平的结果,是商品生产与商品交换的产物。社会的基本经济单位在经历了原始社会的氏族部落、奴隶社会的奴隶主庄园、封建社会的家庭和手工作坊等形式的演进后,在资本主义社会诞生了企业这种现代形式。

随着生产力的发展、社会的进步,企业形式也得到不断的发展与完善。企业的演进主要经历了三个阶段:

(1) 工场手工业时期

这是指从封建社会的家庭手工业到资本主义初期的工场手工业时期。16世纪至17世纪,一些西方国家的封建社会制度向资本主义制度转变,资本主义原始积累加快,大规模地剥夺农民的土地,使家庭手工业急剧瓦解,开始向资本主义工场制转变。工场手工业是企业的雏形。

(2) 工厂制时期

18世纪,西方各国相继开展了工业革命。大机器的普遍采用,为工厂制的建立奠定了基础。1771年,英国人理查德·阿克赖特(Richard Arkwright,1732—1792)

在克隆福特创立了第一家棉纱工厂。19世纪三四十年代,工厂制度在英、德等国家普遍建立。工厂制的主要特性是:实行大规模的集中劳动;采用大机器提高效率生产;实行雇佣工人制度;劳动分工深化,生产走向社会化。工厂制的建立,标志着企业的真正诞生。

(3) 现代企业时期

19世纪末20世纪初,随着自由资本主义向垄断资本主义过渡,工厂自身发生了复杂而又深刻的变化;不断采用新技术,使生产迅速发展;生产规模不断扩大,竞争加剧,产生了大规模的垄断企业;经营权与所有权分离,形成职业化的管理阶层;普遍建立了科学的管理制度,形成了一系列科学管理理论,从而使企业走向成熟,成为现代企业。

2. 企业产生的制度分析

传统的企业理论从协作效益、规模经济等生产技术因素分析企业产生的根源,把企业看成是一种以最小的投入获得最大的产出的生产函数。而科斯理论则从制度分析了企业的产生根源。

1937年,著名经济学家罗纳德·科斯(Ronald·Coase)在《企业的性质》一文中首次提出交易费用理论,该理论认为,市场和企业是两种不同的组织劳动分工的方式(即两种不同的"交易"方式),企业产生的原因是企业组织劳动分工的交易费用低于市场组织劳动分工的费用。所谓交易费用是指企业用于寻找交易对象、订立合同、执行交易、洽谈交易、监督交易等方面的费用与支出,主要由搜索成本、谈判成本、签约成本与监督成本构成。企业运用收购、兼并、重组等资本运营方式,可以将市场内部化,消除由于市场的不确定性所带来的风险,从而降低交易费用。总之,企业和市场是两种可以相互替代的资源配置组织机制,由于存在有限理性、机会主义、不确定性与小数目条件使得市场交易费用高昂。为节约交易费用,企业作为代替市场的新型交易形式应运而生。交易费用决定了企业的存在,企业采取不同的组织方式最终目的也是为了节约交易费用。企业出现的制度原因就是在于企业可以以低于市场交易的费用完成同样的交易活动,科斯的这一思想为产权理论奠定了坚实的基础。

企业"内部化"市场交易的同时产生额外的管理费用。当管理费用的增加与市场交易费用节省的数量相当时,企业的边界趋于平衡(不再增长扩大)。所以科斯的理论还说明了企业的边界,就是在企业内部组织一笔追加的交易费用刚好等于在市场上完成这笔交易的费用的地方,就是企业的边界所在。

3. 企业的功能与使命

企业的基本功能就是从事生产、流通和服务等经济活动,把社会的有限资源转换为满足社会需要的商品和服务,以实现企业的经济效益和企业的社会效益。

所谓企业使命是指企业在社会经济发展中所应担当的角色和责任。企业的使命是指企业的根本性质和存在的理由。任何企业都必须"服务社会,发展自己",服务社会是企业发展自己的前提,发展自己是服务社会的结果。

(三) 现代企业及特征

现代企业是建立在现代社会劳动分工的基础上,拥有现代企业制度、现代自然科学技术、现代经营科学技术的经济组织。作为现代企业,除了具有企业的一般特点外,还应具有下列几个基本特征。

1. 拥有现代企业制度

现代企业制度主要包括以下两个方面:

(1) 完善的企业法人制度

公司式企业按财产组织形式和所承担的法律责任的标准来划分,可以为独资企业、合伙企业、股份制企业。

独资企业也称个人业主制企业,指业主一人出资兴办,财产完全归个人所有并由个人直接经营的企业。业主享有企业的全部经营所得,同时对企业的债务承担无限责任。这种企业不具有法人资格,在法律上为自然人企业或公司。

合伙企业,是指由两个或两个以上的个人共同出资兴办、共同经营的企业。合伙人按合伙协议享受企业的全部经营所得,并按合伙企业协议对企业债务承担无限责任。这种企业不具有法人资格,在法律上为自然人企业或公司。

股份制企业是由两个或两个以上的出资者以一定的形式共同投资、按照一定的法律程序组建、以盈利为目的的法人企业。作为现代企业,必然是法人企业。法人企业是赋予企业以法人资格的企业。企业法人是作为一个完全不依赖于它的投资者(出资者)而独立存在的实体,它占有和支配企业的全部财产,拥有企业产权,承担企业的债权和债务,能独立地同其他企业和个人发展各种经济关系。它像自然人一样,在法律上具有权力能力和行为能力,它能以本人的名义在银行开户借款,对外订立合同等。它的全部财产的所有权属于企业法人。

企业法人制度是指依照法律建立起来的、使其人格化并具有独立法人地位的企业制度。在这种制度下,股份制企业具有两个方面的特征:①企业是人格化的法人,具有法人地位,是独立的民事主体,自主地对外开展活动。②企业承担有限责任,即投资者(出资者)对企业以自己的投资额(出资额)为限承担责任。有限责任制度通常包括两层意义:一是企业以全部法人财产为限对其债务承担有限责任;二是,企业破产清算时,投资者(出资者)只以其投入企业的投资额(出资额)为限,对企业债务承担有限责任,不涉及出资者其他资产。

(2) 科学的企业经营制度

所谓科学的企业经营制度是在企业法人制度的基础上,根据科学经营原理而建立起来的规范的企业经营结构制度、规范的企业经营责权利制度及科学的企业决策、管理、监督、改善制度。因此,科学的企业经营制度包括以下三项内容。

① 规范的企业经营结构制度

规范的企业经营结构制度是指企业的各机构能形成有效的互相制衡和互相约束的机制。要形成规范的企业经营结构制度,必须满足以下两个要求:A. 企业所有权和企业经营权相分离;B.企业经营权与企业管理权相分离。只有在企业所有权和企业经营权、企业经营权和企业管理权真正分离的情况下,才能形成真正的企业所有者机构即企业最高权力机构(股东大会或股东代表大会)、企业经营者机构即企业决策机构和工作监督机构(董事会)、企业管理者机构即企业执行或管理机构(经理及经理委员会)及企业监督者机构即企业产权监督机构(监事会),并使这四个机构互相制衡和互相约束,从而达到有效地调节企业所有者、经营者、管理者、监督者之间的关系的目的。

② 规范的企业责权利制度

规范的企业责权利制度是指企业的最高权力机构——股东大会或股东代表大会、企业经营(者)机构——董事会、企业的管理(者)机构——经理及经理委员会、企业的监督(者)机构——监事会的责、权、利清晰明确并且相互统一的制度。股东大会或股东代表大会享有企业最终决策权及产权监督权,承担最终决策和产权监督失误的责任,并享有最终决策权和产权监督成功带来的利益。一般来说,股东大会或股东代表大会的责权利就是股东的责权利。董事会拥有企业完整的经营权,主要是决策权和工作监督权,承担因经营失败所带来的责任并享受经营成功带来的利益。经理及经理委员会享有企业的管理权即执行或实施企业决策的权利,并承担因经营失败所带来的责任。监事会拥有专门的产权监督权,并承担因专门的产权监督失败而带来的责任,享有因专门的产权监督成功而带来的利益。

③ 科学的企业决策、管理、监督、改善制度

企业决策、管理、监督、改善制度是指人们在企业决策、企业管理、企业监督、企业改善过程中应遵循的规范或安排。一般来说,科学的企业决策、管理、监督、改善制度主要包括民主的企业决策制度、统一集中的管理制度、严格的企业监督制度、全员参与的企业管理制度等内容。

2. 拥有现代自然科学技术

自然科学技术在企业特别是现代企业中起着越来越重要的作用,它使企业的生产力和经济效益得到迅速提高。在现代企业中,先进的自然科学技术主要体现在这几个方面:①先进的生产工具及劳动工具;②先进的(生产)工艺技术;③高水平的自然科技人才。

3. 拥有现代经营管理水平

在现代企业,现代经营管理水平主要体现在以下几个方面:

(1) 拥有现代经营思想

经营思想是指经营意识、经营理念或观念。先进的经营思想是现代企业经营的灵魂。总体来说,现代经营思想包括人本思想、科学和民主决策思想、系统思想、创新思想等。

(2) 拥有现代经营人才

企业的成败主要取决于企业经营的成败,而企业经营的成败则取决于企业是否

拥有既具有丰富的企业经营管理等专业知识及广泛的经济、政治、社会方面的知识，又拥有丰富的实践经营管理能力，思维敏捷，视野开阔，善于吸收国内外先进科技成果和经营管理经验的开拓型经营管理人才。

(3) 掌握现代化的经营方法及经营手段

现代化的经营方法是指现代的科技成果，包括自然科学和社会科学特别是经营科学的最新成果在管理及其经营中的应用。现代化的经营手段是以计算机为主，包括各种先进的检测手段、现实监控装置、通信设施和办公自动化设备等现代化手段在管理及经营中的运用。积极应用现代化的经营方法和以电子计算机为主的现代化经营手段将使现代企业经营科学化、系统化、标准化和最优化。

(四) 企业经营体系

现代企业经营体系是指现代企业经营机构在责权利方面的分工体系。现代企业的所有者机构即最高权力机构(股东大会或股东代表大会)、经营(者)机构(董事会)、管理(者)机构(经理及经理委员会)、监督(者)机构(监事会)行使的是不同的经营职能，以上四种机构各自的权力如下。

1. 企业的所有(者)机构

企业所有(者)机构是股东代表大会，它由企业所有者或企业所有者的代表组成，它享有下列权力：

(1) 投资及经营决定权。是指股东会或股东代表大会有权对企业的投资及经营方案做出决定。

(2) 人事权。股东会或股东代表大会有权选任本企业的董事、监事，对于不合格的董事、监事可以予以更换。

(3) 审批权。审批权包括两个方面：一是审批工作报告。即股东会或股东代表大会有权对企业的董事会、监事会提出的工作报告进行审议、批准。二是审批相关的经营、管理方面方案的权力。

(4) 决议权。即企业股东会或股东代表大会有权对企业增加或减少注册资本、发行公司债券、股东向非股东转让出资、企业合并、分立、更改企业形式、解散、清算等事项进行决议。

(5) 修改企业章程权。是指股东会或股东代表大会有权对企业增加或减少注册资本、发行公司债券、股东向非股东转让出资、企业合并、分立、更改企业形式、解散、清算等事项进行决议。

2. 企业的经营(者)机构

在现代企业中，经营(者)机构董事会的成员由股东大会或股东代表大会选举产生，董事任期由企业章程规定，董事任期届满，可连选连任，董事会对股东会或股东代表大会负责，拥有经营决策权及工作监督权。具体来说，董事会行使下列职权：

(1) 负责召集股东会或股东代表大会，并向股东会或股东代表大会报告工作；执行股东或股东代表大会的决议。

(2) 决定企业的经营方向、经营目标、经营方针即经营方案;但重大的决策必须通过股东会或股东代表大会表决后才生效。

(3) 决定企业的财务预算方案、决算方案。

(4) 制订企业的利润分配方案和弥补亏损方案。

(5) 制订企业增加或减少注册资本的方案。

(6) 制订企业合并、分立、变更企业形式、解散的方案。

(7) 批准决定企业管理机构的设置。

(8) 聘任或者解聘企业的经理(总经理),根据经理(总经理)的提名,聘任或者解聘公司副经理、财务负责人,决定其报酬事项。

(9) 对管理者及其管理行为行使工作监督权。

(10) 批准企业的基本管理制度。

3. 企业的管理(者)机构

企业的管理者是指经理委员会及其所属机构,它是企业决策的执行机构。企业的管理实行经理(总经理)负责制。具体来说,企业经理(总经理)拥有下列权力:

(1) 主持企业的管理工作,实施董事会的决议。

(2) 实施企业的投资方案。

(3) 拟定企业的基本管理制度。

(4) 拟定企业的具体规章。

(5) 提请聘任或者解雇企业的副经理、财务负责人。

(6) 聘任或者解除除董事会聘任或解聘以外的管理人员。

(7) 企业章程和董事会授予的其他职权。

(8) 列席董事会会议。

4. 企业的监督(者)机构

企业监事会的任务是监督本企业的董事会、执行董事或经理(总经理)。企业的监事会成员,由股东会或股东代表大会选举产生,还可以连选连任。监事会或监事行使下列监督权力:

(1) 检查企业财务。包括检查企业财务会计报告,审查企业的董事会、执行董事或经理(总经理)是否执行财务决议和国家的法律、法规和企业章程。审计企业财务部门是否有健全的会计资料。审核企业会计资料是否真实、记录是否准确。

(2) 检查企业董事、经理(总经理)的决策及工作监督、管理是否有违法和违反企业章程的行为,并接受股东会议或股东代表大会的委托,就一些专门业务进行调查。

(3) 要求企业董事、经理(总经理)纠正侵害企业利益和股东利益的行为。当发现企业的董事、经理(总经理)侵犯企业和股东的合法权益,监事会、监事有权制止,有权要求董事、经理(总经理)予以纠正。

(4) 提议召开临时股东会或股东代表大会。临时股东会或临时股东代表大会会议是在企业出现问题时召开的,当监事会或监事发现企业经营、管理中的重大问题,或企业董事会成员或经理人员滥用或怠于职权时,监事会或监事应有权提请召开临时股东会议或临时股东代表大会会议,让股东及时了解情况并做出处理。

(五) 企业的产权与类型

1. 产权的含义及其内涵

产权是指以财产所有权为基础的若干职能的组合。

产权包括:①占有权,即实际上控制资产的权利;②使用权,即在法律允许的范围内以生产或其他方式使用资产的权利;③处置或转让权,即通过出租或出售把与资产有关的权利让渡给他人;④收益权,即直接从资产的使用或通过资产转让获取收益的权利。

2. 产权的特征

(1) 排他性。在商品经济社会,不同主体(包括机构或个人)之间存在利益上的冲突。资产使用的单一时空限制和收益的单一归宿与占有,决定了产权具有排他性。

(2) 可让渡性。在商品经济社会,经济效益是评价一切活动成功与否的最直观的标准。产权作为一种收益,可以通过转让,实现资产的最优化配置。

3. 企业的类型

企业作为一个有机体,有着多种属性与复杂形态。因此,可以按照不同的标准,将企业分为不同类型:

第一,根据企业的财产组织形式可分为:个体独资企业、合伙企业、公司制企业。

(1) 个人独资企业

个人独资企业是指个人出资兴办、完全归个人所有和控制的企业。个人独资企业的优点是:设立、转让、关闭容易,出资人拥有绝对决策权,管理灵活。个人独资企业的缺点是:负无限责任,风险大;受资金和个人管理能力的限制,规模有限。

(2) 合伙企业

合伙企业是指由两个或两个以上合伙人共同出资、共同经营、共享收益和共担风险的企业。合伙企业的优点:由于可以由众多合伙人共同筹资,因而可以扩大资本规模;也由于合伙人共负偿债的无限责任,减少了贷款者的风险;比较容易成长和扩展。合伙企业的缺点:合伙企业属无限责任企业,合伙人对经营有连带责任,风险大;合伙人皆能代表公司,权力分散,多头领导,意见易产生分歧,决策缓慢。

(3) 公司制企业

公司是由两个或两个以上自然人或法人投资设立的,具有独立法人资格和法人财产的企业。其优点是:容易筹资;公司具有独立寿命,不受出资人寿命影响;容易扩大规模。其缺点是:手续复杂,透明度较高,而且容易受"内部人控制"。

第二,根据企业组合方式可分为:单一企业、多元企业、经济联合体、企业集团、连锁企业。

第三,根据所有制形式可分为:全民所有制企业、集体企业、私营企业、混合所有制企业、外商投资企业(包括中外合资经营企业、中外合作经营企业和外商独资企业)。

学习单元一 认识企业、了解经营

第四,根据企业的行业性质可分为:工业生产企业、商品经营企业、服务企业。

第五,根据企业生产经营领域可分为:工业企业、商业企业、生产型企业、流通型企业、服务型企业和金融型企业。

第六,根据企业规模可分为:大型企业、中型企业、小型企业。

如,对工业企业、大型企业需满足从业人员在 2 000 人及以上,销售额在 30 000 万元及以上,资产总额在 40 000 万元及以上;中型企业从业人员在 300~2 000 人,销售额在 3 000 万~30 000 万元,资产总额在 4 000 万~40 000 万元;小型企业从业人员在 300 人以下,销售额在 3 000 万元以下,资产总额在 4 000 万元以下。

第七,按照企业组织形式划分,有公司企业和非公司企业。公司企业又分为有限责任公司和股份有限公司,有限责任公司包括国有独资公司以及其他有限责任公司;股份有限公司又分为上市公司和非上市公司。

第八,按照企业同外国资本联合的方式划分,可分为合资经营企业和合作经营企业。

二、企业经营方式

(一)专业化经营

专业化与专业化经营的含义

大机器工业生产在其发展过程中,始终和专业化协作的生产组织形式相联系。社会整体的工业生产过程按不同产品,或产品的不同生产阶段,或不同工艺分解为相对独立的个别生产过程就是专业化。

专业化必须以协作作为条件和保证,协作就是各个个别工业生产过程按照一定的生产联系互相结合,形成相对统一的共同生产过程。

所谓专业化经营又称单一化经营,是指企业仅仅在一个产品领域进行设计、生产或者销售,企业的业务范围比较单一。实施专业化经营方式的优势在于便于集中所有人力、物力和财力发展一种产品,所需的资金量相对较少,资金使用效率较高,同时比较容易提高企业声誉,获取更高利润,而实施这种经营方式的企业能更认真地研究自身行业的发展前景,从而制定合适的发展战略,实现更大效益。

然而专业化经营也有其局限性,不利于企业迅速扩大规模,同时如果选择的专业本身市场前景狭窄,实施专业化经营的企业核心竞争力不够,不能在本专业内树立自身的权威,也会严重影响企业的发展。

(二)多元化经营

1. 多元化经营含义、类型及利弊

就词义来说,任何生产多于一种产品或服务的企业都可称之为"多元化经营"企业,但是为了便于分析,对这一概念需稍加限定。生产若干有密切替代关系的产品的企业被认为是横向联合企业;相反,一个企业生产的产品之间如果具有显著的投入—产出关系,这种企业被认为是纵向联合企业。所以,多元化经营的定义在这不包括具有高度替代关系或具有明显纵向联系的产品的生产。

多元化经营的类型主要有：

（1）产品扩展多元化。包括与企业的生产或需求有一定程度的联系的产品生产。如果与生产有联系，产品的多元化是以技术为中心的多元化；如果与需求有联系，产品的多元化是以市场为中心的多元化。

（2）市场扩展多元化。指一种产品或服务在不同地理区域市场上的销售。

（3）联合多元化。指企业经营在生产或需求方面互不相关的产品。

2. 多元化经营的利弊

企业多元化经营有利于企业充分运用其各类有形和无形资产发挥其增值效益，而且能够降低经营风险。

但是企业多元化经营可能会出现以下问题：

（1）多元化经营会造成企业力量分散。四面出击，很容易出现企业内部人力、物力、财力数量不够及质量不高的问题。很不利于企业集中资源于优势领域，充分发挥专业特长。

（2）多元化经营常常造成"副业侵蚀主业"的问题。因为企业涉足一个新市场，与该市场上原有竞争者竞争，开始时往往处于劣势，只有靠不断增加投入来求得发展，这势必削弱其原来的主业，使主业难以不断提高市场占有率，难以取得规模效益。

（3）多元化经营使管理难度加大。不同的行业需要不同的技术，不同的营销方法，进入新领域障碍大、风险大，这些都使得管理难度增大。

（4）多元化经营使企业难以形成自己的特色。而无特色的企业其发展前途也就有限。而且大量的国际国内事实证明，主业突出的多元化经营大多是成功的，而主业不突出或无主业的多元化经营失败的可能性更大。

（三）创新经营

世间唯一不变的规律就是我们周围的一切都在变。随着企业经营环境的不断变化，企业的经营目标、经营方式以及经营所面临的问题，都和过去有很大的不同。企业要在复杂多变的环境下求得生存和发展，必须主动变革，锐意创新，来适应已经变化了的环境。可以说，创新能力是企业能否持续发展的决定性条件。

1. 创新经营的特征、内容和原则

创新原意是指"创造改变的程序或过程"。创新经营，就是对企业经营管理的各个方面和各个环节进行变革，运用创造性思维，探索和开发新产品、新技术、寻求和采用新制度、新方法的过程。

创新经营，具有以下几个特征：

（1）它所强调的，并不是"改变"的内容，例如新产品、新制度等，而是创新精神和变革的实践，是促成、实现新事物的过程。

（2）创新经营依赖于企业中人的能力与素质。创新经营的初始阶段通常只是一种思想，甚至只是人的一种灵感或直觉，要依赖创新者的不断探索与实践，才能逐渐成熟，形成创新成果。具有创造性思维和实践精神的人才是企业创新经营的基本力量和因素。

（3）创新经营是企业管理能力的综合体现。管理者担负着创新经营的重大责任,他要能够将创新培育成企业精神,形成有利于创新的环境和气氛,以激发、引导并实现有效的创新。

（4）创新经营包括企业经营管理活动的各个方面的创造和变革。它并非都是大型研究项目,整体的改造和重大的技术突破,也不一定需要严密的科学论证、系统设计或完整的计划。有时只是针对经营中存在的问题,通过创新思维,采取别人意想不到的新点子,不必耗费多少人力物力也能进行有效的创新。

2. 创新经营的主要内容

（1）组织管理与制度创新

企业的组织结构、管理思想、管理方法和管理制度等不应是僵死不变的,必须随着外部环境的变化而相应变化。充满活力的企业首先在于其组织管理制度不断创新,通过主动变革来提高组织的应变能力和管理效率。

（2）经营目标与战略创新

企业经营目标与经营战略也要谋求与外部环境的动态适应,随着社会经济、政治的发展和市场需求的变化,做出相应的变革。从现实经营变化的趋势看,经营目标从单一的利润目标向多元化的经济、社会目标发展,从商品经营方式向资本经营方式转变,以及相应的具体目标和经营战略的调整与变化,将日益成为企业经营创新的重要内容。

（3）产品与技术创新

企业要适应消费需求的变化与科技的迅速发展,必须不断进行产品创新,发展新产品、新材料、新工艺、新技术,创造新的市场机会和消费需求。从一定意义上可以说,企业的产品与技术创新能力就是企业的竞争能力,是企业经营成败的关键。

（4）营销方式与策略、手段创新

为适应市场的变化及开拓新的市场领域,企业必须经常地对现有的营销、服务方式与策略手段进行总结,研究分析其单项或结构缺陷,从顾客那里汲取新思想。不放过哪怕是细微之处的革新,积小胜为大胜,不断地寻求满足顾客需求的新方式、新手段。

3. 创新经营的机制

创新经营是企业员工的创造性活动。一个企业要做到不断创新,充满活力,必须建立起一套激发、鼓励员工的想象力和创造性的创新机制。创新机制是企业发展机制的核心,主要由内部竞争机制和激励机制构成。

（1）内部竞争机制

健全的内部竞争机制是企业创新精神的动力源泉。所谓内部竞争就是将市场机制引入企业内部,鼓励各部门为争夺"市场"而彼此竞争。这样才能克服企业不思进取、墨守成规的僵化倾向,使企业创新的源泉永不枯竭。

企业内部竞争的另一个重要作用是有利于培养创新者和"革新迷"。这些创新型人才是企业创新的主力军,他们普遍具有突出自己、勇于竞争、满腔热情、坚韧不拔的特点,是企业员工中的"活化剂"。这些人才在竞争中脱颖而出,才能使企业充满不断创新的生机和活力。

(2)激励机制

激励过程,实质就是调动人的积极性的过程。强化激励机制,能够为经营创新提供源源不竭的内在动力。激励,总是由物质激励和精神激励两部分组成的,企业创新激励首先要强调精神激励。富于创新精神的员工一般都是具有较高成就欲望的人,企业对他们的创新活动给予肯定、赞扬和支持,对其成就给予高度的荣誉,往往能够极大地激发他们的创造精神和工作愿望,使其创造潜能得到更充分的发挥。

通过晋级、提薪、重奖等物质形式鼓励创新者也是十分必要的。适度的物质奖励是创新者工作成果的合理反馈,能够显示出企业鼓励创新的方针,促进大多数职工树立创新意识。但需要指出的是,创新经营通常是集体协作的结果,当物质奖励过重过高时,人们会增大独占成就和奖金的欲望,协作精神反而会受到压抑。

4.创造创新经营的环境

富于创新精神的企业,除了必须具备健全的创新机制外,还必须具备革新型的领导者、创造性人才和有利于创新的管理环境。这些因素是企业在经营活动中不断创新并取得成功的最主要的前提条件。

(1)革新型的领导者

创新是组织的非程序性的活动,通常都很难预测其结果。创新经营可能会不同程度地突破现有的管理规章或活动程序,有时会给企业带来很大风险。因此,创新经营首要的条件是有一个革新型而不是官僚式的领导者群体。这个群体的成员自身首先要树立创新观念和实干精神,他除了要具有一般意义上的领导能力外,还要具备带动、促成和领导企业创新活动的新的领导技能。美国学者博伊斯将这些技能概括为以下五种:第一,预见技能。对经常不断变化的内外环境能深谋远虑。第二,想象技能。运用说服和榜样诱导下属按领导者或整个组织的意图行事。第三,价值综合技能。把员工在经济、安全、心理、精神等方面的需求统合起来,使大家有共同的动机、价值观和目标。第四,授权技能。乐意并且有效地与下属分享权力。第五,自知或反省技能。既明了自己的需求与目标,也了解下属的需求与目标。

(2)创造性人才

创新是人的创造性活动,有了一大批充满热情的创造者,企业才能突破常规和惯例,不断涌现新事物、新方法、新产品、使企业实现超常规的发展。现代管理理论认为,大多数企业员工都具有潜在的创造能力,追求创新的企业的成功之处,就在于能够发掘出人的这种潜能,培养出一批批充满激情的创新者。

一般认为成功的创新者大多具有以下特征:①思想活跃,具有丰富的想象力。他们对新事物反应敏锐,或者说是一些"追求梦想"的人。②果敢坚毅,富于冒险精神。他们偏爱挑战性的工作,不怕失败和挫折,能够坚持不懈地追求目标和成就,是一些"不达目的,决不罢休"的人。③满腔热情,充满献身精神。他们干劲十足,能够全力

学习单元一 认识企业、了解经营

以赴地投入探索与试验,对工作执著,常常被人称为"工作狂"。④突出自己,富有竞争精神。他们喜欢自行其是,厌恶循规蹈矩,或者说是一些"蔑视直接的命令,刻板式的计划、程序,酷爱按自己的构想办事"的人。

（3）有利于创新的条件

一个组织创新能力的高低,即组织中人的创造潜能是否能得到发挥,主要取决于组织为创新者提供的管理环境,这是创新活动蓬勃开展的关键条件。从国内外创新型企业成功的经验看,这些环境条件主要有以下几个方面：

树立职工的主人翁感。通过参股制、参与经营、分权制、自我控制等多种方式,使职工体会到企业主人的感觉,激发出创造性工作的热忱,关心企业的经营状况,愿意为企业的发展做出贡献。

放松控制,鼓励创新。对创新所需要的时间、资金和其他资源放松控制,给予方便。如：允许利用部分工作时间进行创新活动,而无须征得批准;设立专项资金用于创新活动;减少创新审批层次,保持创新者与决策者之间的信息畅通,等等。

容忍失败,鼓励试验和冒险。创新结果一般都是难以预测的,不敢冒险,就不会有创新。不断探索和试验是创新的关键,大多数创新是在多次探索和试验失败之后获得成功的。因此,企业要明确地将遭受挫折和失败作为企业创新的正常现象,鼓励创新者从失败中吸取教训,最后达到成功的顶点。允许失败,就是为创新者提供成功的机会,这是企业创新活动必不可少的重要条件。

有利于创新人才脱颖而出的提升和奖励制度。在组织的等级体制中,什么人最有机会得到提升,表明了组织者倡导的价值准则和重视的优先顺序。将职工在现职务岗位上勇于创新,取得创造性工作成果作为提升晋级的重要尺度,使他们的职务级别、薪金和其他奖励与创新成果联系一起,能促进创新人才不断涌现,是避免企业管理者保守僵化、提高企业创新能力的制度保证。

5. 创新方式

创新经营,按照其知识基础的不同,可以划分为三种基本方式：嫁接式创新、综合式创新、突破式创新。

（1）嫁接式创新

嫁接式创新也可以称为移植式创新,是一种建立在学习基础上的创新方式。这种方式的特点是企业学习、吸收国内外企业先进的经营方式、组织形式、管理方法和产品技术等,结合本企业实际进行移植或嫁接式改造,创造出具有本企业特点,与众不同的新产品或新的经营管理方式。

嫁接式创新不是仿制现有产品,引进技术或全盘照搬其他企业的经营方式。它是对他人经营成果的借鉴和扬弃,是一种加快企业变革速度,实现企业跳跃式发展的积极的创新方式。这种方式不走弯路,成功率高,是国外企业创新经营经常采用的方式。在我国,由于市场经济刚刚起步,许多企业在经营思想、组织制度和经营管理方式等方面还很不完善,采用移植、嫁接的方式进行创新,迅速改变企业的经营面貌,更

15

具有普遍的意义。

(2) 综合式创新

综合式创新也可以称为聚变式创新,是一种建立在研究、分析现有结构缺陷的基础上的创新方式。这种方式的特点是企业为适应市场需求的变化,对现有产品、技术或经营战略、经营方法进行结构分析,找出其不足之处,然后通过综合、重新组合等方式创造出新产品、新技术、新战略、新方法等。

综合式创新被广泛应用于技术创新领域,近年来产生的新产品、新技术、新材料等,大多数是对原有技术综合而创造出来的。例如,航天技术、光纤通信、机电一体化技术等。在经营领域,综合也是普遍应用的创新手段,如日本式的管理方式。在现有的科学技术和经营管理原理没有突破的条件下,创新的主要方式就是综合。国外有句名言"综合就是创造"。综合能填补结构空白,产生聚变效应,给公司带来新的发展机遇。可以说,无论企业规模大小、历史长短,都可以采用综合或重新组合方式,在经营领域内探索,力争不断推陈出新,出奇制胜。

(3) 突破式创新

突破式创新又称为替代式创新,是一种建立在新的科学技术和社会经济知识基础上的创新。这种创新的特点是企业在科技、社会各方面新的理论指导下,运用各种形式进行突破性研究开发,创造出替代现有经营管理和技术体系的新方式、新战略、新产品、新方法等。与前两种方式相比,突破式创新更具有时代特征。在新的科学知识和技术发明大规模产生、经济、社会结构、市场需求和人们的社会认识都在相应变化的历史时期,这种方式可能会成为企业创新的主流,为经营管理的各个领域带来一场革命性的变革。

需要指出的是,上述三种创新方式具有内在的联系,在实践上很难划出绝对的界限,企业的创新经营活动往往是三种方式的特点兼而有之,在新的技术革命浪潮正在兴起的今天,企业只有敏锐地把握环境的变化,掌握最新知识,善于抓住机遇不断创新,才能取得预期的成功。

【阅读专栏】

企业规模划分

根据工业和信息化部、国家统计局、国家发展和改革委员会、财政部"关于印发中小企业划型标准规定的通知"(工信部联企业〔2011〕300号),中小企业划分为中型、小型、微型三种类型,具体标准根据企业从业人员、营业收入、资产总额等指标,结合行业特点制定。各行业划型标准为:

(一)农、林、牧、渔业。营业收入20 000万元以下的为中小微型企业。其中,营业收入500万元及以上的为中型企业,营业收入50万元及以上的为小型企业,营业收入 50 万元以下的为微型企业。

（二）工业。从业人员 1 000 人以下或营业收入 40 000 万元以下的为中小微型企业。其中，从业人员 300 人及以上，且营业收入 2 000 万元及以上的为中型企业；从业人员 20 人及以上，且营业收入 300 万元及以上的为小型企业；从业人员 20 人以下或营业收入 300 万元以下的为微型企业。

（三）建筑业。营业收入 80 000 万元以下或资产总额 80 000 万元以下的为中小微型企业。其中，营业收入 6 000 万元及以上，且资产总额 5 000 万元及以上的为中型企业；营业收入 300 万元及以上，且资产总额 300 万元及以上的为小型企业；营业收入 300 万元以下或资产总额 300 万元以下的为微型企业。

（四）批发业。从业人员 200 人以下或营业收入 40 000 万元以下的为中小微型企业。其中，从业人员 20 人及以上，且营业收入 5 000 万元及以上的为中型企业；从业人员 5 人及以上，且营业收入 1 000 万元及以上的为小型企业；从业人员 5 人以下或营业收入 1 000 万元以下的为微型企业。

（五）零售业。从业人员 300 人以下或营业收入 20 000 万元以下的为中小微型企业。其中，从业人员 50 人及以上，且营业收入 500 万元及以上的为中型企业；从业人员 10 人及以上，且营业收入 100 万元及以上的为小型企业；从业人员 10 人以下或营业收入 100 万元以下的为微型企业。

（六）交通运输业。从业人员 1 000 人以下或营业收入 30 000 万元以下的为中小微型企业。其中，从业人员 300 人及以上，且营业收入 3 000 万元及以上的为中型企业；从业人员 20 人及以上，且营业收入 200 万元及以上的为小型企业；从业人员 20 人以下或营业收入 200 万元以下的为微型企业。

（七）仓储业。从业人员 200 人以下或营业收入 30 000 万元以下的为中小微型企业。其中，从业人员 100 人及以上，且营业收入 1 000 万元及以上的为中型企业；从业人员 20 人及以上，且营业收入 100 万元及以上的为小型企业；从业人员 20 人以下或营业收入 100 万元以下的为微型企业。

（八）邮政业。从业人员 1 000 人以下或营业收入 30 000 万元以下的为中小微型企业。其中，从业人员 300 人及以上，且营业收入 2 000 万元及以上的为中型企业；从业人员 20 人及以上，且营业收入 100 万元及以上的为小型企业；从业人员 20 人以下或营业收入 100 万元以下的为微型企业。

（九）住宿业。从业人员 300 人以下或营业收入 10 000 万元以下的为中小微型企业。其中，从业人员 100 人及以上，且营业收入 2 000 万元及以上的为中型企业；从业人员 10 人及以上，且营业收入 100 万元及以上的为小型企业；从业人员 10 人以下或营业收入 100 万元以下的为微型企业。

（十）餐饮业。从业人员 300 人以下或营业收入 10 000 万元以下的为中小微型企业。其中，从业人员 100 人及以上，且营业收入 2 000 万元及以上的为中型企业；从业人员 10 人及以上，且营业收入 100 万元及以上的为小型企业；从业人员 10 人以下或营业收入100万元以下的为微型企业。

（十一）信息传输业。从业人员2 000人以下或营业收入100 000万元以下的为中小微型企业。其中，从业人员100人及以上，且营业收入1 000万元及以上的为中型企业；从业人员10人及以上，且营业收入100万元及以上的为小型企业；从业人员10人以下或营业收入100万元以下的为微型企业。

（十二）软件和信息技术服务业。从业人员300人以下或营业收入10 000万元以下的为中小微型企业。其中，从业人员100人及以上，且营业收入1 000万元及以上的为中型企业；从业人员10人及以上，且营业收入50万元及以上的为小型企业；从业人员10人以下或营业收入50万元以下的为微型企业。

（十三）房地产开发经营。营业收入200 000万元以下或资产总额10 000万元以下的为中小微型企业。其中，营业收入1 000万元及以上，且资产总额5 000万元及以上的为中型企业；营业收入100万元及以上，且资产总额2 000万元及以上的为小型企业；营业收入100万元以下或资产总额2 000万元以下的为微型企业。

（十四）物业管理。从业人员1 000人以下或营业收入5 000万元以下的为中小微型企业。其中，从业人员300人及以上，且营业收入1 000万元及以上的为中型企业；从业人员100人及以上，且营业收入500万元及以上的为小型企业；从业人员100人以下或营业收入500万元以下的为微型企业。

（十五）租赁和商务服务业。从业人员300人以下或资产总额120 000万元以下的为中小微型企业。其中，从业人员100人及以上，且资产总额8 000万元及以上的为中型企业；从业人员10人及以上，且资产总额100万元及以上的为小型企业；从业人员10人以下或资产总额100万元以下的为微型企业。

（十六）其他未列明行业。从业人员300人以下的为中小微型企业。其中，从业人员100人及以上的为中型企业；从业人员10人及以上的为小型企业；从业人员10人以下的为微型企业。

学习任务二　经营职能与经营机制

海尔，无边界生存

一个企业的界定疆域到底有多大？一个现代企业部落的边界在哪里？用"平台化"描绘自己未来的海尔，有一个十分明确的答案：无限大、无边界。在回答麻省理工学院两位来访教授对此的问询时，张瑞敏也如此阐释：是平台，就不应该直接界定开放度。

在30年辉煌而又艰难的跋涉后，海尔开始"无边界生存"——互联网时代的全开放创业生存。

在今天,如果仅仅用产品的全球分布来研究海尔疆域、去探究海尔企业部落的大小,一定会失败。因为,看不见的用户疆域有多大,海尔的疆域就有多大,无限汇聚的创客没有边界,海尔的创业部落就没有边界。

理解这一点,首先要理解这个时代。正是互联网,让人类走进了一个剧烈的部落革命时代。此间,一切的诞生、汇聚、重组、融合甚至冲突、没落、消亡、回归,无不追随着信息洪流,以族群和部落的表达形式,以瞬息万变的速度,发生和不断发生。而这样一个新部落时代,部落与部落不以江河为界,非以山壑为隔,既无坚固城墙之防、又非截然你我之分,人们相互渗透、互为联结,基于无限的信息纽带,常常因共同的价值、相近的体验而汇聚,常常以跨界的姿态并以强大的部落联盟而呈现。

今天的海尔,就是一个基于互联网的强大企业部落联盟。这个联盟汇聚着用户部落和创客部落,越来越多的部落在平台机制下自动汇聚、自我联结、自我延伸、自我演进、生生不息。

"自演进"并不那么费解。人类的显性本质,是创新、合作、协同、分享、共赢。这也培育了人类早期勇猛生存、协作共赢的部落精神——从族群到部落到部落联盟。所不同的是,在此后大多有组织的生存模式下,人们经常陷入被联盟、被合作、被分享的窘境,创新的冲动总会被各种"合法"的方式所压抑、阻止,极少有参与分享乃至"共赢"的可能,而创新也就失去了前提。

所以,在现代企业意义上,从流水线的发明到今天,许多曾经行之有效乃至备受顶礼膜拜的商业模式,实际上就是这样一种形态,人们往往在指令下被创新、被合作、被分享,"机器让人变成了机器"。在互联网前期,一切的商业模式,无非是"修修补补",力求完善,贡献虽卓著,但摆脱不了制约创新、背离"共赢"的影子。

是互联网的浪潮,冲破了一切旧商业模式的堤防,而释放的是人们创新本质的冲动与合作共赢的欲望。互联网的一切价值:距离消失、机会平等、创业民主、人人创客……让围墙内的当代企业面临最残酷无情的洗礼。

而早在2005年,海尔就开始了"人单合一双赢模式"的"探索和试错"。像以往一样,认知到"只有踏准时代的节拍"才能生存,海尔开始与互联网竞跑,以一种"新常态"的思维奔跑。到2015年,海尔奔跑的姿势是"平台化",一起奔跑的群落是创客、联盟者,甚至还有用户。刚刚发表的《张瑞敏致创客的一封信》,是这种奔跑的宣言和召唤。与创客和用户奔跑,一起体验汗水的价值、分享到达的收获,是海尔开放的创业平台、无限延伸的创业部落联盟的本质。当海尔开始用"生态圈"来描述这种共赢模式时,标志着海尔已经经历了真正的互联网洗礼,尽管目标依然远大、过程依然艰苦。

让我们再看一下这个"生态圈",或者我们就称之为生态部落:一切海尔品牌下的资源都是开放的,你是否是海尔员工无关紧要,关键你是否能依托这些资源创业,能否成为真正的创客;海尔的产品研发系统是全开放的,如果你有能力和兴趣,可以自由参与研发创业；海尔的机制和组织是全开放的，任何一个其他组织，均可以以一种"利益攸关"的联盟方式，对接机制、连接平台、参与其中、共同创业。阿里巴巴是此一例。

让我们再看一下那些"小微"，或者我们就称之为小创业部落：它们不以部门的形式而存在，而是以市场化的创业组合来呈现，它们站在海尔平台上，但独立运营、独立核算、自我决断、自我发展。2014年，海尔冒出了100多个此类小微，参与其中的既有海尔员工，也有社会创业者。而那些曾经"指点江山"的管理者们，已经成为"孵化器"。

互联网只提供新组织的土壤，不提供组织。互联网只提供新思维，不提供思想。今天的海尔，实际上在创造一种崭新的社会组织形式，在生产一种开放性的商业思想、管理理论。这是其之于产品之外的更重要贡献。

张瑞敏曾经撰写了《海尔是海》，但今天的表达是：海尔是一朵云。海再大，仍有边际，云虽小，可接万端。

【案例思考】请结合本案材料来简要谈谈互联网发展对企业经营发展会带来哪些变化。

一、经营与管理

（一）经营的内涵

经营是商品经济所特有的范畴，在商品经济中，商品生产者不仅要通过生产过程把物质产品生产出来，还要进入市场，通过流通过程把产品销售出去，转移到消费者手里，商品的使用价值和价值才能实现，因此，商品生产者既要从事直接生产过程的活动，用最经济有效的方法把商品生产出来，又要从事流通过程的活动，以最有利的条件把商品销售出去，从而获得更多的利润，增加积累，扩大生产规模。为了取得商品销售的最有利条件，商品生产者在事前就要了解市场行情，如消费者需要什么产品，消费者的构成，什么样的价格容易为消费者接受等等。而且还要了解有哪些竞争者向市场提供同类商品，他们的竞争能力如何。在销售过程中，还要做广告宣传，实行良好的销售服务，以便赢得顾客。为了最经济有效地把商品生产出来，商品生产者又要根据市场条件、销售对象、价格等因素，选择材料、设备、工具和生产方法等等。所有这些对市场的选择，对产品的选择，对材料和设备的选择，以及对消费者、市场行情的研究，对竞争者的研究等，都属于经营活动。我们可以把经营定义为：经营是指企业以市场为对象，以商品生产和商品交换为手段，为了实现企业的目标，使企业的生产技术经济活动与企业的外部环境达成动态均衡的一系列有组织的活动。

（二）经营与管理

1. 经营与管理的关联性

就一般意义讲，经营与管理既有一致性，又有所区别。从它们的产生过程来看，管理是劳动社会化的产物，而经营则是商品的产物，从它们的应用范围来看，管理适用于一切组织，而经营则只适用于企业；从它们要达到的目的来看，管理旨在提高作

学习单元一 认识企业、了解经营

业效率,而经营则以提高经济效益为目标。从企业来讲,经营是管理职能的延伸与发展,二者是不可分割的整体。在商品经济尚未高度发达的卖方市场条件下,企业管理是以生产为中心的,主要职能是对企业内部的活动进行计划、组织、指挥、控制与协调,经营的功能极不重要,因而被人们所忽视。当商品经济高度发展,市场由卖方市场转变为买方市场后,企业管理也就由以生产为中心转变为以交换和流通过程为中心,经营的功能日益重要而为人们所重视。企业管理的职能自然要延伸到研究市场需要、开发适销产品、制定市场战略等方面,从而使企业管理合乎逻辑地发展为企业经营管理。

2. 狭义经营管理与广义经营管理

狭义的经营管理,是指对企业经营活动的管理。企业的全部活动,按其性质可分为生产活动与经营活动。生产活动的主要内容是充分利用企业内部的资源和条件,提高生产效率,以最经济的办法按预定计划把产品制造出来。经营活动的主要内容是了解企业的外部环境和竞争形势,根据外部环境的变化趋势制定企业目标、战略计划、投资决策,保证企业在满足社会需要的前提下,取得良好的经济效益。以生产活动为对象的管理称为生产管理,以经营活动为对象的管理称为经营管理。

广义的经营管理,是指对企业全部生产活动和经营活动的管理。

综上所述,广义的经营管理与狭义的经营管理的区别,主要表现为内容和范围有所不同。广义的经营管理包括生产管理在内的全部企业管理,狭义的经营管理则是剔除了生产管理并与生产管理相对应的一个范畴。

3. 经营管理与生产管理

"管理的重心在经营",这是就经营管理与生产管理相比较而言的。生产管理与经营管理的主要内容见表1-1。

表1-1 生产管理与经营管理比较表

项 目	生产管理	经营管理
主要内容	生产组织、劳动组织、生产技术、工艺准备、设备利用与维修、生产进度计划与控制、质量控制、成本控制、经济核算	市场调查研究、市场预测、经营目标、经营计划的制定、经营战略与策略的制定、产品开发、技术开发、资源开发、市场开发、投资与财务决策
性 质	方法性的、战术性的、执行性的、程序性的	目的性的、战略性的、决策性的、非程序性的
目 的	实现预定计划,提高生产与工作效率	实现企业目标,提高企业经济效益
职能特点	计划、组织、指挥、控制、企业内部平衡与协调	选择目标、制定战略、进行决策、企业活动与外部环境平衡与协调
执行者	中下层管理者	高层管理者

从这些对照中不难看出,生产管理所解决的是企业管理中战术性、方法性的问

题;经营管理所解决的是战略性、方向性的问题。生产管理决定着企业资源利用率的高低,经营管理则决定着企业效益和兴衰。经营战略与决策是正确的,生产管理的效率越高,企业的经济效益也就越高;如果经营战略与决策是错误的,那么,生产管理的效率越高,企业的损失会越惨重。可见,尽管经营管理的效能在很大程度上受到生产管理效率的制约,但是经营管理的作用却比生产管理的作用重要得多。

二、经营理念与经营职能

(一) 经营理念

1. 企业经营管理观念的含义

经营管理观念是指企业以什么样的经营思想和经营态度去指导、组织自己的生产技术经济活动,以获得好的经济效益。也就是企业进行生产经营活动的指导思想。

(1) 企业经营管理观念是人们对企业生产技术发展规律性的认识,是企业从事经营管理实践活动的科学总结。其中也包括前人和他人在经济管理实践中积累的各种行之有效的管理理论和经营思想。现在,我国国有企业强调要树立市场和竞争观念,就借鉴了国外企业在市场环境下进行经营管理的某些有益的经营管理观念。

(2) 企业的经营管理观念不是一成不变的,它随着科学技术和生产力的发展,以及国内外社会经济环境的发展变化而不断调整和革新。在我国企业改革以前,企业作为政府主管部门的附属物,适应高度集中统一计划经济的要求,其经营管理的主导思想,就是尽力完成和超额完成国家计划任务,追求产量和产值增长。现在实行市场经济体制,企业生产什么和生产多少,都根据市场需求决策。如果企业单纯追求产量和产值的多少,就可能造成销路不畅,产品积压,效益滑坡,因此就必须熟悉市场竞争和质量优先的观念。

(3) 企业经营管理观念是由一系列观念构成的体系,是对企业生产经营活动中各种事物关系的认识和经营态度的总和。在一定的社会经济文化大环境下,企业的经营管理观念反映了企业生产力和生产关系两个方面的要求。企业是个系统,管理也是个系统,作为指导企业生产经营活动的指导思想,也不能单打一或只有一个经营思想,必须形成一个观念体系,才能保证企业管理整体效能的提高,不断促进生产力的发展和生产关系的完整。

2. 企业经营管理观念的重要性

(1) 正确的经营管理观念是企业一切生产经营活动的导向

经营管理观念决定企业如何依据经营环境和经营信息去确定自己的经营目标、经营战略,做出切实可行的经营决策,以指导生产经营发展。如果经营管理思想不正确,造成经营决策失误,则直接关系到企业的生存和发展。尤其在当前市场竞争激烈复杂的环境下,管理思想偏向,全盘皆输。人们常说,经营管理观念是实现企业管理现代化的先导,是企业生产经营活动的导航。

树立正确的经营管理观念,还有利于企业领导和职工深谋远虑,把握全局,掌握管理工作的规律性;也有利于企业领导和职工依据环境的变化,把握经营管理工作的症结和难点,进行管理创新,开创生产经营活动的新局面。我国不少企业就是因为树立了市场竞争、质量优先、战略发展等观念,才取得了经营上的成功。

(2) 正确的经营管理观念是企业行为合理化的指导

企业经营事业的成功受制于人而成于人。在企业生产经营活动中,职工是主体,一切生产经营活动都是由职工去进行的。而职工用什么样的经营管理思想去指导、组织和规划企业的活动,直接关系到企业的行为、企业的形象、企业的发展方向和荣辱兴衰。

树立正确的经营管理观念,有利于职工和企业在生产经营活动中,坚持正确的经营方向,抵制不正当的竞争手段,反对偷税漏税、以次充好、行贿受贿等损害人们利益的违法行为,树立良好的企业形象;也有利于企业正确处理国家整体、企业整体和职工个人三者之间的利益关系,使局部和个人利益服从全局和集体利益、眼前利益服从长远利益,谋求企业长期稳定的发展。

(3) 正确的经营管理观念是企业领导和职工素质高低的体现

企业领导和职工的素质是构成企业整体素质的基础。而领导和职工素质的高低又取决于他们的经营管理观念是否正确。有了正确的经营管理观念,企业就能够在经营管理活动中注重人力资源开发,加强职工培训,充分发挥各类人才的作用,促进技术设备素质和原材料素质的提高,从而为提高整个企业的素质创造良好的物质技术基础。在转换企业经营机制和增强企业活力的改革中,人们一再强调要换脑筋,转变观念,解放思想,就说明了经营管理观念的重要性。

3. 企业经营观念的主要内容

在社会主义市场经济体制下,企业作为自主经营、自负盈亏、自我发展、自我约束的商品生产者和经营者,究竟应当树立哪些经营管理观念? 企业在不同体制环境和政策情况下,强调观念的不同。而纵观成功企业的经验,以下几个方面的经营观念,对一般企业都是适用的:

(1) 市场竞争观念

经济体制改革以来,随着市场经济和企业商品生产经营者地位的确立,市场竞争观念成为企业最基本的经营观念。市场竞争观念体现在企业,就是能以市场为导向来指导组织自己的生产经营活动,并采取正当合理的市场竞争手段,不断提高自己市场竞争的能力,以质优、量多、价格适中的产品满足消费者的需要、热诚地为他们服务。

市场是现代企业进行商品生产和流通的纽带和桥梁,市场是企业活动的"生命线"。有市场就必然有竞争,市场竞争是推动社会生产力和企业发展的重要力量。

企业市场竞争观念的确立需要有内外环境两个方面的条件。从国家来说,要为企业创造良好的市场竞争环境,培育和完善市场体系,并以市场为基础和中介,以完善市场机制为出发点和前提,以充分认识和利用价值规律的作用,来完善宏观经济调控体系。从企业来说,就是要由原来的生产导向转变为市场导向,有决心使企业成为市场竞争的主体,能以法人资格独立地承担民事义务和享有民事权利,自主经营,自负盈亏。

企业具有市场导向观念的主要表现在:以市场需求作为自己组织生产经营活动的出发点和落脚点,以不断开发新产品去占领市场和开发潜在市场,把提高消费者对自己产品服务的满意度看做是企业生命之源。

(2) 质量观念

质量观念是在市场经济体制下,企业要提高经济效益和增强活力必须具备的基本观念,而且关系到企业的未来发展。

企业质量观念,就是企业要树立质量第一和"用户就是上帝"的思想,要依据市场需求情况和用户要求,为他们提供优质产品和良好的服务,并不断开发新产品和改造老产品,增加产品的花色、品种和规格,优化产品结构,满足消费者日益增长的物质文化生活需要。

企业要树立质量的观念,则必须具有全面质量管理的思想,建立起全员、全过程、全面的质量管理体系,并积极采用国际质量系列标准。

(3) 风险经营观念

风险是指不利于事物的发展的因素或机遇但有着取得成功的可能性。在任何事物发展过程中都存在着风险。在市场经济体制下,企业面临的环境条件会出现各种不确定因素,同样存在各种风险。诸如市场竞争风险、资金运营风险、投资决策的风险和对外经营的风险等。企业具有风险经营的观念,就是能主动地研究分析各种变化的客观规律,主动进行风险经营,并力求分散风险,把风险损失降低到最低程度。

企业分散、降低风险损失的关键,一是要有超前的经营风险意识。特别是在企业兴旺发达之时,应能居安思危,超前决策。无锡小天鹅股份有限公司所实行的"末日管理",就是在产品很大市场份额的情况下,始终认为,产品有末日,企业有末日,市场无末日,经营同国内外同行业企业相比,找出差距,不断进行自我否定,求得了很快发展。二是要有风险经营的创新精神和能力。在市场经济体制下,风险与机遇同存,企业应能利用风险机遇发展自己。例如发展风险产品一旦成功,就可能获得丰硕的利润,增强企业的竞争力。三是建立防范和战胜风险的制度,如设立风险基金,建立风险预警制度和责任制。

(4) 资本运营观念

随着企业改革的深化,企业的经营模式在由单纯生产型向生产经营型转变的过程中,现在一些企业也向资本经营型发展。资本经营与产品经营有联系又有区别。资本经营的主体是投资者,股东和授权进行资本经营的委托人,以及资产经营的主体企业法人;资本经营的对象是货币资本,目标是资本的保值增值,方式是通过承包、出租、兼并、参股、控股、破产等求得资本的重组,获得最大的收益。产品经营的对象是生产诸要素,目标是通过生产经营活动获得好的经济效益,方式是通过生产要素的调整改造和优化组合,生产质优、量多、价格适中的产品。

企业具有资本运营的观念,就是在注意搞好产品经营的同时,不只注重资产的物质形态,而且要注重资产的价值形态,力求通过资本重组,实现资本的最大增值。当然对于某些企业来说,也可以主要通过资本运营来发展。

企业要实现有效的资本运营,一是要正确地选择资本运营方式。企业是通过股份制改造,还是通过资本并购或资本租赁进行资本重组,要结合市场需要和自身情况,慎重择优决定;二是应建立以资本运营为中心的经营管理体系,如完善企业吸收资本的机制,建立以资本运营为中心的财务会计制度等。

(5) 持续发展观念

可持续发展是当今世界普遍关注的新的发展模式和道路。一般地说,可持续发展就是"既满足当代人的需要,又不对后代满足其需要的能力构成危害的发展"。长期以来,人们在研究分析社会经济可持续发展的同时,提出了企业是社会经济的微观基础,只有企业具有了可持续发展的观念和能力,社会经济的可持续发展,才有实现的保证。

企业具有可持续发展的观念,主要是能够正确地认识和处理生产经济发展与自然生态平衡之间的关系。也就是说,企业要树立全局观念,维护社会经济整体的生态平衡,要节约自然资源,不向社会倾倒排泄物,不污染环境,发展生产要服从社会治理环境污染的需要。同时要组织文明生产,不断地降低物资消耗和提高物资利用率,美化企业环境,建设绿色企业。

(6) 人才开发观念

人才开发观念是企业经营管理的一个重要组成部分,它直接关系到职工的主动性、积极性和创造性能否充分发挥,以及企业职工素质和人力资源的开发。

企业人才是指生产技术经济活动中,具有某种专门知识和技能,并能够充分运用自己的知识和技能进行创造性劳动与工作,对企业发展做出较大贡献的人。作为企业人才,一是有知识才能;二是有创新意识并勇于实践。他们不墨守成规,不拘泥于现状,能有所发明,有所创造。企业具有人才开发观念主要体现在这样几个方面:一是要有尊重知识和尊重人才的意识;二是有知人善任和用人之长的本领;三是有不断培育人才和进行智力投资的能力。

(7) 战略发展观念

战略发展观念是企业经营管理思想的综合体现。企业制定正确的经营发展战略,是在激烈的市场竞争中求得生存和发展的根本保证。

战略发展观念,也可称为经营战略观念。它是企业为实现经营目标,通过外部环境和内部条件的全面估量和分析,从发展全局出发而做出的较长时期的总体性谋划和活动纲领的一系列经营思想的体现。它具有以下特征:①全局性。即具有以企业全局为对象,根据企业整体发展需要确定企业全面发展的思想。②长远性。即企业着眼于未来的发展,具有对企业较长时期(5年以上)如何生存和发展进行统筹规划的思想。③风险性。因为战略发展观念关系到企业未来的发展,在企业外部环境和市场竞争复杂多变的情况下,具有一定的风险性。企业欲谋求长远发展,实现自己的经营宗旨和发展目标,就必须承受来自各个方面的竞争、压力和困难的风险意识。

(8) 经济效益观念

企业的经济效益观念,具体地说,就是企业要自觉遵守国家法律、法规和政策,根据市场的需要,服从国家宏观经济管理,服从全局利益,把企业的经济效益和社会的经济效益统一起来,力求以尽可能少的人力、物力和财力的投入,获得尽可能多的产出。

树立经济效益观念,既是发展社会主义市场经济的需要,又是企业生存发展的根本。企业是个营利性的经济组织,作为独立的商品生产者和经营者,只有自己的生产成果在实物和价值形态两个方面都得到补偿,并有盈利,才能不断增加自身的积累和求得发展,并且为社会多创造财富和为国家多做贡献,以繁荣社会主义市场经济。

企业树立经济效益观念需要处理好几个关系:①整体经济利益与局部经济利益的关系。即国家、企业和个人之间的关系。社会主义制度下整体与局部的利益在根本上是一致的,只有国家多收,企业多留,职工个人才能多得。因此,企业必须依法纳税,保证国家财政收入,同时在不断发展生产和提高经济效益的基础上,增加企业积累和提高职工的生活福利水平。②长期经济利益与眼前经济利益的关系,企业应当在增加职工近期看得见、摸得到的利益的同时,谋求长远的发展。不能因为近期的蝇头小利,拼设备,拼体力,贻误了全局长远的发展,导致经济的恶性循环。③速度与效益的关系。速度和效益的统一是企业发展的重要保证。在市场经济体制下,企业不能片面追求高产值型的速度,要做到产品质优量多、适销对路、货畅其流,才能实现可持续发展,利税不断增长,走上一条国家、企业和职工都能得到比较实在利益的发展道路。

(二) 经营职能

经营管理职能包括五个方面的内容,即战略职能、决策职能、开发职能、财务职能和公共关系职能。

1. 战略职能

战略职能是企业经营管理的首要职能。因为,企业所面对的经营环境是一个非常复杂的环境。影响这个环境的因素很多,变化很快,而且竞争激烈。在这样一个环境里,企业欲求长期稳定的生存与发展,就必须高瞻远瞩,审时度势,随机应变。经营管理的战略职能包括五项内容:经营环境分析、制定战略目标、选择战略重点、制定战略方针和对策、制定战略实施规划。

2. 决策职能

经营职能的中心内容是决策。企业经营的优劣与成败,完全取决于决策职能。决策正确,企业的优势能够得到充分的发挥,扬长避短,在风险经营环境中以独特的经营方式取得压倒性的优势;决策失误,将使企业长期陷于困境之中。

3. 开发职能

开发不仅仅限于人、财、物,经营管理的开发职能的重点在于产品的开发、市场的开发、技术的开发以及能力的开发。企业要在激烈的市场竞争中稳操胜券,企业就必须拥有第一流的人才、第一流的技术,制造第一流的产品,创造出第一流的市场竞争力。只有企业在技术、人才、产品、服务、市场适应性方面都出类拔萃,企业才能在瞬息万变的市场竞争中,得心应手,应付自如。

4. 财务职能

财务职能,是指资金的筹措、运用与增值的过程。财务职能集中表现为资金筹措职能;资金运用职能;增值价值分配职能以及经营分析职能。企业经营的战略职能、决策职能、开发职能,都必须以财务职能为基础,并通过财务职能做出最终的评价。

5. 公共关系职能

企业同它赖以存在的社会经济系统的诸环节保持协调,这种同外部环境保持协调的职能,被称为社会关系职能或公共关系职能。公共关系的内容包括:企业与投资者的关系、与往来厂商的关系、与竞争者的关系、与顾客的关系、与职工的关系、与地区社会居民的关系、与公共团体的关系、与政府机关的关系等。

三、企业经营机制

1. 企业经营机制含义

企业经营机制是指在一定的社会经济文化大环境下,有关制约企业生产经营活动行为的各种内外因素相互作用所体现出来的内在机能和运营方式。其内涵有这样几层意思:

(1) 企业经营机制的载体是有生命力的活的企业机体。因为机制一般存在于有生命力的机体中,它能使机体不断运动,并按照自己的经营目标不断发展壮大。如果我们把企业人格化,它也是一个能够自由吐纳、新陈代谢、发展壮大的有机体。如果企业是政府的附属物,没有自身生存发展的活力,就无经营机制可言。

(2) 企业经营机制是企业行为内外隔阂总因素有机作用的反映,即企业在内外各种因素相互联系、相互碰撞和相互作用过程中,所产生的能够推动自己发展的一种功能和力量。

(3) 企业经营机制是个复合系统,内含若干分机制或子机制。比较多的企业认为,它应当有动力(或激励)机制、决策机制、竞争机制、约束机制、创新机制等等。

2. 企业经营机制转换的目标与内容

企业转换经营机制的目标是使企业适应市场的要求,成为依法自主经营、自负盈亏、自我发展、自我约束的商品生产和经营单位,成为独立享有民事权利和承担民事义务的企业和法人。其中:

(1) 自主经营。是企业作为独立商品生产者和经营者的前提和基本条件。它的关键是落实企业经营权。全民企业要对国家授予其经营管理的财产享有占有、使用和依法处分的权利。具体地享有14项经营权:生产经营决策权,产品、劳务定价权,产品销售权,物资采购权,进出口权,投资决策权,留用资金支配权,资产处置权,联营、兼并权,劳动用工权,人事管理权,工资、奖金分配权,内部机构设置权,拒绝摊派权。

(2) 自负盈亏。是指企业以国家授予其经营管理的财产,承担民事责任。即企业以其法定代表和其他工作人员,对其经营后果,独立地享有相应权益和承担相应责任。如果企业发生经营性亏损,责任自负,首先用企业后备资金补,如果后备资金不足,要减发企业全体干部、职工的基本工资,而厂长还要承担工作责任,严重者要受到行政或经济处罚。

(3) 自我发展。是指企业在市场竞争中,要不断增强竞争能力,实现国有资产的增值。为此企业应当正确处理国家、企业和职工三者之间的收入分配关系:要不断进行技术创新,进行集体化经营。

(4) 自我约束。是指企业应当自觉遵守国家法律法规的规定,正确处理国家与企业、企业与职工的关系,兼顾全局利益和局部利益、当前利益和长远利益,建立自己的约束机制和监督机制,自觉规范自己的行为。

企业自主经营、自负盈亏、自我发展、自我约束是一个完整的、有内在联系的统一体,企业只有具备了"四自",才能真正达到转换经营机制的目标。

3. 企业经营机制转换与企业活力

(1) 企业活力的表现

转换企业经营机制的最根本的目的,是增强企业的市场竞争力,使企业充满生机和活力。企业活力的表现在这样六个方面:①产品有竞争力。即企业的产品在品种、质量、性能、价格、交货期和服务各方面,能满足消费者和用户的需要,具有比较高的市场占有率。②技术有开发力。即企业能按照市场的变化,及时地开发新产品、新工艺、新材料,并达到一定的规模、速度和水平,有强大的技术发展后劲。③资产有增值力。即企业不仅能保证现有资产在实物形态上完整和价值形态上得到补偿,而且能创新开拓和不断扩大再生产,使资产不断增值,获得更好的效益。④对市场有应变力。也称对市场的适应力。即企业具有良好的素质,能根据国内外市场的变化,及时地调整产品结构,强化经营管理,进行技术创新,能在市场经济的海洋中求得生存和发展。⑤领导班子有团结进取力。即企业的各级领导层能在专职分工的基础上,相互协作,共同为搞好企业尽力尽责,并且具有不断创新进取的精神,能开拓新局面,克服企业发展中的困难。⑥职工群众有凝聚力。即企业采取各种措施激发职工的积极性和创造性,诸如通过加强思想政治工作和职工培训,培养企业精神和塑造企业文化,使企业和职工形成利益共同体,使职工对企业有向心力,企业对职工有感召力。

这样六个方面,比较全面地体现了企业活力的状态,既有人的因素,也有物的因素,同时也反映了社会主义企业应有的特点和优越性。而且这六个方面是相互联系和相互促进的,哪一个方面也不能缺少,分别形成了企业活力的不同侧面,决定着企业的生存发展能力。

(2) 转换企业经营机制对增强企业活力的作用

① 转换企业经营机制能全面提高企业经营管理水平。因为经营机制是企业系统的内在机能和运营方式,经营管理是企业内在机能能够发挥和运营方式能够正常进行的有效保证。没有不存在管理的机制,也没有不需要机制的管理。我国许多经营管理成功的企业,正由于从全球出发确定经营战略,适度扩大经营规模,重新组织机构,加强科学研究和技术发展,搞好职工培训等,有力地促进了经营机制的转化,使企业活力充盈,生机勃勃。

② 转换企业经营机制能全面提高企业素质。因为企业经营机制的转换是为了企业有机体不断发展成长,并内含若干分机制,而每个分机制都有它具体的目标和运营方式,企业为了实现这些目标,就必须在提高技术设备、原材料和职工素质上下功夫,实现生产要素优化组合。这样各个分机制目标的实现,以及它们之间的相互促进,就能为提高企业整体素质提供保证。

【阅读专栏】

阿迪达斯的忧伤

阿迪达斯,曾经优秀得无可匹敌的运动鞋,很长一段时间里,它使其他品牌的鞋子相形见绌,其成功的最主要因素是质量、信誉和款式的别出心裁。1954年世界杯足球赛,德国足球队非常神奇地击败了原本夺冠呼声极高的匈牙利队,捧走了金杯,他们所穿的阿迪达斯运动鞋的鞋底布满鞋钉,一种很特殊的钉子,能使穿鞋者非常有效地稳住自己的身体,即使是在那个泥泞的雨天。这是阿迪达斯飞快成名的一个实例。

阿道夫·达勒斯(昵称"艾迪"),一个很敬业的德国佬,便是这始创于1949年的阿迪达斯制鞋公司的缔造者和长达30年的统帅人物。然而,在1978年达勒斯先生去世,他的临终憾事却是,如果自己没有犯下那些本该避免的错误,也许,阿迪达斯依然占据着统治地位,或者说,耐克公司的三分之一的市场份额至少仍是属于自己的,对方的翅膀根本硬不起来。一失足成千古恨。一连串的决策错误直接妨碍了阿迪达斯鞋子向前奔跑的速度。

事情开始于20世纪70年代下半叶,有一个很微妙的现象发生了:厌倦了"性解放"的美国人开始热衷于散步和跑步,运动鞋的销量逐渐增大。毫无疑问,在世界商品销售的运动走向及平衡曲线上,美国一直是个不得不承认的最重要砝码。好了,当有4 000万美国人把手伸向运动鞋柜台时,不少制鞋公司纷纷出现,连南斯拉夫和远东地区都涌现了无数运动鞋加工厂。但应该说,这仍是阿迪达斯公司充分施展的好机会。

不料,一向机灵的达勒斯先生这一回踩错了舞步。他严重低估了市场需求和竞争对手的实力,这就是阿迪达斯公司所犯错误的全部,它非常明显地表现在与耐克公司短兵相接的竞争中。

耐克公司,似乎很不起眼的一间美国公司,70年代末突然"抖"起来了,它所凭仗的是不惜代价地网罗专家、不厌其烦地开发新产品、不遗余力地寻求市场销路。仿佛一夜之间的事情,多达一百四十余种运动鞋式样被开发出来了,并以迅捷得离谱的速度摆上商店的柜台,套在无数爱好运动者的脚上。

这时的阿迪达斯老板阿道夫·达勒斯先生已近老年,其锋芒当然大不如前,然而,应该指出,他所犯的却是一个低级错误,不是年龄因素所能解释得了的。达勒斯先生的保守、自满,在经营方面的明显失误以及纯属多余的心慈手软,给了对方一个千载难逢的机会。

首先,达勒斯先生完全低估了市场对运动鞋急速增长的需求。虽然德国与美国相隔大片陆地和整整一个大西洋,但市场信息却是很畅通的。达勒斯先生一向固执地认定,运动鞋的销量不可能长久地呈直线上升趋势,它的上升肯定是缓慢的、稳定的。他甚至认为,让街上这些衣冠楚楚的先生小姐们都套上这类好像过于随意的运动鞋,简直是在做梦。因此,即使好奇好动的美国人喜欢它,也不过是一时新鲜和热闹,根本用不着扩大投资、扩大生产规模或者说花很多人力、物力跑到美国去推销阿迪达斯。曾有市场预测人员向他提供能够说明目前市场动态的一些材料,可日耳曼人的固执和保守使达勒斯先生依然不为所动。

其次,达勒斯先生完全低估了竞争对手的实力,特别是他们的开发和销售攻势。他始终认为自己已经是一个霸主,已经控制了大部分的市场份额,稳住就行了。根本犯不着与小公司计较,更犯不着动用大炮轰击蚊子的过激手段。当耐克公司沿用阿迪达斯公司最初使用的生产经营思路时(如重点开发新产品、树立品牌、以几何数扩大生产线、依赖名人效应强化销售),达勒斯先生更是觉得好笑和满足:对方只是一个生手、一个学徒,而大度的师傅是不可以阻拦的。结果却是,耐克公司将所学的种种技巧发挥得出神入化、青出于蓝。况且,运用阿迪达斯的那一套反过来展开凌厉攻势,点到痛处,击中要害,其势更不可挡。学生最终成功击败了自以为是的师傅。

再次,达勒斯先生过高地评价了自己所拥有的市场竞争实力。他认为主动权一直握在自己手里。在瞬息万变的市场中,这样的想法在如此一家大公司里居然根深蒂固,这实在太不可思议了。当局势终于大坏,众人皆大惊失色之际,阿迪达斯公司采取了必要的行动:研究新品,扩大宣传,登陆美国,组织倾销。然而,这一剂剂补药并不奏效,很大的一块肉被他人割去了,原本强劲的公司几乎体无完肤。

就这样,20世纪70年代末,阿迪达斯的鞋子由此不得不跑慢了,这是达勒斯先生最不愿意看到的一幕。谁能理解临终时这位知名商人的复杂心情呢?

学习单元一　认识企业、了解经营

学习任务三　经营目标与经营计划

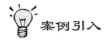

某机床厂的目标管理实践

某机床厂从1981年开始推行目标管理。为了充分发挥各职能部门的作用,充分调动一千多职能部门员工的积极性,该厂首先对厂部和科室实施了目标管理。经过一段时间的试点后,挖掘了企业的内部潜力,增强了企业的应变能力,提高了企业的素质,取得了较好的经济效益。

按照目标管理的原则,该厂把目标管理分为三个阶段进行。

第一阶段:目标制定

1. 总目标的制定

该厂通过对国内外市场机床需求的调查,结合长远规划的要求,并根据企业的具体生产能力,提出了20××年"三提高""三突破"的总方针。

2. 部门目标的制定

企业总目标确定后,全厂对总目标进行层层分解,层层落实。各部门的分目标由各部门和厂企业管理委员会共同商定。先确定项目,再制定各项目的指标标准。其制定依据是总目标和有关部门负责拟订、经厂部批准下达的各项计划任务。各部门的工作目标值只能高于总目标中的定量目标值。同时,目标的数量不可太多。各部门的目标分为必考目标和参考目标两种。必考目标包括厂部明确下达的目标和部门主要的经济技术指标;参考目标包括部门的日常工作目标和主要协作项目。其中必考目标一般控制在2~4项,参考目标项目可以多一些。目标完成标准由各部门以目标卡片的形式填报厂部,通过协调和讨论最后由厂部批准。

3. 目标的进一步分解和落实

部门的目标确定了以后,接下来的工作就是目标的进一步分解和层层落实到每个人。

(1) 部门内部小组(个人)的目标管理。其形式和要求与部门目标的制定相类似,拟定目标也采用目标卡片的形式,由部门自行负责实施和考核。要求各个小组(个人)努力完成各自的目标值,从而保证部门目标的如期完成。

(2) 该厂部门目标的分解是采用流程图方式进行的。具体方法是:先把部门目标分解落实到职能组,然后分解落实到工段,最后下达给个人。

第二阶段:目标实施

该厂在目标实施过程中,主要抓了以下三项工作:

1. 自我检查、自我控制和自我处理

目标卡片经主管副厂长批准后,一份存企业管理委员会,一份由制定单位自存。由于每个部门、每个人都有了具体的、定量的明确目标,在目标实施过程中,人们会自觉地努力实现这些目标,并对照目标进行自我检查、自我控制和自我管理。这种"自我管理"能充分调动各部门及每个人的主观能动性和工作热情,充分挖掘各自的潜力。

2. 加强经济考核

虽然该厂目标管理的循环周期为一年,但为了进一步落实经济责任制,即对纠正目标实施过程中与原目标之间的偏差,该厂打破了目标管理的一个循环周期只能考核一次、评定一次的束缚,坚持每一季度考核一次和年终总评定。这种加强经济考核的做法,进一步调动了广大员工的积极性,有力地促进了经济责任制的落实。

3. 重视信息反馈工作

为了随时了解目标实施过程中的动态情况,以便采取措施、及时协调,使目标能够顺利实现,该厂十分重视目标实施过程中的信息反馈工作,并采用了两种信息反馈方法:

(1) 建立"工作质量联系单",及时反映工作质量和服务协作方面的情况。

(2) 通过"修正目标方案"来调查目标。内容包括目标项目、原定目标、修正目标以及修正原因等。在工作条件发生重大变化需要修改目标时,责任部门必须填写此表。

第三阶段:目标成果评定

目标管理实际上就是根据成果来进行管理,因此成果评定阶段十分重要。该厂采用了自我评价和上级主管部门评价相结合的做法,即在下一个季度的第一个月的10日之前,每个部门必须把一份季度工作目标完成情况表报送企业管理委员会。企业管理委员会核实后,给予恰当的评分。如必考目标为30分,参考目标为15分。每一项目标超过指标3%加1分,以后每增加3%再加1分。参考目标有一项未完成而不影响其他部门目标完成的,扣3分,影响其他部门目标完成的则将扣分增加到5分。加1分则增加该部门基本奖金的1%,减1分则扣该部门奖金的1%。如果有一项必考目标未完成则扣至少10%的奖金。

【案例思考】

1. 在目标管理过程中应注意一些什么问题?
2. 目标管理有什么优缺点?
3. 你认为实行目标管理时,培养科学严格的管理环境和制定自我管理的组织机制哪个更重要?

一、经营目标

(一) 经营目标的内容

企业的经营目标,按其重要性来说,可分为战略目标和战术目标。

1. 战略目标是企业在一定的历史时期内经营活动的方向和所要达到的水平它有五个特点:①实现的时间较长,一般能够分阶段实行。②对企业的生存和发展影响大,战略目标的实现,往往标志着企业经营达到了某一个新的境界,与过去有明显的变化。③其实现有较大的难度和风险。④对各级经营管理层有很大的激励作用。⑤实现这一目标需要大量的费用开支。

2. 战术性目标是战略目标的具体化

它的特点是:①实现的期限较短,反映企业的眼前利益。②具有渐进性。③目标数量较多。④其实现有一定的紧迫性。

每个企业在发展的不同历史时期,均有其不同的战略目标。其基本内容,不外有三个方面,即成长性目标、稳定性目标、竞争性目标。

(1) 成长性目标。它是表明企业进步和发展水平的目标。这种目标的实现,标志着企业的经营能力有了明显的提高。成长性指标包括:①销售额及其增长率;②利润额及其增长率;③资产总额;④设备能力、品种、生产量。

其中销售额与利润额是最重要的成长性指标。销售额是企业实力地位的象征,而利润额不仅反映了企业的现实经营能力,同时也表明了它的未来发展的潜力。

(2) 稳定性目标。它表明企业经营状况是否安全,有没有亏损甚至倒闭的危险。稳定性指标包括:①经营安全率;②利润率;③支付能力。

(3) 竞争性目标。它表明企业的竞争能力和企业形象。具体包括:①市场占有率;②企业形象。其中市场占有率指标是非常重要的,它不仅表明企业的竞争能力,同时也能表明经营的稳定性。市场占有率过低,是极不稳定的。特别是当产品进入新的市场或国际市场时,决不能满足于本公司的产品远销于多少个国家和地区,而必须通过提高市场占有率来站稳脚跟。否则,很容易被竞争对手排挤出来。

(二) 目标体系

企业的经营目标是分层次的。

第一层,是决定企业长期发展方向、规模、速度的总目标或基本目标。上述成长性目标、稳定性目标、竞争性目标,都属于基本目标。这一层目标是战略目标。由于各个企业所处地位不同,以及经营者价值观念的不同,基本目标又可分为若干个阶梯。

第一阶梯:产值、利润额、销售额等增长目标;

第二阶梯:市场占有率、利润率目标;

第三阶梯:本行业的领先企业;

第四阶梯:走向世界市场。

第二层,中间目标。分为对外与对内目标。对外目标包括产品、服务及其对象的选择、定量化,如产品结构、新产品比例、出口产品比例等;对内目标就是改善企业素质的目标,如设备目标,人员数量、比例目标,材料利用,成本目标等。

第三层,具体目标。即生产和市场销售的合理化与效率目标。如劳动生产率、合理库存、费用预算以及质量指标等。

基本目标制约着中间目标,中间目标是为实现基本目标服务的;中间目标制约着具体目标,具体目标是为实现中间目标服务的。这就形成了一个树状的目标体系。

在目标体系中,除了这种目标重要性的层次关系,还有整体目标和局部目标的关系,一般也分为三个层次,即:公司目标、部门目标、生产现场目标。它们之间的关系,也形成了一个树状的目标体系。

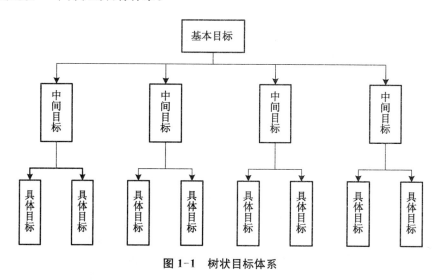

图 1-1　树状目标体系

(三) 制定经营目标的作用与原则

1. 经营目标的作用

(1) 它能指明企业在各个时期的经营方向和奋斗目标,使企业的全部经营活动突出重点,抓住主要矛盾,而且也为评价企业各个时期经营活动的成果确定了一个标准,以便减少盲目性,使企业的决策层能够保持清醒的头脑,把压力变成动力,引导企业一步一步地前进。

(2) 通过总目标、中间目标、具体目标的纵横衔接与平衡,能够以企业总体战略目标为中心,把全部生产经营活动联成一个有机整体,产生出一种"向心",使各项生产经营活动达到最有效的协调,有利于提高管理效率和经营效果。

(3) 通过自上而下和自下而上的层层制定目标和组织目标的实施,能够把每个职工的具体工作同实现企业总战略目标联系起来,提高人们的主动性和创造性,开创出"全员经营"的新局面。

2. 制定经营目标的原则

(1) 目标的关键性原则。这一原则要求企业确定的总体目标必须突出企业经营成败的重要问题和关键性问题,关系到企业全局问题,切不可把企业的次要目标或小目标列为企业的总体目标,以免滥用资源而因小失大。

(2) 目标的可行性原则。总体目标的确定必须保证能够如期实现。因此在制定目标时必须全面分析企业各种资源条件和主观努力能够达到的程度,既不能脱离实际凭主观愿望把目标定得过高,也不可妄自菲薄不求进取把目标定得过低。

(3) 目标定量化原则。订立目标是为了实现它。因此,目标必须具有可衡量性,以便检查和评价其实现程度。所以,总体经营目标必须用数量或质量指标来表示,而且最好具有可比性。

(4) 目标的一致性原则。就是总体目标要与中间目标和具体目标协调一致,形成系统,而不能相互矛盾,相互脱节,以至部门之间各行其是,互相掣肘。

(5) 目标的激励性原则。经营目标要有激发全体职工积极性的强大力量。因此,目标要非常明确,非常明显,非常突出,具有鼓舞的作用,使每个人对目标的实现都寄予很大的希望,从而愿意把自己的全部力量贡献出来。

(6) 目标的灵活性原则。经营目标要有刚性。但是,企业经营的外部环境和内部条件是不断变化的,因此,企业的经营目标也不应该是一成不变的,而应根据客观条件的变化,改变不切时宜的目标,根据新形势的要求,及时调整与修正企业的经营目标。

二、经营计划

(一) 经营计划的特点

经营计划是企业一定时期内在发展方向、发展规模和主要技术经济指标上所要达到的水平的计划,是指企业全部生产经营活动的综合性计划,是企业全体职工的行动纲领,它具有以下特点:

(1) 经营计划是以企业经营战略规划为依据的。
(2) 经营计划是决策性计划。
(3) 经营计划是系统性计划。
(4) 经营计划是以提高经济效益为中心。

(二) 经营计划的内容

经营计划的内容可以从空间和时间两个方面来考察。

1. 从空间看,经营计划包括经营目标和战略、战略项目计划、产品项目计划和企业综合计划四部分内容

(1) 经营目标和战略。这是企业最基本的总体性的经营计划。
(2) 战略项目计划。即战略项目制定的计划,它规定了战略项目的具体内容,实施步骤,进度安排和资源需求情况,新产品开发计划,技术改造计划等就属于这一部分内容。
(3) 产品项目计划。即为各项产品制定的计划,包括按产品制定的市场营销计划、生产计划、设备与人员分配计划、利润和资金计划等。
(4) 企业综合计划。这是根据战略项目计划和产品项目计划综合编制而成的企业经营计划。

2. 从时间看,经营计划包括长期经营、年度计划和月度作业计划三方面内容

(1) 长期经营计划。长期经营计划一般是指三年、五年的发展计划与十年以上的远景规划。

（2）年度经营计划。它是企业计划年度生产经营活动的目标和具体任务。

（3）月度作业计划。它是年度计划的具体执行计划。是组织日常生产经营活动的依据。

以上三部分内容中年度计划既是长期计划的具体化，又是制定月度作业计划的依据。因此，年度经营计划具有主要作用。

（三）经营计划的编制

无论长期或短期经营计划，一般分为以下步骤进行编制：

1. 确定经营计划目标

经营计划目标是对未来一定时期内发展的总设想和总需求。它应以企业外部环境和内部条件为前提，以企业战略目标为基本依据。

2. 对可行的计划方案进行选择

可供选择的可行计划方案要具备两个条件：①能保证计划目标的实现；②企业外部环境和内部条件都是可行的。对各方案的优缺点进行全面分析评价和反复比较后，才能从可行计划方案中选择符合计划目标要求，最接近实际情况的满意方案。

3. 编制计划草案与综合平衡

计划方案确定以后，要编制计划草案，使计划方案具体化。编制计划草案是一个反复综合平衡的过程，主要包括供销、生产能力和资金三方面平衡。通过全面的综合平衡，发现问题并采取措施加以解决，尽量使平衡的结果达到经营计划的目标要求，在此基础上即可核定各部门的计划指标。

4. 综合经营计划的编制

在综合平衡的基础上，企业计划部门编制综合经营计划，并审核、汇总部门编制的专业计划，报企业领导批准执行。

（四）经营计划的实施

经营计划编好以后要加以实施。所谓经营计划的实施，具体包括经营计划的执行和控制两方面的内容。

1. 经营计划的实行

经营计划被企业领导批准后，要下达到各部门及广大职工贯彻执行。为此，企业要做好大量的组织和管理工作，保证计划任务的完成。贯彻经营计划的基本要求是全面地、均衡地完成计划，防止出现时松时紧，或前松后紧的现象。企业应健全内部经济责任制、经济核算制，搞好作业计划和超额完成计划任务。

2. 经营计划的控制

在计划执行过程中对生产经营活动进行控制，就是随时将计划执行结果与计划的目标和各种控制标准相比较，发现偏差，查明原因，及时采取措施，保证计划目标的实现。各种控制标准包括劳动定额、物资和能源消耗定额、费用限额、产品质量标准、工艺标准等。经营计划的控制贯穿于经营计划执行的全过程，包括事前控制、过程控制和事后控制。

学习单元一　认识企业、了解经营

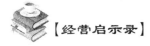【经营启示录】

日本是拥有百年企业最多的国家之一

日本是拥有百年企业最多的国家之一。日本有一百年以上经营历史的老铺企业的数量大约是2万家,持续经营200年以上的企业数量为938家,300年以上的企业数量为439家,还有1 000年以上的企业数量为7家。或许我们真的应该适当地放下民族隔阂,学学日本制造企业的工匠精神、小而美理念、先义后利道德信仰、家族企业的精神传承等先进的思想。

2015年,《家电市场》杂志和中国家电市场网特别策划制作了《中国制造的觉醒与回归》专题系列,通过将中国制造企业与日本制造企业的精髓理念进行比较,系统研究两国在企业制造理念、企业规模、企业传承、企业道德信仰等方面的异同与优劣,为中国制造企业在经济低迷的新常态时期寻找出路。这个世界,往往越是有形的物质,越容易被分解、摧毁,越是无形的思想、理念,却越是无坚不摧!

百年来,工匠精神如同一台不知休止的发动机,引领着世界各地的长寿企业不断向前奔跑,并成为其生生不息的重要源泉。有人说,没有手艺人的心态,很难把产品做到极致。工匠就是一群将事情做到极致的人,他们对技术的痴迷和对创新的孜孜以求,推动了经济的发展和社会的进步。

实际上,中国制造生产能力世界第一,却缺乏核心技术和人性设计。一直以来"中国制造"解决的是短缺问题,对优质产品探索、研发、生产刚起步,但多样化、个性化需求已被国际市场逐渐培养,供需之间产生裂痕。而这与日本、德国等工业坚定信仰的工匠精神不同,不少中国制造企业把像匠人一样追求产品品质的精神抛在脑后。

在这个快节奏的社会,或许是大家没时间陪你玩,别人做好了,先拿过来用用,质量差点就差点,价格不是在那儿,销量不是在哪儿吗?创新、精湛需要成本,需要大量的时间、金钱、创意、坚持、甚至机遇。绝大多数人没有这个能力也没有这个意识。我们对此或许不应失望和责备,而应使自己的产品尽量好一点,再好一点,让自己的行为创造一点工匠精神的氛围。

在家电大牌云集的日本,对于工匠精神有着自身独特的诠释。据悉,日本某家电企业为打造一款满意的电饭煲,首先邀请三千人在全日本的寿司店品尝寿司,找出最适合日本人口感的米;然后投入大量的时间和精力研究这种米的烹制过程,最后定出制作电饭煲的内胆的竹炭材料;接着派出多个小组在全日本收购最理想的竹炭原料,最后利用高温3 000 ℃烧制3个月时间,再去糟取精做成新型电饭煲内胆。这样一款产品的诞生,无疑是对工匠精神最完美的诠释。

【经营启示】

他山之石,可以攻玉。日本人重视细节、精益求精的意识、敬业的态度、学习和超越学习的能力,恰好就是日本"匠人文化"的核心精髓,也是日本强国之根本。这是我们企业应当学习的地方。中国制造现在已然觉醒,但在相应的思想意识上,具体的行动落实上,还需要下很大的功夫,否则,让工匠精神回归,从中国制造到中国匠造,怕只能成为一句怀旧的梦呓。

单 元 实 训

学生:怎样理解企业的独立性?

老师:企业的独立性就是指企业不应该是行政机关的附属物,它完全实行独立核算、自主经营、自负盈亏,是独立的法人组织。相应地,企业也没有行政官员和行政级别,企业的拓展也没有行政边界。

学生:能不能说一下现代企业产生的背景?

老师:19世纪末20世纪初,随着自由资本主义向垄断资本主义过渡,工厂自身发生了复杂而又深刻的变化;不断采用新技术,使生产迅速发展;生产规模不断扩大,竞争加剧,产生了大规模的垄断企业;经营权与所有权分离,形成职业化的管理阶层;普遍建立了科学的管理制度,形成了一系列科学管理理论,从而使企业逐渐转化为现代企业。

学生:企业发展规模能够无限扩大吗?

老师:根据科斯的交易成本理论,任何企业发展规模都有一个客观的边界,这就是在企业内部组织一笔追加的交易的费用刚好等于在市场上完成这笔交易的费用的地方,就是企业的边界所在。

学生:如何理解企业的使命?

老师:企业使命是指企业在社会经济发展中所应担当的角色和责任。它是企业的根本性质和存在的理由。任何企业都必须"服务社会,发展自己",服务社会是企业发展自己的前提,发展自己是服务社会的结果。

学生:如何考察一个企业的现代经营管理水平?

老师:考察一个企业的现代经营管理水平主要体现在以下三个方面:①拥有现代经营思想,包括人本思想、科学和民主决策思想、系统思想、创新思想等;②拥有现代经营人才;③掌握现代化的经营方法及经营手段,它是以计算机为主,包括各种先进的检测手段、现实监控装置、通信设施和办公自动化设备等现代化手段在管理及经营中的运用。

学生:企业产权有哪些特征?

老师:企业产权有两个主要特征:①排他性。资产使用的单一时空限制和收益的单一归宿与占有,决定了产权具有排名性;②可让渡性。产权作为一种收益,可以通过转让,实现资产的最优化配置。

学生: 企业多元化经营包括哪些主要类型?

老师: 企业多元化经营的类型主要有:①产品扩展多元化;②市场扩展多元化,指一种在不同地理区域的市场上的销售;③联合多元化,指企业经营在生产或需求方面互不相关的产品。

学生: 什么是创新和创新经营?

老师: 创新原意是指"创造改变的程序或过程"。创新经营,就是对企业经营管理的各个方面和各个环节进行变革,运用创造性思维,探索和开发新产品、新技术、寻求和采用新制度、新方法的过程。

创新经营包括:①组织管理与制度创新;②经营目标与战略创新;③产品与技术创新;④营销方式与策略、手段创新。

学生: 企业经营创新需要拥有创新人才,那么如何发现创新人才呢?

老师: 创新人才大多具有以下特征:①思想活跃,具有丰富的想象力。他们对新事物反应敏锐,或者说是一些"追求梦想"的人。②果敢坚毅,富于冒险精神。他们偏爱挑战性的工作,不怕失败和挫折,能够坚持不懈地追求目标和成就,是一些"不达目的,决不罢休"的人。③满腔热情,充满献身精神。他们干劲十足,能够全力以赴地投入探索与试验,对工作执著,常常被人称为"工作狂"。④突出自己,富有竞争精神。他们喜欢自行其是,厌恶循规蹈矩,或者说是一些"蔑视直接的命令、刻板式的计划、程序,酷爱按自己的构想办事"的人。

读一读

一、海尔经营理念简介

1. 有生于无——海尔的文化观
2. 海尔企业文化、海尔企业精神、工作作风诠释

人人是人才,赛马不相马——海尔的人才观;

授权与监督相结合;

人材、人才、人财:今天是人才,明天就未必还是人才;

TVM:海尔的"全员增值管理"。

3. 先谋势,后谋利——海尔的战略观

发展战略创新的四个阶段;

吃"休克鱼"三个方向的转移;

"东方"亮了再亮"西方";

先有市场,再建工厂。

4. 海尔模式:"人单合一"

什么是"人单合一";

"人单合一"与"T模式";

"T模式"的推进;

"T模式"的"4T"。

5. 企业如同斜坡上的球——海尔的日清日高OEC管理法

OEC管理法;

斜坡球体论;

什么叫做不简单?

什么叫做不容易?

"日事日毕,日清日高";

"6S管理"的三个基本原则、九个控制要素:5W3H1S。

6. 市场无处不在,人人都有市场——海尔的市场链

市场链流程再造的三个阶段;

市场链流程再造的"五要五不要";

市场链流程再造的"三主"原则;

"SST"机制拆掉企业内外两堵墙;

零库存、零距离、零营运资本;

做正确的事和正确地做事;

速度、创新、SBU。

7. 品牌是帆,用户为师——海尔的品牌营销

优秀的产品是优秀的人干出来的;

砸冰箱的故事;

国门之内无名牌;

打价值战不打价格战。

8. 企业生存的土壤是用户——海尔的服务观

先卖信誉后卖产品;

浮船法;

只有淡季的思想,没有淡季的市场;

市场不变的法则是永远在变;

创造感动用户永远是对的,市场的难题就是我们创新的课题;

紧盯市场创美誉,绝不对市场说"不";

用户的抱怨是最好的礼物,您的满意就是我们的工作标准;

对内"一票到底",对外"一站到位";

核心竞争力就是获取客户和用户资源的超常能力;

我是海尔我微笑。

9. 走出去、走进去、走上去——国际化的海尔

"先难后易,无内不稳,无外不强";

三个"三分之一";

"三位一体""三融一创";

三个国际化、五个全球化;

竞合走出去、走进去、走上去。

10. 管理的本质不在于"知"而在于"行"——海尔的管理之道

"永远战战兢兢,永远如履薄冰";

解决问题"三步法";

管理就是借力"80/20 原则";

10/10 原则:海尔格言

11. 真诚到永远——海尔的形象

二、德鲁克概括的六条创新原则

(1)分析创新机会的各种来源,这是有目的、有计划创新的开始。

(2)走出去观察、访问,倾听消费者的要求和期望,这是创新的必由之路。

(3)有效的创新必须简单、集中,它应该只做一件事。如果人们说:"这是明显的!我过去怎么就没想到?它那么简单!"这是对一项创新的最好的赞美词。

(4)有效创新开始时不要把摊子铺得太大。例如每个火柴盒一律装 50 根火柴,这种自动化设备使瑞典在全世界垄断火柴生产达半个世纪之久。

(5)创新一开始就以充当领导者为目标,争取成为标准的设计者,并决定新技术和新产业部门的方向。

(6)创新需要才干、机智和知识,但是更需要努力和专心致志的工作。

三、企业管理创新八大趋势

全国企业管理现代化创新成果审定委员会和中国企业联合会管理现代化工作委员会共同对外发布了一份对国内外企业管理创新最新趋势的跟踪报告。报告全面阐述了在商业环境的稳定性、确定性、可预测性已经被变革性、不确定性、不可预测性所代替的同时,国内外企业在管理理念的指导下,顺应时代变化进行了许多管理变革,它呈现出了八大趋势,它们是:

(一)由追求利润最大化向追求企业可持续成长观转变

研究表明,把利润最大化作为管理的唯一主题,是造成企业过早夭折的重要根源之一。在产品、技术、知识等创新速度日益加快的今天,成长的可持续性已经成为现代企业所面临的一个比管理效率更重要的课题。

坚持可持续成长管理观,在管理中就会注重整体优化,讲求系统管理,实行企业系统整体功能优化,注重依靠核心竞争力,不断提高市场竞争优势,注重夯实基础管理,讲求管理精细化、科学化、程序化、规范化和制度化,注重以人为本,不断提高员工素质,充分调动员工积极性,发挥其能动作用等等。

企业是一个人造系统,其内部系统是可以改造的,这是企业能够实现可持续成长的客观条件。与会枯竭的物质资源不同,企业文化、企业家精神等是支撑企业可持续成长的支柱。

(二)企业竞争由传统的要素竞争转向企业运营能力的竞争

企业从大量市场产品和服务标准化、寿命期长、信息含量少、简单的一次性交易的竞争环境,向产品和服务个性化、寿命期短、信息含量大,并与顾客保持沟通关系的全球竞争环境转变。提升企业的运营能力,就要使企业的生产、营销、组织、管理等方面都"敏捷"起来,使企业成为一个全新的"敏捷性"经营实体,实现向"敏捷管理"方式的转变。一个企业要适应超倍速的竞争,必须在以下各层面具备敏捷性的特点:在生产方面,敏捷管理意味着具有依照顾客订单,任意批量制造产品和提高服务的能力;在营销方面上,它具有以顾客价值为中心、丰富顾客价值、生产个性化产品和服务组合的特点;在组织方面,敏捷管理要求能够整合企业内部和外部与生产经营过程相关的资源,通过与供应商和顾客的互动合作,创造和发挥资源杠杆的竞争优势;在管理方面,它一改强调指挥和控制的管理思想,转换到领导、激励、支持和信任上来。

(三)企业间的合作由一般合作模式转向供应链协作、网络组织、虚拟企业、国际战略联盟等形式

现代企业不能只提供各种产品和服务,还必须懂得如何把自身的核心能力与技术专长恰当地同其他各种有利的竞争资源结合起来,弥补自身的不足和局限性。在现代企业的生存原则中,"排他"已被"合作"所取代包容。

许多成功企业形成了不少互利合作的竞争方式:供应链式,主要是企业与供应商之间的合作。企业的增值链中,供应过程所占成本很多,所以供应链的动态互联至关重要;战略网络型,主要是指企业通过建立与供应商、经销商以及最终用户的价值链,形成一种战略网络。竞争已不是单一的公司之间的竞争,而是战略网络间的竞争;协作联营型表现为企业通过有选择的与竞争对手,以及与供应商或其他经营组织分享和交换控制权、成本、资本、进入市场机会、信息和技术等,形成联营组织,从而在市场竞争中创造更多的价值;虚拟组织型,是利用信息技术把各种资源、能力和思想动态地连接起来,成为一种有机的企业网络组织,以最低的成本、最快的速度创造价值。

(四)员工的知识和技能成为企业保持竞争优势的重要资源

企业将主要通过管理员工的知识和技能,而不是金融资本或自然资源来获取竞争优势。企业的知识被认为是和人力、资金等并列的资源,并将逐渐成为企业最重要的资源。

出现在资产负债表上的资产,如厂房、设备等,虽然很容易估价和进行管理,但它们已经越来越难以决定企业的价值。相反,企业的价值更取决于无形资产,如品牌、专利、特许经营、软件、研究项目、创意以及专长等。国外机构的研究表明,在企业的市场价值中,已有 6/7 都取决于这些"知识"资产。管理这些资产中的任何一种都是很难的,但最难的还是怎样对待员工的思想和知识。企业需要更多地通过组织学习、

知识管理和加强协作能力来应对知识经济的挑战,将现有组织、知识、人员和流程与知识管理和协作紧密结合起来。

（五）从传统的单一绩效考核转向全面的绩效管理

传统的绩效考核是通过对员工工作结果的评估来确定奖惩,以期实现对员工的激励,其致命的问题在于:从目标到绩效结果的形成过程缺乏控制;不是封闭的,没有绩效改善的组织手段作为保证,在推行绩效考核时会遇到员工的反对。

把绩效管理与公司战略联系起来,变静态考核为动态管理,是近年来绩效管理的显著特点。信息技术的发展使更为精细的绩效管理成为可能,绩效管理的工具也由单一向多维发展。主要包括目标管理、关键绩效指标(KPI)、360度打分、平衡计分卡和EVA价值管理等。

（六）信息技术改变企业的运作方式

信息技术的发展和应用,几乎无限制地扩大了企业的业务信息空间,使业务活动和业务信息得以分离。在订单的驱动下,原本无法调和的集中与分散的矛盾得以解决,并提供了手段。通过整合能够实现企业内部资源的集中、统一和有效配置;借助信息技术手段,如"协同设计"、"协同制造"和"客户关系管理"等,企业能够跨越内部资源界限,实现对整个供应链资源的有效组织和管理。

为了应对挑战,出现了许多如PDM、ERP、CRM、SCM等企业信息化产品,在不同层次、不同方面为企业管理与技术水平的提升提供了解决方案。

（七）顾客导向观念受到重视并被超越

由于顾客往往缺乏主见,因此顾客导向难以使企业具有前瞻性。而近十几年来,以微软、英特尔为首的部分高科技企业放弃了"顾客导向",采用以产品为中心的经营战略,并取得了巨大成功,由此产生了超越"顾客导向"的竞争新思维。这种现象的出现,主要是因为随着知识经济时代的到来,企业面对的已不仅仅是现有的份额,更重要的是未来的市场和挑战。要提高企业的预见性,抢占产业先机,仅着眼于顾客导向已经不够,它会随着竞争条件的变化而逐渐失效。

（八）由片面追求企业自身利益转变为注重履行社会责任,实现经济、环境、社会协调发展

一方面越来越多的消费者关注跨国公司在推行市场全球化过程中的社会责任表现,同时更多的公司认识到,良好的企业社会责任策略和实践可以获取商业利益,社会责任表现良好的企业不仅可以获得社会利益,还可以改善风险管理,提高企业的声誉。

近十几年来,管理体系方面最重要的发展应该是SA8000社会责任国际标准。在目前的商业环境下,已经不是"是否应该"实施社会责任政策的问题,而是如何有效实施,大多数商业发展计划都要进行道德评估和环境影响分析。在ISO9000和ISO14000之后,SA8000标准是一个最新的管理体系标准。大多数公司意识到,消费者在选择商家时越来越多地考虑公司的道德表现,商业行为符合道德标准已经变成

一件头等大事。

想一想

【案例一】　　　　　　　东方电力公司的计划工作

王力是东方电力公司的总经理,这是一家位于中国东部地区的大型企业。长期以来,这位总经理一直认为,编制一份可行的公司计划,将有助于企业的成功。他花了近十年的时间,想方设法促使公司的计划方案编制进一步完善,但是没有取得成效。在这段时间里,他先后指派了三位副总经理负责编制计划,虽然每位副总经理似乎都努力工作,他也注意到,个别部门经理继续自行其是。部门经理的独立决策造成相互之间的不一致。主管电力调度的负责人总是提请上级电力部门允许提高电费,却没有进展。公共关系的领导不断地向公众呼吁,要理解电力部门的难处。用户却认为,电力的利润够高了,公司应该通过内部解决问题,而不是提高电费。负责电力供应的副总经理受到社区的压力,要他把所有输电线路埋入地下,避免出现不雅观的电线杆和线路,同时向顾客提供更好的服务,他觉得顾客是第一位的,费用则是第二位的。

应王力总经理要求,一位咨询顾问来公司检查情况。他发现,公司并没有真正把计划做好。副总经理负责编制计划,而他的职员正在努力的进行研究和做预测,并把研究和预测情况提交给总经理。由于所有部门经理都把这些工作看做是对公司发展没有多少意义的文书工作,因此,他们对此兴趣不大。

【案例思考】
计划工作的步骤是什么? 怎样才能使该公司有效地制定计划?

【案列二】　　　　　　　沃尔玛成功的秘诀

1918年,山姆·沃尔顿出生在美国俄克拉荷马州的金菲舍镇,他是一个土生土长的农村人。从小,家境就不是很富裕,1945年,27岁的山姆·沃尔顿用从岳父手里借来的2万美元,在美国的一个小镇开设了第一家杂货店,并于1962年正式启用沃尔玛的企业名称。

山姆创业之初,零售业市场上已经存在了像凯玛特、吉布森等一大批颇具规模的公司,这些企业将目标市场瞄准大城镇,他们"看不起"小城镇,认为这里利润太小,不值得投资。但山姆敏锐地把握住了这一有利商机,他认为在美国的小镇里同样存在着许多商业机会。

用山姆的话说就是"如果他们(消费者)想购买大件,只要能便宜100美元,他们就会毫不犹豫地驱车到50公里以外的商店去购买"。

对7岁就干卖报纸、送牛奶的沃尔顿来说,薄利多销才是商业成功的不二法门,"天天低价"成为公司经营哲学的基础。当然,山姆的最低价原则并不意味着商品质量或服务上存在任何偷工减料的情况,他对其员工的满意服务极为自豪:"只要顾客一开口,他们马上就去做任何事。"低价高质就是山姆做事的基本核心。

他的追求是:给普通百姓提供机会,使他们能买到与富人一样的东西。

为此,他为公司制定了三条座右铭:"顾客是上帝";"尊重每一位员工";"每天追求卓越"。

1989年,沃尔顿被诊断出患有恶性骨髓癌,当年公司销售额为243亿美元,而主要竞争对手凯玛特的年销售额为284亿美元。1990年,他做出了沃尔玛10年发展规划:到2000年,公司的销售额将达到1 290亿美元,成为世界上最有实力的零售商。

20世纪90年代,沃尔玛增长势头非常强劲,1997—2000年的历年销售额增长率分别为12%、17%、20%和20%,远高于凯玛特1995—2000年间3.34%的平均增长率。2000年,沃尔玛销售额达到2 000亿美元,列《财富》杂志全球500强排行榜第二位,次年又跃升为第一位。创始人沃尔顿的目标实现了,可他在1992年便离开了人世。要注意,支持山姆·沃尔顿的成功关键,不在于他提出了10年发展规划,而在于其愿景的朴实与伟大:使普通百姓能买到与富人一样的东西! 沃尔玛的竞争对手凯玛特的老板曾如是评价:山姆可称得上本世纪最伟大的企业家,他所建立起来的沃尔玛企业文化是一切成功的关键,是无人可以比拟的。

【案例思考】

请概括出沃尔玛经营成功有哪些关键因素。

一、单选题

1. 企业具有(　　)基本属性。
   A. 经济性、营利性、独立性　　B. 组织性、行政性、营利性
   C. 公益性、经济性、独立性　　D. 长期性、营利性、独立性

2. 公司式企业按财产组织形式和所承担的法律责任的标准来划分,可以为独资企业、合伙企业和(　　)。
   A. 公司　　　B. 股份制企业　　C. 联合企业　　D. 企业集团

3. 科学的企业经营制度包括规范的企业经营结构制度、规范的企业责权利制度和(　　)三项内容。
   A. 科学的企业决策、管理、监督、改善制度
   B. 科学的企业组织、管理、投资制度
   C. 科学的企业民主管理制度
   D. 科学的企业领导和财务管理制度

4. 科学的企业决策、管理、监督、改善制度主要由(　　)、统一集中的管理制度、严格的企业监督制度、全员参与的企业管理制度内容组成。

A. 企业民主管理制度　　　　　　B. 集中的投资制度
C. 民主的企业决策制度　　　　　D. 完善的财务管理制度

5. 现代化的经营思想包括人本思想、科学决策和民主决策、系统思想和（　　）思想。
A. 组织　　　　B. 效益　　　　C. 规模经济　　　D. 创新

6. 多元化经营的类型主要有：产品扩展多元化、市场扩展多元化、（　　）。
A. 行业多元化　　　　　　　　B. 技术多元化
C. 纵向多元化　　　　　　　　D. 联合多元化

7. 我国《公司法》规定有限责任公司股东人数必须在（　　）人之间。
A. 5～40　　B. 5～30　　C. 5～20　　D. 2～50

8. 经营管理职能包括以下几方面的内容，即（　　）。
A. 人事职能、组织职能、文化职能、财务职能和公共关系职能
B. 生产职能、组织职能、开发职能、财务职能和公共关系职能
C. 战略职能、决策职能、开发职能、财务职能和公共关系职能
D. 战略职能、决策职能、开发职能、财务职能和营销职能

9. 企业的最高权力机构是（　　）。
A. 董事会　　　　　　　　　　B. 股东大会
C. 监事会　　　　　　　　　　D. 经理委员会

10. 战略稳定性指标包括：（　　）。
A. 经营安全率、市场占有率、支付能力
B. 经营安全率、利润率、支付能力
C. 资金周转率、利润率、支付能力
D. 资金周转率、利润率、设备利用率

二、名词解释

1. 企业
2. 现代企业
3. 公司
4. 人本思想
5. 股份制企业
6. 专业化与协作
7. 经营
8. 企业经营机制

三、问答题

1. 股份制企业的含义与特征是什么？
2. 科学的企业经营制度包括哪些内容。
3. 现代企业经营体系的基本内容是什么？

4. 简述企业经营管理职能包括哪些方面的内容。
5. 现代企业经营管理观念的主要内容是什么？
6. 简述经营与管理的关系。

请结合所学专业以小组为团队，策划一份大学生创业计划。

学习单元二

经营环境分析与市场调研

 学习任务与目标

企业作为一个系统,它存在于一定的环境之中,企业每时每刻都要与环境发生物质、能量和信息的交换。经营环境是企业赖以生存和发展的空间,对经营环境因素变化的调研、分析和预测不仅是企业规划发展战略、经营决策的前提,也是制定经营策略和具体实施的基础。对企业所处的环境因素和状况进行调研分析和预测,目的在于使学生理解环境及其变化不但会给企业带来经营机会,同时也处处会造成经营风险,因此要求企业经营者要能够对不断变化的环境做出预判,扬长避短,发挥优势,抓住机会、规避风险。

 学习目标

一、知识目标
1. 掌握经营环境的含义及特点
2. 熟悉宏观环境与微观环境的主要因素及内容
3. 了解各种常用的市场调研方法

二、能力目标
1. 学会分析经营机会与风险的基本方法
2. 能够制定简单的市场需求调查问卷
3. 能够进行小型的座谈会调查、电话调查、问卷调查、走访调查
4. 可以独立运用简单的时间序列法、回归法、平滑法、弹性预测法、季节指数法进行短期预测

三、素质目标
1. 学会通过人际沟通技巧完成市场调研任务

学习单元二　经营环境分析与市场调研

2. 培养制作调查问卷、列表、作图、分析、运用模型进行计算分析的职业素养

学习任务一　经营环境

脱销的胰岛素

　　胰岛素是一种治疗糖尿病的特效药。20世纪80年代末,由于宏观管理失控,大批进口胰岛素,使得国内生产受阻,积压大量库存,1989年一季度几乎全面停产。根据这一情况,国家下文稳定1990年不准进口胰岛素。政策颁布以后,杭州肉联厂生化制药分厂对胰岛素市场进行全面的分析,认为本厂与其他生产厂商一样面临着严峻的威胁,但同时也潜伏着良好的市场机会,其依据是:(1)胰岛素的有效期是两年,1987、1988年进口的药最迟用到1990年4月就过期失效了。(2)据了解,国内各厂1989年起均不打算生产胰岛素。(3)胰岛素的生产需要一定的周期。根据以上分析,认为1990年4月份市场上将出现胰岛素脱销。因此该厂在1989年毅然决定投料生产,12月开始出成品。果然,在1989年底在武汉召开的全国医药订货会上,胰岛素出现了紧缺形势,与会者纷纷向该厂订货,仅此一项产品在几个月中就为该厂创下净利润20万元以上。

【案例思考】杭州肉联厂生化制药分厂是通过什么方法让企业迅速盈利的?

一、经营环境及其特点

(一) 经营环境的含义

　　企业总是在一定的环境下开展经营活动,而这些环境条件是不断变化的。经营环境泛指一切与企业经营有关的各种外部因素与力量,这些因素与力量影响并制约着企业经营活动的进行和发展,是企业不可控制的变量。一方面,它给企业造成了新的市场机会;另一方面,它又给企业带来某种风险或威胁。因此,经营环境及变化对企业的生存和发展具有重要意义。经营实践证明,许多得以发展壮大的企业都非常善于适应环境,而另外许多企业由于对环境因素变化不敏感、环境变动的预测不及时,因而使企业经营举步维艰、四处碰壁。所以任何企业开展经营就不能不了解与企业有关的各种环境因素,分析其中蕴涵的机会与风险,扬长避短,趋利避害,适应变化,抓住机会,实现自己的经营目标。

(二) 企业经营环境的特征

1. 环境差异性

　　即使是两个经营范围相同的企业面对同一环境因素,对环境因素的影响也会有不同的体验和反映。环境的差异性决定了企业经营战略的多样性。

2. 环境动态性

任何一种环境因素的稳定都是相对的,变化则是绝对的。市场供求关系变化的频率在不断加快。所有这些变化既有渐进性,又有突变性,都要求企业以相应的战略去适应这种变化。

3. 环境可测性

各种环境因素之间是互相关联和互相制约的。因而某种环境因素的变化大多是有规律性的。不过,这种规律性有的比较明显,有的比较隐蔽,有的作用周期长,有的作用周期短。变化规律性明显且作用周期长的环境因素,其可测性则较高。

二、经营环境的构成

经营环境的内容既广泛又复杂。一般来说,组成经营环境的各种因素,按对企业经营活动的直接影响因素,可以概括性地分为两大类,一类是宏观环境,一类是微观环境。

1. 宏观环境

企业的宏观环境主要由对企业经营活动产生比较深远影响的社会性因素与力量构成,包括人口、经济、自然、政治、法律、社会文化、科学技术等方面。

2. 微观环境

企业的微观环境由与企业的经营活动直接相关程度较高的各类因素与力量构成,包括需求、资源供应者、各类经营中介、竞争者、顾客、公众等。

在这两类环境因素中,微观环境直接影响和制约企业的经营活动,而宏观环境主要以微观环境为媒介间接影响和制约企业的经营活动,两者之间并非并列关系,而是主从关系,即微观环境受制于宏观环境。各种环境因素是企业经营活动的约束条件,它对企业的生存和发展有着极其重要的影响。

现代经营认为,企业经营活动成败的关键,就在于企业能否适应不断变化着的环境。由于经济的发展和科技的进步,当代企业外部环境的变化速度,远远超过企业内部因素变化的速度,因此企业的生存和发展,愈来愈决定于其适应外部环境变化的能力。"适者生存"是现代经营活动的法则,如果企业不能很好地适应外界环境的变化,则很可能在竞争中失败,从而被市场所淘汰。当然,强调企业对所处环境的反应和适应,并不意味着企业对环境是无能为力或束手无策的,只能消极地、被动地改变自己以适应环境。一个著名的营销案例说明了这一道理:美国有两名推销员到南太平洋某岛国去推销企业生产的鞋子,他们到之后却发现这里的居民没有穿鞋的习惯。于是,一名推销员给企业拍了一份电报,称岛上居民不穿鞋,这里没有市场,随之打道回府。而另一位推销员发给公司的电报中则称这里的居民不穿鞋,但市场潜力很大,只是需要开发。他让公司运了一批鞋来免费赠给当地的居民,并告诉他们穿鞋的好处。后来,人们发现穿鞋确实既实用又舒服而且美观,渐渐的穿鞋的人越来越多。这样这名推销员通过自己的努力,打破了当地居民的传统习俗,改变了企业的营销环境,获得了成功。现代经营理论告诉我们,企业对环境具有一定的能动性和反作用,它可以通过各种方式如公共关系等手段,影响和改变环境中的某些因素,使其向有利于企业的方向变化,从而为企业创造良好的外部条件。

抱怨声中找市场

在外来产品打进日本市场"难于上青天"的情况下,台湾华康科技公司却牢牢地占据了日本电子市场。如今,华康公司每年都要提供80万套电脑字体给日本消费者,平均每个电脑使用者手中就有3.5套。其中真谛,公司总裁李振瀛深有感触,说其成功的重要原因是靠经常了解日本朋友对产品的抱怨。

一台商在大陆开设雨靴分厂后,自己便到各地"微服私访"。一日在小店就餐时,无意中听到一女士对雨靴发牢骚:老是黑胶靴,几十年来都穿腻了。这位台商马上灵感突发:既然穿腻了,何不换个口味,改变单一色彩,生产各种彩色雨靴呢?于是回厂马上改装了生产线,使靴子不仅有红、黄、蓝、绿等多颜色品种,而且同一鞋上分别点缀了一些不同的颜色。由于新奇、独特,这种"彩色雨靴"一上市即成为抢手货,彻底改变了黑色雨靴一统天下的局面。

大凡"抢手货"无一不是根据广大消费者的心理需求制造出来的,众商家应从顾客的心理需求出发,切实注意好"上帝"心中的抱怨,依"他怨"找市场,从而生产出更受消费者青睐的产品。

学习任务二　宏观环境分析的基本因素

环境不熟,痛失市场

20世纪80年代初,我国向某阿拉伯国家出口塑料底鞋,由于忽视了研究当地人的宗教信仰和文字,设计的鞋底的花纹酷似当地文字中"真主"一词,结果被当地政府出动大批军警查禁销毁,造成了很大的经济损失和政治损失。

我国的永久、飞鸽自行车都是国内外久负盛名的优质产品,但在卢旺达却十分滞销,因为卢旺达是一个山地国家,骑自行车的人经常要扛车步行,我国的永久、飞鸽车重量大,令当地人感到十分不便。日本人瞅准这一空子,在做了详细的市场调查后,专门生产一种用铝合金材料作车身的轻型山地车,抢夺了市场。我国的企业由于只知己而不知彼,错过了一个很好的占领市场的机会。

【案例思考】请分析上述两个失败情景的原因。

一、人口环境因素

经营活动是围绕市场来进行的,而市场是由那些想购买商品同时又具有购买力的人构成的,因此,企业必须重视对人口环境的研究。与经营活动关系密切的人口环境因素包括:

1. 人口数量与增长速度

目前,世界性的人口膨胀使人口数量增长迅速,这给企业带来了市场机会,也带来了威胁。人口越多,如果收入水平不变,则对商品的需求量也越多,那么市场规模和市场潜力也就越大。例如,随着我国人口增加,住宅供需矛盾日益加剧,这就给建筑企业及建材业的发展带来机会。但人口增长也可能导致人均收入下降,使购买力降低。

2. 人口结构

它主要包括人口的年龄结构、性别结构、家庭结构、社会结构以及民族结构。

(1) 从人口的年龄结构来看

一方面发达国家出生率下降,儿童减少,而我国由于推行计划生育政策也使得人口出生率将有所下降,这对儿童食品、儿童服装、儿童玩具等行业是一种环境威胁,如美国格伯企业就从过去经营儿童食品转向了人寿保险业。但与此同时,许多年轻夫妇有更多的闲暇和收入用于旅游、休闲,因而给旅游业、餐饮业、体育娱乐业等提供了富有吸引力的市场机会。另一方面由于人们的生活、保健、医疗条件越来越好,人均寿命显著延长,人口老化比较明显,反映到市场上,诸如保健用品、营养品、老年人生活必需品等市场将会兴旺。

(2) 从人口的性别结构来看

人口的性别不同,其市场需求也有明显的差异,反映到市场上就是男性用品市场和女性用品市场。

(3) 从人口的家庭结构来看

目前世界上普遍呈现家庭规模缩小的趋势。我国传统崇尚四世同堂的大家庭。但在现代工业化的进程中,家庭规模也趋于小型化,目前我国家庭中仅包括父母和未成年子女的家庭的比重在提高,这使消费决策层更加年轻化,需求多样化和自主型变化。

(4) 从人口的社会结构来看

我国农村人口约占总人口的80%左右,因此,农村是个广阔的市场,有着巨大的潜力。这决定了企业在国内市场中,市场开拓的重点应放在农村,尤其是一些中小企业,更应注意开发价廉物美的商品以满足农民的需要。

(5) 从人口的民族结构来看

我国有56个民族,生活习性、文化传统各不相同。反映到市场上,各民族的需求存在着很大的差异。因此,企业要注意针对民族市场,开发适合各民族特性的商品。

3. 人口的地理分布及人口流动

我国的人口密度由东南逐渐向西北递减,且城市人口比较集中,农村人口相对分散。人口的这种地理分布表现在市场上,就是市场大小不同,消费习惯不同,需求特向不同。随着经济的发展,人口的流动性也越来越大。一是随着工业化和城市化的发展,人口从农村流向城市;二是由于汽车普及和高速公路的发展,加上城市环境污染日趋严重,人口从城市流向郊区。另外,经商、观光旅游、学习等使人口流动加速。对于人口流入较多的地方而言,一方面由于劳动力增多,就业问题突出,使竞争加剧;另一方面,人口增多也使当地市场需求增加,给当地企业带来更多的机会。

二、经济环境因素

企业经营活动的进行受到经济环境变化的制约。影响企业经营活动的经济因素主要有:

1. 消费者的收入

消费者收入,是指消费者个人从各种来源中所得的全部收入,包括消费者个人的工资、退休金、红利、租金、赠予等收入。消费者的购买力来自消费者的收入,但消费者并不是把全部收入都用来购买商品或劳务,所以在研究收入时,要区分以下几个概念:

(1) 个人可支配收入。这是在个人收入中扣除税款(如所得税等)和非税性负担(如会费等)后所得余额,它是个人收入中可以用于消费支出或储蓄的部分,构成实际的购买力。

(2) 个人可任意支配收入。这是在个人可支配收入中减去维持生活所必需的支出(如衣、食、住)和其他固定支出(如分期付款)所剩下的那部分收入。这部分收入主要用于满足人们基本生活需要之外的开支,一般用于购买高档耐用消费品、旅游、储蓄等,是消费需求变化中最活跃的因素。

(3) 家庭收入。很多商品是以家庭为基本消费单位的,如冰箱、油烟机、空调等。因此,家庭收入的高低会影响很多产品的市场需求。

需要注意的是,经营人员在分析消费者收入时,还要区分货币和实际收入,只有实际收入才影响实际购买力。由于通货膨胀、失业、税收等因素的影响,实际收入和货币收入并不完全一致,比如消费者的货币收入不变,如果物价上涨或税收增加,消费者的实际收入就会减少。企业在经营活动中不仅要研究消费者的平均收入,而且要分析不同时期、不同国家或地区、不同阶层的消费者收入,这对于企业有针对性地开展经营活动具有重要意义。

2. 消费者支出模式和消费结构的变化

随着消费收入的变化,消费者支出模式和消费结构会发生相应变化,通常用恩格尔系数来反映这种变化。德国统计学家恩格尔通过长期观察和大量统计数据指出:当家庭收入增加时,用于购买食物支出的比例会下降,而用于服装、交通、保健、教育、文娱的开支和储蓄的比例将会上升。消费中用于食品方面支出占总支出的比重称为恩格尔系数,用它来衡量生活水平和富裕程度。食物开支占总消费量的比重越大,恩格尔系数越高,生活水平越低;反之,食物开支所占比重越小,恩格尔系数越小,生活水平越高。

消费结构是一定时期内人们对各类商品或劳务的需求量和比例,目前我国的消费结构还不尽合理。长期以来,由于政府在住房、医疗等方面实行福利政策,引起了消费结构的畸形发展,决定了我国居民的支出模式以食物、衣物等生活必需品为主。随着社会主义市场经济的发展及住房、医疗等制度改革的深入,人们的消费模式和消费结构都会发生明显变化。企业要掌握目标市场支出模式和消费结构的情况,输送适销对路的商品和劳务。

3. 消费者的储蓄和信贷

消费者的收入不可能全部花掉,总有一部分以各种形式储蓄起来。当收入一定时,储蓄越多,现实消费量就越少,但潜在消费量越大。我国居民有勤俭持家的传统,长期以来养成储蓄习惯,近年来我国居民储蓄额和储蓄增长率均增大。据调查,居民储蓄的目的主要用于供养子女和婚丧嫁娶,用于购买住房和大件用品的储蓄比重也在逐步增加。居民储蓄增加,显然会使企业目前商品销售比较困难,但另一方面,企业若能调动消费者的潜在需求,就可开发新的市场。例如,1979年,日本电视机厂商发现,尽管中国人可任意支配的收入不多,但中国人有储蓄习惯,且人口众多。于是,他们决定开发中国黑白电视机市场,不久便获得成功。当时,西欧某国电视机厂商虽然也来中国调查,却认为中国人均收入过低,市场潜力不大,结果贻误了时机。

消费者信贷对购买力的影响也很大。消费者信贷实际上就是消费者提前支取未来的收入,提前消费。信贷消费允许人们购买超过自己现实购买力的商品,从而创造了更多的需求。我国现阶段的教育、住宅建设以及一些商家的信用卡消费正在逐步兴起,这给经营活动带来了更多的机会。

除了上述因素直接影响企业的经营活动外,经济体制、经济发展水平、地区与行业发展状况、城市化程度等经济环境因素也对企业的经营活动或多或少地产生影响。

三、自然环境因素

自然环境在不同程度上影响着企业的经营活动,有时甚至对企业的生存和发展起决定作用。影响经营活动的自然环境因素主要有:

1. 自然资源问题

自然资源包括矿产资源、森林资源、土地资源、水利资源等。这些资源分为三类:一是无限资源,如空气、水等;二是有限但可以更新的资源,如森林、粮食等;三是有限但不可再生资源,如石油、煤、锌等矿物。自然资源的分布具有地理的偶然性,分布很不均衡,企业到某地从事经营活动必须了解该地的自然资源情况。如果该地对本企业商品需求大,但缺乏必要的生产资源,那么,企业就适宜向该地销售产品。如果该地有丰富的生产资源,企业就可以在该地投资建厂,当地生产,就地销售。随着工业的发展,自然资源逐渐短缺,使得一些企业陷入困境,促使企业寻找替代品,降低原材料消耗,例如,1990年天然油脂吃紧,使一些以此为主料的肥皂厂陷入困境,四川某肥皂厂也遇到同样困难,但该厂马上研制出"芙蓉牌"肥皂粉,既提高了产品的功效,又降低了原材料的消耗,很快赢得了消费者青睐,占领了市场。

2. 环境的污染与保护问题

随着工业化和城市化的发展,环境污染已成为举世瞩目的问题,为此,各国政府都采取了一系列措施,对环境污染问题进行控制。这一方面限制了某些行业的发展,另一方面也为企业带来了两大机会:一是为治理污染的技术和设备提供了一个大市场;二是为不破坏生态环境的新的生产技术和包装方法创造了机会。20世纪80年代初以来,以销售绿色产品为特色的绿色营销蓬勃发展,如宝洁公司的一些产品用再生纸包装代替塑料包装,麦当劳规定所有餐厅都采用再生纸制成的餐具等。企业都力争做到既能减少环境污染,又能保证企业发展,提高经济效益。

3. 地理环境

气候、地形地貌不仅直接影响企业的经营、运输、通讯、分销等活动,而且会影响到一个地区的经济、文化和人口分布状况。因此,企业开展经营活动,必须考虑当地的气候与地形地貌。例如,气候(温度、湿度)特点会影响商品的性能和使用,在沿海地区运行良好的设备到了内陆沙漠地区就有可能发生性能的急剧变化。我国地域辽阔,南北跨度大,气候多变,企业必须根据各地的自然地理条件经营与之相适应的商品,才能适应市场的需要。

四、政治环境因素

政治因素像一只无形的手,调节着经营活动的方向,法律则为企业规定经营活动行为准则,政治与法律相互联系,共同对经营活动发挥影响和作用。政治环境因素具体包括:

1. 政治局势

政局稳定,人民安居乐业,就会给企业造成良好的环境。相反政治不稳,社会矛盾尖锐,秩序混乱、战争、暴乱、罢工、政权更替等政治事件都可能对经营活动产生不利影响。

2. 方针政策

国家制定的经济发展战略及各种方针政策,必然会影响市场需求,改变资源供给,促进某些行业的发展,同时限制另一些行业和产品的发展,例如香烟、酒等征收较重的税收来抑制消费需求。一国的方针政策还会影响外国企业在本国的经营活动。例如,改革开放之初,我国的外贸政策还比较谨慎,又缺乏稳定性和连续性,因此,外国资本来华投资多是短期行为。随着我国对外开放的进一步扩大,特别是对外开放政策的进一步明朗化,外资看到了在华投资的前景,因而扩大投资规模,延长投资期限。

3. 国际关系

在经济全球化的趋势下,企业在经营活动过程中都可能或多或少地与其他国家发生往来,开展国际经营的企业更是如此,国家间的关系必然会对经营活动产生影响。这种国家关系主要包括两个方面的内容:一是企业所在国与市场国之间的关系,如果两国关系良好,则对企业经营有利;如果两国持敌对态度,那么企业就会遭到不利的对待,甚至抵制。如中美两国之间的贸易关系就经常受到两国外交关系的影响。二是企业的市场国与其他国家之间的关系。例如,阿拉伯国家曾联合起来,抵制与以色列有贸易往来的国际企业。当可口可乐企业试图在以色列办厂时,引起阿拉伯国家的普遍不满,因为阿拉伯国家认为,这样做有利于以色列发展经济。当可口可乐企业在以色列销售成品饮料时,却受到阿拉伯国家的欢迎,因为他们认为这样做会消耗以色列的外汇储备。

五、法律环境因素

企业要开展经营活动,必须了解并遵守有关法律、法规,如果从事国家经营活动,还要了解和遵守市场国的法律制度和有关的国际法规、国际惯例。例如,一些国家对外国进入本国经营设定各种限制条件,日本政府曾规定,任何外国企业进入日本市场,必须找一个日本企业同它合伙。从当前企业经营活动法制环境的情况来看,有两个明显的特点:

1. 法律体系越来越完善

经营活动有关立法主要有三个内容或目的:一是保护企业间的公平竞争;二是保护消费者正当权益;三是保护社会的整体利益和长远利益,防止对环境的污染和生态的破坏。近几年来,我国陆续制定、颁布了一系列重要法律法规,如《广告法》《商标法》《经济合同法》《反不正当竞争法》《消费者权益保护法》《产品质量法》等等,这对规范企业的经营活动起到了重要作用。

2. 政府机构执法更严

各个国家都根据自己不同的情况,建立了相应的执法机关。例如,在美国,就有联邦贸易委员会、环境保护局、消费者事务局等执法机构,日本有公正交易委员会,加拿大有市场保护委员会等。我国主要有工商行政管理局、技术监督局、物价局、医药管理局、环境保护局、卫生防疫部门等。这些机构对经营活动有很大的影响力。企业必须知法守法,自觉用法律来规范自己的经营活动并自觉接受执法部门的管理和监督,同时善于运用法律武器维护自己的合法权益。

六、社会文化环境因素

社会文化是一个社会的民族象征、价值观念、生活方式、风俗习惯、伦理道德、教育水平、语言文字、社会结构等的总和。它主要由两部分组成:一是全体社会成员所共有的核心文化;二是随时间变化和外界因素影响而容易改变的亚文化。人类在某种社会生活中,必然会形成某种特定的文化。不同国家、地区的人民有着不同的社会与文化,代表着不同的生活模式,社会文化通过影响消费者的思想和行为来影响企业

学习单元二　经营环境分析与市场调研

的经营活动。因此,了解社会文化环境因素是成功地进行经营活动的前提。社会文化所包含的内容很多,下面就与经营活动关系较为密切的几个因素进行讨论。

1. 教育水平

教育水平的高低影响着消费心理、消费结构,进而影响经营策略的选择。一般来讲,教育水平高的地区,消费者对商品的鉴别力强,容易接受广告宣传和接受新产品,购买的理性程度高。例如,在教育水平低的地区,适合采用操作使用、维修保养都较简单的商品,而教育水平高的地区,则需要先进、精密、功能多、品质好的产品。

2. 语言文字

世界上语种很多,有些国家通用几种语言,就要求输出国在商品包装上分别写明,如加拿大要求用英、法两种语言,否则不准进口。此外,还要研究语言使用习惯、语言歧义和语言禁忌等。在跨国经营中,由于语言歧义而破坏了促销活动顺利进行的事例是很多的。例如,中国出口的"芳芳"牌口红,英文名称是"FangFang",但"Fang"在英文中意为"(狗的)尖牙""(蛇的)毒牙",可口可乐(Coca-Cola)最初到中国来的音译为"口渴口辣",令中国人畏惧三分。

3. 价值观念

不同的文化背景下,人们的价值观念差别是很大的,这对消费需求和购买行为影响很大。例如美国人的时间观念,因而对能节约时间的产品十分欢迎,但美国的速溶咖啡在拉美一些国家却遭到了妇女的拒绝,因为家庭主妇们知道,如果她们使用这种节省时间的饮料,会被别人讥为"懒婆娘"。

4. 宗教信仰

教徒信教不一样,信仰和禁忌也不一样。一种新产品出现,宗教组织有时会认为该商品与其宗教信仰相冲突,提出限制和禁止使用。相反,有的新产品出现,得到宗教组织的认同和支持,它就会号召教徒购买、使用,起一种特殊的推广作用。

5. 审美观

因审美观的不同而形成的消费差异表现多种多样。例如,在欧美,妇女结婚时喜欢穿白色的婚礼服,因为她们认为白色象征纯洁,美丽;在我国,妇女结婚时喜欢穿红色的婚礼服,因为红色象征吉祥如意,幸福美满。

6. 风俗习惯

风俗习惯是人们长期形成并世代相袭的一种风尚,它表现在饮食、服饰、婚丧、信仰、节日、人际关系等方面,不同的国家、不同的民族有不同的风俗习惯。例如,不同的国家、民族对图案、颜色、数字、动植物等都有不同的喜好和不同的使用习惯,如中国、日本、美国等国家对熊猫特别喜爱,但一些阿拉伯人却对熊猫很反感。企业应了解和注意不同国家、民族的消费习惯和爱好,做到"入境随俗"。

七、科技环境因素

第二次世界大战以后,新科技革命蓬勃兴起,现代科学技术是生产力中最活跃的

并对生产力发展起决定性的因素,科技在现代经营中起着主导作用。具体表现在:

1. 科学技术是一种"创造性的毁灭力量"

科学技术的发明和应用,可以造就一些新的行业、新的市场,同时又使一些旧的行业与市场走向衰落。例如,晶体管取代电子管,后又被集成电路所取代;复印机工业打击复写纸行业;电视业打击电影业;激光唱盘夺走磁带的市场等等。科学技术对新行业是机会,但对旧行业是威胁。科学技术的发展还使得产品更新换代速度加快,产品的市场寿命缩短。新工艺、新材料等不断涌现,使得刚刚炙手可热的技术和产品转瞬间成了明日黄花。这要求企业不断地进行技术改革,赶上技术进步的浪潮。

2. 新技术革命有利于企业改善经营管理

21世纪,一场以微电子为中心的新技术革命正在蓬勃兴起。许多现代企业在经营管理中普遍使用电脑、传真机、网络,这对改善企业经营管理,提高经营活动效率起到了很大的作用。信息、通信设备的改善,更便于企业经营活动的组织和管理;新的运输工具的发明,旧的运输工具的技术改进,使运输的效率大大提高;自动售货、邮购、电话订货、电视购物等方式的发展,既满足了消费者的需求,又使企业的经营效率更高;广播、电视、传真技术、网络等现代信息传媒的发展,可使企业的商品和劳务信息及时准确地传送到全国乃至世界各地;现代电脑和网络技术的运用,可使企业及时对消费者的消费需求及动向进行有效的了解,从而使经营活动更加切合消费者需求的实际情况。例如,利用计算机对消费者及其需求的资料进行模拟和计算,分析和预测,就能及时、准确地为企业提供相关资料,作为经营活动的客观依据。

3. 科学技术的进步,将会使人们的生活方式、消费模式和消费需求结构发生深刻的变化

一种新技术的应用,必然导致新的产业部门和新的市场出现,使消费结构发生变化。例如,在美国,由于汽车工业的迅速发展,使美国成了一个"装在车轮上的国家",现代美国人的生活方式,无时无刻不依赖于汽车。再如,电子计算技术的发展使人们改变了传统的笔算和拨算盘的做法,甚至在日常生活中也逐渐离不开电子计算器和微型计算器。这些生活的变革,如果能被企业深刻认识到,主动采取与之相适应的经营策略,就能获得成功。

【经营启示录】

突破困境——经济环境调查的内容

某市燃料公司是位于长江中下游的市属大中型企业。现有职工近600人,固定资产1 300万元左右。下属主要经营部门有:煤炭经营部(资源调进、市外调拨销售);燃料经营部(市区供应、节约管理);石油化工产品经营部(燃料油、柴油、汽油、化工产品、化工原料);建材经营部(木材、钢材、黄沙、石子、装饰材料);节能产品经营技

学习单元二 经营环境分析与市场调研

术服务部(节能产品、锅炉测试)。设有年送货量25万吨以上的汽车运输队、三列自备运输专列,所属姚港物资装卸储运公司的有能靠3 000吨货轮的泊位码头一座,并已开始筹建2万吨级码头,年接卸、中转能力70多万吨;姚港储站是长江中下游唯一的燃料油中转站,有3 000吨中转油罐四只,一次中转量达12 000吨。

1989年,该公司和其他企业一样,面临的是市场疲软、销售困难的环境,但该公司的全体职工,特别是领导班子,积极主动,做到市场疲软而人的精神不疲,采用多种方法,开展了广泛的调查研究。

首先是对宏观经济环境进行了调查研究。1989年,中央决定采取有力措施开展治理整顿以后,中央采取了抽紧银根、压缩信贷规模、压缩固定资产投资规模、调整产业结构等宏观经济政策。这些政策一改供求在总量和结构上的严重失调、流通领域包括物资流通领域的混乱局面,把双位数的恶性通货膨胀率降到一位数,解决了当时矛盾最突出的几个经济问题。同时,这些大力度的经济政策产生了市场疲软等一些新问题。这些问题需要通过政策调整来解决,比如运输能力紧张问题,还需要进一步调整并经过一定时间来解决。

其次对微观经济环境进行了调查,由现阶段中国物资流通体制的特点决定的国营物资流通企业在物资流通中的主渠道地位,使该燃料公司在本市占据有利地位,特别是在治理整顿中,对燃料市场的整顿、对煤炭的统管政策更加强化了这一地位。该市不生产该公司经营的主要产品,这虽然使公司必须从外地进货,却也减少了竞争的可能性,公司只要抓到货源,并把这些商品运回该地,那么销路还是有的。同时宏观经济政策造成的资金缺、运输紧、接卸难、周转慢等问题,围绕着包括该公司在内的大多数企业的经营。就资源来说,一方面是货源紧张,另一方面是销售困难。销售困难的原因是用户受到了资金短缺的影响。货源紧张的原因除历史原因外,还在于生产厂商要求提前付款或现款交易。

通过上述调查研究,公司制定了相应措施,解决了资金、运输、资源、接卸等问题。通过采取这些措施,该公司1989年销售额为39 121万元,取得了巨大成绩。

【经营启示】

该案例提供了某燃料公司的经营资料。该企业的市场调查包括宏观和微观两方面。宏观方面的调查包括宏观经济政策、经济环境等。经济政策上,中央决定并采取了有力的治理整顿措施,银根紧缩,信贷规模受到控制,调整产业结构等。由于这些措施,经济环境发生了变化,资金紧张、市场疲软、销售困难,一改原来需求严重超过供给的局面,通货膨胀受到扼制,另外,一些经济条件如:运输能力紧张,还需要一定时间才能解决。微观上,该燃料公司在本地市场上占绝对有利地位、竞争者弱而且少。治理整顿中对燃料市场,特别是煤炭经营的统管,加强了企业的这种地位。通过这些调查,制定了相应对策,解决了问题,取得了巨大成绩。总之,从本案例来看,作为流通企业,一方面市场调查是重要的,另一方面,经济环境调查的内容应包括宏观和微观两方面。

学习任务三　微观环境分析的基本因素

陌生蕴含商机

1993年夏天,25岁的丹麦青年李曦萌来到上海淘金。这位复旦大学的留学生折腾了大半年后仍一无所获,走投无路之际,老同学提醒他:"你不是擅长吹萨克斯吗?干嘛不先用它糊口呢?"当天下午,李就在上海夜总会找到工作,每晚演出收入300元。

温饱无忧之后,他开始反思之前商场折戟的原因,觉得就像眼前只能靠吹萨克斯吃饭一样,应当从自己熟悉的行业入手。他想起刚毕业时曾到非洲采访过一个很有名气的木材商,对方曾拍胸脯说非洲的木材不比北欧的差,但非洲的木材价格就是卖不上去。他迅速查到那个木材商的地址,向对方发出传真,对方很快有了反馈。然后,他又打电话给上海几乎所有的木材厂,终于落实了一笔200万美元的合同。一个月后,生意成功,他赚了个钵满盆满。

此后,李曦萌又将目光瞄向了家乡丹麦的著名产品。他发现,随着上海的进一步开放,越来越多的外国人入住上海,同时许多家庭搬迁新居,如果把高品质的丹麦家具打入中国百姓的家庭,定能填补市场的空白。不久,一组名为"北欧风情"的系列家具迅速占领上海乃至北京、深圳、大连等地市场,至2000年底,李曦萌已经创出9亿元的资产。

【案例思考】李曦萌在商机的需求分析中主要考虑到哪些因素?

微观环境分析的对象集中在行业范围内,它主要包括需求、竞争、供给、市场参与者和社会公众等内容分析。

一、需求因素分析

需求分析的主要内容是消费者的基本需求和需求偏好的变化趋势、市场活力以及价格决定等因素。

1. 基本需求与需求偏好

消费者购买商品的动机,是商品向他提供的效用,如果出现了效用更好的商品,他会毫不犹豫地改变购买取向。效用高的商品能满足消费者某种特定需要,价格又合理。由于购买力普遍提高,我国消费品市场需求偏好变化的总趋势,正在由价格偏好转变为功能偏好;由数量偏好转变为服务偏好;由模仿追逐偏好转变为创新时尚偏好。

学习单元二 经营环境分析与市场调研

2. 市场活力

它是指某种商品市场的总需求规模或称市场容量及其变化趋势和幅度。市场活力受多种因素制约,主要因素是购买力、消费结构和替代产品。购买力和消费结构的变化是确定性的,而替代产品的出现具有不确定性。

3. 价格决定

主要是指用户左右价格的能力和价格弹性的大小。在买方市场条件下,价格在很大程度上是由顾客认为他所需要的商品付多少钱来决定的。商品在市场上的销售是同价格成反比例的。价格高则销售量少,价格低则销售量高。也有些商品的价格下降,导致销售额的降低。

二、竞争因素分析

为保证行业竞争的有效性,必须注意确定行业中关键的竞争者。在一个确定的行业中,有成百上千的企业从事相同或相似的产品生产。但是,对一个稳定的企业环境来说,并不是所有同行业企业都具有同等的重要性。因此,确定能够影响整个行业或影响本企业赢利的关键竞争者是十分重要的。如美国百事可乐公司生产的百事可乐饮料在苏联市场上,将可口可乐饮料作为竞争产品,在占领市场策略上,百事可乐公司通过易货贸易的方式,捷足先登,打入苏联市场。

在行业竞争分析中,企业必须注重确定自己企业的竞争优势。如果自己没有竞争优势,那么也要知道竞争对手的竞争优势是什么。分析自己企业或竞争对手的竞争优势,对企业的战略选择是十分重要的。

在激烈的市场竞争中,同行企业和非同行企业以其相同或相近的产品,参与市场竞争、实施市场分割。通过产品的性能、规格、外观、价格、服务的差异化策略争取更多的消费者或用户。来自相同或相近产品的竞争与威胁可能是可感知的、渐进式的,但也可能是突然的、爆发式的。这种爆发式的打击,很可能使那些生产品种单一的企业痛遭灭顶之灾,沦入万世不复之劫。

1. 波特模型,主要描述企业各种可能的竞争力量

①新竞争者的加入威胁;②现有竞争者的竞争;③替代产品的竞争压力;④买方的议价能力;⑤供应者的竞价能力。

2. 如何确定企业所在行业的关键竞争者

一般依据竞争者的①市场位置;②市场占有率及其趋势;③盈利;④资金实力;⑤技术革新能力;⑥成本状况;⑦产品质量;⑧产品改进;⑨产品组合等因素,确定企业的关键竞争者。

三、供给因素分析

企业是一个实行能量转换和价值增值的开放系统。企业对社会提供产品或服务的先决条件是必要的人力、设备、能源、原材料、给水、协作条件等的有效供给。供给

是企业从事生产经营的必要条件,也可能是形成企业竞争优势的因素。资源的配置、地理位置和国家资源政策等方面的影响,会使企业在供给方面形成自己的优势或劣势。这种特点对企业经营的范围、方向等重大战略选择具有重要影响。

1. 资源供应者

资源供应者是向企业及其竞争对手提供从事经营活动所需要的资源的企业和个人。这些资源包括资金、货物、设备、人力资源等。资源的供应者直接影响企业经营活动的进行,例如企业的商品供应价格和供应量直接影响商品的销售价格、销量和利润,若供应短缺,将影响企业按期完成交货任务。企业在制定经营战略时,不仅要求有充足的资源、资金和设备投入,也需要高素质的人力资源投入。为了达到这样的要求,企业需要拥有广泛的资源供给渠道,并与资源供应者建立良好的合作关系,同时,要选择在质量、价格以及运输、供货、承担风险等方面条件最好的供应者。

2. 资源要素

(1) 人力资源。人才是企业经营成败的关键因素。企业为完成战略计划需要大批特殊人才,因而,人力资源在质与量方面的供应情况将影响战略计划的选择与实施。在我国,人口众多,但高级科技人才、管理人才占人口的比例很小,人力资源在质的方面的矛盾要远比量的方面突出。

(2) 能源和原材料。在竞争的环境下,企业必须为获得充足和必要的能源和原材料而进行激烈的竞争。尤其在我国企业所面临的能源和原材料极度短缺的情况下,能源与原材料供给的矛盾尤为突出。

(3) 资金。在市场经济条件下,由于货币、资金起着一般等价物的通兑作用,资金成为企业从事生产经营活动或扩大生产经营的基本条件。对于企业来说,必要的资金就如同企业的血液,因而,必须注意利用已有的资金条件,把挖掘内部资金条件与利用外部资金贷款结合起来,为自己创造良好的资金供给环境。

(4) 技术和设备。企业可以通过具体与非具体两种形式获得较先进的技术。当企业购买一套新的设备时,其中就已包含了现代技术的优势,这是一种以具体形式获得先进技术的方法。非具体形式是指企业直接购买有关技术的蓝图和文件等资料。

(5) 零部件供应。零部件的供应与需求是社会化大生产条件下企业生产正常发展的重要条件。为了保证正常生产和降低产品成本,企业必须建立自己长期稳定的协作供应企业。

(6) 综合服务。综合服务包括邮电通讯服务、生产保障服务、运输条件、企业安全与职工健康保险服务、教育体系和法律保证体系等。

四、市场参与者和社会公众因素分析

1. 营销中介

营销中介是那些为企业提供销售、促销、运输及仓储服务的机构和组织,包括中间商、物流配送企业、营销服务机构等。中间商包括经销商和代理商,它协助企业寻找顾客或直接与顾客进行交易。物流配送中心协助企业做好运输、仓储工作。企业的经营活动在很大程度上受到物流配送服务水平的高低的影响。营销服务机构指那些为企业选择恰当的市场,并帮助企业向选定的市场推出产品的市场调研、广告及各类咨询企业。在我国,随着市场竞争日趋激烈,将有越来越多的企业需要各类营销中介的服务。

2. 竞争者

企业在其经营活动中面临竞争挑战时考虑的问题有:竞争者是谁?他们的实力如何?他们的优势和弱点在哪里?对经营战略的制定有何影响?在不同的环境中竞争对手最可能采取的战略是什么?对本企业的经营战略竞争对手最可能做出的反应是什么?要回答这些问题,必须进行全面的竞争分析,对竞争对手的货源供应、技术能力、资金能力、经营商品的质量以及经营活动的全方位状况进行了解和分析。企业的竞争者包括四种类型:

(1) 愿望竞争者。是提供不同产品以满足不同需求的竞争,如对电视制造商来说,生产汽车、地毯等不同商品的企业就是愿望竞争者。

(2) 平行竞争者。是提供能满足同一种需求的不同产品的竞争者,如自行车、摩托车、汽车都可用作交通工具,生产它们的企业也就相互成为各自的平行竞争者。

(3) 产品形式竞争者。是生产同种产品但不同规格、型号、款式的竞争者,如生产自行车的企业中,赛车、山地车、轻便车成为产品形式竞争者。

(4) 品牌竞争者。是产品相同,规格、型号也相同,但品牌不同的竞争者,如彩电就有康佳、长虹、海尔、TCL等不同品牌的竞争者。

由此可以看出,企业的竞争环境不仅包括同行业的竞争者。上述不同的竞争对手与企业形成的不断变化的竞争关系,是企业开展经营活动必须考虑的制约因素。

3. 顾客

顾客是一切经营活动的核心。在消费者分析中,经营人员可采用的一个有效方法是5W模式。即:谁是我们的顾客?——何人(Who);顾客在什么时候购买?——何时(When);顾客在什么地方购买?——何地(Where);顾客需要什么商品?(What);顾客为什么购买?——为何(Why)。围绕这五个问题来分析企业的产品和服务能满足的所有现实顾客和潜在顾客。

4. 公众

公众就是对一个组织实现其目标的能力有着实际或潜在利益关系和影响力的群体。公众一般包括七类:

(1) 金融公众。主要有银行、投资公司、保险公司、证券交易所、股东等,企业以发表年度报告、回答有关财务方面的问题来令他们满意和放心,在这些群体中树立声誉。

(2) 媒介公众。包括电视台、电台、报纸、杂志、网站等,这些大众传播媒介通过刊载、播送新闻、特写和社论对企业施加广泛的影响。

(3) 政府机构。企业在制定经营战略与策略时,还应考虑工商管理局、税务部门等政府机构对企业的影响,为企业创造最有利的经营条件。

(4) 社会团体。经营活动可能会受到消费者协会、环境保护组织等的质询,企业应回答这些质询并共同协商解决问题。

(5) 地方公众。每个企业都与当地的公众团体如邻里居民和社区组织等保持联系,处理社区事务,参与社区会议,资助社区活动等。

(6) 一般公众。一般公众对企业的印象影响着消费者对企业及其产品的看法,企业需要关注一般公众对企业的产品和经营活动的态度,通过慈善事业、建立消费者意见处理系统等方式来树立良好的企业形象。

(7) 内部公众。即企业的内部员工,企业通过发行内部刊物、开展活动、建立企业内部网等信息沟通方法向他们通报消息并激励他们的积极性,当员工对自己的企业感到满意时,他们的态度也会感染其他公众。

公众对企业是持欢迎、反感或是抵制的态度,将对经营战略能否顺利实现产生巨大影响。企业应当密切关注公众的态度,采取积极的措施,消除可能出现的问题,发展与公众的良好关系。

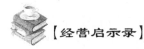

【经营启示录】

后来居上的日本汽车工业——经济环境分析

美国的汽车制造业一度在世界上占霸主地位,而日本的汽车工业则是20世纪50年代学习美国发展起来的。但是,时隔三十年,日本汽车制造业突飞猛进,充斥欧美市场及世界各地,把美国的汽车工业打得一塌糊涂。为此美日之间引起了"汽车摩擦",日方考虑外交上的因素,成立了"抢救美国汽车特别紧急委员会"来挽救美国汽车工业的颓势。美国的汽车工业何以会落到这种地步呢?

在20世纪60年代,当时有两个因素影响汽车工业,一是第三世界的石油生产被工业发达国家所控制,石油价格低廉;二是轿车制造业发展很快,多座位的豪华车、大型车盛极一时。但是擅长于搞市场调查和预测的日本汽车制造商,首先通过表面的经济繁荣,看到产油国与跨国公司之间暗中正在酝酿和发展着的斗争,以及工业发达国家耗能量的增加,预测出即将要发生世界性的能源危机,石油价格会很快上涨,因此,必须改产耗油量小的轿车来适应能源奇缺的环境。其次,日本估计:随着汽车数量的增多,马路上车流量增加,停车场的收费会提高,因此,只有造小型车才能适应拥挤的马路和停车场。再次,日本制造商分析了工业发达国家家庭成员的用车状况,主妇要上超级市场,主人要上班,孩子要上学,一个家庭只有一部汽车显然不能满足需要。这样,小巧玲珑的轿车就能得到消费者的宠爱。通过调查分析,使他们掌握了经济环境的变化趋势,进而做出正确的决策。于是日本物美价廉的小型节油轿车在20世纪70年代的世界石油危机中横扫欧美市场,市场占有率不断提高,而欧美各国生产的传统豪华型轿车,却因耗油大,成本高,而销路大受影响。

【经营启示】

日美轿车大战,美国汽车业失败,主要原因在于忽视经济环境对销售竞争的影响,对市场经营环境缺乏科学的分析。

销售者应经常注意研究自己所处的经济环境及其变化趋势,及时采取相应的销售策略,对于改变自己在竞争中的地位,无疑很有帮助。

学习任务四　经营机会与经营风险分析

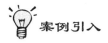

三十三元钱一斤的桔子皮

桔子皮,中药称其为"陈皮"。罐头厂不生产中药,百货公司的食品部也不卖中药,但汕头某罐头厂在北京王府井百货大楼竟把桔子皮卖出了 33 块钱一斤的价格!这事谁听了都觉得有些"邪乎",可你抽空到北京王府井百货大楼食品部看一看,就会发现这是真的:身价不凡的桔子皮,堂而皇之地躺在玻璃柜台上,每大盒内装 15 克包装的 10 小盒,售价 10 元,如此折算,每 500 克售价高达 33 元之多。

汕头这家食品厂,原本生产桔子罐头,以前鲜桔装瓶后,桔子皮就被送进药材收购站,价格是几分钱一斤,近年来加工桔子罐头的多了,桔子皮几分钱一斤也卖不出去,于是就在桔子皮上打主意——难道桔子皮除了晾干后入中药做陈皮外,就没别的用场吗?他们组织人力开发研究其新的使用价值,终于开发出了一种叫"珍珠陈皮"的小食品。

产品开发出来了,如何进行市场推广?他们做了市场分析评估:

1. 这种小食品的"上帝"多为妇女和儿童,城市的女性和儿童多有食用小食品的习惯。

2. 城市妇女既爱吃小食品又追求苗条、美容,惧怕肥胖。女孩子视吃小食品为一种时髦。

3. 儿童喜欢吃小食品,家长也从不吝惜花钱,但又担心小孩过胖。

4. 珍珠陈皮的配料采用桔皮、珍珠、二钛糖、食盐,经加工后味道很好,食后还有保持面部红润、身材苗条的功能,由于用袋装小包装,食用起来也很方便。

5. 市场上当前很少有同类产品。

于是这种小食品采用高价策略进入了妇女和儿童市场。一斤桔子皮卖 33 元钱,就是那些领新潮消费之先的年轻女士也称太贵,可是,当她们买到尝过之后,又介绍给别人去买去尝,儿童们更是口手不离。于是 33 元钱一斤的桔子皮,真的成了"挡不住的诱惑",诱得求购者纷至沓来。北京展览馆的购物中心举办的商品展销,评定出的单项商品销售冠军,竟然就是这 33 元钱一斤的"桔子皮"——珍珠陈皮。

【案例思考】通过本案例,谈谈企业经营应如何识别机会。

进行环境分析就是要摸清宏观和微观环境的各种因素并及时掌握环境变化的发展趋势。企业应在有关环境因素上找出对自己有利的机会和对自己不利的风险或威胁。机会和风险总是并存的,有机会就会有风险,有风险也必然存在着某种机会,只不过机会与风险孰大孰小而已。

一、环境与经营机会

经营机会,是指有利于实现企业的经营目标的良好条件或客观可能性。这些条件和客观可能性可以通过企业的战略与决策的制定与实施变为现实。形成经营机会的因素很多,如新技术、新发明的出现,需求结构的变化,政府的税制及投资政策的改变以及国际关系或贸易环境的改善等。

环境分析的目的是为了不失时机地掌握机会,环境是不断变化的。变化既会呈现渐进性,也会呈现某种突发性,都可能为企业带来一定的机会。但有些机会是显而易见的,明眼人一看就知;有些机会伪饰丛丛,识别这些机会,抓住这些机会,需费番周折。所以经营机会从识别程度来看,可以分为二种:

(1) 显在性经营机会。这是常常可以凭即时环境感受到的一种显而易见的机会。一般地说,显在性机会常与某一时期的特定环境的变动相联系。捕捉显在性机会有赖于企业环境预测的实力和水平。

(2) 潜在性经营机会。这是人们不易直接凭借即时的环境来判断的一种不明显隐含的机会。潜在性机会中隐藏着许多似是而非的机会,一个出色的经营者应独具慧眼,善于对其进行由表及里,去伪存真的分析,以免错捕机会造成战略失误。总之企业经营环境的众多的有利因素形成企业的经营机会。有些机会,有一定的延续时间,人们可以充分准备,从容抉择;有些机会稍纵即逝,反应迟钝的人只能望洋兴叹,追悔莫及。

另外从机会的形成及波及范围来看,分为以下二类:

(1) 系统环境产生的经营机会。系统环境是指总体上同质、有序、连续稳定的环境。这样的环境常常制约着经营机会的程度和范围。它给企业带来等同的外界条件和均等的经营机会。

(2) 非系统性环境产生的经营机会。非系统性环境是指局部的、不连续或无序的、变异的环境。非系统性环境纷纭微妙,千差万别,它在变化中孕育着各种经营机会,也往往在一夜之间丧失原有的经营机会。

二、环境与经营风险

经营风险,是指企业在创办或经营过程中发生的对未来结果的不确定性,使企业遭受一定的风险损失。国内外一切政治、经济、技术、市场等因素的变化都存在着某种对企业经营成果的不确定性。企业经营风险主要包括筹资风险、投资风险和经营风险。

企业从事经营活动,既有机会,也有风险,机会与风险并存。人们期望抓住机会,回避风险。但现实中,机会总是与风险并存。企业要经营就必须抓住机会,企业要发展就必须承担风险。冒险的冲动在于机会中的丰厚利润,而实现机会的可能在于冒险行为的成功。经营风险包括显在性风险和潜在性风险。前者易被把握,后者难于辨识。企业日常的管理决策和业务决策体系已包含了许多预测、评估和对策。减少确定型风险的主要途径在于对日常的管理经验不断总结,对应付和补救措施不断完善。

三、机会与风险分析的基本方法

1. 机会与风险的形成

机会的形成往往是由于:

（1）某些顾客的消费需求不能从生产现有产品的企业中得到满足,而本企业却能设法给予满足,甚至拥有某些优势。

（2）企业的生产经营条件出现了对自己有利的变化。

（3）同行业竞争企业经营实力的衰退或经营战略的失误。

环境风险的形成则是由于:

（1）原来对自己有利的生产经营条件发生不利的变化。

（2）企业自身的生产经营条件落后陈旧,缺乏竞争力。

（3）行业竞争企业经营实力的增强或经营战略的成功。

2. 机会与风险的组合

任何一家企业总是面临着不同的机会与风险的组合。由于机会与风险的程度有大有小,可以运用一个矩阵把企业经营环境划分为四种。

（1）理想的环境,机会大而风险小。

（2）冒险的环境,机会大而风险也大。

（3）老化的环境,机会小风险也小。

（4）恶化的环境,机会虽小风险却大。

风险机会与环境变化的关系如图 2-1 所示。

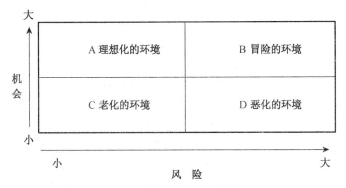

图 2-1　机会与风险环境组合

从图2-1种可见：

A区是理想的环境，因为在那里机会大而风险小，企业可以采取发展战略。

B区是冒险的环境，因为在那里机会和风险都大，企业可以观察，等待时机。

C区是老化的环境，因为在那里机会和风险都小，企业可以采取维持盈利产品策略。

D区是恶化的环境，因为在那里机会小而风险大，企业可以采取撤退战略。

3. 企业采取的对策

企业在环境分析的基础上应采取相应的对策，把握市场机会，避免或减少风险。

对所面临的市场机会应充分利用，但也必须首先评价其质量，以避免对某些表面上的机会做出错误的估计。

对所面临的风险，企业可选用以下三种对策：

（1）反抗策略，即试图扭转不利因素的发展。例如，香烟公司为扭转公共场所禁止吸烟对公司带来的风险，可以游说立法人员通过一个允许人们在公共场所吸烟的法令。

（2）减轻策略，即企业采取减轻环境污染的措施，如该公司设法在公共场所建立一些吸烟区等。

（3）转移策略，即企业无法反抗或减轻所面临的环境风险时，可将业务转移到其他领域。例如，该香烟公司可适当减少部分香烟业务，把资金投入酿酒行业，以实行多元化经营。

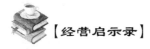

【经营启示录】

大师的败笔

建筑大师一生杰作无数，在过完65岁寿诞之后，他向外界宣称：等完成封笔之作便归隐林泉。一言方出，求他设计楼宇者便踏破门庭。

大师有他自己的想法，他一生学富五车，阅历无数，最大的遗憾就是时下人们批评的，把城市空间分割得离破碎，楼房之间的绝对独立加速了都市人情的冷漠。他自己也深有感触。于是，灵感像火花一样迸射出来，一种崭新的创作理念也日趋成熟——他要打破传统的楼房设计形式，力求让住户之间开辟一条交流和交往的通道，使人们相互之间不再隔离而充满大家庭般的欢乐与温馨。

一位颇具胆识和超前意识的房地产商人很赞同他的观点和理念，出巨资请他设计。经过数月苦战，图纸出来了。不但业内人士一致叫好，媒介与学术界也交口称赞，房地产商更是信心十足，立马投资施工。令人惊异的是，大师的全新设计却叫好不叫座。楼盘成交额始终处于低迷状态。房地产商急了，于是责成公司信息部门去做市场调研。结果出来了，原来人们不肯掏钱买房的原因，是嫌这样的设计虽然令人耳目一新,也觉得更舒爽,但邻里之间交往少了,不利于处理相互间的关系;孩子们在这样的环境里活动空间是大了,但又不好看管;还有,空间一大,人员复杂,于防盗之类人人担心的事十分不利。

设计大师听到这个反馈,痛心不已,他退还了所有设计费,办理了退休手续,与老伴儿回乡下隐居去了。临行前,他对众人感慨道:我只识图纸不识人,这是我一生最大的败笔。我们可以拆除隔断空间的砖墙,而谁又能拆除人与人之间坚厚的心墙?

【经营启示】

对这个故事可以有很多很多种解读,但对经营者来讲,只需要从这个故事中记取:在市场经营中,大众心理是企业短期内难以改变的社会文化环境因素,心理一旦形成,几乎是无法改变的。只能适应它。你所做的唯一最白费力气的事情,就是企图改变大众的心理。

学习任务五 市 场 调 查

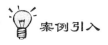

可口可乐失败的市场调查

20世纪70年代中期以前,可口可乐一直是美国饮料市场的霸主,市场占有率一度达到80%。然而,70年代中后期,它的老对手百事可乐迅速崛起,百事可乐的营销策略是:第一,针对饮料市场的最大消费群体——年轻人,并推出一系列青春、时尚、激情的广告,让百事可乐成为"年轻人的可乐";第二,进行口味对比。请毫不知情的消费者分别品尝没有贴任何标志的可口可乐与百事可乐,同时百事可乐公司将这一对比实况进行现场直播。结果是,有八成的消费者认为百事的口感优于可口可乐,此举马上使百事的销量激增。

对手的步步紧逼让可口可乐感到了极大的威胁,它试图尽快摆脱这种尴尬的境地。1982年,为找出可口可乐衰退的真正原因,可口可乐决定在全国10个主要城市进行一次深入的消费者调查。可口可乐设计了"你认为可口可乐的口味如何?""你想试一试新饮料吗?""可口可乐的口味变得更柔和一些,您是否满意?"等问题,希望了解消费者对可口可乐口味的评价并征询对新可乐口味的意见。调查结果显示,大多数消费者愿意尝试新口味可乐。可口可乐的决策层以此为依据,决定结束可口可乐传统配方,同时开发新口味可乐。没过多久,比老可乐口感更柔和、口味更甜的新可口可乐样品便面世了。可口可乐不惜血本协助瓶装商改造了生产线,而且,为配合新可乐上市,可口可乐还进行了大量的广告宣传。1985年4月,可口可乐在纽约举办了一次盛大的新闻发布会,邀请200多家新闻媒体参加,依靠传媒的巨大影响力,新可乐一举成名。看起来一切顺利,刚上市一段时间,有一半以上的美国人品尝了新可乐。但让可口可乐的决策者们始料未及的是,噩梦正向他们逼近——很快,越来越多的老可口可乐的忠实消费者开始抵制新可乐。对于这些消费者来说,传统配方的可口可乐意味着一种传统的美国精神,放弃传统配方就等于背叛美国精神,"只有老可口可乐才是真正的可乐"。有的顾客甚至扬言将再也不买可口可乐。迫于巨大的压力,决策者们不得不做出让步,在保留新可乐生产线的同时,再次启用近100年历史的传统配方,生产让美国人视为骄傲的"老可口可乐"。

【案例思考】可口可乐市场调查失败的原因是什么呢?

市场调查就是企业为了达到特定的经营目标,运用科学的方法,系统地收集、记录、整理与分析有关市场营销的情报资料,以了解企业面临的机会和威胁,并得出结论。市场调查是企业谋划经营战略和正确决策的重要前提。通过调查,使企业了解企业经营环境变化动态,为安排经营计划提供客观依据。

一、市场调查的基本类型与内容

(一)市场调查的基本类型

市场调查可以从不同角度,使用不同的标志进行分类,按其研究问题的目的,可以分为四种类型。

1. 探索性调查

探索性调查是在情况不明时,为了找出问题的症结和明确进一步深入调查的具体内容和重点而进行的非正式的初步调查。这类调查,不用制订严密的调查方案,一般都通过搜集第二手材料,或请教一些专家,或者参照一些过去类似的案例来进行。

2. 描述性调查

描述性调查,就是通过收集与市场有关的各种历史资料和现实资料,并通过对这些资料的分析研究,来揭示市场发展变化的趋势,从而为企业的市场营销决策提供科学的依据。市场调查的很多内容属于这一类。例如,市场占有率调查、新产品开发调查、消费者行为调查、商品销售渠道调查等。

与探索性调查相比,描述性调查注意实地调查,收集第一手资料。因此,需要制定详细的调查计划,并做好市场调查的各项准备工作,以确保调查工作的顺利进行。

3. 因果关系调查

因果关系调查是为了弄清有关市场变量之间的因果关系而进行的专题调查。在企业经营中,每一个经营指标的变化都有其发生的具体原因,因果关系调查就是要指出其间的相互关系,进一步分析何者为因,何者为果。掌握了市场各种现象之间或问题之间的联系,就能预见市场的发展变化趋势。

因果关系调查同样要有详细的计划和做好各项准备工作,并且,在调查过程中,实验法是一种主要的研究方法。

4. 预测性调查

预测性调查是专门为了预测未来市场商情变动趋势而进行的调查。在整个市场调查中，预测性调查具有重要的意义，因为市场未来情况如何决定着企业的命运和今后的发展。所以，只有对未来市场有一个比较清楚的了解，企业才能够避免较大的风险。

（二）市场调查的基本内容

由于市场营销活动涉及多方面的情况，所以市场调查的内容和范围也极为广泛而复杂。归纳起来，主要包括以下三个方面：

1. 消费需求调查

企业经营的对象是消费者，消费需求的变化直接影响着企业经营的调整，所以，市场调查首先是消费需求调查。它包括价格敏感度、广告影响度、购买行为特点、购买者数量等方面的调查。

（1）价格敏感度。价格敏感度是指消费者对定价高低的接受程度和对价格变动的敏感程度。产业用品的用户对价格变动的敏感度一般不会太高；而日用消费品的顾客对价格变动往往是较敏感的。

（2）广告影响度。广告影响度是指企业所做的广告对促成消费者采取购买行动的影响程度。由于产品性质、用途不同，服务对象不同，以及广告媒介不同，广告的影响度也就不同。企业必须根据广告影响度的大小确定其广告策略。

（3）购买者数量。包括现实购买者数量和潜在购买者数量两个方面。二者之间的比例极大地影响商品供求在总量上的平衡。

（4）购买习惯。它是由消费者购买力大小和个性决定的一种购买行为模式。购买者行为直接控制着企业的经营目标和方式，购买者对商品的选择已成为商品销售的决定因素，不能适应购买者需要的产品和服务必将被淘汰。

（5）购买者心理效应。从众心理常促使一部分人超过需要与可能购买高档耐用消费品，造成市场上某种商品短缺；涨价的传闻也可促成抢购风潮。

2. 企业商品状况调查

商品是企业经营的物质基础，市场上商品供求状况，企业拥有市场的商品状况是市场调查的重要内容。它包括：商品供求状况、市场容量、市场占有率、商品销售趋势等方面的调查。

（1）商品供求状况。供过于求的商品，消费者获得更多的选择机会，形成"买方市场"，供不应求的短线产品，形成"卖方市场"。商品供求状况调查，就是调查商品的供求有无缺口，缺口有多大；供过于求的原因是什么，改变供不应求的状态企业存在什么样的机会，组织哪些替代品可弥补供需缺口；产品所处生命周期的阶段等问题。

（2）市场容量。市场容量是指市场对某种商品在一定时期内需求量的最大限度。任何商品在一定时间内可能销售的数量都有一个限度，就消费品来说，市场容量受普及率、购买力和价格的限制。普及率越高，市场容量越小，有的季节性商品，旺季市场容量远远大于淡季；价格低的商品的市场容量要高于价格高的商品，企业制定产销计划,必须考虑到市场容量,超过市场容量必然造成滞销积压。

(3)市场占有率。市场占有率分为绝对市场占有率和相对市场占有率。绝对市场占有率是指企业生产的某种产品在一定时间内的销售量占同类产品市场销售总量的份额;相对市场占有率,是指本企业某种产品销售额与同行业销售额最高的企业同样产品销售额的比值。通过市场占有率的调查,能够反映出本企业产品在市场上的地位和竞争能力。

(4)商品销售趋势。市场是一个动态的变量,必须时刻研究它的变化趋势。市场变化趋势是通过商品销售趋势反映的。商品销售趋势依不同的产品和时间呈现不同的形态。

(5)商品更新。商品更新换代和新产品的问世,能够对市场供求现状产生强烈冲击,它可以改变消费方式,缩短原有产品的生命周期,人们对新产品的追求,可使供求大体平衡的商品市场重新表现为不平衡。

3. 市场竞争状态调查

市场调查必须对企业参与竞争的有关情况做出正确的评估。它包括企业目标市场调查和对主要竞争对手调查两个方面:

(1)企业目标市场。企业目标市场调查主要是调查企业目标市场策略是否成功;在目标市场上,有无扩大销售份额的可能性;市场竞争格局和特点;开拓潜在市场,在人员、商品、资金、营销渠道及当地法律限制诸方面存在什么障碍等问题。

(2)主要竞争对手。调查主要竞争对手的市场占有份额,竞争对手的经济实力,竞争对手的经营目标及其发展战略,竞争对手的营销策略和管理水平,竞争对手的商品类型、销售组织形式、促销方式及其规模和特色,竞争的主要焦点,竞争对手的数量及其相互关系等。

二、市场调查的程序

有效市场调查应有合理的程序。市场调查程序包含:确定问题;制定调查计划;实施调查计划;分析调查结果和提出结论等五个方面。下面分别叙述。

(一)确定问题

(1)分析问题。市场调查中重要的是分析问题,市场调查就是为了探寻企业经营上的症结,针对其症结寻找答案,谋求新的发展途径而实施的。因此,市场调查首先要明确目前存在的问题,怎样了解情况,对此进行透彻分析是搞好市场调查的前提。

(2)收集分析资料。分析现有资料,在分析存在问题以后,为了明确调查课题,可以先从现有资料入手。例如,如果是调查商业网点建设情况,则可以:①利用地区人员的分布情况资料,分析该地区购买力的大小;②考察该地区的现有商业经营情况。

(3)确定调查课题。经过分析问题,收集和分析现有资料等工作后,就可列出应调查的课题项目是:①当地居民的购买量、购买习惯和特点;②经营好的商店应具备的条件等。

这就是确定课题,通过对调查课题加以确定,就可知道下一步如何调查。为什么要调查?需要什么资料?为了获得这些资料应选择什么样的调查方法?这一系列问题就是确定调查课题的程序。

(二) 制定调查计划

(1) 确定调查方法。根据调查的项目,来决定收集哪些资料,是采用实地调查收集第一手资料,还是利用现有资料?采用实地调查问卷法,还是观察法或实验法?等等。

(2) 确定调查主体。就是由谁调查,常用的是三种:委托外部机构调查;自己公司进行调查;外部机构和企业相结合。

(3) 确定调查程序、日期和费用。

(三) 实施调查计划

调查实施计划是根据上述调查计划,考虑如何实施该计划而制定的,由调查计划、调查问卷、统计计划、预算明细、调查实施与管理计划所构成。实施计划书纲要可作为拟定计划书时参考提示,它列出了拟定计划书时必须考虑到的一些项目和内容。

(四) 分析调查结果

(1) 资料汇总和整理。调查资料要进行汇总和整理,以便进行分析。资料可分为定性资料和定量资料,资料尽可能进行图表化。

(2) 资料分析和解释。在资料整理后,就要进行分析。解释是对资料分析的结果,但它要和企业经营决策相联系,才有意义。

(五) 提出结论

写出调查报告,调查报告应包括下述各点:①调查目的;②调查项目说明;③调查方法;④结果分析;⑤分析结果后的建议。

三、市场调查方法

市场调查方法很多,选用的方法是否得当对调查的效果影响极大。从大类上,市场调查主要有询问法、观察法和实验法三种。

(一) 询问法

询问法是以询问的方式了解情况,搜集资料,并将所要调查的问题以面谈、电话、书面等形式向被调查者提出询问,从而获取所需的各种情况和资料。询问法是市场调查中最常用的一种方法。

询问法最适宜于收集描述性信息。如果企业需要了解人们的知识水平、信仰、偏好、满足程度以及购买者行为,可采用询问法。

询问法有以下几种方法:

1. 事实询问法

这是就事实进行询问的一种方法。例如:"您喜欢吃冰淇淋吗?""您吃什么品牌的冰淇淋?"等等。通过询问的解答可以获得消费者的真实想法。这种方法简单,调查人员不需要特别的提问技巧,只要了解事实就行了。

2. 意见询问法

这是征求被调查者对某种事情的意见、看法、评价和判断的一种方法。例如,把几种采用不同原料做的香肠介绍给消费者,向消费者提问:"您喜欢哪一种?""哪一种味道最好吃?"之类的问题。

意见询问法在市场调查中应用很广,通常用来征求消费者对商品质量、经营方式等的意见。

3. 解释询问法

这种提问法是由调查者向被调查者提出关于被调查者某一行为或某一意见的问题,要求被调查者对此加以解释。例如,"您为什么购买熊猫牌洗衣粉?""您为什么买这种商品?"等等,通过提出这些问题,要求被调查者将其购买的理由如实说明。

以上三种方法是询问调查法中基本的方法,但是,在实际调查中,还要采取恰当的询问方式,主要有以下四种:

1. 访问调查

它指的是调查者面对面地向被调查者询问有关问题。访问调查的优点是:

(1) 灵活性强,富有弹性。被调查者对调查内容不能理解的,可以当场解释;回答内容不明确时,可以当场要求补充。因此,可以获得比较确切的材料。

(2) 直接与被调查者见面,能当面听取对方的意见,并观察其反应。从而,可以针对不同对象的特点,采用不同的谈话技巧、方式,可以深入探讨问题,也可以获得某些需要回忆或比较秘密的资料。同时,通过对被调查者个人及其家庭陈设布置的观察,可了解对方的购买意图、态度、意见和生活方式、经济状况。

(3) 调查回收率高,资料真实性较大。

其缺点是:调查成本较高,费时较多,调查结果往往受调查人员的水平、态度、语气、倾向所影响,同时,被调查者往往由于外出或其他原因而不能接见,影响访问效率。

运用这种方式,关键是要选好样本(对象),培训好调查人员。

访问调查的方式有:个别调查、小组座谈等。我国企业在实践中经常运用的形式有:

① 消费者(用户)调查。如通过面谈、开用户座谈会、产品鉴定会、订货会等形式,或利用洽谈贸易的机会,询问、收集消费者、协作户的意见、要求,了解他们与本企业经济交往发展的前景。也可通过"老用户"了解、介绍本企业产品有可能打入的潜在的"新主顾"等等。

② 向基层商店调查企业产品的销售情况和顾客的意见,了解其他同类产品的销售形势,了解群众或工业企业急需的短线产品,了解消费者爱好的变化动向。

③ 向研究机构、专业公司、政府有关部门,了解产品供求现状和发展前景的预测,了解消费者收入水平、结构及其变化趋势,了解新产品、新技术及其投入生产、供应市场的可能性,了解国际市场的动向和外贸前景,了解企业生产所需原材料、能源供应的可能性,等等。比如,可以从蔬菜种子公司了解菜籽的销售量,分析各种蔬菜

学习单元二 经营环境分析与市场调研

的可能种植面积和上市量;又如,可以从城建部门,了解城建规模的主要布局,从而可以分析水泥的需求和重点用户的所在等等。

2. 电话调查

它是为了了解简要的、带普遍性的问题,用电话向被调查对象询问的一种方法。

其优点是:成本比访问调查低,调查速度快,又可避免被调查者在个别访问时不便接待或不愿接待的困难;此外,对问题也可作适当的解释。

其缺点是:只局限于有电话用户,对无电话者或电话号码不公开者,无法进行调查;交谈时间短,不能深谈,不能询问较为复杂的问题,也容易产生偏见。

3. 书面调查

又称邮寄调查,通讯调查。指将设计好的询问表利用邮政系统寄给被调查者,请他们填好后寄回。

其优点是:调查区域广;调查成本低;被调查者无时间压力;可避免访问调查中可能发生的调查人员的偏向的缺陷。

其缺点是:征询回收率低;不能评定被调查者的性格特征;信息反馈时间长。

4. 留置调查

它是介于访问调查和邮寄调查之间的一种调查方式,是把调查表留在被调查者家中,过后再去收回。

其优点是:费用少,在某种程度上可了解调查对象的特性,并且提问内容可较详尽。

其缺点是:回收率虽较高,但仍不太理想。

(二) 观察法

观察法就是直接观察实际情况来收集资料的一种调查方法。

市场观察可分为以下几种形式。

1. 直接观察

就是到商店、家庭、街道等处实地观察。一般是只看不问,不使被调查者感觉到,这样可观察到市场的真实情况。这种观察包括三个方面:一是观察顾客选购时的表现。这是研究购买者行为的一种办法,如果利用摄像机来观察就更好。二是观察家庭消费需要,通过观察了解什么样的家庭拥有什么样的消费品。三是观察商店里哪些商品受欢迎,最能吸引顾客。市场观察的优点是比较客观、真实;缺点是观察不到内在心理因素,有时需要长时间的观察才能求得结果。

2. 测量观察

就是运用电子仪器或机械工具进行观察记录和测量。例如,美国一家广告公司要测量电视广告的效果,就选择一些家庭作调查样本,把一种特殊设计的"测录器"装在这些家庭的电视机上,可将收看的节目自动记录下来。这样,经过一定时间的测量,就可得到哪一类电视节目、在什么地方、什么时间收看的人最多。此外,还有一种"心理测定器",可测量人们的心理活动和情感反应;"眼相机"能自动摄下人们的眼部活动和注意力所在,可以测定人们对广告的反应。

3. 亲身经历法

亲身经历法就是调查人员亲自参与某种活动来搜集有关的资料。如要了解本企业中间商的服务态度时，就可以派人员到中间商处参与购买行为。亲身经历搜集的资料，一般是非常真实的，但应注意不要暴露自己的身份。

4. 痕迹观察法

这种方法不直接观察调查对象的行为，而是观察被调查对象留下的实际痕迹。

观察法的优点：

（1）调查情况比较真实。因为被调查人没有意识到自己正在被调查，所以，一切动作、谈话都很自然。

（2）调查人员也很客观，用仪器观察和收录资料更为详细。会议（展销会、展览会、调剂会、订货会等）的情况，产品被操作及运转的情况，一旦摄入镜头，即可保留并使之再现。

观察法的缺点：

（1）只能观察消费者的表面活动，不能了解消费者内在因素，如消费的购买动机、计划和意见等就难以得知。

（2）与询问法相比较，花费较多，耗用时间也较长。

（3）调查结果是否正确，观察的内容是否有价值，受调查人员的技术和业务水平高低的影响较大。

（三）实验法

实验法在搜集市场研究资料中应用很广，特别是在因果关系的研究中，实验法是一种非常重要的工具。例如，将某一种产品改变设计、改变质量、改变包装、改变价格、改变广告、改变陈设、改变销售渠道以后，对销售量会产生什么样的影响，都可以先在一个小规模的市场范围内进行实验，观察顾客的反应和市场变化的结果，再决定是否推广。常用的实验调查方法有：

1. 实验室实验调查法

这在研究广告效果和选择广告媒体时常常被使用。例如，某工厂为了了解用什么样的广告信息最吸引人，就可以找一些人到一个地方去，每人发给一本杂志，让他们从头到尾翻一翻，问他们每一本杂志里，哪几个广告对他们吸引力最大，以便为本厂设计广告信息提供一些有用的参考资料。

2. 销售区域实验调查法

就是把少量产品先拿到几个有代表性的市场去试销，看一看在那里的销售情况如何，得到一些实际资料。再分析把这种产品拿到全国去推销可能有多大的市场占有率，需要多长时间、多少费用，值不值得在全国推销等等。这种试验方法在消费品生产企业是常用的。目前在纺织行业里，普遍建立起来试销门市部，把生产出来的新产品，先拿到试销门市部进行试验，看一看销售情况和顾客的反应，再决定是否大批量生产，就是属于实验调查的一种方法。这种调查能够很快地把市场情况和顾客的意见反

学习单元二 经营环境分析与市场调研

馈到企业里来,它对做出各种决策很有好处。

3. 模拟实验

这种实验的基础就是计算机模型。模拟实验必须建立在对市场情况充分了解的基础上,它所建立的假设和模型,必须以市场的客观实际为前提,否则就失去了实验的意义。模拟实验的好处是,它可以自动地进行各种方案的对比,这是其他实验难以做到的。

4. 消费者购买动机的实验

这是通过各种心理实验来进行的。实验调查的优点是:搜集到的原始资料比较客观,比较准确;其缺点是实验的时间比较长,成本比较高,同时由于各地区经济条件和其他各种因素不同,推广起来会碰到一定的困难。

实验法较为科学,资料的客观价值较高,对于了解因果关系,能提供其他调查法所不能供给的资料,应用范围也相当广泛。例如,某企业试制出一种新产品,为了解用户对该产品的意见、要求及评价,可采用赠送方式请选定的用户试用,也可在较小的分市场中进行试销,然后收集和研究用户的反应,以便进一步改进产品的性能,同时为推销新产品开辟道路。实验法的优点还在于:通过少量产品的试销,获得比较正确、实用的试验资料;通过少量产品的试销,推测产品的未来销售趋势;通过对少数用户的调查,了解广大用户对企业营销活动的评价。

实验法的主要缺点是时间长、费用高,选择的调查对象不一定有代表性,市场上各种因素的变化难以掌握,调查的结果也不易比较。

(四)询问调查技术

在采用询问调查时,有些调查人员能得到很多情况和资料,有些调查人员得到的情况和资料则比较少。这与他们的调查技术水平有关。在进行市场调查时,调查人员往往要事先拟一个调查提纲,准备好要提的各种问题。这个调查提纲拟得是否好,除对调查所取得的资料和情况有很大关系外,与他们选择的调查对象也有很大关系。选择的对象是否具有客观代表性,根据这些样本的资料推断出总体的情况误差如何,与运用抽样技术是否恰当有关。下面分别介绍调查提纲拟定技术和抽样调查技术。

1. 调查提纲

调查提纲是调查人员事先准备好的、要向被调查者提出的问题。提出问题的类型,一般有以下几种:

二项选择法。又称真伪法或是非法,多适用于书面调查。这种方法是把要调查的内容具体化为调查提纲、调查表或信函,能让被调查者很方便地在"是"与"不是"或"好"与"不好"等两种对立的答案中择其一作答。这种调查技术的优点是回答方便、观点明确,无中立意见,缺点是不能表示程度上的差别。

多项选择法。就是让被调查者从预先准备好的多种方案或结论中,选择其中之一作答。此法比二项选择法的强制性有所缓和,并可以区分程度上的差别。采用此法时要注意:备选答案要预先编号;备选答案应尽可能包括全部可能的情况,但应避免重复;备选答案不宜过多。

自由问答法。被调查者可以不受约束地按询问内容自由作答,又称无限制回答法。在访问调查和电话调查中常被采用。自由回答法的优点是被调查者可以尽情发表自己的意见,调查时气氛比较活跃,从答案中可能收集到一些为调查者所忽略的情况和意见。缺点是答案由调查人员记录和整理,有时会出现偏差,采用录音机又易引起被调查者的拘谨和顾虑;由于回答多种多样,甚至超越问卷范围,资料的整理和汇总比较困难。

顺位法。事先列举若干需要排定顺序的项目,让被调查者凭其经验或专业知识以及自身的其他条件,对所列答案定出先后顺序。顺位法的命题可分为两种:一种是由调查人员预先确定答案,请被调查者决定先后顺序;另一种是事先不给确定的答案,由被调查者根据自己的认识程度依次回答或填写。

评定法。拟定表示不同程度的多种答案,或按不同程度给予分值,要求被调查者表示对某一事物的爱好或认可程度,也称程度评定法或语义极差法。

2. 抽样调查

抽样调查,在市场调研中占有非常重要的位置。它可以节省人力财力,缩短调查时间,及时提供资料,以便加强市场调研和市场预测。抽样调查是非全面调查中一种最重要、也是合乎科学原理的调查方法。抽样调查中的随机抽样,是依照同等可能性原则,在所研究对象的全部单位中,抽取一部分作为样本,对样本进行调查,然后根据调查分析结果来推论全体。

所谓同等可能性原则,就是在抽取样本时,每一个单位都有同等被抽选的机会,不受任何人主观愿望的影响。抽样调查的特点主要在于调查样本的选择,不是由人们有意识地确定的,而是按随机原则抽选,体现同等可能性原则。

抽样调查的任务,就是根据由全部总体中任意抽取出的一部分样本的综合指标,推算全部总体的综合指标。例如,根据对一部分钢铁厂的能源消耗水平及需要量,推算全国钢铁行业的能源消耗水平及需要量。

在抽样调查中,通常把所要研究的全部总体叫做全及总体,把由全及总体中抽选出来作为样本的部分,叫抽样总体。这里说的总体,是统计学中的一个基本概念,它是作为统计研究对象的、客观存在的并在某一共同特征上结合起来的许多事物的整体。

研究抽样调查,应先弄清全及总体与抽样总体的平均数和成数的概念。全及总体的平均数,即全及平均数,用 X 表示;抽样总体的平均数,叫抽样平均数,用 x 表示;全及总体的成数,即所研究标志的单位在全部总体单位中所占的比重,叫做全及成数,用 P 表示;抽样总体的成数,叫抽样成数,简称频率,用 p 表示。

如以 N 表示全及总体的单位数,n 表示抽样总体的单位数,M 表示全及总体中具有某种标志的单位数,m 表示抽样总体中具有某种标志的单位数。

则　　　　　　　　全及总体中某种标志的成数$(P) = M/N$

抽样总体中某种标志的成数$(p) = m/n$

所以,抽样调查的具体任务就是:根据抽样总体所得到的综合指标来推算全及总体的综合指标,即根据抽样平均数 x 来推断全及平均数 X;根据抽样成数 p 来推断全及成数 P。

3. 市场调查表

询问调查,在不少场合要设计调查表,调查表的作用:能明确反映调查目的,问题具体,重点突出,促使被调查者愿意合作,协助达到调查目的;能正确记录和反映被调查者回答的事实,提供正确的情报;能便于资料的整理、分析。

(1) 设计调查表应注意的问题

调查表的内容,也即询问的问题,应是调查课题所必需的,无关的不要列入,以突出重点,减轻被调查者的负担。

询问的问题应该是被调查者所能回答的。也即所问的应在被调查者的经验、记忆所及的范围之内。为此,设计者要将自己放在被调查者的地位,考虑这些问题能否得到确切的资料,哪些问题能使被调查者一目了然,哪些难以回答。

要能得到被调查者的合作和关心。在设计调查表时,问题不宜过多、过长,不要使被调查者花费很多时间,不要提出与被调查者无关的或不感兴趣的问题。

所提的问题要清楚明了,不能含糊其词,模棱两可;不能使用行业专用名词使人难以理解;不能有过多的内容使人无从着手;不能把两个问题作为一个问题提出来,以致得不到确切的答复。

要能帮助被调查者构思答案。有些经过思考或回忆的问题,一般先提出概括性问题,由近到远,先易后难,先宽后窄,逐步启发,即用"漏斗法",防止一下子提出复杂问题,使人感到厌烦。

要防止偏见。提问内容和次序,提问口气方式,都会影响被调查者的答案。因此,调查者不能有暗示或倾向性,要防止使用造成单一答案的提问,问题的排列顺序要有合理布局。如"你喜欢××牌产品吗?"这样的提问容易把答案引向"喜欢"方面、造成调查偏差,可改为:"你家的××产品是什么牌子的?"

要避免提出一些涉及个人私生活的问题。

(2) 问题的形式

提问的问题可分为封闭式和开放式两种。封闭式问题包括所有可能的回答,被调查人从中选择一个答案。开放式问题允许被调查人用自己的话来回答问题。它们有多种形式。

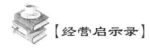【经营启示录】

塚喜集团:40 罐铅笔头成为最严厉的精神鞭笞

塚喜集团,创业至今已经走过了约 150 年历史,目前已传了 6 代,但其中 4 代为"养子"。其次,这家公司的家训可谓形式多样,一是在企业办公室高悬着"积善之家必有余庆"的家训匾额,并悬挂着寓意"一代艰辛创业、二代苦饮茶享乐、三代就会街头沦落"的"三代教子图"。除此之外,还有许许多多的铅笔头,这是上一代总裁91岁去世时,后人整理其遗物时发现的,这样的铅笔头足足差不多有40罐,他每天早上3点钟起床,削好铅笔后就开始工作,这些铅笔头是其一生勤勉、节俭的写照。现任总裁塚本喜左卫门说:"每次当自己产生了惰性,想偷下懒时,就会看到父亲在拿着这些铅笔头罐儿来鞭笞自己。"现任总裁把这些铅笔头罐儿视为特殊的家训,他目前已70多岁,却坚持每天早上3点半左右就起床工作。在塚喜集团,还设有"别家会"制度,这里的"家"并非指家庭,而是指公司。"别家会"是那些退休的公司老臣们每月一次回到公司聚在一起讨论公司现状,知无不言、言无不尽,现任总裁塚本喜左卫门说每次开会面对这些老臣们的检阅都不免会有些紧张。参加"别家会"的老臣都是义务劳动,不另拿薪水。塚喜集团在企业传承时坚持三个信条,一是要求接班者必须要将自己看成是先辈资产一时的管家、而非所有者;二是认为公司老臣比亲戚更加重要;三是要对玩世不恭、贪图享乐的后代想方设法进行"封杀"。最后,对于家族财富,塚本喜左卫门总裁认为,金钱、土地等财富其实只是随时可能贬值、减少的"相对资产",而只有企业的社会信誉、公司与成员之间、家族成员之间的信任纽带,才是"绝对资产",是哪怕"相对资产"突然全无后仍能东山再起的支撑力量。

【经营启示】

家族接班,企业家精神传承是企业永续活力的关键。一个企业从诞生到成为百年企业,一代代经营者之间接力棒的完美交接是最基本的前提。而接力棒的交与接这个过程中有一个基本的要素,就是"继承"。毋庸置疑,继承是企业实现长久存续最基本的前提。家业财产的继承,家族事业的继承,包括精神、理念的继承,也包括人才的继承。没有继承,企业就没有延续,家业就不会实现长青。有数据显示,中国家族企业"存活率"约为50%,目前中国的家族企业正由第一代过渡至第二代;而家族企业的继任安排及家族内部争斗,也往往影响到一个企业的生死存亡。中国古语是:富不过三代。那如何才能打破这种紧箍咒,让中国企业和中国品牌能够世世代代地传承下去?塚喜集团的企业传承信条值得借鉴。

学习任务六 常用的市场预测方法

案例引入

"尿布大王"——尼西奇公司——从人口普查资料中找到了做生意的思路

尼西奇公司在19世纪40年代是一个生产雨衣、游泳帽、防雨篷、卫生带、尿布等

学习单元二 经营环境分析与市场调研

橡胶制品小商品的综合性企业。当时由于经济不稳,订货不足,曾面临濒于倒闭的危险。作为尼西奇公司董事长的多川博,清楚地认识到如果不生产一种需要量大的产品,公司就站不住脚。他从日本政府发布的人口普查资料获悉,日本每年大约出生250万婴儿。这个数字给了他一个不小的启示,如果每个婴儿每年只用2块尿布,那么就需要500万条,除此以外,潜在市场需要也很大。他从这一数字中找到了做生意的思路,决定企业转产,专门生产经营尿布。而生产尿垫,在当时,是大企业不屑干小企业不愿干的买卖。商品不在大小,只要市场有需要,小商品同样能成为大宗货,做成大生意。正是基于这样的考虑,尼西奇公司做出了专门生产尿垫的经营决策,并集中力量创制名牌产品。经过几十年的努力,终于使尼西奇尿布垫在日本与丰田汽车、东芝彩电、夏普音响一样有名。

目前,日本婴儿所使用的尿垫,每3条中有两条是他们生产的,不仅如此,尼西奇公司生产的尿垫还远销西欧、非洲、大洋洲、美洲70多个国家和地区。近几年来,销售额每年持续递增20%,年销售额高达70亿日元,从而成为世界上最大的尿布生产厂商。公司也连年被日本政府命名为"出口有功企业",并被誉为"尿布大王"。

【案例思考】尼西奇公司的成功说明了什么?你准备如何抓住时机,瞄准市场,奋力拼搏?

一、市场预测的内容

(一) 市场预测的含义及作用

所谓预测,概括地说,是指对未来不确定事件的一种预计和推测。它是人们对客观世界各种各样事物未来发展变化的趋势以及对人类实践活动的后果,事先所做的分析和估计。所谓市场预测就是根据市场调查所获得的信息资料、用科学的理论进行分析研究,从而对未来市场供求关系的发展趋势及其他相关因素所做出的具有根据性的判断。所以,预测绝不是凭空猜测,而是根据以往的统计资料,运用科学的理论和方法,探求事物的演变规律,在此基础上所做出的接近实际的分析和推测。

市场预测在企业经营管理中具有十分重要的作用。

(1) 通过市场预测,可以为企业确定经营方向和制定经营计划提供客观依据。在科学技术日新月异,市场供求变化多端,竞争日趋激烈的情况下,企业必须依据市场调查和市场预测提供的数据和方案,才能做出正确的决策,制定出切实可行的经营计划。例如,工业企业确定投资方向和开发新产品,商业企业确定商品经营范围和发展规模,金融企业开展信贷业务,都必须以未来市场的供求趋势为依据,从而做出相应的抉择。不然的话,就会因经营的盲目性而导致经营的失败。

(2) 通过市场预测,可以摸清消费者的潜在需求,有利于企业开发社会所需要的产品,提高竞争能力。

(3) 加强市场预测,有利于企业根据市场的变化、改善经营管理,提高企业适应市场环境的能力,提高经济效益。

预测的关键是精确性。可以说,谁预测的精度高,谁成功的概率也就高。

(二) 市场预测的分类、内容和程序

1. 市场预测的分类

市场预测,按照不同的标准,大体有以下不同的分类:

(1) 按预测的经济活动范围不同,可分为宏观预测和微观预测。

宏观预测是从全社会经济活动的角度,对其发展趋势所做的综合性预测,如社会购买力预测、社会供求总量预测等。微观预测是从企业角度,对自身生产经营活动和与己有关的市场环境所做的预测,如企业的市场占有率和销售额预测等。实际上,宏观预测以微观预测为基础,微观预测则要以宏观预测为指导。

(2) 按预测时间长短可分为近期预测、中期预测和长期预测。

一般来说,近期预测是指为期一年以内的预测,中期预测为五年期的预测,五年以上预测为长期预测。近期预测要求内容详细具体,精度较高。中期预测的内容要相对简要一些,它主要是为制定中期经营战略提供依据。长期预测是对市场发展的远景推测,是粗线条的预测。

(3) 按预测的空间层次不同,可分为国际市场预测和国内市场预测。

国际市场预测是对各国进出口贸易和国际市场变化趋势的预测。国内市场预测是对国内市场发展和对某个行政区域或经济区域市场变化趋势的预测。

(4) 按商品的层次和用途不同,可分为单项商品预测、分类预测和总量预测。

单项商品预测是指对某种具体商品的预测,如对钢材、水泥、电视机等商品的供求预测。

分类商品预测是指对某一类商品市场供求关系变化的预测。商品分类的标准可根据决策的内容来划分,如生产资料、消费品,消费品又可具体分为食品类、服装、医药品、日用品等。

总量预测是指用货币表示的商品供求总量的预测。

(5) 按预测的标志不同,可分为定性预测和定量预测。

定性预测是对未来一定时期内市场商情变动方向的一般预测,主要是侧重于对事物性质的分析和推测。定量预测是对未来市场商情变动的规模、水平、速度、比例等数量方面所做的预测。定性预测和定量预测的划分是相对的,在实际工作中,往往是定量预测要以定性预测为前提,定性预测要以定量预测为补充。

2. 企业市场预测的内容

(1) 企业生产经营商品的需求预测。它包括在一定时期内市场对该商品的品种、规格、花色、型号、款式、质量、包装、需求量等变动趋势的预测。它是企业对该产品进行决策的重要依据。

(2) 商品经济寿命周期预测。商品经济寿命周期是指商品投放市场到被淘汰而退出市场这一过程中所经历的时间。由于科学技术的迅速发展和竞争的日趋激烈,任何商品都将被更新的产品所取代,商品的经济寿命周期一般经历投入期、成长期、成熟期和衰退期四个阶段。弄清商品在其经济寿命周期中所处的阶段及其发展趋势,就可采取相应的经营策略,以提高企业的竞争能力。

(3)商品资源变动趋势预测。主要是为了弄清未来可以提供市场的货源供应情况,作为企业制定商品进货计划的依据。

(4)市场占有率预测。市场占有率是指本企业某种产品销售量(或销售额)占市场上同种产品销售总量(或总额)的比例。它直接反映了企业的经营能力和竞争能力。当某种商品的市场容量一定时,企业市场占有率的高低,决定了企业该商品的销售数量。

(5)商品价格预测。价格是价值的货币表现形式。价格的变动主要是由商品价值量的变化以及商品供求关系变化而决定的。同时,价格的变动又反过来影响商品供求关系的变化。商品价格预测,主要是预测该商品生产成本的变化和供求关系的变化趋势。其次是要预测价格变动对供应和需求所带来的影响,以及由此引起的购买力在商品之间的转移情况。这些对于企业进行产品决策和价格决策都有着重要的意义。

(6)新技术发展预测。主要是预测与本企业生产和经营的产品有关的技术发展前景,以便尽可能地采用新技术,并决定有关产品的取舍。

二、市场预测的步骤

(1)提出问题、确定预测目标。市场预测首先要明确预测的对象和目标,也就是要求解决预测什么和为什么要预测,预测要达到什么目的等问题。

预测是为决策服务的。预测目标根据决策的要求提出来的。每一次决策活动的目标不尽相同。因此,对预测目标提出的要求也就不一样。在通常情况下,预测的目标应有数量来表示。

(2)收集整理数据资料。围绕确定的预测目标进行收集、整理和分析有关的数据资料。预测资料的来源主要有市场调查得来的资料,国家有关部门发布的数据资料和本企业的统计资料。资料和数据要求准确、系统、全面。

(3)选择预测方法。预测的方法很多,归结起来可分为定性预测和定量预测两大类。每一类中都包含若干种不同的方法,而每一种方法又都有其自己的特点和适用条件。预测方法的选择应以能最大限度地达到预测目标为准。

(4)建立预测模型,确定预测结果。根据有关资料和市场的变化规律,建立数学模型并求得预测值。对预测的结果进行综合分析,考虑各种因素的影响,找出预测误差。

(5)提出预测报告。预测报告主要应包括以下内容:
① 预测的目的和确立的目标;
② 预测资料的来源及适用;
③ 预测所选用的方法;
④ 预测的结果和置信区间;
⑤ 结论和建议。

三、市场预测的基本原理

预测原理是预测活动的理论基础。它阐明了人们之所以能够运用各种预测方法对未来事物发展趋势做出推断道理,它对预测的具体操作具有普遍的指导意义。

(一)连贯性原理

连贯性原理是指客观事物的发展具有合乎规律的连续性。一切社会现象和经济现象都有它的过去、现在和未来。在一定条件下,事物的今天是昨天的延续,事物的明天是它昨天和今天发展的继续。事物发展的这种连续性,表明事物发展是按照它本身固有的规律进行的。只要规律赖以发生作用的条件不变,合乎规律的现象必然重复出现,事物未来的发展趋向同过去和现在的变化就不会是面目全非。依照这个原理预测事物的未来,必须建立在充分了解它的过去和现在的基础上。所谓鉴往如来,就是根据过去和现在的大量信息资料来推断未来。在运用连贯性原理进行预测的过程中,还须注意以下两个问题:一是要求预测目标的历史发展数据所显示的变动趋势具有一定规律性。如果事物变化是不规则的,那么就将使预测目标的变化带有很大的偶然性,就不适于利用连贯性原理进行预测。二是要注意分析预测目标历史演变规律发生作用的客观条件,在未来观测期内、这些条件是否已经发生了变化,事物原来的规律性也将随之发生变化,事物的发展也就不再按照原来的变化趋势延续下去。因此,我们在预测中,不仅要善于发现客观事物的演变规律,还应重视分析预测期内影响客观事物的各种条件的变化情况,借以判断原来的演变规律是否继续起作用,不加分析地运用连贯性原理,有时会造成预测的重大失误。

(二)类推原理

类推原理,是指客观事物之间存在着某种类似的结构和发展模式。人们可以根据已知事物的某种类似的结构和发展模式,类推未来某个预测目标的结构和发展模式。它既适用于同类事物之间的类推,也适用于不同事物之间的类推。例如,对未来洗衣机家庭普及率趋向的预测,就可以参考国外的或国内洗衣机使用较早地区的家庭普及率发展趋势向加以类推;也可以参考同洗衣机需求相近似的其他家用电器普及率发展趋向加以类推。我们之所以可从某个已知事物类推预测目标的未来变化,是因为客观事物之间往往具有某种相似性。这种相似性,具体表现在事物之间的结构、发展模式相接近。如果事物之间没有相似性、就无法以某种事物类推另一种事物。利用样本可以推断总体、就是因为同类事物中具有代表性的样本同总体在结构上是高度相似的。洗衣机同电视机是两种用途不同的商品,但它们同是耐用消费品,它们的经济寿命周期的发展模式有某些相似之处,因此在预测洗衣机家庭普及率发展趋势时,就可以参考电视机的家庭普及率发展趋势来类推。在市场预测中运用类推原理,首先要弄清用来类比的事物之间,是否存在着某些相似之处。一般地说,愈是相似的事物,类推预测的效果愈好。如果事物之间没有或很少有相似之处,就无法用类推来进行预测。

(三) 因果性原理

因果性原理，亦称相关性原理，是指客观事物之间存在着一定的因果关系，人们可以从已知的原因去推测未知的结果。因果关系是客观世界无数事物纵横交错交织而成的普遍联系网上的一个"纽结"。它从普遍联系网中被抽取出来单独加以考察，表现在事物的运动中。作为原因的某种现象一旦发生，作为结果的另一种现象必然将随之出现。原因在前，结果在后，或者原因与结果几乎同时出现。人们如能把握住事物发展变化的原因，就可以推断出必然出现的结果。依据因果性原理，在市场预测中，必须重视对影响预测目标的各种因素进行具体分析，找出预测目标（因变量）与影响因素（自变量）之间数量变动关系。当自变量为已知时，就可以推断出因变量的预测值。这种数量变化的因果关系，既可以表达为确定的函数关系，也可以表达为不确定的统计相关关系。唯物辩证法认为，事物的因果关系在一定条件下是可以相互转化的，在此时此地是结果，在彼时彼地可以成为原因，而且在事物的发展过程中，还存在着互为因果、一因多果、一果多因、多因多果等复杂情况。因此，在市场预测中，必须对客观事物的因果关系进行全面的具体的分析，才能在事物发展的因果链条中，正确揭示对预测目标起作用的原因。事物内部的、主要的原因决定着事物发展的必然趋势，而事物外部的次要的原因又往往使必然趋势发生某种偏离，表现为种种偶然性。通过因果分析，把握住影响预测目标诸因素的不同作用，由因推果，预测出事物的必然趋势和偶然因素可能产生的干扰。

四、常用的市场预测方法

根据美国斯坦福国际咨询研究所的统计，世界各国使用的预测方法有 150 种之多，下面仅介绍一些目前常用的方法。

(一) 集合意见法

集合意见法就是集合那些熟悉市场需求情况及变化动向的人的意见，通过分析判断来进行预测。

1. 集合管理人员意见法

由经理向管理人员提出预测目标和要求，然后将他们的预测结果集合起来，经过分析判断，确定预测值。由于管理人员往往从企业的角度看问题，他们的意见难免带有主观片面性。

2. 集合销售人员意见法

要求销售人员各自对自己负责推销的地区或对象做出预测。其预测步骤同上。此法的优点是能利用最接近市场人员的知识和经验，能将各子市场影响销售的具体因素考虑进去。缺点是销售人员不重视对市场预测有影响的全局性因素，因此带有片面性。

3. 集合顾客意见法

经常采用对顾客进行抽样调查来进行，能直接掌握顾客的购买要求，但较费时费力。

(二) 专家意见法

专家意见法就是根据预测目的和要求,向有关专家提供一定的背景资料,请他们做出预测。专家意见法是国内外广泛采用的方法,可分为专家会议法和专家小组法。

1. 专家会议法

邀请有关方面的专家,通过会议的形式,根据企业的预测目的和提供的背景资料,综合出预测结果。此法的优点是快速。缺点是:会议出席人数少,缺乏代表性;"权威"的意见容易影响别人;由于与会者的个性或顾及其他原因,不愿发表与别人不同的意见。

2. 专家小组法

它也称特尔斐法。美国兰德公司在20世纪50年代初创造的一种预测方法,在国外相当流行。这一方法的特点是让专家们在相互隔绝的状态下,用书面形式独立地回答预测者提出的问题,并经过反复多次修改后,最后由预测者进行综合分析,确定市场预测值。首先,向专家提出明确的问题及背景资料,请专家们在互不通气的状态下独立用书面问答。其次,将专家们的第一次书面意见加以综合,将综合结果提供给专家们,请他们将自己的意见和别人的相比较,书面说出修改或不修改自己意见的理由。如此再反复一至二次,使各专家对自己的判断意见比较固定则可。最后,预测者采用统计方法,综合各专家的意见,确定预测值。这种方法能充分发挥专家们的思考能力,所得出的预测值比较精确。尽管较为费时费力,仍成为众多企业乐于采用的方法。

(三) 时间序列分析法

时间序列分析法就是将市场随时间变化的变化值,经过一定的数据处理,找出某种可以遵循的规律来预测市场未来的发展。因此也称历史延伸法或外推法。时间序列分析法属于定量预测法。其前提是假定事物的过去会同样延续到未来,因此根据市场过去的变化趋势就可以预测未来的发展。将市场变化的各种数据,按照日、月、季、年等顺序排列,便构成时间序列数据。时间序列数据具有明显的不规律性,时间序列分析法把时间序列数据看做随机变量,运用数学方法消除偶然因素的影响并使其向外延伸,做出未来市场变化趋势的预测。

在运用时间序列分析法进行市场预测时,首先绘制历史数据曲线图,确定其趋势变动类型。其次,根据历史资料的趋势变动类型以及预测的目的与期限,选定具体的预测方法,并进行模拟、运算。最后,如果有条件的话,尽量参考定性分析的结果确定预测值。

由于处理时间序列数据的数学方法不同,时间序列分析法可分为简易平均法、移动平均法、指数平滑法、趋势延伸法、累积法等。

1. 平均法

即求出时间序列数据平均值并以其为基础确定预测值的方法称简易平均法,是短期预测中经常采用的方法。在时间序列数据没有明显升降趋势变动时,可采用算术平均法;反之可采用几何平均法;如果考虑构成时间序列数据的重要性不同,则应采用加权平均法。加权平均法就是在求平均数时,根据时间序列数据中各数据重要性不同,分别给予不同权数后加以平均的方法,所得平均数反映了长期趋势变动。加权平均法的关键是确定权数,迄今为止,只能依据经验而定。一般原则:

(1) 近期数据加权大,远期数据加权小。

(2) 根据时间序列数据波动幅度而定,波动幅度大者加权大。在数据变动不大时,按等差数列确定权数,在数据变动大时,可按等比数列确定权数。

2. 移动平均法

将时间序列数据由远而近按一定跨越期进行平均,取其平均值,随着跨越期的推移,逐一取得移动平均值,并将接近预测期的最后一个移动平均值,作为确定预测值的依据。

3. 指数平滑法

它是一种特殊的加权移动平均法。它的特点是加大了近期观察值对预测值的作用,并可通过对平滑常数 α 的选值来改变权数的变化速率。

(四) 统计分析法

根据时间序列资料,以 y 代表销售量, x 代表时间,视 y 为 x 的函数,运用数学的最小二乘法求得变动趋势线,并使其延伸来预测市场未来的发展趋势,也叫最小二乘法。具体方法,较常用的有直接趋势法和曲线趋势法。当观察期时间序列数据表现为接近于一条直线,即表现为近似直线的上升或下降时,可运用直线趋势法求得趋势直线,并且以这条趋势直线的延伸来确定预测值。

时间序列的观察值的变动趋势,并不都是直线状态,由于季节性变化或者其他因素影响,有时呈现为曲线,时间序列数据呈现为一条有增长上限 k 的曲线(修正指数曲线),在这些情况下,就应该运用曲线方程式求得曲线趋势变动线后,以其延伸进行市场预测。

(五) 试销法

企业搜集到的各种意见的价值,不管是购买者、销售人员的意见,还是专家的意见,都取决于获得各种意见的成本,意见可行性和可靠性,在这种情况下,就需要利用市场试验这种预测方法。特别是在预测一种新产品的销售情况和现有产品所在新的地区或通过新的分销渠道的销售情况。采用这种方法效果最好。

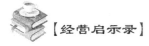

【经营启示录】

哈默的成功预测

1931年,美国人哈默从苏联回国,其时,正是富兰克林·罗斯福逐渐走近白宫总统宝座的时候,罗斯福提出的解决美国经济危机的"新政"获得了一些人的赞许,但仍有一些人对"新政"能否成功持怀疑态度。哈默潜心研究了当时美国国内的政治形势和经济状况,认为罗斯福肯定会掌握美国政权,"新政"定会成功。

正是从这点出发,具有商人头脑的哈默找到了一条可以发财的新路。他以敏锐的眼光预见到,一旦罗斯福新政得势,1920年公布的禁酒令就会被废除,为了解决全国对啤酒和威士忌酒的需求,那时将需要空前数量的酒桶,特别是需要用经过处理的白橡木制成的酒桶,而当时市场上却没有酒桶。哈默在苏联住了多年,他知道苏联人有制作酒桶用的桶板可供出口,于是他向苏联订购了几船桶板,并在纽约码头苏联货轮靠岸的泊位上设立了一个临时的桶板加工厂。酒桶由于供不应求,他又在新泽西州的米尔敦建造了一个现代化的酒桶工厂,造桶厂就以自己的名字命名。当酒桶从哈默的造桶厂滚滚而出的时候,恰好赶上"新政"废除禁酒令,人们对啤酒、威士忌等酒的需求量大大增加,各酒厂生产量激剧增加,这就需要大量酒桶。这时,一个是造桶厂有大量的酒桶供应,一个是需要大量的酒桶盛酒,这真是弯刀遇了瓢切菜。于是,哈默的酒桶被那些最大的威士忌和啤酒制造厂高价抢购一空。哈默获得了空前的成功。

随后的25年,哈默的经营愈加活跃,乃至成为美国的巨富。

【经营启示】

美国的哈默成为巨富的起源是:他正确的预测到罗斯福肯定会掌握美国政权,而罗斯福掌权又会废除禁酒令,大量生产酒又会需要大量的酒桶,恰好当时市场上缺货;并设法大力生产酒桶赶上当口。他的预测得到了实践的证实,因此他成功了。

该案例告诉我们:企业经营者除了抓好本企业工作,随时根据市场的变化而决定自己的方向,研究、预测市场的变化之外,还要去研究那些与市场变化有关的国家法令、政策的变化,研究这些变化给市场带来的影响,从而做出正确的决策。哈默的成功,原因就在这里。

单 元 实 训

学生:请老师给我们简要介绍一下案例教学法。

老师:案例教学法,最早于1910年在哈佛大学医学院和法学院产生。为了解决医学院的教学不能把病人抬进教室作为试验品的问题,临床医生把病人的诊断过程如实记录下来,写成日志,即"病历"。教师用病例进行讲课,学生根据病历展开讨论。同样,法学院教师利用判案实例进行教学。企业是一个经济实体,它是社会经济系统的一个细胞。对于企业经营管理教学来说,把企业生产经营活动中的实际问题反映到教学中,能够培养学生解决问题,分析问题的能力。美国哈佛大学工商管理学院的案例教学方法享誉全球。

学习单元二　经营环境分析与市场调研

学生：我们高职学生应如何运用案例进行学习呢？

老师：案例学习主要应把握几点：第一，案情分析居首要位置，通过分析案情，了解企业客观存在的内在矛盾，供销之间的不平衡，市场信息是否充分等，了解这些企业经理日常面临的难以处理的现实问题，可以帮助我们发展应对经济环境的能力。第二，要知行合一，传统教学追求的目的在于"知"，现代高职教育求知的目的在于"行"，案例教学法在于寻求知和行两者有机结合。第三，专注学习、活跃思维、自由讨论，是保证案例学习成功的基本条件。第四，发挥教师在案例教学中的引导和组织作用。第五，案例学习的重点是引导学生灵活地把学到的知识运用于分析企业管理实践。

学生：用于学习的企业经营管理案例有哪几种类型？

老师：企业经营管理案例一般可以分为以下几类：①描述性案例，也称为叙述性或印证性案例。它是通过筛选大量的企业营销实践中实例，也就是把企业经营的整体面貌或部分面貌，某一方面或全部问题，具体地生动地加以描述，学生通过阅读案例，达到掌握营销原理、策略和方法的目的，使学生通过案例教学对市营销场学的内容有一个比较具体的、生动的、实际的认识。绝大部分高职教学的企业经营案例都属于这一类。②分析性案例，也称为判定性案例，它是通过叙述情况和提供数据，把企业所面临的问题及营销管理人员进行决策时所必需的周围环境因素及意见编成案例，供学生分析研究，帮助企业达到决策。这类案例有时主次矛盾交叉，有时表面问题与实际问题交叉，以便透视现象，抓住问题的本质，这种情况下决策可以有几种方法。例如将企业营销活动中某个方面专题如广告策划、公共关系、价格策略、渠道策略、组合策略等案例，让同学们进行分析讨论。③综合性案例，它是将企业营销作为一个整体，从人、财、物、购、销、储、运等方面，列出现状，供同学们思考分析，寻找影响企业营销的关键，它是一种比较复杂的案例，一般在本科院校的研究生教学或企业管理人员培训中使用。

学生：企业为什么要做环境分析？

老师：因为企业经营的实质就是要使企业的内部资源、条件、未来的发展与外部环境及变化保持动态的平衡适应关系，所以任何企业只要想长期经营、只要规划未来发展都必须要进行持续的环境分析。

学生：能不能简要说一下环境分析的目的是什么？

老师：环境分析的目的就是发现环境变化可能为企业经营创造的机会以及对企业未来发展会带来哪些风险和挑战，使企业能够把握机会和规避各种风险。

学生：教材中列举的宏观与微观环境因素非常多，实际工作如何进行啊，是不是所有因素都要分析啊？

老师：作为教材，必须列出环境分析的框架和各种因素变量，但就具体企业而言，环境分析应抓住与企业生存与发展最为关键的几个主要宏观因素和微观因素。例如食品公司的宏观环境分析主要应关心食品安全方面的法律法规和食品科技发展变化这两个宏观因素,微观环境分析主要应放在需求变化和竞争对手的分析上。

学生: 有机会就会伴随着风险,那么如何才能把握机会,规避风险?

老师: 未来只要环境变化就会不断存在各种机会和风险,但对于某一个企业而言,对未来发展总会有一个机会与风险孰大孰小的考量问题,成功的企业家往往能够发现机会大、风险小的未来市场,并及早投资安排,从而取得成功。

读一读

一、把生意做成文化

1938年4月1日,雀巢公司把雀巢咖啡——世界上第一种只需要用水冲调又能保持原汁原味的100%速溶咖啡产品,正式推向市场。

在雀巢咖啡推出之前为享受到一杯口味纯正的咖啡,人们同时就得忍受不是费力就是费钱的痛苦。

比如,如果想在家饮用咖啡,你就要先从市场上买回咖啡豆,然后把它烘焙干(当然,也可以买烘焙好的咖啡豆,但得多花钱),然后把烘焙过的咖啡豆研磨成粉,然后用火细煮,煮好后又得等液体中的浮渣沉到底部,然后把上面的清纯部分倒入咖啡壶中(须得小心翼翼,因为沉渣很容易泛起),最后,把咖啡从壶里倒入咖啡杯中,再根据爱好选择加糖或其他东西。这样做肯定省钱,但别说有多烦人!

而要想不烦人,你也可以到咖啡馆来上一杯。但咖啡馆的制作方式与上相同,十分烦人,所以价格就高,一般老百姓难以长期承受。

当然,受不同文化背景口味偏好的影响,世界各地在具体制作与饮用咖啡的过程中,也出现很多的细微差异。

不管怎么说,价廉味正的速溶咖啡推出,省却了人们的烦恼,理应很受欢迎,但是,出乎雀巢公司意料,雀巢咖啡在市场上大力推出5年之久,仍然没有多少人愿意买。

雀巢公司在长期的调查研究之后才发现,他们之所以失败,是因为受到了传统咖啡文化的抵制。

所谓传统咖啡文化,就是制作饮用咖啡中的那些细微差异,被人们喜爱,被人们鼓吹,最后发展为传统文化的一部分。当然,差异赖以产生的基础,即烦琐的咖啡传统制作方式,也成为他们的咖啡文化中不可分割的部分。

和文化碰面,产品肯定吃败仗。雀巢公司更是雪上加霜——二战爆发,使雀巢当时的主要生产基地——欧洲生产基地,遭受毁灭性打击。1939年雀巢的利润立即从1938年的2 000万美元猛跌至600万美元。

但雀巢却必须生存下去。他们决定做一个重大转变:既然产品打不赢文化,文化才有可能打赢文化,那么,就把速溶咖啡做成一种文化,一种更厉害的文化。

怎么做? 雀巢更是逐渐把眼光盯到对世界文化潮流影响越来越大的美国人身上。

学习单元二　经营环境分析与市场调研

几轮谈判后,雀巢更是说服加入战争的美国政府,同意将雀巢作为美军的配给物资供应商。于是,作为食品供应的一部分,雀巢速溶咖啡迅速出现于每个美国大兵的餐桌上。

战争可以破坏一切,当然也可以割断传统咖啡文化与美国大兵之间的纽带。战场上硝烟弥漫,烽火连天,绝对不是军队可以为士兵们磨咖啡煮咖啡的好地方。所以,美国大兵不得不端起桌上的雀巢咖啡。

如此,雀巢咖啡饮用简便且保留原汁原味的优点终于有了用武之地。不久,雀巢咖啡不但获得美国大兵们的认同,而且成为他们的至爱。二战后期,随着美军的节节胜利和南北转战,雀巢速溶咖啡开始影响世界。

甚至,雀巢速溶咖啡成了盟军的心理战武器。英国空军常常在德军占领区投下一包包速溶咖啡"炸弹",以加深连咖啡也喝不到的占领区百姓对纳粹的怨恨。

战后,已经被改变了咖啡饮用习惯与口味的大量盟军退伍军人,把对雀巢咖啡的偏爱带回国内,雀巢速溶咖啡迅速成为美国人的饮料。

20 世纪 70 年代,美国实用主义对世界文化的影响达到高潮,饮用简便的雀巢速溶咖啡终于成为一种世界流行时尚,以至于在很多地方,雀巢甚至成为咖啡的代名词。而且,在许多原本没有饮用咖啡习惯的国家和地区,如日本、泰国等,也掀起了饮用雀巢咖啡的新文化风潮。

雀巢公司终于把生意做成文化,结果当然是大获其利。今天,雀巢速溶咖啡已行销 101 个国家。全世界每天要喝掉三亿多杯雀巢咖啡。

二、微调口味,击败对手

菲律宾乔比利公司于 1975 年由一名菲籍华人开办,起初是一家冰淇淋厅,并学习了美国的快餐技术。后来,他们发现了汉堡包是最受欢迎的一种三明治,于是决定做汉堡包生意。在十多年生产经营中,由于乔比利公司经营有方,不断探索,使得这家公司生意越做越红火,而且击败了汉堡包鼻祖麦当劳的有力竞争。到 1990 年乔比利公司的总销售额达到 6 600 万美元,比 1989 年的 5 300 万美元增加了 19%。目前这家公司占菲律宾快餐市场的 42%,占汉堡包市场的 59%,而麦当劳只占菲津宾快餐市场的 17%,汉堡包市场的 24%。

乔比利公司是如何击败麦当劳的呢?

(1) 强有力的威胁。1982 年麦当劳汉堡包获得菲律宾政府许可,打入菲律宾市场。这对当时经营状况较好的乔比利公司来说是一个强大的竞争威胁。乔比利公司想尽办法与之抗争,终无良策。于是试图利用降价手段击败麦当劳。不料这一策略不仅没有使乔比利占据竞争优势,反而导致了一些误解。如在短时间内,谣言四起,有人传说乔比利公司的小馅饼中会有蚯蚓肉,还有人说这家公司竭力利用自己的多种关系将麦当劳挤出某些地方的销售中心。多种不利因素的影响,使得这家公司信誉严重受损,经营几乎陷于崩溃的边缘。

(2) 注重口味,吸引顾客。面对竞争的威胁和消费者的多种误解,乔比利公司经

91

过深入的调查研究,认为要与历史悠久、声誉极佳的麦当劳竞争,就必须根据菲律宾人的消费特点,生产出符合当地人口味的快餐食品。经营方向一经确定,公司便全力以赴,改进生产工艺,如将肉馅在油炸之前,掺入整只鸡蛋和调味品,而不是像其他餐厅只是用牛肉。他们还请一些老顾客免费品尝,品尝者大都认为这种汉堡包正中自己的口味。一位老顾客埃文斯说:"他们的食品不错,我喜欢它的口味。"乔比利公司终于通过自己的努力,改变了公司的形象,吸引了顾客。

(3)抓住偏好,扩大销售。菲律宾人在购买食品时大都有其独特的偏好。乔比利公司充分意识并抓住这一点。于是该公司在研制特色食品的同时,又在广告上大做文章,如制造一些印有可爱吉祥物的宣传品,像杯子、玩具、书包和小饰物等,全部折价卖给老顾主,这种做法也正迎合了当地人的偏好。于是乔比利公司最终还是顾客盈门。对于该公司独特的生产经营策略,就连其老对手麦当劳在菲律宾的代理人也深为佩服:"他们抓住了顾客的口味和爱好,这一点就连我们也是望尘莫及的。"

【案例一】　　　　　　　机会能从天而降吗?

实业界巨子华诺密克参加了在芝加哥举行的美国商品展览会,很不幸的,他给分配到一个极偏僻的角落,任何人都会看出,这个地方是很少有游客来往的,因此,替他设计摊位布置的装饰工程师萨孟逊劝他索性放弃了这个摊位,等待明年再来参加。

你猜华诺密克怎样回答呢?他说:"萨孟逊先生,你认为机会是它来找你,还是由你自己去创造机会呢?"

萨孟逊先生回答:"当然是由自己去创造的;任何机会也决不会从天而降!"

华诺密克愉快地说:"现在,摆在我们面前的难题,就是促使我们创造机会的动力。萨孟逊先生,多谢你这样关怀我。但我希望你把关怀我的热情用到设计工作上去,为我设计一个美观而又富于东方色彩的摊位!"

萨孟逊先生果然不负所托,为他设计了一个古阿拉伯宫殿式的摊位,那摊位前面的大路,变成一个人工做成的大沙漠,使人们走到这摊位前面,就仿佛置身阿拉伯一样。

华诺密克对这个设计很是满意,他吩咐总务主任把最近雇用的那二百四十五个职员,全部穿上阿拉伯国家的服饰,特别是那些女职员,都要用黑纱把面孔下截遮盖着,只露出两支眼睛。并且特地派人去阿拉伯买了六峰双峰骆驼来做运输货物之用。

他还派人去做了一大批气球准备在展览会内使用。但这是一项秘密任务,在展览会开幕之前不许任何人宣扬出去!

对于华诺密克先生那个阿拉伯式的摊位设计,已引起参加展览会的商人们的兴趣,不少报纸和电台的记者都争先报道这个新奇的摊位设计,这些报道,引起大多数市民的注意。

等到开幕那天,人们早已怀着好奇心准备参观华诺密克那个阿拉伯式的摊位了。

学习单元二 经营环境分析与市场调研

突然,展览会内飞起了无数彩色缤纷的气球,这些气球都是经过特殊设计的,在升空不久,便自动爆破,变成一片片胶片撒下来。有些人拾到这些胶片,就看到上面印着一行很美观的小字,上面写着:"当你们拾到这小小的胶片时,亲爱的女士和先生,就是你们的好运气开始了,我们衷心祝贺你。请你们拿着这胶片到华诺密克的阿拉伯式摊位去,换取一件阿拉伯式的纪念品,谢谢你!"

这消息马上传开了。人们纷纷挤到华诺密克的摊位去,反而忘却了那些开设在大路旁边的摊位。

第二天,芝加哥城里又升起了不少华诺密克的气球,引起很多市民的注意。

四十五天后,展览会结束了。华诺密克先生做成了二千多宗生意,其中有五百多宗是超过一百万美元的大交易,而他的摊位,也是全展览会中游客最多的摊位!

【案例思考】
你认为机会是它来找你,还是由你自己去创造呢?

【案例二】　　　　　　"指南针地毯"的启示

比利时一个地毯商把脑筋动到了穆斯林身上。这个名叫范德维格的商人,聪明地将扁平的指南针嵌入祈祷地毯。这种特殊的指南针,不是指南或指北,而是直指圣城麦加。这样,伊斯兰教徒不管走到哪里,只要把地毯往地上一铺,麦加方向顷刻之间就能准确找到。这种地毯一推出,在穆斯林居住地区立即成了抢手货,几个月内,范德维格在中东和非洲一下子就卖掉了 25 000 多块,赚了大钱。

【案例思考】比利时商人为什么能使新产品一举获得成功?

一、单选题

1. 企业作为一个系统,它存在于一定的环境之中,企业每时每刻都要与环境发生物质、能量和( )的交换。
   A. 人员　　　　B. 资产　　　　C. 信息　　　　D. 文化
2. 环境及变化不断会给企业带来经营机会,但同时也处处会造成( )。
   A. 市场波动　　　　　　　　B. 人员流动
   C. 经营风险　　　　　　　　D. 价格风险
3. 企业经营环境具有( )特征。
   A. 差异性、动态性、可测性　　　B. 差异性、静态性、可测性
   C. 统一性、动态性、可测性　　　D. 差异性、动态性、不可测性
4. 企业的宏观环境主要由对企业经营活动产生比较深远影响的社会性因素与力量构成,包括人口、经济、自然、政治、法律、社会文化、( )。
   A. 科学技术　　B. 市场竞争　　C. 公众　　　　D. 顾客

5. 宏观环境和微观环境两者之间是( )关系。
   A. 并列　　　　　B. 主从　　　　　C. 矛盾　　　　　D. 动静
6. 影响经营活动的自然环境因素主要有( )。
   A. 自然资源问题、环境的污染与保护问题、地理环境
   B. 自然资源问题、技术问题、地理环境
   C. 自然资源问题、环境的污染与保护问题、社会文化问题
   D. 自然资源问题、技术问题、法律问题
7. 需求分析的主要内容是消费者的基本需求和需求偏好的变化趋势、市场活力以及( )等因素。
   A. 销售增长　　　　　　　　　　B. 用户服务
   C. 价格决定　　　　　　　　　　D. 市场调查
8. 波特模型,主要描述企业各种可能的竞争力量,包括:①新竞争者的加入威胁;②现有竞争者的竞争;③( );④买方的议价能力;⑤供应者的竞价能力。
   A. 政府的市场准入政策　　　　　B. 社会公众的压力
   C. 互补产品的竞争压力　　　　　D. 替代产品的竞争压力
9. 行业的竞争者包括愿望竞争者、平行竞争者、产品形式竞争者和( )四种类型。
   A. 品牌竞争者　　　　　　　　　B. 质量竞争者
   C. 价格竞争者　　　　　　　　　D. 服务竞争者
10. 对所面临的风险,企业可选用以下( )对策。
    A. 反抗策略、减轻策略、转移策略
    B. 反抗策略、投资策略、转移策略
    C. 放弃策略、减轻策略、联合策略
    D. 放弃策略、减轻策略、转移策略

二、名词解释

1. 经营环境
2. 社会文化
3. 经营机会
4. 经营风险
5. 系统环境
6. 非系统性环境

三、问答题

1. 企业经营环境及其特点是什么?
2. 宏观环境因素包括哪些内容?
3. 企业如何进行自然环境因素的分析?

4. 简述社会文化环境因素分析的内容。
5. 简述微观环境因素及其分析的基本内容。
6. 简述供给因素分析的基本内容。
7. 简述机会与风险的组合分析方法。

任务:对在校学生网购需求进行系统调查。要求以班级为单位,划分为调查方案策划组、调查计划编制组(含问卷设计)、调查实施组、统计分析组和调查报告撰写组,确定学生分工。

学习单元三

经营战略与决策

 学习任务与目标

当今,企业经营环境变得越来越复杂,企业之间的竞争也日趋激烈。要想在市场竞争中获得长期的竞争优势和持续稳定的发展,就必须有长远的、全局的、重大的经营目标和需要解决的问题进行思考。因此企业经营战略和决策问题比以往任何时候都更加重要。经营战略要求在环境分析与市场调研与预测的基础上制定战略目标,选择战略重点,制定实现战略目标的方针对策以及战略实施的规划,引导企业在激烈的竞争环境里取得长期稳定的发展。

 **学习目标**

一、知识目标
1. 了解经营战略的含义、特点
2. 能够区别战略理论不同学派的基本内容
3. 理解一般性竞争战略的内容和应用条件
4. 掌握企业经营决策的基本程序和方法

二、能力目标
1. 初步学会运用一般性竞争战略知识来制定具体产品和服务项目的竞争战略
2. 能够运用多品种量本利决策方法来确定商贸企业的销售保本量和完成目标利润的销售规模

三、素质目标
1. 初步具备运用创新战略思想来思考个人职业发展及创业规划
2. 初步具备系统地评价和选择不同产品、服务的发展战略

学习任务一　经营战略概述

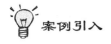

麦当劳的成功之路

麦当劳是全球最大的连锁快餐企业。是由麦当劳兄弟和Ray Kroc在20世纪50年代的美国开创的、以出售汉堡为主的连锁经营的快餐店。在世界范围内推广，麦当劳餐厅遍布在全世界六大洲百余个国家。麦当劳已经成为全球餐饮业最有价值的品牌。在很多国家麦当劳代表着一种美国式的生活方式。

麦当劳的经营理念：

1. 明确的经营理念与规范化管理：麦当劳的黄金准则是顾客至上，顾客永远第一。提供服务的最高标准是质量、服务、清洁和价值。

2. 严格的检查监督制度：麦当劳体系有三种检查制度：一是常规性月度考评，二是公司总部的检查，三是抽查。

3. 完备的培训体系：麦当劳非常重视员工培训，并建立了较完备的培训体系。这为受许人成功经营麦当劳餐厅、塑造"麦当劳"品牌统一形象提供了可靠保障。

4. 租赁为主的房地产经营策略：麦当劳公司的收入主要来源于房地产营运收入、从加盟店收取的服务费和直营店的盈余三部分。麦当劳公司就负责代加盟商寻找合适的开店地址，并长期承租或购进土地和房屋，然后将店面出租给各加盟店，获取其中的差额。用各加盟店的钱买下房地产，再把它租给出钱的加盟店。

5. 相互制约、共荣共存的合作关系：麦当劳在处理总部与分店关系上通过强卖产品的方式获得主要利润，麦当劳与加盟者、供应商的关系是相互制约、共存共荣的合作关系。加盟者对总公司的合理建议，促进"麦当劳"品牌增强了市场竞争力。

【案例思考】你能用战略的角度来阐述麦当劳成功的秘诀吗？

一、经营战略的特点与结构

（一）经营战略的含义与特点

战略一词出自军事术语。《孙子兵法》云"上兵伐谋"，谋就是战略。现代社会常把战略用于政治与经济领域。20世纪60年代始被用于企业，出现了战略经营（经营战略）或战略管理。

战略首先是为了实现一定的目标服务的，战略目标乃至整个经营战略都是建立在对经营环境客观分析基础上的。不仅战略目标要以客观环境为基础，实现战略目标的方针与途径也必须是环境所容许的，并应是最有效利用了环境提供的机会。经营战略归根到底是寻求竞争优势的指导方针。因此,我们可以把企业经营战略定义为:在竞争的环境里为企业确定长期成长目标并选择实现这些目标的途径和取得竞争优势的方针对策所进行的谋划。

这个定义说明了:①战略是有形的,不仅是一种指导思想或原则,而且是一种具体设计或规划;②这个规划首先是根据竞争环境的形势分析为企业确定长期发展或成长目标;③战略的重点是选择实现企业成长目标的途径或指导方针;④实现企业成长目标的途径与方针的选择,以扬长避短,发挥企业竞争优势为基准。

企业的经营战略,是指导企业走向未来的行动纲领,它具有以下几个特征。

1. 目的性

战略的制定与实施服务于一个明确的目的,引导企业在变化着的竞争环境里生存和发展。战略的目的性,不是人们臆造的,而是经营的风险性这个客观事实所决定的。因为在市场条件下每个经营者都置身于不确定的风险环境,这个风险环境既为企业提供了发展机会,也潜藏着对企业生存的威胁,因此才需要通过战略的制定与实施去捕捉机会,避开风险与威胁。经营战略的具体目的就是为企业确定位置和角色,使企业能掌握机会,取得竞争优势。

2. 长期性

战略不是着眼于解决企业眼前遇到的麻烦,那是策略所要解决的问题。战略的着眼点是迎接未来的挑战。未来并不是遥远的不可知的,而是目前环境态势的有规律的发展。所以,战略的长期性决不意味着脱离眼前的现实,凭空臆造一个未来世界,以理想的模式表达企业的愿望,而是在环境分析和科学预测的基础上,展望未来,为企业谋求长期发展的目标与对策。人无远虑,必有近忧。没有这种对未来的高瞻远瞩,企业必将永远被眼前的困扰所羁绊而不能自拔,失去经营的主动性,从而也就增加了经营的风险性。

3. 对策性

这里所说的对策性有两重含义:一是面对环境变化的挑战,设计走向未来的对策;二是根据同行业竞争者的战略设计企业的战略以保持企业的竞争优势,从而使战略具有对抗性。挑战也好,对抗也好,都表明了一种进攻的态势。就是说,战略的本质是进攻的,即使是一时的退守,也是以守为攻,或者退守是为了更好地进攻。对环境来讲,就是要因势利导,不论顺境或逆境,都要敢冒风险,开拓前进。对于竞争对手来讲,就是要敢于同强者较量,扩大自己的优势,扩大自己的生存空间。战略往往要以超过某一竞争对手为目标。

4. 系统性

系统性有广泛的内涵。其一,战略是指导企业全局的对策与谋划。它不是着眼于解决某一项局部的具体经营问题,而是从企业取得长期稳定发展这个全局出发,为解决各种经营问题制定一个行动纲领。任何一个具体问题的解决,都是服务于系统目标的改善的。其二,战略本身是一个系统。企业可以从具体条件出发选择不同的战略。但是任何战略都应有一个系统的模式,既要有一定的战略目标,也要有实现这一目标的途径或方针,为了实现这些途径或方针,还要制定政策和规划等等。其三,战略应该是分层次的。既有总战略,又有分战略,既有总公司战略和总厂战略,又有分公司和分厂战略、职能系统战略,形成一个战略体系。

(二)经营战略的结构与类型

经营战略结构是指经营战略的内容及其相互之间的关系。尽管不同企业战略或同一个企业不同时期的战略会有许多差异,但把其具体内容抽象掉,它们拥有一个共同的躯壳。

1. 战略系统的内容

任何一个战略系统都必须包括三项最基本的内容。

(1)战略目标。经营的战略目标重点是企业的成长方向,包括市场开发、产品开发、企业规模的扩大与兼并,竞争优势的增长。这是经营战略的出发点和归结点,因此,它在经营战略体系中居于主导的地位。

(2)战略方针。经营战略方针是为了实现战略目标所制定的行为规范和政策性决策。如果把战略目标比做过河,战略方针就是解决桥或船的问题。没有正确的战略方针,任何战略目标都难实现。因此,战略方针在经营战略体系中居于关键或核心地位。对战略目标的实现起保证作用。

(3)战略规划。战略规划是企业经营战略的实施和执行纲领。它的任务是把企业的战略目标具体化,把企业的战略方针措施化,并制定出分阶段实现战略目标的具体步骤。所以,它在企业的战略体系中居于一个特殊的地位,既是企业经营战略的一个重要组成部分,又是指导战略实施的纲领性文件。以致人们往往把经营战略与战略规划视为一体。

2. 经营战略的类型

我们可以按照不同的标准对企业的经营战略进行分类。

首先按照战略的目的性,可把企业经营战略划分为成长战略和竞争战略。

(1)成长战略,是指企业为了适应企业外部环境的变化,有效地利用企业资源,研究以成长为目标的企业如何选择成长基点(经营领域)、成长指向等成长机会,并为保证实现成长机会所采取的战略。

(2)竞争战略,是指企业在特定的产品与市场范围内,为了取得差别优势,维持和扩大市场占有率所采取的战略。

其次按照战略的领域,可以把企业的经营战略划分为产品战略、市场战略和投资战略。

(1)产品战略,主要包括产品扩展战略、维持战略、收缩战略、更新换代战略、多样化战略以及产品组合战略、产品线战略等。多样化战略又可分为垂直多样化、水平多样化、倾向多样化和整体多样化。产品更新换代战略又有老产品性能改造战略,基型产品为基础的系列化变型战略,全新同类用途产品发展战略等。

(2)市场战略,除了市场渗透战略、市场开拓战略、新产品市场战略和混合市场战略,还有产品寿命周期市场战略、市场细分战略、工贸结合战略、国际市场战略,以及市场营销组合战略等。

(3) 投资战略,它是一种资源分配战略,也是一种扩展战略。投资战略主要包括产品投资战略、市场投资战略、技术发展投资战略、规模化投资战略、企业联合与兼并投资战略。就其类型来说,也可分为扩大型投资战略、维持型投资战略,以及撤退型投资战略。

产品战略、市场战略和投资战略互相关联,形成一个有机联系的战略金三角。在这个战略金三角中,产品战略居于主导地位,市场战略是一种支持战略,投资战略是一种保障战略。

再次按照战略对市场环境变化的适应度,可以把企业经营战略划分为进攻战略、防守战略和撤退战略。

(1) 进攻战略。这种战略的特点是不断地开发新产品和新市场,掌握市场竞争的主动权,不断地提高市场占有率。其具体内容包括:技术开发战略、产品发展战略、市场扩展战略、生产扩展战略。

(2) 防守战略。又称维持战略。这种战略的特点并不是消极防守,而是以守为攻,后发制人。其具体内容有:①战略指导方针上避实就虚,乘虚而入,不与强劲对手正面竞争。②在技术上实行拿来主义,以购买专利为主,不搞风险型开发投资。③在产品开发方面实行紧跟主义,后发制人。④在生产方面不盲目追求生产规模的扩大,而着眼于提高效率,降低成本的集约方式。

(3) 撤退战略,又称收缩战略,其特点是一种战略性撤退。一般有四种情况:①环境的突变,对企业产生了严重的冲击,原定战略已经失去了作用。②战略转移,这是因为环境变化出现了更好的机会。③局部撤退,积蓄优势力量,以保证重点进攻方向取得胜利。④先退后进。暂时退却,审时度势进行战略调整,再图进取。

最后按照战略的层次性,可把企业经营战略划分为公司战略、事业战略和职能战略。公司战略主要涉及公司整个发展的问题,主要是未来1~5年的战略定位和经营模式及重大技术、产业、产品和服务项目的经营安排,涉及公司的所有部门和生产线,包括客户资源管理战略。事业战略就是各事业部门进行本部门发展的安排,集中在对应的业务安排和策划以及相应的资金人员安排等。职能战略主要是围绕总体战略安排的公司主要职能部门如财务、人事、计划、采购、公关、法务等职能协同发展等。

3. 经营战略的管理过程

战略管理的过程一般包括环境分析、战略设计与选择、制定政策、调整组织结构、指导战略实施等五个重要阶段。

(1) 战略环境分析

战略环境分析的目的是展望企业的未来,这是制定战略的基础,战略是根据环境制定的,是为了使企业的发展目标与环境变化和企业能力实现动态的平衡。企业环境包括外部环境和内部条件。外部环境分析是为了适时地寻找和发现有利于企业发展的机会和动机,并有针对性地改善内部条件,克服存在的威胁,以适应外部环境的变化。企业内部条件分析是为了扬长避短,发挥优势,有效地利用自己的各种资源。

就影响企业环境的外部因素来说,不仅是不可控的,而且是极其错综复杂的。扑朔迷离,很难全部掌握其动态。一个去粗取精、去伪存真的办法,就是把环境分析的重点放到行业分析上来。这里所说的行业可能是该公司的同行,也可能是公司未来准备进入的竞争圈。行业分析不仅能为企业预测出利润增长等行业吸引力的大小,而且能为企业测定出竞争优势的大小。

（2）设计与选择战略

这一阶段的任务就是在环境的制约下确定企业能够做些什么和采取什么措施去完成既定的目标。具体地说,要通过以下四个方面来完成：

① 确定企业的经营领域。要根据企业经营环境特别是市场引力（包括市场容量、销售增长率、资金利润率、产品在国民经济中的作用）及企业实力（市场占有率、生产能力、技术能力、原材料的供应状况）等因素的综合分析,选择市场潜力大、盈利丰厚的经营领域。

② 寻找企业在竞争领域里的优势。寻找优势旨在扬长避短发挥优势。优势与劣势都是与同行业竞争对手相比较而言的。任何企业都不可能占尽一切优势。因此,优势既是现实存在的,也是可以创造的。

③ 决定企业实现既定目标的战略方案。战略方案要从客观环境和创造性出发,达到发展优势、保持优势和弥补劣势的目的,以保证战略目标得以实现。

④ 设立评价战略方案的标准。这些标准可以是市场占有率、投资报酬率、企业成长率。通过这些标准去判断各种替代方案的优劣。

（3）制定政策

企业的经营战略集中于解决企业经营的基本问题,如战略目标、基本方针和综合规划。而战略的全部含义要由指导战略实施的详细政策来进一步阐明。政策可视为指导人们实施战略的细则。政策的作用表现在两个方面：

① 通过政策的制定和可行性分析来审议战略的各基本环节是否正确,这对战略的实施是一项重要的保证措施。

② 确保战略的意义被正确理解并变成公司各部门和各层次的行动纲领。政策不仅是用来解释战略的,它还渗透于企业的日常经营活动,以帮助建立正常可控的行为模式。

（4）调整组织结构

企业的经营战略必须通过组织去贯彻执行,因此说组织是战略实施的基础,所谓组织就是为了实现一定的目标,把一群人互相协调与平衡起来的活动。而组织运行框架结构就是组织结构。组织结构一般具有三个方面的基本问题。①组织的集权化问题。这是指企业领导层所拥有的决策权的大小。②组织的专业化问题。是指组织活动职能化的程度。③组织的刚性问题。这是指组织的软硬程度。有的组织结构较为死板,有的则较为灵活。

对于一个特定的企业来说,究竟建立什么样的组织结构最为有效,这要看企业的内部条件和外部环境,以及在此基础上形成的经营战略。

(5) 战略实施

战略实施是为了贯彻执行已制定的经营战略所采取的一系列措施和活动。显然,一个企业的经营战略能否成功,最终将取决于战略实施的有效性。如果说战略制定是企业领导人的一项带有分析性和技术性的重要工作的话,那么战略实施则是需要通过企业全体成员的共同努力方能达成的艰巨任务,它带有很强的管理性和实践性。从这一点看,战略实施较之战略制定更为困难。说到底,再优秀的经营战略,若不能变成全体员工的实际行动,也不过是一纸空文。

二、企业战略理论

20世纪50年代以来,有关企业战略管理的研究迅速发展起来,在半个多世纪的时间里,已形成了众多流派,例如明茨伯格将企业战略管理的理论分成了10个流派:设计学派、计划学派、定位学派、企业家学派、认识学派、学习学派、权力学派、文化学派、环境学派和结构学派等。我们从理论的时间演进、对战略实践产生的影响以及综合角度来看,可以把经营战略理论分为三个重要理论流派。

(一) 资源配置流派

1. 该战略理论流派的核心思想

企业战略的核心是资源的配置方式,通过筹划、研究企业未来的资源配置及其与外部环境的相互作用,指导和解决企业发展中的一切问题。

2. 该战略理论流派的代表人物

(美)安索夫《公司战略》(1965),《从战略计划到战略管理》(1976),霍夫《战略制定》,(英)福克纳、鲍曼。

3. 制定企业战略的主要内容

①战略基点:即制定战略的出发点是要求企业适应环境;②战略目标:是重在提高市场占有率;③战略手段:强调如何通过资源配置,以企业现有的计划的资源与目前外部环境中的机会相配合,以及各种资源如何在企业各部门之间配置以实现战略目标;④战略保证:组织适应战略,即要求企业内部组织结构必须服从企业战略。

4. 该战略理论学派存在的问题

从既有的产业市场出发,使企业适应环境,其实质就是在某一已结构化的产业内寻求企业生存和发展空间。由于市场容量有限,竞争激烈,所以边际收益递减。所谓结构化的产业是指育已成熟,产品概念已十分清晰,产业界限已固定的产业。实践证明,在已结构化的现有产业市场上通过分割市场占有率所能争取的生存发展空间十分有限,或者说代价是高昂的。因为企业从现有的产业市场以产品、价格、渠道、促销等因素组合来寻求企业的最佳地位,这虽然对企业是必要的,但这难免会永远跟在有远见的领先者的后面苦苦追赶,因为现有的产业结构及竞争规则都是由该产业的领先者所确定,他们是一般企业的"外部环境"创先者。

5. 理论运用

20世纪60~80年代广泛运用于企业战略的指导,特别是霍夫提出的产品——市场矩阵分析工具从现有的产业市场出发,强调市场引力与企业资源势力的平衡来确定企业战略,许多企业获益匪浅。

市场 \ 产品	目　前	新　的
目前	市场渗透	产品开发
新的	市场开发	多元化

图 3-1　产品市场矩阵图

(二) 市场结构理论流派

1. 该战略理论流派的核心思想

企业战略的关键是确定企业的相对竞争优势,而竞争优势的建立,市场结构将起重要作用。

2. 该战略理论流派的代表人物

(美)迈克尔·波特《竞争战略》(1980)、《竞争优势》(1985)。

3. 该战略理论流派的重要内容

(1) 该理论认为,竞争战略的选择有两个中心问题构成:①产业选择问题——即从长期盈利能力和决定长期盈利能力的因素来认识各产业所具有的吸引力。各个产业并非都提供同等的持续盈利机会,一个企业所属的产业的内在盈利能力是决定企业获利能力的一个要素。②竞争地位问题——即如何在一个选定的产业内决定企业的竞争地位。在大多数产业内,不管其盈利能力如何,总有一些企业比其他企业更有利可图。上述两个因素共同决定企业战略的选择。

(2) 该战略理论提出了制定竞争战略的分析框架:首先波特归纳出有五种力量共同决定了行业的潜在营利性,最强的一种或几种力量占据着统治地位并对战略起关键作用。

产品性质 \ 卖者数量	一个卖主	较少卖主	很多卖主
均质性的	垄断市场	寡头市场	完全竞争市场
异质性的		寡头市场	竞争垄断市场

图 3-2　市场竞争结构图

A. 现有产业内企业之间的竞争结构　　B. 新加入行业者面临的障碍

C. 购买者的议价力量　　D. 供应商的议价力量

E. 替代产品、服务的威胁

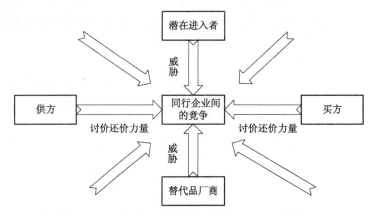

图 3-3　市场竞争态势分析:波特五力竞争模型图

其次,企业在对市场结构的机会和威胁做出评判基础上,然后结合自身的优劣势,扬长避短,选用成本领先战略、差异化战略、目标集中战略三种竞争战略之一为自己的竞争方案。

(3) 价值链理论:1985 年,波特在《竞争优势》中提出价值链理论,他认为,"每一个企业都是在设计、生产、销售、发送和辅助其产品的过程中进行种种活动的集合体。所有这些活动可以用一个价值链来表明。"企业的价值创造是通过一系列活动构成的。企业实施竞争战略的过程就是寻求、维持、创造竞争优势的过程。为了系统地识别和分析企业竞争优势的来源,他认为,每一种企业的价值链都是由以独特方式联结在一起的九种活动类别构成的:内部后勤、生产作业、外部后勤、市场和销售、服务五种基本活动和采购、技术开发、人力资源管理、企业基础设施四种辅助活动。一个企业与其竞争对手的价值链差异就代表着竞争优势的一种潜在来源。

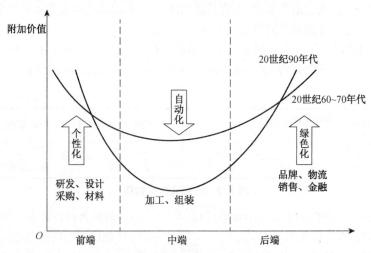

图 3-4　经济学"微笑曲线"图

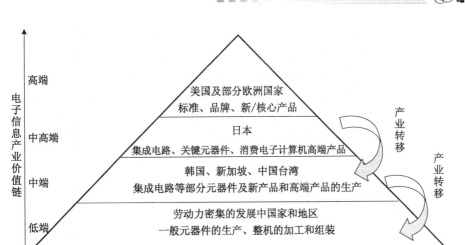

图 3-5　全球电子信息产业价值链金字塔结构图

竞争战略理论流派的不足之处：

(1) 虽然竞争战略的产业选择使企业避免了资源配置学派战略可能导致的栖身一无吸引力的产业，但是这一战略中对产业的选择仍是基于已经存在的产业而言的，是对已结构化或完全结构化产业进行的选择。所以，它仍未解决被动追随领先者的困境问题。

(2) 竞争战略注意力集中在探讨成本、质量、服务、营销等优势上，而对企业为什么具有优势的问题忽略了，实践证明企业知道竞争优势是什么，而不知道为什么具有优势，那么落后的企业永远难以取得优势。

(三) 产业创新流派

这是20世纪90年代形成的最新战略理论，主要代表人物是默尔、普拉哈莱德(美)。

1. 产业创新流派理论的战略的核心思想

以创新未来产业改变现有产业结构以对自己有利为出发点制定战略。

2. 产业创新流派理论的基本内容

该理论认为，产业市场中的企业所经历的三个互有重叠却性质不同的三个阶段：

(1) 产业先见之争，这是企业竞争的初始阶段。产业先见：指基于对生活方式、技术发展、人口趋势等改变产业范围及开创新竞争空间的因素的深入了解，借助想象力，对未来产业变化的先见之明。所以，产业先见之争就是看谁能预见未来的商机大小及轮廓。

(2) 核心能力之争，就是要使产业先见变成现实，企业需要拥有突出的途径，即核心能力。核心能力是指企业开发独特产品、发展独特技术和发明独特营销手段的能力。例如，我们可以举出世界著名企业和品牌的核心竞争力，欧米茄：品牌形象主导核心竞争力；诺基亚：科技先驱，人本管理；雀巢：创新，诞生了世界上最大的食品公司;宝马:不可击败的品牌;奔驰:品质造就的百年传奇;西门子:百年基业,凝聚智产;壳牌:创新成就石化巨人;爱立信:技术引领下的核心竞争力;德国大众:以人为本;可口可乐:"毛细渠道";IBM:随需而变;宝洁:从骨子里尊重消费者;迪士尼:文化打造娱乐帝国竞争力;通用电气:"拿来"与"自有"的整合;麦当劳:变革传统造就饮食业巨舰;英特尔:技术创新;沃尔玛:全心全意为顾客创造价值;惠普:用企业文化构筑核心竞争力;戴尔:基于直线定购模式上的供应链管理。

总之,核心能力具有以下三个特性:①外延性:通过发散作用,将能量不断扩展到最终产品上,从而为顾客源源不断提供创新产品,使消费者需求满足。②耐久性:指其提供利润的持久程度。③独特性:不易被人轻易占有或转移、模仿。

(3) **市场地位之争**:这是最后阶段的竞争:通过培育企业的核心能力,新的产业已经形成,此时,该产业中的产品或服务概念已十分明确(结构化了),所以竞争的重心转移到产品的功能、成本、价格、服务等方面,企业力求扩大市场占有份额,并维持有利的市场地位,可见,以往的战略理论只关注竞争的最后阶段,而忽略前两个重要阶段。

3. 产业创新战略的关键

(1) 培育产业先见:①摆脱现有的产业市场、产品观念的束缚;②超越顾客导向;③突破成本限制。

(2) 培育核心能力:①借助资源杠杆;②合理使用关键人才以创造核心能力;③有效整合现有的核心能力。

【阅读专栏】

皮尔·卡丹创新

皮尔·卡丹,是中国人了解世界时装的桥梁。皮尔·卡丹,在中国人眼里,意味着时尚和权威。曾有人向他请教过成功的秘诀,他很坦率地说:"创新!先有设想,而后付诸实践,又不断进行自我怀疑。这就是我的成功秘诀。"

对时装的理解不同凡响

1945年,23岁的皮尔·卡丹骑着一辆旧自行车,踌躇满志地来到了法国首都巴黎。他先后在"帕坎"、"希亚帕勒里"和"迪奥"这3家巴黎最负盛名的时装店当了5年的学徒。由于他勤奋好学,很快便掌握了从设计、裁剪到缝制的全过程,同时也确立了自己对时装的独特理解。他认为,时装是"心灵的外在体现,是一种和人联系的礼貌标志"。1950年,立志干一番大事业的皮尔·卡丹,在里什潘斯街一所陋室的楼房里开办了自己的服装店。后来,他聘请20多位年轻漂亮的女大学生,组成了一支业余时装模特队。1953年,皮尔·卡丹在巴黎举办了一次别开生面的时装展示会。时装模特的精彩表演,使皮尔·卡丹的展示会获得了意外的成功,巴黎所有的报纸几乎都报道了这次展示会的盛况,订单雪片般地飞来。皮尔·卡丹第一次体验到了成功的喜悦。

对科学技术的进步反应强烈

皮尔·卡丹对时代节奏和未来造型的探索十分敏锐和执著。他的女装造型抽象、概括,擅长使用各种几何形体,各种独特的耸肩、褶裥,犹如现代雕塑一般。20世纪50,60年代,人类开始探索宇宙空间时,卡丹的思维也仿佛进入了太空轨道。1964年,他的系列直指月球,给时装界带来了一个赏心悦目的新面貌。如果说当时走红的英国女士玛丽·奎恩特的设计带有嬉皮士的哲理,法国的古海热具有表现主义或现代主义意味的话,那么卡丹的设计更具有科学时代的性质。20世纪60年代,卡丹的设计大多与青年反叛的狂飙趋于同步。尽管当时的卡丹已进入"不惑之年",但他的勇于探索,一直被人们视为先锋派的代表人物。

大胆突破是他设计思想的中心

卡丹的女裙开叉极高,领子设计也是极大极宽。我们可以从他那些稀奇古怪的领式上看出,他掌握了面料的性能和结构的技术处理。在他的服装设计上有一股建筑般造型的美感,仿佛是著名建筑师格罗佩斯在服装界的再生。在设计女性时装上的成功,并没有让皮尔·卡丹停止创新的步伐。他又在思考另一个问题:时装作为人类点缀世界的装饰物,不应该仅仅为女性所独有;忽视了男性,就等于放弃了50%的市场。皮尔·卡丹决心要打破女装一统天下的格局。

在当时的法国时装界,有一种沿袭多年的传统,认为真正的服装设计师只能问鼎女装,设计男装会被人们指责为离经叛道。但是,强烈的创新欲望,促使他大胆地涉足男装领域。不久,他设计的系列男装便问世了。

业界人士纷纷指责他的这种离经叛道。使皮尔·卡丹在名誉上和经济上都受到了极大的损失。但是,皮尔·卡丹并没有因此而退缩,果然没过几年,皮尔·卡丹便迎来了男装市场的春天。他设计的系列男装很快便占领了法国男装市场的半壁江山。

制胜妙着:成衣大众化

战后的法国,经济迅速复苏,大批妇女冲出家庭,融入社会生活,整个欧洲的消费大增。皮尔·卡丹敏锐地捕捉住这一机遇,毅然提出了"成衣大众化"的口号,并将设计的重点偏向一般消费者,使更多的人穿上时装。

20世纪80年代末,他又以战略家和冒险家的双重胆识把"皮尔·卡丹"推进了古老文明的中华大地,成为有史以来第一个在中国内地举办服装展示会的外国人。他以哲人的目光解析了服装的世界性和民族性,他说:"我几十年为之奋斗的原因,就是不让人的个性被平淡无奇的服装所扼杀,而是要让千变万化、千姿百态的服装充分展示人人不同的个性。"法国妇女杂志《她》杂志评论:卡丹,细高的身材,活跃的思维,眼睛总是望着未来。卡丹自己也如是说:"我偏爱服装,我为生活而创造它们,而这种生活并不存在——那是明天的世界。"

学习任务二　一般竞争战略

案例引入

韩国汽车如何打入美国市场

美国是世界上最大的小轿车市场,而且也是世界利润最高的轿车市场。据分析,日本汽车制造商的利润大部分来自北美市场。不难想象,各国汽车制造商都想打入美国市场。但在过去的几年中,进入美国的汽车商中韩国的现代汽车取得显著的成功。分析原因有三个有利因素,即:

1. 时机有利。当时世界贸易保护主义盛行,但由于国与国之间的经济发展不平衡,对一个国家的贸易壁垒可能成为其他国家打入市场的绝好机会。由于日本对美国的汽车出口受到所谓"自愿配额"的限制,出口数量停留在每年230万辆上。日本采取了向高档车转移的方针,逐步提高售价。这就使低档小型的经济车的市场出现了缺口。这给韩国汽车提供了打入美国市场的机。

2. 币值有利。由于韩元对美元是稳定的,比价基本不变。因美元对日元大幅度贬值,韩元对日元也就相对贬值,这就使韩国汽车的美元成本大大低于日本汽车的美元成本。

3. 员工素质有利。美国轿车工业趋向于"夕阳工业",三大美国汽车商相继关闭多条生产线、解雇工人,新一代有才华的青年都不愿去汽车业谋职,使得工人年龄相对上升,素质相对下降。而韩国的汽车工业正处于上升时期,汽车工人社会地位很高,汽车厂可毫不费力地招到最优秀、最能干的工人,而其工资只是美国汽车工人的十分之一。现在韩国汽车工人的平均年龄只有27岁,比日本的34岁还要年轻7岁。

【案例思考】韩国汽车在美国市场是如何取得竞争优势的?

一、一般性竞争战略的内容

美国学者波特归纳出,在行业竞争中,蕴藏着三种能战胜其他企业的一般性竞争战略。即,成本领先战略、差别化战略、目标集中战略。这是企业经常采用的常规竞争战略或常规武器。

1. 成本领先战略

这一战略的战略思想是,企业力争以最低的总成本取得行业中的领先地位,并按照这一基本目标采用一系列的方针。

实施成本领先战略,首先要求企业必须拥有先进的设备和生产设施,并能有效地提高设备利用率;其次是要利用管理经验,加强成本和管理费用的控制,最大可能地

降低成本;第三是最大限度地减少研究开发、推销、广告、服务等方面的费用支出。总之,要采取各种措施降低经营总成本,使成本低于竞争对手,依靠处于领先地位的低成本在竞争中占据有利的地位。

2. 差别化战略

差别化战略又称为别具一格战略。其战略目标是使企业的产品在设计、工艺、性能、款式、品牌、顾客服务等各方面,与其他企业的同类产品相比有显著差别,具有独特性。产品的差别化战略通常包括四种差别形式:

(1) 由产品的技术物理特性导致的差别,主要表现为产品的款式、性能、质量和包装等方面的不同。

(2) 由买方的主观印象导致的产品差别,主要表现为买者对不同企业的产品品牌、企业形象的主观印象和评价的差异,以及由此而形成的顾客对不同企业产品的偏爱。

(3) 由产品的生产或销售的地理位置导致的产品差别,主要表现为不同产地或销售地的产品所引起的产品运输费用、交易费用等方面的差别,以及由某些地理位置的特殊性带来的特殊效应,如各类商业区的差别,进口产品与本国产品的区别等。

(4) 由营销渠道及营销服务的不同导致的产品差别,主要表现为企业及经销商、代理商提供有关服务的能力差别,即他们在服务品位、内容、质量和方式上的差别等。

成功的差别化战略,就是要达到企业产品与同类产品相比,差别化程度较高而被替代的可能性较低。作为这种较高程度差别的主要特征,就在于企业产品体现出的构成产品差别各要素形式上的优越性。

3. 目标集中战略

目标集中战略又称为集中一点或专一化战略。这个战略的方针是企业将所拥有的产品开发、设计、制造和营销能力集中在某个特定的、较小的目标市场上,使企业与竞争者相比,能够以更高的效率、更好的效果满足这个特定的目标市场的需求。在这个特定市场上,企业可以力争成本领先地位,也可以争取产品差别优势,甚至可以使二者兼得,即在满足特定市场而不是整个市场需求的基础上,使成本领先具有产品差别的特点,又使产品差别具有成本较低的优势。这样,企业就能在目标市场上获得竞争优势,同样可以赢得较高水平的利润。

目标集中战略包括三种具体形式:

(1) 产品类型的专一化。企业集中全部资源生产经营特定的产品系列中的一种产品。例如,一家光学仪器制造企业只生产望远镜,甚至仅仅生产航海望远镜,一家零售商店只经营名牌运动服等。

(2) 顾客类型的专一化。即企业只为某种类型的顾客提供产品或服务。例如,老年人用品商店只经营老年人所需的各种商品,假肢制造企业只为四肢残缺者提供服务等。

(3) 地理区域的专一化。企业产品经营范围仅局限在某一特定地区。例如,在当地市场为主的中小型食品加工、饮料企业,其产品在与国内或世界知名品牌的竞争中,大多依靠地域经营的成本优势稳固地占据着一定的市场份额。

三种一般性竞争战略的联系与区别如图3-6所示。

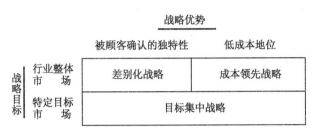

图3-6　一般性竞争战略的联系与区别

二、一般性竞争战略的应用条件

一般性竞争战略是企业取得竞争中的相对优势的有效战略方针,但三种战略要求不同的应用条件。这些条件主要是企业所处产业的经营特点和企业自身的技术、资源及管理能力等。

1. 产业特点

产业特点主要指产品按其用途归属的大类产业的生产和消费特点。这些特点在客观上决定了三种一般性竞争战略能否发挥作用及其作用程度。

(1) 中间产品。这类产业的产品主要是工业消耗品,尽管品种、规格繁多,但各种产品通常都有细致而严格的技术标准,使同类产品之间几乎不存在大的差别。经营者主要以企业的信誉、合理的价格及与用户建立固定的业务联系作为营销手段,购买者主要注重的是价格的差异。这种特点决定了成本领先的企业具有明显的优势,而差别化战略的作用是相当有限的。

(2) 投资产业。这类产业的产品主要是生产设备和装置,技术物理性能比较复杂,而且大型设备通常是按订单专门生产的,因此其产品的差别化程度相对较高。这主要体现在产品的质量、性能、使用方法、维修服务等方面。企业要在这些方面明显优于竞争对手,必须具有雄厚的技术力量、完善的质量保证和售后服务体系以及其他管理条件。产业的这种特点决定了在整个市场上,只有少数技术领先、实力雄厚的企业能够确立产品差别优势或成本优势,其余众多的经营者只适用于选择专一化来实现其余的竞争目标。

(3) 耐用消费品产业。这个产业的产品差别化主要体现在名牌产品和其他品牌产品的差别。对于多数购买者来说,名牌产品往往意味着相对优势的质量、性能和服务。而且广告宣传的作用也很明显,容易形成消费者对不同品牌产品的偏爱。因此,生产企业通常选择差别化战略,特别是以创立名牌作为其战略方针。但是,由于许多耐用消费品的价格弹性较大,而消费者的购买频率极低,这就决定了产品价格在购买行为中仍然是重要的影响因素。产业的这种特点为企业根据自身能力采用成本领先或差别化战略分别提供了相应的条件,但其规模经济的要求却使得专一化战略在本产业的应用受到了极大的限制。

(4) 非耐用消费品产业。这类产业的产品范围极广,购买频率高,消费者对产品的认知和评价,往往取决于个人的购买能力和习惯,也容易受到名牌效应和广告宣传的影响,对特定品牌的产品形成偏爱。这类产业的市场特点,尤其是消费需求的多样化趋势,为企业成功地实施差别化战略和专一化战略提供了最适宜的条件,所以实施名牌战略最具有成效的行业也大多集中在这类产业中,例如化妆品、服装、食品饮料等。

2. 企业的资源条件

上述三种竞争战略在具体实施中,需要企业具备不同的资源、能力和管理条件。

(1) 实行成本领先战略对企业综合资源和能力具有较高的要求:必须能达到行业所需要的规模效益;要有较高的市场占有率,可靠的原料和其他资源的供应渠道;拥有先进的设备、工艺和丰富的管理经验;有较大的再投资能力等。

(2) 实行差别化战略,对企业的综合能力也有较高的要求:要具有很强的产品创新能力和市场营销能力;有先进的技术和工艺加工能力;有在市场、产品的研究开发和广告宣传等方面大量投入资金的能力;与经销商、代理商高度协调和合作的能力;在行业中有悠久的历史或声誉卓著等。

(3) 实行专一化战略,实质上是在缩小了的市场范围内选择成本领先或差别化战略。因此,专一化战略对企业的资源、能力要求,是由前两种战略要求的具体条件组合而成,视具体战略目标而定的。

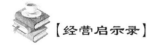【经营启示录】

"芬克斯"酒吧

地处耶路撒冷的"芬克斯"酒吧,是一位名叫罗斯恰尔斯的犹太人开的。一次美国国务卿基辛格来到这里,突然想到酒吧消遣消遣。于是他亲自打电话,说有10个随从一起到贵店,希望到时拒绝其他顾客。像这样一位显赫的国家要人光顾小店,是一般老板求之不得的事。不料,酒吧老板客气地说:"您能光顾本店,我感到莫大的荣幸,但因此谢绝其他客人,是我做不到的。他们都是老熟客,是曾支持过这个店的人,因为您的来临拒他们于门外,我无论如何做不到。"基辛格只得不满地挂了电话。这恐怕就是芬克斯,一个不足30平方米,仅有一个柜台5张桌子的小酒店,被美国《新闻周刊》杂志,选入世界最佳酒吧前15名的原因了。

【经营启示】

其实高明的商家都是不会嫌贫爱富的。因为他们知道比起100元钱的顾客来,1元钱的顾客是使企业繁荣昌盛的根本所在。

企业经营知识与实务

学习任务三 经营战略的评价方法

 案例引入

百灵制衣有限公司的经营发展计划

百灵制衣有限公司是李东地区一家著名的服装公司,其生产的百灵衬衫是全国知名品牌,一直被消费者认为是高档次衬衣的代表,去年在全国的利润总额超过千万元。在经历了20世纪90年代中期的高速发展之后,公司的整体销售在最近两年却呈现疲态,市场面临巨变,并且出现了很多竞争对手,其中不少采用非常具有攻击性的销售策略。这使百灵制衣有限公司面临巨大的压力。李强是百灵制衣有限公司刚上任的总经理,很想有所作为。同时公司上下也都在密切关注着刚上任的李总,希望李总能够拿出一个有效的公司经营计划,使公司能够应对竞争压力而上一个新的台阶。这让李总压力很大,他迫切希望自己能够制定可行而有效的经营计划。经过调查,李总发现衬衣市场销售总额在去年略微下降了一到二个百分点。但是,仍然有些新进入的品牌取得了巨大成功。湘益就是其中的佼佼者,它推出的全麻系列的衬衣因为用料新颖,透气性好,价格适中而风靡全国,并且成为首屈一指的麻质服装品牌。由于竞争激烈,许多高档衬衣生产厂商退出了竞争,只有包括百灵在内的几家高档品牌维持了2%~3%的增长。李总发现使百灵在内的几家高档品牌压力增大的原因是由于高档制衣公司所采用的精细技术迅速普及,就连普通衬衫厂商也能做出同样质量的产品了。李总还发现,衬衣的消费群越来越对全棉衬衣感兴趣,因为它们穿着舒适透气;但是全棉衬衫也有弱点,就是不如涤棉衬衫挺括。由于竞争激烈,几乎所有的厂商,无论高档品牌还是中档品牌,都纷纷转向全棉面料衬衣的生产和销售以期能够扩大利润。但精明的消费者还是发现,全棉的概念下面,产品并不相同,因为全棉衬衣的透气性是与织数密切相关的,织数越高,透气性越好,穿着也越舒适,但这样棉纱要求就越细,成本就越高。现在市场上经济型的衬衣大概100元左右,全棉的大概150~300元,而百灵和其他高档品牌的普通衬衣要卖到200~300元,高级全棉衬衫则要卖到400元以上。更令人头疼的事,百灵现在面临着湘益的咄咄逼人的进攻。湘益做的广告都是针对百灵的核心产品的,比如"告别憋气的涤棉衬衣,选择舒畅的湘益衬衫","花一半的价钱,享受与全棉衬衫一样的舒适感觉"等等。虽然面临着湘益的咄咄逼人的进攻,全麻的衬衣似乎带来了新的市场机会,但是李总欣慰地发现现在看来消费者要完全接受这种质地的产品需要一个漫长的过程,因为麻质衬衣的手感相比棉质衬衣还是有些怪异,消费者购买最多的往往还是自己熟悉的棉质衬衣。面对挑战,李总坚持认为,作为全国最高档次的品牌,百灵公司无论如何应该采用最

好的原料,完成最精良的做工,虽然这会造成成本的居高不下,但这是一个卓越品牌必需的。现在李总正认真思考引进一种新产品系列,这种产品虽然是以麻为主料,但由于采用了新工艺,手感同棉质非常相似,而透气性则达到了同样高的标准。但是在优势之外,这种产品也有它的不足,主要是价格问题。这种产品的价格要高出市场整体水平很多,零售价可能达到 600～700 元,考虑到整个市场的接受水平,他不得不怀疑这种产品的目标顾客群到底有多大。如果潜在顾客并不是很多,销售这种新产品也就没有多大意义。不过,以百灵现有的产品来进行市场竞争,李总又觉得有些巧妇难为无米之炊之感。他到底该如何制定他的公司经营计划呢?

【案例思考】百灵制衣有限公司与其他服装企业相比,有哪些长处与不足?

一、企业经营战略(方案)评价的准则

企业经营者根据企业经营环境的现状及发展趋势制定了各种企业经营战略(方案)后,又要把各种企业经营战略(方案)与企业经营环境的现状及发展趋势进行对比、评价,然后要依据一定的标准选择最适应企业经营环境现状及发展趋势的企业经营战略(方案)作为企业的战略决策方案,即作为自己准备付诸实施的企业经营战略方案。但在进行选择前,必须遵守各种评价准则,利用有关企业经营战略(方案)的评价方法对企业制定出来的各种企业经营战略(方案)即各种备选企业经营战略(方案)进行评价,以判断各备选企业经营战略(方案)的优劣。

总的说来,企业经营战略(方案)评价的准则可以分为以下几个方面:

1. 统一性

即衡量每个企业经营战略的经营战略方向、经营战略目标、经营战略方针是否协调一致。如果企业的经营战略目标不符合企业经营战略方向或企业经营战略方针不能保证完整地实现企业经营战略目标,那么这个经营战略(方案)就是一个不合格的企业经营战略(方案)。

2. 适宜性

即衡量每个企业经营战略(方案)是否与企业宏观经营环境、企业市场环境、企业内部资源、能力相适宜。比如,某种企业经营战略是否完全有效地利用了企业现有的资源、能力和外部环境所提供的经营机会,是否利用了企业的优势,是否克服或避开了企业的弱点或弱势,并能有效地抵御外部经营环境(宏观经营环境、市场经营环境)的威胁。

3. 可行性

即分别衡量企业现有的资源和能力是否能满足各种企业经营战略(方案)实施起来所需的资源和能力。一个可行的企业经营战略应该是企业依靠当前拥有的资源和能力就可顺利实施且能达到预定的经营战略目标的企业经营战略。

4. 可接受性

即分别衡量各种企业经营战略(方案)实践的结果是否为企业各方面利益相关者所接受,当然,一个企业经营战略的实施不可能使方方面面都满意,所以需要权衡利

弊,有重点地加以考虑。战略的可接受性的考虑重点通常是效益和风险两个方面,因为效益好和风险小的企业经营战略(方案)自然为人们接受。相反,效益不好或风险大的方案,人们往往难以接受。

5. 优势性

它是指即分别衡量每个企业经营战略(方案)整体优势、竞争优势和行业优势。整体优势是从企业经营战略(方案)的整体组合方面来衡量每个企业经营战略(方案)的优势性。衡量一个企业经营战略(方案)是否具有整体优势,首先要衡量该企业经营战略(方案)是否符合统一性、适宜性、可行性、可接受性的标准,然后将符合了统一性、适应性、可行性、可接受性标准的企业经营战略方案进行业绩评估,即分别对符合统一性、适宜性、可行性、可接受性的企业经营战略(方案)进行盈利能力、市场占有率或份额、成本效率的计算、比较和分析,业绩最好的企业经营战略(方案)就是整体优势最好的企业经营战略(方案)。竞争优势是从企业经营战略(方案)提升企业的竞争地位方面来衡量每个企业经营战略(方案)的优势性。在竞争优势评价中,主要评价每个企业经营战略(方案)对提升适应市场需求的核心能力的贡献,是加强了企业某一关键性资源和能力的独特性,还是弱化了某一关键性资源和能力的独特性。一般来说,一个企业经营战略(方案)为企业建立的竞争优势越大,该企业经营战略就越好。行业优势是指实施某一企业经营战略(方案)的企业在特定行业或相关行业中的优势。行业优势实际上也是一种竞争优势。但是,在企业经营战略(方案)评价中的行业优势重点强调纵向评价,就是要评价如果一个企业经营战略(方案)实施后,它所形成的行业优势同方案实施前该企业在特定行业或相关行业结构中的优势比较。

二、企业经营战略(方案)评价的方法

企业经营战略(方案)评价的方法很多,有定性分析评价法,如头脑风暴法、特尔菲法、集体磋商法等,有定量分析评价法等,如量本利分析法、内部投资回收率法、线性规划法、投入产出分析等,还有各种模型评价方法。由于定性、定量分析法在本书及其他书中已有介绍,下面主要介绍几种模型评价方法。如果说,定性、定量分析评价法主要用来评估企业经营战略的可行性、可接受性、优势性,那么模型评价法则是用来评价企业经营战略的适宜性、优势性、统一性。

(一) 波士顿矩阵模型评价法

波士顿矩阵是将市场占有率、业务增长率视为企业经营战略(方案)评价的两个基本参数。市场占有率决定了企业经营战略(方案)获得利润或收入的速度。另一方面,业务增长率有双重作用。首先,业务增长率有利于市场占有率的扩大,其次,它决定着经营机会的大小,这是因为业务增长率高为迅速收回资金、支付经营收益提供了机会。

波士顿矩阵模型评价方法是将所有备选的经营战略(方案)列入图3-7中的四个象限中。

显然,处于明星地位的企业经营战略(方案)既有较高的业务增长率,又有较高的

市场占有率；处于金牛地位的企业经营战略（方案）有较高的市场占有率，但却有较低的业务增长率；处于幼童地位的企业经营战略（方案）有较高的业务增长率，但却有较低的市场占有率；处于瘦狗地位的企业经营战略（方案）的市场占有率和业务增长率都低。显然处于明星地位的企业经营战略（方案）是企业首选的经营战略（方案），其次是处于金牛地位的经营战略（方案）。

图 3-7 波士顿矩阵模型

（二）SWOT 模型评价方法

运用 SWOT 模型来评价各企业经营战略（方案），就是通过对企业内部的优势（Strengths）、劣势（Weakness）和外部环境的机会（Opportunities）和威胁（Threats）进行分析，来对企业各经营战略（方案）做出评价。

通过 SWOT 对各企业经营战略（方案）评价的具体做法是：分别依据各个企业经营战略（方案）列出对实现各个企业经营战略（方案）有重大影响的内部及外部环境因素，然后根据一定的标准对企业在这些方面的情况进行比较划分，以判定企业在某一方面与竞争对手相比是处于优势还是劣势，外部环境现状及变化趋势给企业带来的是机会还是威胁。然后按因素的重要程度加权求和，给出总评结论。根据总评结论，就可以判定各企业经营战略（方案）是处于哪一象限，如图 3-8 所示。

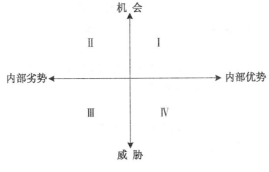

图 3-8 SWOT 模型

（1）当企业经营战略（方案）处于第Ⅰ象限时，说明这个企业经营战略（方案）既能充分利用内部优势，又能带来经营机会。

（2）当企业经营战略（方案）处于第Ⅱ象限时，说明这个企业经营战略（方案）利用的是企业的劣势，但可能给企业带来经营机会。

（3）当企业经营战略（方案）处于第Ⅲ象限时，说明这个企业经营战略（方案）利用的是企业的劣势，而且会给企业带来威胁。

（4）当企业经营战略（方案）处于第Ⅳ象限时，说明这个企业经营战略（方案）利用的是企业的优势,但却给企业带来的是威胁。从上可知,只有那些处于第Ⅰ象限的企业经营战略(方案)才是企业可以考虑采用的企业经营战略(方案)。

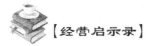
【经营启示录】

败阵而还的派克

18年前美国派克钢笔突发奇想决定要谦虚一把,从贵族豪门走出来,一头扎进平民窝里想尝尝寒酸的滋味。贵族沙龙里少了派克,平民的寒舍里却没有给派克腾出板凳。它像个走丢的王子开始反省:我算哪根葱?

派克钢笔在美国乃至世界上大名鼎鼎,像瑞士的劳力士手表,集高贵精美贵重于一身,平民不敢问津。它是财富的象征,它是帝王、总统和有钱人互赠的礼品。它的价值不仅表现在体面和耐用上,同时也是收藏的珍品。

但18年前的一天,它摇身一变,革了一回自己的命,自贬身价,投怀送抱于寻常百姓家。从此,有身份的人开始对它冷处理,再也不肯用高贵的手触摸它。而平民对它也不钟爱,就好像粗人选老婆,要的是中用结实能下地劳作;猛地来了一位公主,反而不知如何下手,如"焦大不爱林妹妹"。于是派克钢笔被冷落了。

派克钢笔想过一把平民的瘾,在销量上创造奇迹,结果差点送命。如果想过把瘾就死,倒也罢了,问题是它并不想死。那么就是找死?电影《百万英镑》让一个流浪汉委实富裕了一回,好日子过得真是乐死人。派克让自己穷了一回,结果年报表上一片赤字,差点破产。它还算聪明,危机刚一露头,就惊叫一声,从平民窝里裸奔而出,一溜烟钻进富人的怀里,千认错万数落,把自己骂得里外不是人,最后获得了贵族的一致谅解,同意派克归队。

派克的失败并无险恶用心,只是在油水里腻了,想吃点粗茶淡饭而已,像一个离家出走的小少爷,一番颠沛流离之后,空着肚子脏着脸,脑袋勾成90度,灰溜溜摸进家门来。

【经营启示】

产品的市场定位是非常关键的,"旧时王谢堂前燕,飞入寻常百姓家"局面的发生在营销当中必须要慎之又慎。

学习任务四 经 营 决 策

案例引入

准确决策与盲目投资

A建筑卫生陶瓷厂是一家国有中型企业,由于种种原因,2005年停产近一年,亏

学习单元三　经营战略与决策

损250万元,濒临倒闭。2006年初,郑先生出任厂长。面对停水、停电、停发工资的局面,郑厂长认真分析了工厂的现状,果断决策:治厂先从人事制度改革入手,把科室及分厂的管理人员减掉3/4,充实到生产第一线,形成一人多用、一专多能的治厂队伍。他还在全厂推行了"一厂多制"的经营方式:对生产主导产品的一、二分厂,采取"四统一"(统一计划、统一采购、统一销售、统一财务)的管理方法;对墙地砖分厂实行股份制改造;对特种耐火材料厂实行租赁承包。

改制后的企业像开足马力的列车一样急速运行,在运行过程中,逐渐显示出规模跟不上市场的劣势,严重束缚了企业的发展。有人主张贪大求洋,贷巨款上大项目;有人建议投资上千万元再建一条大规模的混道窑生产线,显示一下新班子的政绩。郑厂长根据职工代表大会的建议,果断决定将生产成本高、劳动强度大、产品质量差的86米明焰煤烧隧道窑扒掉,建成98米隔焰煤烧隧道窑,并对一份厂的两条老窑进行了技术改造,结果仅花费不足200万元,便使其生产能力提高了一倍。目前该厂已形成年产80万件卫生瓷、20万平方米墙地砖、5 000吨特种耐火材料三大系列200多个品种的生产能力。2006年,国内生产厂商纷纷上高档卫生瓷砖,厂内外也有不少人建议赶"潮流"。对此,郑先生没有盲目决策,而是冷静地分析了市场行情,经过认真调查论证,认为中低档卫生瓷的国内市场潜力很大,一味上高档卫生瓷不符合国情。于是经过市场考察,该厂新上了20多个中低档卫生瓷产品,这些产品一投入市场便成了紧俏货。目前新产品产值占总产值的比例已提高到60%以上。

与A建筑卫生瓷厂形成鲜明对比的是B陶瓷公司,该公司也是一家国有中型企业,20世纪90年代初,它曾是某省建材行业三面红旗之一。然而,近年来在市场经济大潮的冲击下,由于盲目上马,导致企业重大决策失误,使这家原本红红火火的国有企业债台高筑。

2002年,经有关部门批准,该公司投资1 200万元建立大断面窑生产线。但该公司为赶市场潮流,不经论证就将其改建为混道窑生产线,共投资1 700万元,由于该生产线建成时市场潮流已过,因此投产后公司一直亏损。在产销无望的情况下,公司只好重新投入1 000多万元再建大断面窑,这使得公司元气大伤,债台高筑,仅拖欠银行贷款就达3 000多万元。几年来,该公司先后做出失误的重大经营决策六项,使国有资产损失数百万元。企业将以前积累的数百万元自有资金流失得一干二净。

A建筑卫生瓷厂的由衰变强和B陶瓷公司的由强变衰形成了强烈的反差对比。

【案例思考】决策包括哪些基本内容?其中的关键步骤是什么?科学决策需要注意哪些问题?

一、经营决策的原则与程序

(一) 经营决策的概念

经营决策是企业经营管理的核心问题,它是指为实现企业经营目标,在对企业外部环境和内部条件进行分析、预测的基础上,运用科学的手段和方法,通过定性和定量分析,对多种经营方案进行分析评价,从中选择一个令人满意的方案的过程。因此经营决策的基本出发点是以谋求企业外部环境、内部条件和经营目标这三个方面的综合因素的动态平衡。

企业经营决策是关于企业总体发展和重要经济活动的决策,按决策的重要程度划分,为战略决策、管理决策和业务决策。战略决策是非程序性、非计量、风险型或非确定型的决策。非程序性决策是指要解决的是不经常出现的问题;非计量决策是指难于用准确的数量表示目标的决策;风险型决策是指存在不同控制因素,两个方案会出现几种不同结果,且其结果可用客观的或主观的概率来确定的决策;非确定型决策是指一个方案所出现的结果是不确定的决策。管理决策和业务决策分别由企业中层和基层领导做出,高层和中层领导给予帮助。

(二)经营决策的原则

1. 满意原则

满意原则是针对"最优化"原则提出来的。"最优化"的理论假设是把决策者作为完全理性的人,决策是以"绝对的理性"为指导,按最优化准则行事的结果,但是,处于复杂多变环境中的企业和决策者,要对未来做出"绝对理性"的判断是不可能的,因为:决策者不可能对决策相关的一切信息全部掌握;不可能对可供选择的方案及其后果完全知晓;对未来的外部环境及内部条件也不可能准确预测;等等。因此,决策者不可能做出"最优化"的决策。

我们讲的"满意"决策,就是能够满足合理目标要求的决策。具体讲,它包括以下内容:

(1)决策目标追求的不是使企业及其期望达到理想的完善,而是使它们能够得到切实的改善,实力得到增强。

(2)决策备选方案不是越多越好、越复杂越好,而是要达到能够满足分析对比和实现决策目标的要求,能够较充分利用外部环境提供的机会,并能较好地利用内部资源。

(3)决策方案选择不是避免一切风险,而是对可实现决策目标的方案进行权衡,做到"两利相权取其大"、"两弊相权取其小"。

2. 层级原则

决策在企业内分级进行,是企业业务活动的客观要求。这是因为:

(1)组织需要的决策一般都非常广泛、复杂,是高层管理者难以全部胜任的,必须按其难度和重要程度分级决策。

(2)组织管理的重要原则是责权对等、分权管理。实现分级决策,把部分重复进行的、程序化的决策权下放给下属,有利于分权管理。所以说,分级决策是分权管理的核心。

(3)组织都建立有管理者制度和层级管理机构。而管理者制度和层级管理机构要有效运行,必须遵循一定的规则。其中包括确定决策机构的具体形式;明确决策机构同执行机构之间的关系,等等。这些规则的建立和运行也要以决策的层级原则为基础。

当然,无论决策分几级进行,在每一级中只能有一个决策机构,以免政出多门。实行层级决策,既有利于组织高层决策者集中精力抓好战略决策、例外决策,同时又可提高下级单位和管理者者的主动性和责任心。

3. 集体和个人相结合的原则

(1)决策既要充分利用机会,减少风险,又要有人敢于负责,能够抓住机会,当机立断。否则,就会错失良机。因此,既不能事事集体决策,大家参与;又不能事事个人决策,一人拍板,要坚持集体决策与个人决策相结合的原则,根据决策事物的轻重缓急,对那些带有战略性、非程序化的非确定型的事关组织全局的决策等,应实行集体决策,对其他的应酌情选个人决策或集体决策。

(2)决策作为决策者的意志反映,由少数人进行,意见最易统一;而决策要得到顺利实施,就需要有较多的人参与,反映各方面人士的意见,把不同看法、意见、分歧解决在决策过程之中。因此,组织在建立决策体系时,应注意发挥个人的主动性和集体的积极性,把决策的制定和执行紧密地衔接起来。

4. 整体效用的原则

组织作为独立个体,它内部有许多单元。这些单元同组织之间存在着局部与整体的关系。因此,决策者在做决策时,应正确处理组织内部各个单元之间、组织与社会、组织与其他组织之间的关系,在充分考虑局部利益的基础上,把提高整体效用放在首位,实现决策方案的整体满意。

5. 可执行性原则

这是指一项决策的实现,在市场、生产技术、资金、人力、物力上应是可行的,具有一定的保证程度,并且在经济上能取得一定的效益。也就是说,任何决策都要经过可行性研究。决策必须可行,这虽然为人们所熟知和公认,但不是每个决策者都能认真执行。有的在客观上时间紧迫,未及详细分析;有的是主观上急于求成或好大喜功,忽视可行性研究。这些都会引起决策错误。

6. 定性分析与定量分析相结合的原则

定性分析是指根据人们对客观情况和客观规律的认识和经验,运用个人或集体的智慧和判断力,对事物的性质及其发展变化趋向进行逻辑判断,做出决定。定量分析是指对事物的数量方面,运用有关的科学原理和数学方法进行计算和分析,揭示事物间的数量关系,来判断事物的特性及其发展变化的规律性。不论定性分析还是定量分析,都要做好调查研究,搜集有关的信息和数据,掌握信息系统。否则,无论定性或定量的分析都无所依据或依据不足。过去,决策往往是依靠决策者进行定性判断,缺乏量的计算和依据。随着科学技术的进步,特别是管理科学的定量分析方法的发展,数学方法与电子计算机在管理上的应用,为决策的定量分析提供了科学原理和科学手段。因此,现代的决策,都要进行定量的分析研究,用数据说话,提高决策的科学水平。

(三) 经营决策的步骤

经营决策是一个发现问题、分析问题和解决问题的过程,它是在调整经营形势和环境的基础上分几个基本步骤进行的。如图3-9所示。

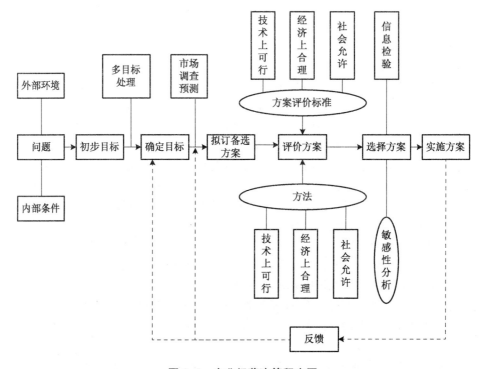

图3-9 企业经营决策程序图

1. 确定经营目标

经营目标是经营决策的出发点和归宿。即根据目标做出经营决策,而经营决策又必须保证实现此目标。它可以分为两部分,一是通过企业外部环境和企业内部条件分析,提出经营问题;二是规定决策实施后要解决哪些问题,达到什么程度。

2. 拟定可行方案

经营决策的可行方案,是指能够解决某个经营问题,保证决策目标实现,具备实施条件的经营方案。

3. 评价选择方案

评价选择方案,是对两个以上经营决策的可行方案进行综合分析和比较,从中选择出一个理想的方案。这一步骤是在比较鉴别诸方案优劣的基础上择优决策。

4. 决策实施和反馈

决策实施是决策过程不可缺少的重要一环。决策正确与否,要以方案的实施结果来判断。决策反馈,主要是指在方案实施过程中,把实施情况与目标进行比较来发现新问题,并查明原因,制定相应措施,保证经营目标的实现。

二、经营决策的方法

经营决策的方法很多,可分为定量决策法和定性决策法两大类。定量决策法,是建立在数学模型基础上的一种决策方法。其核心是把决策的变量和目标,以及变量与目标之间的关系,用数学关系表示出来,建立数学模型,然后根据决策条件,通过计算求得答案。定量决策主要适用于重复出现的能够计量的程序性决策,这说明它有一定的局限性。定性决策法,它是充分发挥人的知识、经验和能力的决策方法。其核心是在决策过程的各个阶段,根据已知情况和现有资料,在系统调研分析的基础上,提出决策目标、方案、参数,并做出相应评价和选择。它适合于受社会经济因素影响较大,各种因素错综复杂的综合性战略决策,因此,是企业经营决策的主要方法。但是,由于这种方法主观成分强,论证不够严密,往往需用定量决策法来补充。

在企业经营决策中,定量决策法主要有以下三种:

(一) 确定型决策方法

确定型决策是指决策的影响因素和结果都是明确的,即一个方案只有一种确定的结果。因此,它只需比较各种方案的结果,选择一个最佳方案,即可做出决策。在确定型决策中,量本利分析法(又称盈亏分析法)是一种简便、有效、使用范围较为广泛的确定型定量决策方法。

1. 量本利分析的基本方法

量本利分析法是指成本、数量、利润相互关系的分析,即依据量、本、利的相互关系,分析决策方案对企业盈亏带来的影响,据此来评价、选择决策方案。量、本、利相互关系的研究,是以成本和数量的关系研究为基础的,它通常被称为成本动态研究。所谓成本动态,是指成本总额对业务量总额的依存关系。当业务量变化后,各项成本有不同的性质,主要可分为固定成本和变动成本两大类。固定成本是成本中相对稳定的一部分,产品产量在一定范围内的变化,对其没有影响,即固定成本不随产品产量的变化而变化,常常表现为一个常量,变动成本则与产品产量的变化密切相关,产品产量高,变动成本随之高,在成本额中表现为变量。

现代企业通常采用损益法计算利润,即首先确定一定期间的收入,然后计算与这些收入相配合的成本,两者之间的差额即为期间利润。由于:

总成本=变动成本+固定成本=单位变动成本×产量+固定成本

销售收入=单价×销量

利润=销售收入−总成本

假设产量和销量相同,则

利润＝单价×销量－（单位变动成本×销量＋固定成本）

单价、单位变动成本、固定成本、销量和利润之间关系如图3-10所示。

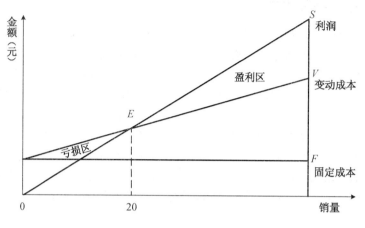

图 3-10　量本利关系图

在量、本、利分析中,盈亏临界点的确定是重要的,即计算企业在什么样的销量情况下,企业可能亏损或盈利。盈亏临界点,是指企业收入和成本相等的经营状态,即企业所处的既不盈利又不亏损的状态,通常用一定的业务量来表示。现介绍盈亏临界点确定的两种方法：

（1）销售量法。即以某一销售量的固定成本和变动成本确定盈亏临界点,用公式表示：

盈亏临界点销售量＝固定成本÷（单价－单位变动成本）

（2）销售额法。即以某一销售额的固定成本和变动成本确定盈亏临界点,计算公式如下：

盈亏临界点销售额＝[固定成本÷（单价－单位变动成本）]×单价

2. 多品种产品的量本利分析方法

在工商企业实际经营管理决策分析中,更多的是面临多品种产品的生产和经营,商业企业要解决多品种经销条件下盈亏平衡点确定的问题,而生产企业在多品种经营条件下,则首先要解决有限资源合理配置安排生产的问题,然后就要确定盈亏平衡点,同时还要解决要达到一定目标利润必须完成多少产量（假设产销平衡）或销售量的问题。下面举例说明工商企业多品种产品的量本利分析方法及应用。

例1　某商业企业同时经营 A、B、C 三种商品,各种商品的有关资料如表3-1,已知该企业的年固定成本为 62.7 万元,求该企业盈亏临界点的销售额。

表 3-1

项目 \ 商品	A	B	C	合计
单价(元/件)	24	12	6	
单位变动成本(元/件)	18	7.2	2.4	
单位边际贡献(元/件)	6	4.8	3.6	
单位边际贡献率(%)	25	40	60	
销售量(万件)	9	9	6	
销售额(万元)	216	108	36	360
总的边际贡献(万元)	54	43.2	21.6	118.8

平均边际贡献率(%)=(118.8÷360)×100%=33%

所以 该企业盈亏临界点的销售额=62.7÷0.33=190(万元)

例2 某企业从事 A、B、C、D、E、F 六种产品的生产,已知该企业的固定费用为 2 000 万元,现给出各产品的销售额与边际贡献,试计算该企业的盈亏平衡销售规模。

表 3-2

产品	销售额(万元)	边际贡献(万元)	产品	销售额(万元)	边际贡献(万元)
A	1 000	450	D	1 000	550
B	1 200	300	E	1 600	800
C	1 500	300	F	2 000	700

计算边际贡献率

$$R_A = 45\% \quad R_B = 25\%$$
$$R_C = 20\% \quad R_D = 55\%$$
$$R_E = 50\% \quad R_F = 35\%$$

计算累计销售额 $\sum S$、累计边际贡献 $\sum m$ 及 $\sum m - f$

表 3-3

产品	S(万元)	$\sum S$(万元)	m(万元)	$\sum m$(万元)	$\sum m - f$(万元)
D	1 000	1 000	550	550	−1 450
E	1 600	2 600	800	1 350	−650
A	1 000	3 600	450	1 800	−200
F	2 000	5 600	700	2 500	500
B	1 200	6 800	300	2 800	800
C	1 500	8 300	300	3 100	1 100

从表中可以看出,当企业只生产 DEA 三产品时,该企业亏损 200 万元,当企业生产 DEAF 时,该企业盈利 500 万元,要使企业盈亏平衡,企业的边际贡献应正好等于固定费用,即企业要另生产相当于 200 万元边际贡献的 F 产品。

$$S_0 = 3\,600 + \frac{200}{35\%} = 4\,171$$

例 3 某企业从事 ABCDEFF 的生产,已知该企业的销售额为 3 000 万元时,该企业盈利 530 万元。现给出各产品的销售额与边际贡献,试计算该企业的盈亏平衡销售规模。

表 3-4

产品	销售额(万元)	边际贡献(万元)	产品	销售额(万元)	边际贡献(万元)
A	1 000	450	D	1 000	550
B	1 200	300	E	1 600	800
C	1 500	300	F	2 000	700

计算边际贡献率

$$R_A = 45\% \quad R_B = 25\%$$
$$R_C = 20\% \quad R_D = 55\%$$
$$R_E = 50\% \quad R_F = 35\%$$

计算累计销售额 $\sum S$、累计销售额 $\sum m$。

表 3-5

产品	S(万元)	$\sum S$(万元)	m(万元)	$\sum m$(万元)
D	1 000	1 000	550	550
E	1 600	2 600	800	1 350
A	1 000	3 600	450	1 800
F	2 000	5 600	700	2 500
C	1 200	6 800	300	2 800
B	1 500	8 300	300	3 100

从表中可以看出,当企业销售额为 3 000 万元时,企业对应的边际贡献等于 1 350+400×45%=1 530;由于企业这时盈利 530 万元,所以算出固定费用为 1 000 万元。

计算累计销售额 $\sum S$、累计销售额 $\sum m$ 及 $\sum m - f$

表 3-6

产品	S(万元)	$\sum S$(万元)	m(万元)	$\sum m$(万元)	$\sum m - f$(万元)
D	1 000	1 000	550	550	-450
E	1 600	2 600	800	1 350	350
A	1 000	3 600	450	1 800	800
F	2 000	5 600	700	2 500	1 500
B	1 200	6 800	300	2 800	1 800
C	1 500	8 300	300	3 100	2 100

$$S_0 = 1\,000 + \frac{450}{50\%} = 1\,900$$

(二) 风险型决策方法

风险型决策,就是根据几种不同自然状态下可能发生的概率进行决策。风险型决策中决策者虽然不知道未来将出现何种自然状态,但能估计出自然状态出现的概率,因而又称随机型决策。由于引入概率的概念,就会有一定的风险性。

风险型决策要具备以下五个条件:①有明确的决策目标;②有两个以上的备选方案;③存在着两种以上的、不以决策人主观意志为转移的客观状态;④能预测出各个方案在不同客观状态下的期望值;⑤能对各种客观状态下所出现的概率进行估计。

风险情况下决策依据的标准主要是期望值。所谓期望值就是在不同自然状态下期望得到的值,它包括期望收益和期望损益两种。自然状态的概率,一般是从过去的历史资料中进行统计分析求得,是来自决策者主观经验的判断。风险型决策常用的方法有表解法和决策树法两种:

1. 表解法

表解法是用决策损益表来选择风险型决策方案的一种方法。决策损益表主要包括决策方案,各方案所面临的自然状态,自然状态出现的概率和各方案在各种自然状态下的损益值。

例:某企业夏季生产饮料,每箱成本 80 元,售出价格 120 元,每箱销售后可获利 40 元,如果销售不完,剩余每箱还要损失冷藏保管费 10 元。如缺货,除损失销售额外无其他损失。今年市场销售情况不明,根据去年同期日销售统计资料,日销售量(箱)为 100、110、120、130,而完成上述日销售量的天数分别为 12、24、18、6。要求对该企业日生产计划进行决策。

决策步骤是:①确定不同自然状态下日销售量概率值,见表 3-7,该例概率属客观概率;②计算各方案在不同的自然状态下日收益值,见表 3-8;③根据确定的概率,求出各方案在整个期间的期望值;④根据最大期望收益值原理求出最优方案。

表 3-7 自然状态统计概率确定表

日销售量(箱)	天数	概率	日销售量(箱)	天数	概率
100	12	12/60＝0.20	130	6	6/60＝0.10
110	24	24/60＝0.40	∑	60	1.00
120	18	18/60＝0.30			

表 3-8 各方案的日收益值和期望收益值

方案（日产量）	自然状态 概率 日收益值(元)	100 0.20	110 0.40	120 0.30	130 0.10	期望收益值(元)
100		4 000	4 000	4 000	4 000	4 000
110		3 900	4 400	4 400	4 400	4 300
120		3 800	4 300	4 800	4 800	4 400
130		3 700	4 200	4 700	5 200	4 350

日收益值＝日销量×每单位收益值－剩余量×单位损失值。

如，日产量110箱，日销量100箱，日收益值＝100×40－(110－100)×10＝3 900(元)

各方案的期望收益值是根据在不同自然状态下的收益值分别乘以概率后相加之和。如，日产量120箱方案期望收益值＝4 400元。该例最优方案是日产量120箱。

2. 决策树法

决策树法是运用树状图形来分析和选择决策方案方法，其基本原理也是以决策收益为依据。它不仅可以解决单阶段问题，而且可以解决收益表不易表达的多阶段序列决策问题。决策树的特点是：①可以明确地比较决策问题的各种可行方案的优劣；②对方案的相关事件表现得一目了然；③可表明每一方案实现的概率，一般为主观概率；④能计算出每一方案要预期的收益；⑤特别适合于多级决策的分析。

决策树的构成有六个要素：决策点、方案枝、自然状态结点、概率枝、结果点和修枝。用符号表示如下：

□：表示决策点，用来表明决策结果。

○：表示自然状态结点，用来表明自然状态所能获得的机会。

□＜：表示方案枝，由决策点引出若干枝条，每一枝条代表一个方案，并由它与状态结点连接。

○＜：表示概率枝（也称状态枝），是由状态结引出若干枝条，每一枝条代表一种自然状态，并表明每一自然状态的概率。

△：表示结果点，用来表明状态的收益或损失值。

≠：表示结果点，用来表明状态的收益或损失值。

例：为生产某种产品设计了两个建设方案，一是建造大工厂，二是建造小工厂，大工厂需投资 1 000 万元,小工厂需投资 400 万元,两项目寿命周期均为 10 年,据估计,在此期间产品销路好的概率为 0.8,建造大工厂每年收益 250 万元,建造小工厂能获收益 80 万元,产品销路差的概率为 0.2,建造大工厂,每年将损失 40 万元,建造小工厂每年获收益 20 万元,要求用决策树法对该例进行决策。决策树的树形如图 3-11 所示。

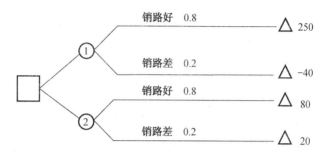

图 3-11　产品设计建设方案决策树

期望值计算如下:

大工厂方案期望值 = 0.8×250×10+0.2×10×(−40)−1 000 = 920(万元)

小工厂方案期望值 = 0.8×80×10+0.2×10×20−400 = 280(万元)

两者比较可见,建大工厂的方案比建小工厂的方案为好,因为大工厂方案的期望值比小工厂多 640 万元(920−280)。

以上介绍的决策树属单级决策问题,但是,有些复杂的决策问题,需在完成第一层次决策后,再连续进行第二层次、第三层次决策,还可以进行多级决策。

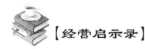【经营启示录】

先义后利,让企业成为社会公有物

日本是世界上百年老铺企业数量最多的国家,这里的老铺企业在世代相传间将"先义后利"发挥到了极致。许多日本企业一直追求完美,追求顾客满意和服务至上,即便是在盛极一时的大生产大消费时代,他们也都专心地、精心地,制做每一件产品,保证每一件产品的质量,努力让消费者满意。他们认为:企业想要实现长期持续的经营,就必须"重视社会信用",即便顾客群体单一,也要重视自己的产品和服务质量。而这也正是"先义后利"的核心要义。对于老铺企业来说,"先义后利"不仅是经营理念,更是一种信仰。龟甲万是一个做酱油的日本企业,其生产的酱油对于中国和日本来说都是最传统、也最基本的产品。但是,这家企业已经生存了 370 余年,从东京北郊野田的一个家庭作坊开始,经历了多次经济危机、战争,到今天成为拥有 2 000 多种酱油相关产品、远销全球100多个国家、在全世界有10家工厂、年收入高达20亿美元的超级跨国公司。其产品在日本市场占30％,世界市场占50％,美国市场占55％,美国人更是把龟甲万认为是酱油的代名词。围绕着小小的酱油,龟甲万做了无穷大的延展,形成一幅壮阔的画面。而龟甲万绝不仅仅是延展产品的产业链,更是通过产品生命链条的延展,来释放出无限的大爱和虔诚,一切是那么的和谐平静,生机盎然,朝气勃发,这正是龟甲万企业"先义后利"的体现。难怪每年海内外有近2万年轻人投报龟甲万,其中不乏哈佛、牛津、剑桥的精英才俊,虽然公司每年只能接纳35人左右。

【经营启示】

先义后利,让企业成为社会公有物,企业要使股东、员工、顾客、社会等所有的相关方都能获得成果。企业存在的目的,并不仅仅是为了自身的利益,而是为社会贡献价值,在经济、社会和环境等各个方面做出应有的贡献。目前有些企业正在逐步抛弃"先义后利"这个本该传承发扬的思想瑰宝。近些年来,受互联网时代的商品经济浪潮冲击,许多企业开始忽视产品质量、售后服务这一产品和企业的本质,转而关注单纯的投入产出比,琢磨如何尽可能地缩减成本、攫取更高的利润,一窝蜂地投身于互联网时代的炒作宣传之中。这样的企业经营终究是不可持续的。

单 元 实 训

学生:制定经营战略是企业高层管理者的重要工作,那么对于大多数中层、基层管理者和广大员工来说有什么意义呢?

老师:制定经营战略虽然是企业高层管理者的重要工作,但对于大多数中层、基层管理者和广大员工来仍有重要意义。第一,战略制定中的中长期目标确定需要自下而上和自上而下结合的方式来凝聚共识;第二,只有所有员工充分参与、知晓、理解、认同战略,才能为实施战略提供保障;第三,如果企业能把每一个管理者、员工把自身的业务、操作任务与长期战略目标以及由此转换成的中期、短期目标建立起清晰的、有机的联系,才能形成强大的激励机制。

学生:课堂上讲的按时间阶段发展的三大战略学派理论,是不是目前最新的创新战略理论及运用已经替代了前二种理论?

老师:事实上,每一种理论都有其科学合理一面,所以应该把三大理论学派理论看成是彼此补充与完善的关系,企业经营者在运用中应当结合自身和市场情况,综合地运用战略理论。

学生:如何处理好决策的民主化和科学化关系?

老师：决策的民主化和科学化是相辅相成的关系，决策的民主化要求重大决策的过程应最大限度地吸收不同部门、层次的建议和想法，使决策的准确度能够提高，同时民主化能够使决策实施更加顺畅。决策的科学化要求重大决策应按照决策程序进行，确保决策的风险度最小。

 读一读

思科在不同发展阶段性核心竞争力

思科成功的秘诀在于，在每个发展阶段，不仅努力建立当时的核心竞争力，还针对竞争环境的变化，不断发展新的优势竞争力。思科公司以制造和销售单一的路由器设备起家，从1986年生产第一台路由器以来，思科在其进入的每一个领域都占有第一或第二的市场份额。如今，全球因特网骨干网络中，80%以上的交换器和路由器是思科产品。美国前总统克林顿盛赞思科为"在互联网工业领域最成功的公司"。思科为何能如此"幸运"，在自己进入的所有业务领域都有所斩获，成为市场的领跑者？成功关键在于思科非常注重其核心竞争力的"时效性"：在每个发展阶段，不仅努力地建立当时的核心竞争力，还针对竞争环境的变化，不断发展新的优势竞争力。思科成立至今，有3个典型的发展时期。在每一个发展时期都有其不同的核心竞争力。

萌芽期——独家技术闯天下

一个时期是从1984年到1987年，这个阶段是思科的萌芽期。当时它具备的绝无仅有的路由器技术和年轻团结的团队，构成思科这一时期的核心竞争力。

发展期——建立科学管理体制

思科发展的第二阶段是从1988年到1995年，这是思科的发展壮大时期。这时思科不仅通过不断的技术创新和技术收购保持其技术上的领先地位，还引入适合自己的行之有效的中小公司管理体制。这两点构成了思科这一时期的核心竞争力。随着路由器技术的发展，思科创业时期的核心竞争力——独有的路由器技术逐渐落后，新的更加先进的路由器技术和其他超前技术成为思科新的核心竞争力的重要组成部分。这一时期思科还建立了鼓励创新的中小企业管理体制。思科从创立起就提倡革新精神，为了紧跟行业发展，它们不仅不断加强自身的技术创新，在必要的时候还通过并购来达到技术领先的目的，对Crescendo的并购就充分说明了这一点。当时，Crescendo生产出一种网络交换器，这种能提供更快的网络服务的交换器威胁到思科路由器的地位。在这种情况下，思科花费了9000万美元买下了Crescendo这个年收入才1000万美元的竞争公司。这项并购在当时被华尔街观察家们认为是疯狂的，但被后来的事实证明是极为成功的，这不仅使思科的技术得到革新，也在1994年为思科带来了10亿美元的收入。

成熟期——"收购"高素质人才

第3个阶段是从1996年到现在，这是思科的成熟期，公司除了继续通过自身不断的技术创新和对先进技术公司的大规模并购以实现技术超前外,还建立了一套吸引优秀人才的人力资源开发管理体制。这构建了思科这一时期新的核心竞争力。作为一家新兴的高科技公司,思科并没有像其他传统企业一样耗费巨资建立自己的研发队伍,而是把整个硅谷当做自己的实验室。它采取的策略是收购面向未来的新技术和开发人员,填补自己未来产品框架的空白,从而迅速建立起自己的研究与开发体系、制造体系和销售体系,乃至塑造出自己的品牌。现在,思科已经成为高科技领域中成功实施并购战略的一个样板,并被授予"并购发动机"的美誉。思科的并购战略得以成功,在很大程度上归功于它对被并购企业在并购前的考察以及并购后的整合。思科人力资源部总监巴巴拉·贝克甚至认为,除非一家公司的文化、管理做法、工资制度与思科类似,否则即使对公司很重要也不会考虑收购。建立一个高效吸引高素质人才的机制是思科第3阶段成功的关键。在美国《财富》杂志2000年的一次排名中,思科当选为信息产业"最吸引员工的公司"的称号;而在2001年全美"最受推崇的公司"排行榜中,思科系统公司以其稳健的财务状况和经营管理的卓越表现排至第2位。在思科首席执行官约翰·钱伯斯看来,收购"最主要买的是人,而不是产品"。有一次,思科计划收购一家众人都看好的公司,产品对路,价格也合适,但购并后必须解雇员工,最终钱伯斯放弃了。在思科全球现有的近3万名员工中,30%来自被兼并的公司。很多人把核心竞争力作为一个静态的概念来理解。其实不然,核心竞争力是一个动态的、相对的概念。思科的成功在于,在3个发展阶段的每一阶段都有其不同的核心竞争力;在某个时期的竞争力被别人模仿之前,早已建立了新的优势竞争力。

海尔走出国门优势=速度+创新

在一次讨论价格战的会议上,海尔集团CEO张瑞敏讲起这样一个故事:一个人去喂一群狼,扔了一根肉骨头后,所有的狼都来抢这根骨头,那些狼抢得很凄惨。这人然后又扔了一根,狼都不去吃,仍要抢原来那根。等把那根抢得都没有什么肉了,再一块去抢另一根。现在市场无序竞争,跟这个情景差不多。你这边摆了很多肉骨头,你不去拿,你非要抢那一根。解居志就不错,他没去抢,他自己另找了一根肉骨头,分时家电的肉骨头。

解居志是华东一部的销售负责人,去年上海刚刚决定实施分时电价,夜间用电便宜一半。解居志立即建议为电热水器设计一项定时功能,使它可以在夜间加热,白天使用。分时家电推出后,2个月销量翻了一番。不用价格战去瓜分有限的蛋糕,而是再造一块新蛋糕独享,这是解居志受到表扬的原因。

其实,做一块新蛋糕独享,在海尔已不是一个新的概念了,从"小小神童"洗衣机到最新推出的"智慧眼"空调,"创新"一直贯穿于海尔产品开发的始终。专注于用户的需求,创造市场,这是海尔对自己的定位。可对一个向海外拓展的公司来说,面对高手林立的欧美老牌家电商,要想像在国内竞争中那样连连取胜,难度可想而知。国内企业走出国门的优势到底在哪呢?

海尔集团副总裁柴永森说:"我们的劣势,就是我们的基础不如人家,包括在技术上、在资金上,但我们现在最大的优势就是我们的速度,再就是我们有一种为了满足用户需求的创新精神。"

对用户需求做出创新性的快速反应

在2001年2月,海尔人举行全球经理人年会。在这个年会上,海尔美国贸易公司的总裁迈克先生提出了一个点子,他说在美国冷柜的销量非常好,但是有一个用户难题是传统的冷柜比较深,拿东西尤其翻找下面的东西,非常不方便。他说能不能发明一个产品,从上面可以掀盖,下面东西能够有个抽屉,让用户不必探身取物。

就在会议还在进行的时候,设计人员已经通知车间做好准备,下午在回工厂的汽车上,大家拿出了设计方案。这天,设计和制作人员一同经过了一个不眠之夜。他们克服了很多困难,到晚上两三点钟,第一代样机基本上就诞生了。

迈克回忆那天的情景时说:"他们拍拍我的肩膀说,你来一下我们给你个惊喜。他们把我带到一个小房间里,我看到一些盒子上蒙着帆布,他们让我闭上眼睛,他们掀开帆布,我睁眼一看,17个小时之前我的一个念头,已经变成一个产品,展现在我的眼前了,我简直难以相信,这是我所见过的最神速的反应。"

第二天,海尔全球经理人年会闭幕晚宴正在青岛海尔国际培训中心举行。一件披着红色绸布的冷柜摆在了宴会厅中。在各国经理人疑问的目光里,主持人揭开了绸布,当场宣布,这就是迈克先生要求的新式冷柜,它已被命名为"迈克冷柜"。全场的经销商们先是惊讶,继而爆发出热烈的掌声。

当天,这款迈克冷柜就被各国经销商订购。如今这款冷柜已经被美国大零售商希尔思包销,在美国市场已经占据了同类产品40%的份额。迅速反应,马上行动,海尔人用创造性的工作,对海尔作风做了新的诠释。

张瑞敏说,在新经济条件下,速度决定企业生死。哪个企业不打破常规,对此做出创新性的反应,就必败无疑。市场不给你改错的机会,也不给你改错的时间。

有创新就有别人无法比拟的优势

创新是海尔的灵魂,是海尔保持旺盛的生命力和竞争力的奥秘所在。

一个被兼并的冰箱厂厂长曾经问张瑞敏,我们的技术力量比你们要强得多,可我们的冰箱为什么就销不过你们呢?张瑞敏回答:你的优势是技术力量强,劣势是你们的技术力量太强,你们的技术人员都关在实验室里,而不是到市场上去,因此他们创造出来的项目并不都是用户所需要的。

同样是在海尔人全球经理人年会上,欧洲经销商雅默瑞与两位海尔事业部长带来的开发人员、技术和样机制做人员一同研究新产品开发。这就是海尔的工作特点,为让用户的需求一步到位,可以调动相关人马一同出动。

亚默瑞说,他有一个点子,可为酒柜设计一个支架,这个支架最好是可移动的。如果翻过来它是平的,可以在上面放罐头、盒子等等。如果有开了瓶的酒就把支架翻过来放。他风趣地说,这支架你们以后可以把它叫做亚默瑞支架。

无论在年会上,还是平常时赶来,经销商们都有个感受,海尔人似乎特别注重和他们的交流,而不是把视线集中在订单上。对此,海尔人有自己的说法:先恋爱后结婚才比较有把握。

第二天上午,亚默瑞来到了样机室。看到已经按照自己的设想设计出来的酒柜支架,他拿在手里翻过来再翻过去,嘴里念叨着:"把它翻过来,像这样是对的。excellent,非常好。拿个酒瓶子过来看看,准确的,完完全全就是我要的。就是这样,非常好。"

那天,亚默瑞还看到了按照自己设想制作的十几款冷柜样品。这个56岁的老人本来在意大利过着舒适的生活,第一次来到海尔的时候,却被创新的激情所感染。这个酒柜支架的设想他早在菲利浦工作时就提出过,而这天在10个小时的时间里,把它付诸实施的是一群中国的年轻人和一个年轻的品牌。下午3点,亚默瑞带着自己签好的一批订单离开了青岛。

两个月后,亚默瑞定制的样品出现在德国柏林世界家电博览会上。

美国营销专家科特勒说,中国公司在向海外拓展市场时,面对的是有着悠久历史的对手,这些成熟工业的优势是知名度高,他们的弱点是技术太成熟了,太缺少创新了。所以当你进入市场时,你有创新,就有别人无法比拟的优势。

对于创新速度,在强手云集的欧美市场显得更重要。海尔美国贸易公司总裁迈克先生就深有体会:"当然我可给您举出很多不同的例子,最突出的是当年我们准备打入美国的空调市场,1999年我们没有适合美国市场的机型,但经过周密分析后仅用了4个月的时间,我们便研发出4款空调机型。尔后,在接下来的几年中,我们为美国市场不断研制了4条可生产24种机型的生产线,仅仅两年时间我们在美国空调市场的占有份额就达到18%。"

"文章做到极处,无有他奇,只是恰好;人品做到极处,无有他异,只有本然。"张瑞敏引用《菜根谭》内的一段话道出企业参与全球化竞争的"真经"。做企业做产品,就是创造市场、创造需求,无有他奇,只是"本然"。

【案例一】　　　　　　　　　　格兰仕战略转移

一、背景介绍

格兰仕微波炉是中国的消费者所熟悉的产品,但它的制造商——格兰仕集团却是以生产羽绒制品起家的。

格兰仕的前身广东顺德桂洲羽绒厂成立于1979年,职工不过200人,以手工操作洗涤鹅鸭羽毛供外贸单位出口,年产值46.81万元。1988年,桂洲畜产品企业(集团)公司成立,其成员企业包括"桂洲畜产品工业公司"以及该公司与外商合资的3家工厂,同时,格兰仕牌羽绒被、服装开始在国内市场销售,仅羽绒被年销售额就达1 500万元。此外,公司获得"中国乡镇企业百强"的殊荣,产值超亿元。

学习单元三　经营战略与决策

1992年6月,公司更名为广东格兰仕企业(集团)公司,格兰仕牌羽绒系列制品全国总销售额达3 000万元,集团公司总产值18亿元人民币,年出口达2 300万美元。

1991年,格兰仕的决策层普遍认为:羽绒服装及其他制品的出口前景不佳,并达成共识:从现行业转移到一个成长性更好的行业。经过市场调查,选定小家电业为新的经营领域,并确定以微波炉作为进入该行业的主导产品。

1992年9月,中外合资的格兰仕电器有限公司开始试产,第一台以"格兰仕"为品牌的微波炉正式诞生。1993年,格兰仕试产微波炉1万台,开始从以纺织业为主转向以家电制造业为主。1999年1月,格兰仕结束最后一项轻纺产业毛纺厂,而转型为家电集团。

二、案例回放

(一) 成长历程

格兰仕集团20多年的成长历程,大体上可划分为三个阶段,每个阶段的战略行为及业绩分述如下:

1. 创业:羽绒、服装(1978—1982年)

1978年9月28日梁庆德带领10余人破土动工筹办羽绒制品厂。1979年广东顺德桂洲羽绒厂成立,职工不过200人,以手工操作洗涤鹅鸭羽毛供外贸单位出口,年产值46.81万元。1983年,桂洲羽绒厂与港商、广东省畜产进出口司合资兴建的华南毛纺厂建成并投产,引进日本最新型号的粗梳毛纺生产线,年产量300吨,主要产品供出口,年创汇400多万美元。1984年桂洲羽绒厂扩建,水洗羽绒生产能力达600吨,年产值达300多万元,1985年,桂洲羽绒厂更名为"桂洲畜产品工业公司",拥有员工600余人,到1987年与港商合资成立华丽服装公司,与美国公司合资成立华美实业公司,生产羽绒服装和羽绒被直接出口。

1988年,桂洲畜产品企业(集团)公司成立,其成员企业包括"桂洲畜产品工业公司"以及该公司与外商合资的3家工厂,年产值超过亿元。1989年与港商合资的桂洲毛纺有限公司投产;1991年,中外合资的华诚染整厂有限公司建成投产。至此,公司的经营业务包括原白色兔毛纱出口、染色纱出口、纱线染色加工、羽绒被、服装等制品生产、出口。同时,格兰仕牌羽绒被、服装开始在国内市场销售,仅羽绒被年销售额达1 500万元。

2. 转向:微波炉(1992—1997年)

1991年,格兰仕最高决策层普遍认为:羽绒服装及其他制品的出口前景不佳,并达成共识:从现行业转移到一个成长性更好的行业。经过市场调查,初步选定家电业为新的经营领域(格兰仕所在地广东顺德及其周围地区已经是中国最大的家电生产基地)。进一步地,格兰仕选定小家电为主攻方向(当时,大家电的竞争较为激烈),并最终确定微波炉为进入小家电行业的主导产品(当时国内微波炉市场刚开始发育,生产企业只有4家,其市场几乎被外国产品垄断)。

为此,格兰仕人首先以真诚感动了上海的全国著名的微波炉专家,从上海无线电18厂聘请了5名微波炉高级工程师。以上海专家为主,格兰仕很快形成了一支技术人员队伍。然后,以创业10多年的资金积累,从日本东芝集团引进具有90年代先进水平的自动化生产线,并与其进行技术合作。1992年9月,中外合资的格兰仕电器有限公司开始试产,第一台以"格兰仕"为品牌的微波炉正式诞生。

1993年,格兰仕试产微波炉1万台,开始从以纺织业为主转向以家电制造业为主。

1994年格兰仕面临创业以来最大的挑战:一是从紧的宏观经济政策导致商品购买力大幅度下降;二是珠江三角洲遇到百年来的特大洪水灾害,格兰仕厂区水深2.8米,遭受到巨大损失。但由于格兰仕人的共同努力,当年实现产销量10万台的目标,获得销售额、利润"双超历史"的业绩。同时,格兰仕集团推行股份制改革,集团骨干人员贷款购买公司股份成为公司的主要股东,并依照现代企业制度重组公司的治理结构,初步建立了一个遍布全国的销售网络。

1995年,格兰仕微波炉销售量达25万台,市场占有率为25.1%,在中国市场占据第1位,获得惊人的业绩。其原因主要是两个方面:一是格兰仕的营销策略获得巨大的成功;二是原中国市场第1位的蚬华公司,由于美国惠而浦公司的收购产生较大的波动,收购后的整合工作进展不力。当年,格兰仕集团销售收入3.84亿元,利润3 100万元。

1996年8月,格兰仕集团在全国范围内打响微波炉的价格战,降价幅度平均达40%,带动中国微波炉市场从1995年的不过100万台增至200多万台。格兰仕集团以全年产销量65万台的规模占据中国市场的34.7%,部分地区和月份的市场占有率超过50%。

1997年2月,国家统计局授予格兰仕"中国微波炉第一品牌"称号;经国家权威部门评估,"格兰仕"品牌的价值达38.1亿元;10月,格兰仕集团第二次大幅降价,降价幅度在29%~40%之间;全年微波炉产销量达198万台,市场占有率达47.6%以上,稳居第一。

3. 从全国单项冠军到全球单项冠军(1998年开始)

自1995年至今,格兰仕微波炉国内市场占有率一直居第一位,且大大超过国际产业、学术界确定的垄断线(30%),达到60%以上(1998年5月市场占有率达到73.5%,为历史最高点)。在国内市场微波炉单项冠军地位巩固的基础上,格兰仕集团于1998年开始实施新的战略:通过国际化与多元化,实现全球市场小家电多项冠军的宏伟目标。

1998年,格兰仕微波炉年产销量达450万台,成为全球最大规模化、专业化制造商。同时,格兰仕集团投资1亿元进行自主技术开发,并在美国建立研究开发机构;下半年利用欧盟对韩国微波炉产品进行反倾销制裁的机会,格兰仕微波炉大举进入欧洲市场;从单项微波炉走向产品多元化,全年豪华电饭煲产销规模达到250万只,成为全球最大的制造商。

1999年1月,格兰仕结束最后一项轻纺产业毛纺厂,而转型为家电集团;3月,格兰仕北美分公司成立,同时美国微波炉研究所成立;向市场推出新开发的品种百余种,其产品融入新开发出的专有技术;聘请Anderson公司为集团财务顾问;全年销售额达29.6亿元,微波炉销售量达600万台,其中内销与出口各占50%,国内市场占有率为67.1%,稳居第一位,欧洲市场占有率达25%;在关键元器件供应领域,开始采取垄断战略;电饭煲国内市场占有率达12.2%。

(二) 企业战略

格兰仕的成长与业绩,与其制定的富有个性化的战略,并坚持不懈地实施其战略密切相关,或者说,格兰仕的成功主要是其企业战略的有效运作。因此,有必要对格兰仕集团20多年来的企业战略形成、主要内容及变化进行较为全面的探讨。

1. 总体战略

有研究认为,总体战略主要由领域与地域两大部分构成。领域是指企业经营的行业范围,即"我们现在做什么,我们未来要做什么?"地域是指企业经营的地理空间,即"我们在何处做?"领域战略依其经营行业数目可分为专业化经营和多元化经营(此处还有程度的不同),地域战略依其经营的地理范围可分为本地、全国、跨国、全球化4种类型。依此,可以结合格兰仕集团的历程,构造其总体战略矩阵(见表3-9)。

格兰仕的总体战略可做出如下的归纳:

(1) 创业阶段。格兰仕在轻纺行业,再具体就是以畜毛为原料的轻纺行业从事经营活动,其经营范围具有较明显的一体化,即从畜毛的洗涤、整理到粗梳加工,到染色,再到纺织,最后到羽绒服装及羽绒被生产。可以认为,格兰仕在一体化战略实施方面有一定的经验和能力。这个阶段的产品主要是供外贸公司出口,且产品的加工和生产大多是以合资经营方式进行,这表明,格兰仕人从创业开始就注重利用外部资源,善于与他人合作,通过内外部资源的优化组合来实现企业的目标。

表3-9 格兰仕总体战略

阶段	经营领域	经营地域
1978—1992年	畜毛整理、粗纺、染色加工、服装及制品生产	广东顺德/中国市场
1993—1997年	微波炉、电饭煲、电风扇制造	广东顺德/产品出口
1998年开始	微波炉制造/轻纺产品生产	广东顺德/全球市场

*注:包括产品的生产基地和主要市场范围两方面。

(2) 转向阶段的集中一点战略。这个阶段的格兰仕总体战略是以集中一点为核心的,但其集中一点战略有自身的特点,即在战略性行业转移的背景下的集中一点,这与企业创业初期的集中一点战略有较大的不同:前者是将原有行业的经营资源大规模地转移到新选择的"某点",从原有行业中撤离出来,集中全部资源来经营这个新的"点";后者是在创业之初就集中全部资源攻其一点,没有行业转移问题。从这个角度来看格兰仕的集中一点战略实施的困难度要大,这是因为从原有行业撤出并不是短时间能完成的。再加上原有行业与新选择的微波炉行业两者的相关程度极低(可以说是无相关的),经营资源的转移量小且效率低。因此,格兰仕集中一点战略的成功是一个很值得探讨的问题。

这个阶段的起点——1993年,格兰仕集团的产品销售额中微波炉所占的份额不超过10%。在其后的过程中,格兰仕集团不断从轻纺行业中撤出,利用积累的资金不断地扩大微波炉的生产规模,到这个阶段的终点——1997年底,格兰仕集团的产品销售额中,轻纺产品所占的份额很低,成功地从以轻纺业为主转型为以家电业为主。

集中一点战略的要点是选择一个较合适的"点",集中全部或几乎全部的经营资源把这个"点"做精、做深、做透、做大,并建立进入壁垒,使竞争者不断退出(主动或被动),潜在竞争者不敢贸然进入,从而实现企业的持续经营目标。

格兰仕集团于1991年选择微波炉为其集中经营"点"是合适的:第一,中国微波炉市场处在发育的初期,与发达国家相比差距很大,因此其市场前景看好,市场潜力很大。第二,微波炉生产企业不多,且规模大多在10万台以下,市场竞争程度比其他家电产品要低得多。第三,外国品牌的产品在市场上居主导地位,但这些产品在这些制造商的销售总额中所占的比重很小,因此,微波炉并非这些制造商的战略性或主导性产品。第四,格兰仕所在地——广东顺德是中国著名的家电产品生产基地,元器件、零配件的供应及其他制造技术和服务较为稳定。第五,微波炉产品的生产技术已经较为成熟。

不仅如此,格兰仕集团在其后的经营中,始终坚持集中一点毫不动摇。据说,1995年格兰仕放弃了一份几百万美元的羽绒制品订单。格兰仕集团不仅将轻纺行业10多年的经营积累以及撤出的收益全部投入到微波炉的生产与销售上,而且将微波炉产品本身的收益也全部投入,从而导致格兰仕集团的微波炉产销量以惊人的速度增长,从1993年的试产1万台到1997年的近200万台。

建立进入壁垒是集中一点战略的重要内容。格兰仕集团在这方面的表现也是突出的。主要包括:第一,在总成本不变或降低的前提下,不断开发新产品和专有技术。1995年以来,格兰仕集团共获得球体微波、多层防漏等与微波炉相关的专利和专有技术100多项,开发100多个品种的新产品。尤其是美国研究机构成立以来,格兰仕的自主技术水平有较大的提高,新产品推出更多、更快。第二,利用总成本领先的优势,向市场推出质好价廉的产品,扩大市场占有率。1996年8月和1997年10月在全国范围内大规模、大幅度地降低产品价格,其成效非常明显:首先,使不少竞争者退出微波炉行业;其次,扩大了中国微波炉市场的总体容量;再次,极快地提高了格兰仕的市场占有率。第三,关键元器件的开发,在上述基础之上,格兰仕开始利用自己的技术力量开发关键元器件,并投入生产,进一步降低总制造成本。

(3)新阶段的多元化与国际化战略。1998年开始是格兰仕集团发展的新阶段,其战略重点在多元化与国际化。多元化是在小家电行业范围内进行的,除微波炉外,格兰仕集团向市场推出电饭煲和电风扇产品。如果依照以4位数行业标准来划分,这些产品是不同的4位数行业,因此,可称其为多元化经营。这个阶段的多元化经营有如下特点:第一,以获取范围经济效益、提升企业战略能力为目标;第二,产品的技术、生产尤其是销售存在高度的相关性;第三,是在初步形成亚核心能力的基础上进行的;第四,以内部开发为主的战略途径;第五,工业先导/技术主导型的战略模式。

国际化是指格兰仕集团不仅引进并集成了世界各国的先进生产设备和技术,还表现在:第一,市场的国际化,从全球市场视角来配置资源,以自有品牌或OEM方式向全球市场推出产品;第二,研发的国际化,美国的研究机构与中国的机构共同合作开发自主技术和新产品;第三,人才的国际化,聘请外国专家和管理人才,以适应国际化经营的需要。但是,到目前为止作为国际化战略最主要的生产国际化并未成为格兰仕集团的重要策略。

2. 竞争战略

竞争战略的关键问题是在给定的产品/市场上怎样实现可持续的竞争优势。美国哈佛大学商学院迈克尔·波特教授总结的两种通用的竞争战略是:①成本领先;②差别化。

很明显,格兰仕集团在微波炉及其他小家电产品/市场上的竞争战略是成本领先,而不是差别化。格兰仕集团的成本领先战略在转向阶段和新阶段中有所不同:转向阶段格兰仕集团的竞争优势主要来源于规模经济基础上的成本领先;在新阶段,则主要来源于规模和范围经济基础上的成本领先。

格兰仕的规模经济首先表现在生产规模上。据分析,100万台是单间工厂微波炉生产的经济规模界限,格兰仕在1996年就达到了这个规模,其后每年以两倍于上一年的速度迅速扩大生产规模。生产规模的迅速扩大带来了生产成本的大幅度降低,成为格兰仕成本领先的重要环节。其次,格兰仕的规模经济还表现在销售、科研和管理等方面。

格兰仕集团的范围经济主要表现在利用微波炉经营的资源和能力积累,开拓电饭煲和电风扇的产品/市场。由于微波炉与电饭煲、电风扇同属于小家电行业,其产品技术、销售网络尤其是品牌延伸方面的相关程度很高,所以,格兰仕从单一产品向多种产品发展,其范围经济效益非常明显。

3. 职能战略

职能战略是在实施竞争战略过程中,公司各部门或各种职能应该发生什么作用,如何发挥这些作用。职能战略决定于竞争战略,每个竞争战略都要转变为职能层次上的战略才能具体实施,如市场营销、研究与开发、财务、人事、生产等。职能战略的内容非常具体和丰富,针对格兰仕集团的情况,这里选择其中比较有特色的内容进行说明。

(1)营销战略。格兰仕集团在微波炉市场上的营销战略主要包括以下内容:第一,培育市场。通过赠送微波炉食谱图书、在报刊上开辟专栏等方式,培育中国的微波炉市场。第二,启动市场。通过建立全国性的营销网络,主要是与各地代理商合作,共同启动微波炉市场。第三,占领市场。在微波炉市场上主要通过价格战方式,而在电饭煲市场上,通过多年的赠送活动来占领市场。第四,巩固市场。通过不断推出新产品,针对不同的市场区域推出合适的产品来实现。还有,通过提高产品服务质量和水平来巩固市场。例如,格兰仕推出的"四心级"服务(对顾客诚心、精心、让顾客安心、放心),"三大纪律、八项注意"的规范服务,一地购物、全国维修的跨区域服务等,都是格兰仕巩固市场的重要策略。

(2)研究与开发战略。格兰仕的技术战略经历了引进、消化吸收、作开发、自主开发这些阶段。在1997年以前,格兰仕集团主要是以引进、消化吸收为重点,从1992年引进东芝公司的生产线和技术,到1996年引进全球范围内最先进的微波炉生产设备和技术,并在消化吸收的基础上进行集成。1997年,格兰仕集团设立研究与开发部门,1998年又在美国设立技术开发机构,开始走向合作和自主开发的新阶段。

(3)财务战略。为适应国际化经营的战略需要,格兰仕集团自1998年开始聘请全世界著名的咨询公司——Andersen公司为财务顾问,具体制定和实施格兰仕的财务战略。这在中国企业,尤其是乡镇企业中是罕见的。以Andersen公司的实力和经验,可以推断,格兰仕集团的财务战略对其竞争战略、总体战略的实现将会取到巨大的促进作用。

(4)人才战略。引进人才并大胆使用是格兰仕集团的传统策略。早在1991年,格兰仕集团就聘请了5名来自上海的中国微波炉专家,正是这5名高级工程师组成了格兰仕微波炉技术队伍的核心,奠定了其后与外国技术合作的基础。1993年格兰仕集团聘请日本人从事生产管理。1998年为实施国际化战略,聘请韩国人担任国际营销主管;聘请美国人从事技术开发活动,等等。格兰仕集团人才战略的主要特点是,引进全球视野范围内的优秀人才。但这仅是人才战略的一个方面,更为重要的是,面临国际化经营的需要,格兰仕集团如何提高各类人才的总体素质和能力。这也许是格兰仕集团未来发展的薄弱环节。

综上所述,将格兰仕集团的成长历程与企业战略结合起来,可形成一个较全面反映格兰仕集团企业战略形成、内容、变化的图表(见表3-10)。

表3-10 格兰仕集团的成长与战略

战略	创业(1978—1992年)	转向(1993—1997年)	新阶段(1998年开始)
总体战略	轻纺业一体化	集中一点	小家电业多元化与国际化
竞争战略		规模经济基础上的成本领先	规模和范围经济基础上的成本领先
职能战略	合资经营	引进、消化吸收、营销等	外部资源借用为中心

【案例思考】

结合本章战略理论的学习,对格兰仕集团的成长与战略进行评价。

【案例二】　　　　　　　海尔业务流程再造

海尔"革了仓库的命",把仓库改造成一个立体配送中心,使一杯静止的水变成一条流动的河。

国际化不仅是市场的国际化,管理也必须国际化。位于中国青岛的海尔总部就像全球海尔的心脏,在国际化的进程中,它时刻与外界保持同样的脉搏,随时在调整自己。

海尔作为一个在160多个国家建立了营销网点的大公司,怎样避免臃肿和迟钝? 2001年,海尔对自身进行了一场"革命":把原来的组织结构由过去的直线职能式的金字塔结构改革为扁平化的组织结构,将职能变为流程,形成以订单信息流为中心,带动物流和资金流的运行,实施业务流程再造。

革仓库的命,让物流成为"第三利润源泉"

齐思佳夫妇精心布置了自己的房间,在添加冰箱时,他们突发奇想,把冰箱的表面想象成了蓝天白云的景象。抱着试试看的想法,他们点击了海尔的网上订购单。他们想可能得等待挺长时间,没想到10多天后,海尔公司就给齐思佳打电话,说冰箱已经做好了,要给他送货。齐思佳十分惊讶:"怎么这么快?!"

这十几天,对海尔是一场考验。过去海尔根本生产不出这种个性化的冰箱。但物流变革,使它有了可能。在海尔搭建的网络化的平台上,齐思佳的订单被海尔的各个部门同时看到,最重要的是全球的供货商第一时间洞察到了海尔的需求。日本一家供货商主动承担了钢板前期设计的任务,在短短几天时间里,这种特殊的钢板就空运到了青岛本部,成本仅仅增加了一百块钱。

张瑞敏在很多场合举过这样的例子:用户要一个三角形的冰箱,海尔也能生产出来。快速地满足全球用户个性化的需求,正是物流带来的强大动力。海尔国际物流中心在2001年3月正式起动,这个高22米的立体仓库相当于40多个同样大小的普通仓库,采用世界上最先进的激光导引技术开发的激光导引无人运输车系统、巷道堆垛机、机器人、穿梭车等,全部实现现代物流的自动化和智能化,使得订单采购来的原料在4个小时里即可送达生产。一杯静止的水变成一条流动的河。张瑞敏将这比喻成"卖海鲜",卖的东西必须是活蹦乱跳的,要是搁一宿,肯定是不值钱了。

新成立的物流本部部长梁海山说:对物流的整合,犹如在高速公路上实现从慢车到快车惊险的一跳。从前的海尔,每个分厂,都有独立的采购权,那时的供货商达到了2 336家,供货速度不能保障,质量参差不齐,最后经过筛选和优化,精简到了900家。

断了1 000多家供货商的财路,这种大手术对于一个30岁的年轻人来说,是承担着巨大风险的。梁海山眼睛盯着全球的供货商,就是要做到从货比三家到万里挑一的转变。海尔的采购周期从10天压到了3天,同时国际供货商的比例达到了67.5%,比整合前上升了20%,其中世界500强企业占到了44家,如GE、埃莫生、巴斯夫等等。

在网上招标中,价格低并不是最重要的,海尔提出分供方要参与产品的前期设计。目前可以参与前期开发的供货商比例已高达32.5%,韩国LG公司与海尔合作已经达10年的历史,面对越来越挑剔的海尔,他们丝毫不敢掉以轻心。的确,海尔的供应链随时都会优胜劣汰,每一家供货商每走一步,都要小心翼翼。

建立一套目前国内自动化程度最高的物流系统,海尔只用了不到两年的时间。谈到海尔的物流建设,海尔集团总裁杨绵绵女士说,最关键的是不能要仓库。现在,我们全是根据订单来采购原材料,根据订单来生产产品,把仓库改造成一个立体配送中心,所有的东西在配送中心停留的时间只有3天到7天。

物流成了海尔的"第三利润源泉"。

创造性破坏,把组织机构的金字塔"压扁"

曾经有人说过,创新有两个层次,一种是从无到有,一种是有创造性的破坏。相比较而言,创造性的破坏更加有难度。尤其是一些已经取得成功的管理理念和制度要打破重来,更需要勇气和智慧。我国的一些企业产品和资本都很有竞争力,却缺乏适应全球市场竞争的现代企业制度,正是这个差距拉低了我国企业国际竞争力的分值。海尔在走出去的同时,对内部的管理和结构进行全新的调整和改造,来适应国际化的需要。

采访时,在冰箱二厂的办公室里,没有见到李清君厂长。这里的人说,冰箱二厂开始实施了流程再造,厂长的办公地点搬到了生产现场。在车间里,没有人再叫李清君为"厂长",而是叫"李经理"。李清君说,这种转变主要体现在组织结构上。

冰箱二厂原来一共有6级管理程序,厂长下面还有生产厂长、生产调度、车间主任、大组长和工人;现在程序减为2个,经理直接对着操作工。原来的23个管理人员减成了9个。结构一下子扁平化了。

李清君从1997年开始在一厂当厂长,中间也有过几起几落。每一次变化都像是从零开始。这一次实施扁平化的结构,开始时他感到过失落、心里没底。"一开始说心里话是挺忙的,比以前责任要大了,因为我原来从厂长到工人有六级管理人员,出了问题我可以把责任推给他们。原来一个问题层层上报,到我这里可能就变味了,走样了。"

过去海尔是一种金字塔式的组织结构,员工应对的是层层的上级。现在改造成了一种扁平化的组织结构。原来再造前的订单流程是:供货公司把订单先传到集团的市场部,经过事业部、企划处、到生产分厂,分厂做一个计划,再发到车间。现在没有了这些中转站,工人和市场需求的距离一下子被拉近了,每个部门每个员工直接对市场负责。今年2月7日,一位法国经销商订购3 000台节能冰箱,当天,冰箱二厂就在计算机ERP窗口上得到了订货信息,并立即安排了生产。可在流程再造之前,这几个小时的过程需要十几天。

张瑞敏认为,原来没有流程再造的时候,就好比是到医院去看病,你到这个窗口划价,那个窗口交钱,再到另一个窗口拿药。对于窗口里头的人,非常简单,只划价或只拿药,但对于拿药这个人,就非常复杂,一个窗口一个窗口走。但是现在改了,窗口里的人既要给他划价,又要给他算钱,又要给他拿药,那么你的素质就要很高。但对于拿药的人来说,省事了,速度快了。

扁平化的管理,也是欧美许多企业所采取的做法。

20世纪90年代,越来越多的公司走出国界,在逐渐一体化的全球市场上竞争。原有的企业经营模式,已不能适应市场的快速变化,"企业的流程再造"应运而生。它是指以工作流程为中心,重新设计企业的经营、管理及运作方式。

美国GE公司曾对组织结构进行过大刀阔斧的改造,原首席执行官韦尔奇去一家制造厂考察时发现,仅为监督锅炉操作就被分出了4个管理层,韦尔奇把它比喻成穿了太多的毛衣。毛衣就像组织结构的层次,它们都是隔离层,当你外出并且穿了4件毛衣的时候,就很难感到外面的天气有多冷了。流程再造后,GE公司的组织结构就像一个车轮,轮轴是韦尔奇和3名副总裁组成的总裁室,轮辐是GE的13个主要事业部,这种结构最大的优点就是简洁,更适应快速变化的市场。

谈到组织结构的创新对于海尔的国际化的意义时,张瑞敏说:组织结构的创新最终的目的是把企业组织内部每一个员工的积极性调动起来,或者说给他创造一个创新的空间,这个组织结构的改变不是为了改变而改变,而是为了以最快的速度适应市场的要求。在如今的市场竞争当中速度是第一位的。所以所有的组织结构的改变都是为了这两个字。

海尔刚提出国际化时,口号是"海尔的国际化",现在的口号则是"国际化的海尔"。这个词顺序的变化意味着什么呢?张瑞敏说,海尔的国际化就意味着海尔的各项工作各项标准,包括质量标准、财务标准都要达到国际要求国际标准。这不是我的目的,我的目的是形成国际化的海尔,也就是本土化的海尔,要融入当地市场,我们叫做三位一体,就是在当地设计、当地生产、当地销售,最终目标是使海尔成为一个真正的世界品牌,不管走到全世界任何地方,大家都知道海尔是一个非常好的我喜欢的名牌。

【案例思考】
企业流程再造的目的和主要内容是什么?

一、单选题

1. 企业要想在市场竞争中获得长期的竞争优势和持续稳定的发展,就必须有一套长期的、系统的( )。
   A. 经营战略   B. 市场预测   C. 经营策略   D. 企业文化
2. 钱德勒的经营战略是从( )出发的,着重于企业成长目标的实现和资源分配。
   A. 组织变革   B. 组织设计   C. 经营创新   D. 战略决策

3. 经营战略具有（　　）特点。
   A. 目的性、长期性、对策性　　　B. 目的性、组织性、对策性
   C. 效益性、长期性、对策性　　　D. 目的性、长期性、市场性
4. 学习学派的企业战略理论的主要代表人物是（　　）。
   A. 安东尼　　　　　　　　　　　B. 奎因和明茨伯格
   C. 迈克尔·波特　　　　　　　　D. 钱德勒
5. 结构学派的代表人物是（　　）。
   A. 明茨伯格　　　　　　　　　　B. 安索夫
   C. 迈克尔·波特　　　　　　　　D. 安东尼
6. 任何一个战略系统都必须包括（　　）三项最基本的内容。
   A. 战略目标、战略方针、战略规划　　B. 战略目标、战略决策、战略规划
   C. 战略目标、经营策略、战略规划　　D. 战略方针、组织结构、发展策略
7. 战略目标在经营战略体系中居于（　　）的地位。
   A. 主导　　　B. 核心　　　C. 关键　　　D. 从属
8. 按照战略的目的性，可把企业经营战略划分为（　　）。
   A. 公司战略、事业战略和职能战略　　B. 进攻战略、防守战略和撤退战略
   C. 产品战略、市场战略和投资战略　　D. 成长战略和竞争战略
9. 美国学者波特归纳出，在行业竞争中，蕴藏着三种能战胜其他企业的一般性竞争战略。即（　　）。
   A. 进攻战略、防守战略和撤退战略
   B. 公司战略、事业战略和职能战略
   C. 成本领先战略、差别化战略和目标集中战略
   D. 成长战略、多元化发展战略和竞争战略
10. 中间产品产业的产品特点决定了实施（　　）战略的企业具有明显的优势。
    A. 成本领先　　　　　　　　　　B. 差别化战略
    C. 目标集中战略　　　　　　　　D. 多元化发展战略

二、名词解释
   1. 企业经营战略
   2. 经营战略结构
   3. 经营决策
   4. 战略规划
   5. 成本领先战略
   6. 差别化战略

三、问答题
   1. 经营战略的含义和特点是什么？
   2. 简述结构学派的企业战略理论主要观点。

3. 战略系统的内容是什么？
4. 简述一般性竞争战略的内容及应用条件。
5. 简述企业经营战略(方案)评价的准则。
6. 三种常用的定量决策方法分别是哪些？

1. 某企业在下年度有甲、乙两种产品方案可供选择,每种方案都面临滞销、一般和畅销三种市场状态,各种状态的概率和损益值如下表所示。

方案 \ 市场状态 概率 损益值	滞销 0.2	一般 0.30	畅销 0.50
甲方案	60	160	300
乙方案	0	180	360

请用决策树法选择最佳方案。

2. 某企业在下年度有 A、B、C 三种产品方案可供选择,每种方案都面临滞销、一般和畅销三种市场状态,各种状态的概率和损益值如下表所示。

方案 \ 市场状态 概率 损益值	滞销 0.2	一般 0.30	畅销 0.50
A方案	60	160	300
B方案	80	120	320
C方案	0	180	360

用决策树法选择最佳方案。

3. 某企业计划开发新产品,有三种设计方案可供选择。不同的设计方案制造成本、产品性能各不相同,在不同的市场状态下的损益值也不同。

有关资料如下：

方案 \ 市场状态 损益值	畅销	一般	滞销
方案 A	300	200	100
方案 B	350	160	50
方案 C	450	100	0

试用冒险法、保守法和折中法分别选出最佳方案。(假设最大值系数为 0.7)

4. 某企业从事 A、B、C、D、E 五种产品的生产。现给出该企业生产的固定费用及有关的数据,试计算该企业盈亏平衡时的销售额。

产品	销售额(万元)	边际贡献(万元)	固定费用(万元)
A	1 000	300	
B	1 000	600	
C	1 000	500	2 000
D	1 000	400	
E	1 000	450	

学习单元四

经 营 策 略

 学习任务与目标

管理的核心在经营,而企业经营的关键在于销售。在竞争日益白热化的今天,企业和企业之间竞争的实质是对市场的争夺。企业经营策略是在企业战略的指导下,在市场调研和分析的基础上对市场进行合理细分,选择合适的目标市场并确定企业在目标市场的定位,为企业制定具体的营销组合策略。

 学习目标

一、知识目标

1. 掌握市场营销组合 4Ps 策略的构成,了解 4C 的内容
2. 理解目标市场和市场定位的内涵
3. 理解产品整体概念、产品生命周期理论
4. 掌握促销的基本方式
5. 了解销售渠道模式及影响渠道选择的因素

二、能力目标

1. 能运用目标市场营销战略理论对给定的企业的目标市场营销战略进行初步分析,或能初步设计创业项目的目标市场营销战略
2. 能运用所学的市场营销组合理论对给定的企业的营销策略进行初步的评价和分析,或能初步设计创业项目的营销组合策略

三、素质目标

具备较强的营销意识,初步形成顾客导向思维模式

学习任务一　市场营销组合

在校大学生的创业计划

丁玲是一名大二学生,家庭条件并不富裕,本来学的是工程专业,业余又因自己喜欢营销,就选修了市场营销课程,想着从事一些实践活动。想来想去,决定自己创业,开个小店。到底卖什么好呢?丁玲考虑了一下,自己学校所在的这个小镇,周围有4所高校,累计大学生有4万人左右,这是非常稳定的潜在顾客群。她决定在繁华的镇中心商业街开一家小饰品店。包括饰品小挂件、手工制品等,另外她又可以设计制作情侣衬衫、鞋子等,顾客喜欢的话,还可任意DIY自己喜欢的图案,这样可以彰显个性、与众不同。

考虑到大学生的消费水准,她将价格定得很低,薄利多销。她还印制了宣传单到周围各高校进行宣传,并在各高校海报栏及校园网进行宣传。她还打算在各高校贴吧和网上进行宣传。

【案例思考】如果要开展营销活动,需要考虑哪些方面?

一、4P 与 4C

(一) 4P 组合及特点

1. 4P 组合

市场营销组合策略,又称为市场营销组合,是指企业在选定的目标市场上综合运用各种市场营销策略和手段,以销售产品,并取得最佳经济效益的策略组合。

市场营销的因素有多种组合方式,运用最广泛的是所谓"4P"的分类方法。4P 是指:产品(Product)、价格(Price)、渠道(Place)、促销(Promotion)。4P 是美国营销学学者麦卡锡教授在 20 世纪 60 年代提出,包括产品(Product)、价格(Price)、渠道(Place)和促销(Promotion)。他认为一次成功和完整的市场营销活动,意味着以适当的产品、适当的价格、适当的渠道和适当的传播促销推广手段,将适当的产品和服务投放到特定市场的行为。在市场营销组合观念中,4P 分别是产品(Product)、价格(Price)、渠道(Place)、促销(Promotion)。产品的组合,主要包括产品的实体、服务、品牌、包装。它是指企业提供给目标市场的货物、服务的集合,包括产品的效用、质量、外观、式样、品牌、包装和规格,还包括服务和保证等因素。定价的组合,主要包括基本价格、折扣价格、付款时间、借贷条件等。它是指企业出售产品所追求的经济回报。地点通常称为分销的组合,它主要包括分销渠道、储存设施、运输设施、存货控制,它代表企业为使其产品进入和达到目标市场所组织、实施的各种活动,包括途径、环节、场所、仓储和运输等。促销组合是指企业利用各种信息载体与目标市场进行沟通的传播活动,包括广告、人员推销、营业推广与公共关系等等。以上 4P(产品、价格、地点、促销)是市场营销过程中可以控制的因素,也是企业进行市场营销活动的主要手段,对它们的具体运用,形成了企业的市场营销战略。

2. 市场营销组合策略的特点

市场营销组合作为企业一个非常重要的营销管理方法,具有以下特点。

(1) 市场营销组合是一个变量组合。

构成营销组合的"4Ps"的各个自变量,是最终影响和决定市场营销效益的决定性要素,而营销组合的最终结果就是这些变量的函数,即因变量。从这个关系看,市场营销组合是一个动态组合。只要改变其中的一个要素,就会出现一个新的组合,产生不同的营销效果。

(2) 市场营销组合的层次。

市场营销组合由许多层次组成,就整体而言,"4Ps"是一个大组合,其中每一个 P 又包括若干层次的要素。这样,企业在确定营销组合时,不仅更为具体和实用,而且相当灵活;不但可以选择四个要素之间的最佳组合,而且可以恰当安排每个要素内部的组合。

(3) 市场营销组合的整体协同作用。

企业必须在准确地分析、判断特定的市场营销环境、企业资源及目标市场需求特点的基础上,才能制订出最佳的营销组合。所以,最佳的市场营销组合的作用,绝不是产品、价格、渠道、促销 4 个营销要素的简单数字相加,即 4Ps≠P+P+P+P,而是使它们产生一种整体协同作用。就像中医开出的重要处方,4 种草药各有不同的效力,治疗效果不同,所治疗的病症也相异,而且这 4 种中药配合在一起的治疗,其作用大于原来每一种药物的作用之和。市场营销组合也是如此,只有它们的最佳组合,才能产生一种整体协同作用。正是从这个意义上讲,市场营销组合又是一种经营的艺术和技巧。

(4) 市场营销组合必须具有充分的应变能力。

市场营销组合作为企业营销管理的可控因素,一般来说,企业具有充分的决策权。例如,企业可以根据市场需求来选择确定产品结构,制订具有竞争力的价格,选择最恰当的销售渠道和促销媒体。但是,企业并不是在真空中制订的市场营销组合。随着市场竞争和顾客需求特点及外界环境的变化,必须对营销组合随时纠正、调整,使其保持竞争力。总之,市场营销组合对外界环境必须具有充分的适应力和灵敏的应变能力。

(二) 4C 组合

4C 营销组合策略 1990 年由美国营销专家劳特朋教授提出,它以消费者需求为导向,重新设定了市场营销组合的四个基本要素:即消费者(Consumer)、成本(Cost)、便利(Convenience)和沟通(Communication)。它强调企业首先应该把追求顾客满意放在第一位,其次是努力降低顾客的购买成本,然后要充分注意到顾客购买过程中的便利性,而不是从企业的角度来决定销售渠道策略,最后还应以消费者为中心实施有效的双向营销沟通。与产品导向的4P理论相比,4C理论有了很大的进步和发展,它重视顾客导向,以追求顾客满意为目标,这实际上是当今消费者在营销中越来越居主动地位的市场对企业的必然要求。

在4C理念的指导下,越来越多的企业更加关注市场和消费者,与顾客建立一种更为密切的和动态的关系。现在消费者考虑价格的前提就是自己的"花多少钱买这个产品才值"。于是作为销售终端的苏宁电器专门有人研究消费者的购物"成本",以此来要求厂商"定价",这种按照消费者的"成本观"来对厂商制定价格要求的做法就是对追求顾客满意的4C理论的实践。

4C理论的不足:首先,4C理论以消费者为导向,着重寻找消费者需求,满足消费者需求,而市场经济还存在竞争导向,企业不仅要看到需求,还需要更多地注意到竞争对手。冷静分析自身在竞争中的优劣势并采取相应的策略,才能在激烈的市场竞争中立于不败之地。其次,在4C理论的引导下,企业往往失之于被动适应顾客的需求,往往令他们失去了自己的方向,为被动地满足消费者需求付出更大的成本,如何将消费者需求与企业长期获得利润结合起来是4C理论有待解决的问题。

二、制订市场营销组合策略的原则

具体讲,企业在具体运用和实施市场营销组合时,应遵循以下几个原则:

(一)坚持整体性

在激烈的市场竞争中,影响市场营销的因素是多种多样的,营销组合包含四个大因素,每一个大的因素又包含许多具体的因素,因此,企业在制订市场营销组合时,必须遵循整体性原则。其中,在时间上,市场营销组合各策略要同时制订,以便同时考虑相互有内在影响的各种因素,使其有机地联系起来;在空间上,市场营销组合各要素必须同时并存,相互配套,综合运用,以便形成市场营销组合的系统整体,实现企业资源的最优化使用。

(二)突出重点

企业在制订市场营销组合策略时,应考虑到整体性的要求,但并不是说分散使用力量,将产品、价格、销售渠道和促进销售四大因素都放到同等重要的位置上,而要突出重点。要根据产品和市场特点,重点使用其中一个或两个因素,设计相应的策略。例如,对一些生活必需品,人们对价格比较敏感,则应以价格因素作为竞争的主要手段;对于手机、家电等耐用品,人们关心其性能、售后服务等因素,则应主要考虑产品因素;对于化妆品、营养保健品等,则应主要考虑促销因素。由此可见,市场不同、产品不同,市场营销组合的重点就应当不同,缺乏重点的市场营销组合是不会有竞争能力的。

(三)适时变化

穷则变,变则通,通则久。市场竞争中唯一不变的就是变化。市场形势是复杂多变的,企业营销的内外条件也在不断变化,因而企业的市场营销策略也不会一成不变,应根据变化了的情况和条件,采取新的行之有效的营销组合策略。在产品的投入期,市场营销组合的重点自然是产品因素,新产品的性能、特征等是消费者能否接受的前提。在产品进入成长期后,新产品试销取得成功,在转入成批生产时就需要扩大市场销售,这时市场营销组合中的销售渠道因素就是重点。在产品进入成熟期后,市场竞争最激烈,市场营销组合中就要突出促销因素,通过做广告、人员推销等参与竞争。在产品进入衰退期后,市场上已出现新的换代产品,市场竞争突出地表现为价格竞争,市场营销组合必然要以价格因素为重点。

美国卡特皮勒公司是怎样制订市场营销组合策略的呢?

(1) 产品策略。做顾客调查,掌握顾客价值:需求高质量的产品。

(2) 促销策略。销往120多个国家的产品,无论哪一个零部件坏了,都保证48小时之内送到顾客手中,如超过48小时,则该零部件白送。就某次生意来说可能是赔本了,但它却长久地赢得了顾客的信任。

(3) 销售渠道建设,营销网络。同国际经销商合作,经销商称无钱进货,于是卡特皮勒公司给这些国际经销商低息贷款。但这样以后,经销商还是不大量进货,原因是恐怕进货后卖不出去。卡特皮勒公司于是承诺3个月卖不出去的产品,原价退还。同时,对经销商进行免费培训,帮助经销商将产品卖出去。该公司专门成立了几个国际培训中心,而且将经销商的第二代也培训了,对将来的营销都做了安排。经销商是企业的客户,要想方设法为其提供满意服务。

(4) 定价策略。定价时是定高价还是低价呢?该公司根据"高质量产品+高水平服务→高价"的原则,决定高价,比一般同类产品高出5%~10%。

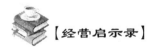

【经营启示录】

海尔氧吧空调卖火了

海尔家庭氧吧空调上市引起众多消费者的兴趣。"这几天,海尔氧吧空调在我们商场真是卖火了。"青岛雅泰商场家电部经理兴奋地对记者说,"有的消费者一下子买了两三套呢,现在都脱销了。"正值十一黄金周,海尔氧吧空调在北京和青岛两城市举行了新品发布和上市活动。在岛城,海尔氧吧空调的第一批货刚到,就在雅泰、利群、崂百、国美等商场不到三天时间全部脱销,海尔氧吧空调的"有氧旋风",旋即在岛城市场掀起了销售热潮,各大商场只好采取预约兑现的方式。

在青岛各大商场内,海尔空调展台被消费者包围着,预约登记的消费者更是排起了队。家住本市福州路的高先生夫妇在买到一套海尔氧吧空调之后,当天下午又预约了两套海尔氧吧空调,准备给父母装上。高先生说:"老人年龄大了,不太愿意装空调,怕屋里憋闷,这下可好了,装上海尔氧吧空调不仅空气清新,还等于送给老人一台吸氧器。"

在活动期间,海尔氧吧空调仅在在北京西单、蓝岛、大中、翠微等商场10月1日一天就预约了1 000多套,创下这些商场黄金周销售高峰。

海尔氧吧空调刚刚上市为什么会如此火爆呢?在日前国家有关部门组织的新品鉴定会上,有关专家就认为,有了海尔氧吧空调,无疑于在家中又增添了一台"吸氧器",如果室内含氧量增加,人就会感觉精神倍爽,活力无限。海尔空调的氧吧功能可以提高室内氧气浓度,创造机体活力;独有的智慧眼功能可以"看见"有人就开机、"看见"人走就关机、如果睡觉就逐渐关机;同时,特有的聪明风功能可以上下出风不吹人。海尔氧吧空调这些技术都达到了国际领先水平。正是这些技术满足了人们对空调的潜在需求,所以海尔氧吧空调一上市,便引起人们的极大关注。

【经营启示】

海尔经营者注重研究消费者的潜在需求,把目前市场销售空调存在着没有空气转换,时间长了会产生憋闷作为产品开发的商机,及时推出具有氧吧功能的空调,一下子就激发了市场的潜在需求。

学习任务二　市场定位与目标市场

红罐王老吉的业绩瓶颈

加多宝公司名下的王老吉是一个老字号品牌。2002年以前,从表面看,红色罐装王老吉是一个销售得很不错的品牌,在广东、浙南地区销量稳定,盈利状况良好,有比较固定的消费群,但是,几年来,红罐王老吉饮料的销售业绩连续几年维持在1亿多元,公司发展遇到瓶颈。

【案例思考】导致王老吉业绩瓶颈的可能因素有哪些?

一、市场细分

企业市场细分是企业目标市场定位的基础,对于新企业来说,他们面对的是评价、选择市场,使企业在市场更有效率,在选择目标市场时,不仅要以客户为选择基础,还要根据竞争、技术、政治和社会环境。对于老企业来说,它要对现有的市场进行细分、评估和整理。

(一)企业市场细分的含义及标准

1. 市场细分的含义

市场细分的概念是美国市场学家温德尔·史密斯(Wendell. R. Smith)于20世

纪 50 年代中期提出来的。所谓市场细分是指依据消费者的需要和欲望、购买行为和购买习惯等方面的差异,把某一产品的市场整体划分为若干消费者群的市场分类过程。每一个消费者群就是一个细分市场,每一个细分市场都是具有类似需求倾向的消费者构成的群体。

根据威恩德和卡多佐的解释,企业市场细分是具有某些共同特征的现有和潜在客户群体,通过某个主要变量来细分市场,其目的是解释或预测供应商营销战略实施结果。

市场细分是营销原理的进一步深化和发展,成功的市场细分可以对客户、合作伙伴和竞争者有更深刻的理解,特别是对公司实现产品发展战略具有更重要的意义,见图 4-1。对于每一个公司而言,其基本的战略目标是形成竞争优势的中长期发展战略,这一战略包含了购买战略等子战略组成的体系,而公司的购买战略是建立在为自己产品服务的基础上,其主要包括:①供应的及时性,②供应成本,③供应质量,这是公司产品战略的完整评价,不同产品战略必然会选择不同的供应商,如低成本战略和技术领先战略在选择供应商时就明显不同,这样,就需要对企业市场进行细分,根据企业产品战略评价企业市场。

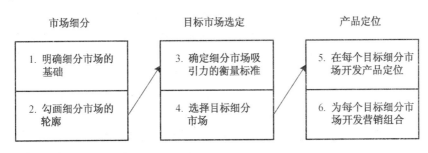

图 4-1 市场细分和产品定位模型

从产品定位的角度看,市场细分是目标市场选择,从而是企业产品定位的基础,只有在细分市场的基础上,才能明确企业所处市场的容量、竞争态势和发展趋势。

2. 市场细分的要求

市场细分的要求。实行市场细分,要求企业对市场的每一部分都予以关注,同时又要求具有实用价值。为此企业在进行市场细分时应该注意以下几个标准:

(1) 要具有可衡量的明显特征。用来划分细分市场特性的标准是可以衡量的。也就是说,企业对于特定消费者对某种产品明显性的偏好可以获得准确的情报,细分出的市场应有明显的特征,各子市场之间应有明显的区别,各子市场内部都有明确的组成,特定消费者应具有共同的需求特征,表现出类似的购买行为。

(2) 要根据企业,量力而行。在市场细分中,企业对所选的目标市场,要能有效地集中营销能力,开展营销活动。在子市场上,能充分发挥企业的人力、物力、财力和生产、技术、营销能力的作用;反之,那些不能充分发挥企业资源作用、难以被企业所占领的子市场,则不能作为目标市场,否则会浪费企业资源。

(3) 要具有实效。市场细分范围必须合理,细分市场的规模必须使企业有利可图,而且有相当的发展潜力。一个细分市场能否达到可以实现具有经济效益的营销目标,取决于这个市场容量。因此,为细分市场提供的产品要有一套独立的特别营销手段,付出相当的成本,如果市场过于窄小,或者潜在购买者很少,入不敷出,该市场就不值得去占领。

(4) 要有发展潜力。市场细分应具有相对的稳定性,以便企业实现较长期的市场营销策略,从而有效地开拓并占领目标市场,获得较大的经济效益。如果细分市场变化过快、目标市场如昙花一现,则营销风险会随之增加。同时,企业所选中的目标市场,不仅要给企业带来眼前利益,还必须有相当的发展潜力,能够给企业带来较长远的利益。因此企业在市场细分时,必须考虑选择的目标市场不是处于饱和或即将饱和的市场,否则就没有潜力可挖。

3. 市场细分的标准

产业市场和消费品市场的市场细分方式完全不同,这主要因为这两类市场的运行主体不同。消费者市场的基本市场要素是家庭,因而在具体市场细分时,年龄、性别、收入、职业、受教育程度、婚姻状况、家庭规模和居民类型等是主要市场细分变量。企业市场的基本市场要素却是组织单位,或者是营利性企业,或者非营利性组织或者是政府机构,这样,影响企业购买的所有因素都可能成为市场细分的变量,这些变量既有宏观变量,例如地理区域、人口统计、组织性购买因素等,又有微观变量,例如购买过程、购买过程参与者等。相对而言,宏观变量具有客观性和可测性,而微观变量则具有主观性,没有恰当的评价标准对企业市场进行细分。

(1) 消费品市场细分的标准。市场细分的基础是客观存在的需求的差异性,但差异性很多,应按哪些标准进行细分,没有一个绝对正确的方法或固定不变的模式。各行业、各企业可采取许多不同的变数,有许多不同的判断标准,以求得最佳的营销机会。影响消费品市场需求的因素,即用来细分消费品市场的变数,可概括为如下因素,见表4-1。

表 4-1

细分标准	具 体 因 素
地理变数	地理区域、自然气候、资源分布、人口密度、城市大小等
人口变数	年龄、性别、收入、职业、受教育程度、宗教信仰、种族、国籍、家庭成员、社会阶层等
心理变数	生活方式、性格(乐观或悲观,内向与外向等)个人偏好等
购买行为变数	购买频率:常用、一般、不常用等 购买状态:无知、认识、无兴趣、愿尝试、试用、经常购买等 购买动机:随和、依赖等 价格敏感程度:高度、一般、轻度、不一定等 服务敏感程度:高度重视、一般重视、不重视等 广告敏感程度:易受影响、一般、不易受影响、不一定等

① 地理因素。这是按消费者居住的地区和地理条件来划分的。消费者居住的地区和地理条件不同,其需求和欲望也不同。如居住在我国南方沿海经济比较发达的城市和居住在北方内地农村的消费者,对家具的材质、款式、价格等的需求都不一样。

地理因素包括国界(国际、国内)、气候、地形、政区、城市、乡村、自然环境、城市规模、交通运输、人口密度等。

地理因素是一个静态因素,往往容易辨别,对于分析研究不同地区消费者的需求特点、需求总量及其发展变化趋势有一定意义,有助于企业开拓区域市场。但是,即使居住在同一国家、地区、城市的消费者,其需求与爱好也并不相同,差别很大,因而还要进一步按其他标准细分市场。

② 人文因素。运用人文因素细分市场,就是根据人口统计变量如国籍、民族、人数、年龄、性别、职业、教育、宗教、收入、家庭人数、家庭生命周期等因素将市场进行细分。

市场细分主要是分析顾客的需求。不同国籍或民族的、不同年龄和性别的、不同职业和收入的消费者,其需求和爱好是大不相同的。故人口统计变量与消费者对商品的需求爱好和消费行为有密切关系,而且人口统计变量资料比较容易获得和进行衡量。为此,人文因素是市场细分中常用以区分消费者群体的标准。

③ 心理因素。包括社会阶层、生活方式、性格、购买动机等。同样性别、年龄,相同收入的消费者,由于其所处的社会阶层、生活方式或性格不同,往往表现出不同的心理特性,对同一种产品会有不同的需求和购买动机。心理因素对消费者的爱好、购买动机、购买行为有很大影响。企业以心理因素进一步深入分析消费者的需求和爱好,更有利于发现新的市场机会和目标市场。例如,有的消费者购买昂贵的名牌商品,不仅是追求其质量,而且具有显示其经济实力和社会地位的心理;有的消费者身穿奇装异服,为的是突出其个性;有的消费者喜欢购买洋货,是为了满足其崇洋心理等等。企业根据心理因素细分市场,可以为不同细分市场设计专门产品,采用有针对性的营销组合策略。

④ 购买行为因素。即根据消费者的不同购买行为来进行市场细分。它包括追求利益、品牌商标忠诚度(品牌偏好)、使用者地位、使用频率等等。例如,人们对化妆品的需求,有的消费者追求化妆品的润肤护肤功能,有的则希望用于颜面增白。有的对某种品牌化妆品是从未使用者或首次使用者,有的则是经常使用者且有品牌偏好。企业可以根据消费者购买行为因素细分市场,推出适合细分市场所需要的产品。

(2) 生产者市场的细分依据。生产者市场的购买者是工业用户(包括贸易企业),其购买的目的是为了再生产或再销售,并从中谋求利润,它与消费者市场中的消费者购买目的不同、需求不同。根据工业用户特点,生产者市场细分依据是:

① 用户的行业类别。用户的行业类别包括农业、军工、食品、纺织、机械、电子、冶金、汽车、建筑等。用户的行业不同,其需求有很大差异。即使是同一产品军工与民用对质量要求也有不同。营销人员可以用户行业为依据进行市场细分。

② 用户的地理位置。除国界、地区、气候、地形、交通运输等条件外,生产力布局、自然环境、资源等也是很重要的细分变量。用户所处的地理位置不同,其需求有

很大不同。例如香港地价昂贵,香港企业希望购买精细小巧的机械设备。自然环境、资源、生产力布局等因素,形成某些行业集中于某些地区,如我国东北地区,钢铁、机械、煤炭、森林工业比较集中;山西省则集中着煤炭、煤化工和能源工业。按用户地理位置细分市场,有助于企业将目标市场选择在用户集中地区,有利于提高销售量,节省推销费用,节约运输成本。

③ 用户规模。包括大型、中型、小型企业,或大用户、小用户等。不同规模的用户,其购买力、购买数量、购买频率、购买行为和方式都不相同。用户规模是生产者市场的又一细分依据。

④ 购买行为因素。包括追求利益、使用率、品牌商标忠诚度、使用地位(如重点户、一般户、常用户、临时户等)、购买方式等。

企业在运用细分标准时,还必须注意以下几个问题:

① 市场调查是市场细分的基础。在市场细分前,必须经过市场调查,掌握顾客需求和欲望、市场需求量等有关信息,营销人员才能据此正确选择市场细分标准,进行市场细分,并具体确定企业为之服务的经营对象——目标市场,制定有效的市场营销组合策略。

② 顾客的需求、爱好和购买行为都是由很多因素决定的。市场营销人员可运用单个标准,也可结合运用双指标标准、三维指标标准或多种标准来细分市场。但是选用标准不能过多,要适可而止,择其主要的,确定少数主要标准和若干次要标准,否则既不实用,也不经济。

③ 市场特性是动态的,经常变化的,细分标准不能一成不变,应经常根据市场变化,研究分析与调整。

④ 预期市场细分所得收益将大于因细分市场而增加的生产成本和销售费用时,可进行市场细分,否则可不细分。在这一细分市场的组合变量中,改变其中任何一个因素,都会形成另外一个细分市场。

(二) 市场细分的一般程序

根据国际市场营销学家的普遍看法,市场细分应遵循的程序由七个步骤组成,学术界和企业界又称为"细分程序七步法"。

1. 选择应研究的产品市场范围

企业在确定经营目的之后,就必须确定市场经营范围,这是市场细分的基础。为此,企业必须开展深入细致的调查研究,分析市场消费需求的动向,做出相应决策。企业在选择市场范围时,应注意使这一范围不宜过大,也不应过于狭窄。企业应考虑到自己所具有的资源和能力。

2. 根据市场细分的标准和方法,列出所选择市场范围内所有潜在消费者的全部需求,这是确定市场细分的依据

为此企业应对市场上刚开始出现或将要出现的消费需求,尽可能全面而详细地罗列归类,以便对消费需求的差异性,决定实行何种细分市场的变数组合,为市场细分提供可靠的依据。

3. 分析可能存在的细分市场,并进行初步细分

企业通过分析不同消费者的需求,找出各类消费者的典型及其需求的具体内容,并找出消费者需求类型的地区分布、人口特征、购买行为等方面的情况,加上营销决策者的经营经验,做出估计和判断,进行正式市场细分。

4. 确定在细分市场时所应考虑的因素,并对初步细分的市场加以筛选

企业应分析哪些需求因素是重要的,并将其与企业的实际条件进行比较。然后删除那些对各个细分市场无关紧要的因素,以及企业无条件开拓的市场。如价廉物美可能对所有消费者都很重要,但这类共同的因素,对企业细分市场并不重要;而对畅销紧俏产品,企业又不可能及时投产,所以在细分市场时也不足取。最后筛选出最能发挥企业优势的细分市场。

5. 为细分市场定名

企业应根据各个细分市场消费者的主要特征,用形象化的方法,为各个可能存在的细分市场确定名称。

6. 分析市场营销机会

在细分市场过程中,分析市场营销机会,主要是分析总的市场和每个子市场的竞争情况,以及总的市场或每一个子市场的营销组合方案,并根据市场研究对需求潜力的估计,确定总的或每一个子市场的营销收入和费用情况,以估计潜在利润量,作为最后选定目标市场和制订营销策略的分析依据。

7. 提出市场营销策略

一个企业要根据市场细分结果来决定营销策略。这里,要区分两种情况:①如果分析细分市场后,发现市场情况不理想,企业可能放弃这一市场;②如果市场营销机会多,需求和潜在利润量满意,企业可依据细分结果提出不同的目标市场营销战略。

二、目标市场策略与选择

选择目标市场,明确企业应为哪一类用户服务,满足他们的哪一种需求,是企业在营销活动中的一项重要策略。所谓目标市场就是通过市场细分后,企业准备以相应的产品和服务满足其需要的一个或几个子市场。

为什么要选择目标市场呢?因为不是所有的子市场对本企业都有吸引力,任何企业都没有足够的人力资源和资金满足整个市场或追求过分大的目标,只有扬长避短,找到有利于发挥本企业现有的人、财、物优势的目标市场,才不至于在庞大的市场上瞎撞乱碰。如太原橡胶厂是一个有1 800多名职工、以生产汽车、拖拉机轮胎为主的中型企业。1992年以前,因产品难于销售而处于困境。后来,他们进行市场细分后,根据企业优势,选择了省内十大运输公司作为自己的目标市场,生产适合大型运输车辆使用的轮胎。1992年与香港中策投资有限公司合资经营,成立了双喜轮胎股份有限公司。1993年,在全国轮胎普遍滞销的情况下,该公司敲开了一汽的大门,为

之提供高吨位配套轮胎。正确选择目标市场是太原橡胶厂跨入全国500家优秀企业的有效策略之一。

(一)企业在选择目标市场时通常可采用的策略

1. 无差异性市场策略，又叫无差异性市场营销

采用此种策略时，企业对构成市场的各个部分一视同仁，只针对人们需求中的共同点，而不管差异点。它试图仅推出一种产品，以单一的营销策略来满足购买群体中绝大多数人的需求。如某汽车厂生产4吨载重汽车，以一种车型、一种颜色、一个价格行销全国，无论企业或机关、城市或农村，都无例外。在无差异性市场策略下，企业视市场为一个整体，认为所有消费者对这一产品都有共同的需要，因而希望凭借大众化的分销渠道、大量的广告媒体以及相同的主题，在大多数消费者心目中建立产品形象。例如，在相当长的时间内，可口可乐公司因拥有世界性的专利，仅生产一种口味、一样大小和同一形状瓶装的可口可乐，连广告字句也只有一种。

无差异性市场策略的立论基础是成本的经济性，认为营销就像制造中的大量生产与标准化一样，缩减产品线可降低生产成本，无差异市场策略能因广告类型和市场研究的简单化而节省费用。然而，无差异性市场营销完全忽略了市场需求的差异性，将顾客视为完全相同的群体，致使愈来愈多的人认为，这一策略不一定算得上最佳策略，因为一种产品长期被所有消费者接受，毕竟罕见。并且，采用这一策略的企业，一般都针对最大的细分市场发展单一的产品与营销计划，易引起在此领域内的竞争过度，而较小的细分市场又被忽视，致使企业丧失机会。剧烈的竞争将使最大细分市场的盈利率低于其他较小细分市场的盈利率。认识到这一点，将促使企业充分重视较小细分市场的潜力。

2. 差异性市场策略，又叫差异性市场营销

采用此种策略时，企业承认不同细分市场的差异性，并针对各个细分市场的特点，分别设计不同的产品与市场营销计划，利用产品与市场营销的差别，占领每一个细分市场，从而获得大销量。由于差异性市场营销能分别满足各顾客群的需要，因而能提高顾客对产品的信赖程度和购买频率。

在差异性市场策略下，企业试图以多产品、多渠道和多种推广方式，去满足不同细分市场消费者的需求，力求增强企业在这些细分市场中的地位和顾客对该类产品的认同。近年来，由于大市场的竞争者增多，国外一些稍具规模的企业，越来越多地实行差异性市场策略。例如，可口可乐公司现已采用各种大小不同的瓶装，加上罐装，推销网遍及世界各地。过去的美国雪佛莱汽车只是单一形式的低价品种，以一种规格型号卖给所有的顾客，现已有多种形式、多样车体及一系列新型品种，价格与特征也各有不同，以满足不同细分市场的需要。在工业品营销活动中，实行差异性市场策略的趋势正在发展，生产者接受不同买主不同规格的订货日益增多。

尽管差异性市场策略能更好地满足不同消费者群的需要，并给予次要的细分市场以足够的注意，因而能够增加企业总销售量。但是，企业资源将被分散用于各个细分市场，企业产品的变动成本、生产成本、管理费用、存货成本和营销费用，势必随之增加。

3. 密集性市场策略,又叫集中性市场营销

企业面对若干细分市场,无不希望尽量网罗市场的大部分及全部。但如果企业资源有限,过高的希望将成为不切实际的空想。明智的企业家宁可集中全力去争取一个或少数几个细分市场,而不再将有限的人力、财力、物力分散于所有的市场。在部分市场若能拥有较高的占有率,远胜于在所有市场都获得微不足道的份额。在一个或几个细分市场占据优势地位,不但可以节省市场营销费用,增加盈利,而且可以提高企业与产品的知名度,并可迅速扩大市场。集中性营销策略的指导思想是:与其四处出击收效甚微,不如突破一点取得成功。这一策略特别适合于资源力量有限的中小企业。中小企业由于受财力、技术等方面因素制约,在整体市场可能无力与大企业抗衡,但如果集中资源优势在大企业尚未顾及或尚未建立绝对优势的某个或某几个细分市场进行竞争,成功可能性更大。例如,生产空调器的企业不是生产各种型号和款式、面向不同顾客和用户的空调机,而是专门生产安装在汽车内的空调机,又如汽车轮胎制造企业只生产用于换胎业务的轮胎,均是采用此策略。

无差异性市场策略或差异性市场策略是以整个市场为目标。而密集性市场策略则是选择一个或少数子市场为目标,这使得企业可集中采用一种营销手段,服务于该市场。所以采用密集性市场策略对目标市场的需求容易做较深入的调查研究,获得较透彻的了解;加之可能提供较佳的服务,企业常可在目标市场获得较有利的地位和特殊的信誉;再加上生产及营销过程中作业专业化的结果,产品设计、工艺、包装、商标等都精益求精,营销效益大为提高。密集性市场策略也有较大的风险性,因为把企业的前途和命运全系于一个细分市场,若该特定的目标市场遭遇不景气时,则企业将受到较大的影响,甚至大伤元气。即使在市场景气时,有时也会招来有力的竞争者进入同一目标市场而引起营销状况的较大变化,致使在总需求增长不变或不快的情况下,使原企业的盈利大幅度降低。因此,多数企业在采取密集性市场策略的同时,仍然愿意局部采用差异性市场策略,将目标分散于几个细分市场中,以便获得回旋的余地。

(二)目标市场的营销策略选择

不同的目标市场策略,各有其优点和缺点,也有其市场适应性。不同营销观念的企业,对待目标市场的态度不同,市场营销组合策略的手段也不同。在生产观念指导下,企业从产品出发,把消费者看做具有同样需求的整体市场,大量生产单一品种的产品,推行无差异性市场策略,力求降低成本和售价,不同企业之间主要是价格竞争,消费者得到的是品种单调的产品。在营销观念指导下,企业从消费者需求出发,较多地采用差异性市场策略和密集性市场策略,有针对地提供不同的产品,运用不同的分销渠道和广告宣传方式,力求满足不同消费者的不同需求。有时,企业也可能采用两种策略综合运用,以便获得好的营销效果。在营销实践中,大中型企业在选择目标市场策略时,应考虑以下因素:

1. 企业资源实力

主要指人力、物力、财力和技术状况。企业实力雄厚,供应能力强,可采用无差异

性或差异性市场策略;如果资源少,无力兼顾整个市场,宁可采用密集性策略,进行风险性营销。某些产品产量较少、市场占有率低的企业,动不动就宣称什么"它的产品行销数十个国家和地区",这未必是良策。

2. 市场类似性,或市场同质性

不同的市场具有不同的特点,各类市场消费者的文化、职业、兴趣、爱好、购买动机等都有较大差异。消费者的需要、兴趣、爱好等特征大致相同或甚为接近,即市场类似程度大、同质性高,可采用无差异性市场策略;市场需求差别大,消费者的挑选性强,则宜采用差异性市场策略或密集性市场策略。

3. 产品同质性

是指消费者所感觉产品特征相似的程度。产品的特征不同,应分别采用不同的市场策略,选择不同的目标市场。有些产品,如米、面、煤、盐等日常生活消费品,虽然事实上存在品质差别,但多数消费者都很熟悉,认为它们之间并没有特别显著的特征,不需要作特殊的宣传介绍。对这类同质性高的产品,可实施无差异性市场策略。但另外一些产品,如家用电器、照相机、机械设备以及高档耐用消费品,其品质、性能差别较大,消费者选购时十分注意其功能和价格,并常以它们所具有的特性为依据,对这类同质性低的产品,宜采用差异性或密集性策略。

4. 产品生命周期

它一般有投入期、成长期、成熟期和衰退期四个阶段。企业应随产品生命周期的发展而变更目标市场策略,尤其要注意投入期及衰退期两个极端时期。当新产品处于投入期时,重点在于发展顾客对产品的基本需求,一般很难同时推出几个产品,宜采取无差异性市场策略,以探测市场需求与潜在顾客。当然,企业也可发展只针对某一特定市场的产品,采取密集性市场策略,尽全力于该细分市场。当产品进入衰退期,企业若要维持或进一步增加销售量,宜采用差异性市场策略,开拓新市场。或采取密集性市场策略,强调品牌的差异性,建立产品的特殊地位,延长产品生命周期,避免或减少企业的损失。

5. 竞争者市场策略

目标市场策略的选择,往往视竞争者的策略而定。商场如战场,在激烈的竞争中,知己知彼方能百战不殆。当竞争者在进行市场细分并采用差异性市场策略时,该企业如采取无差异性策略,就不一定能更好地适应不同市场的特点,必然与竞争者抗衡;而当强有力的竞争者实施无差异性策略时,因可能有较次要的市场被冷落,这时该企业若能采用差异性市场策略,乘虚而入,定能奏效。由于竞争双方的情况经常是复杂多变的,在竞争中应分析力量对比和各方面的条件,掌握有利时机,采取适当策略,争取最佳效果。

6. 竞争者的数目

市场竞争的激烈程度,常迫使企业不得不采用适应竞争格局的策略。当竞争对手很多时,消费者对产品的品牌印象便很重要。为了使不同的消费者群都能对本企业产品建立坚强的品牌印象,增强该产品的竞争力,宜采用差异性或密集性市场策略。在竞争者甚少,甚至处于独占地位时,消费者的需求只能从本企业产品得到满足,就不必采用成本较高的差异性市场策略。

三、市场定位

随着市场经济的发展,在同一市场上有许多同一品种的产品出现。企业为了使自己生产或销售的产品在市场竞争中获得稳定的销路,就要从各方面为产品培养一定的特色,树立产品鲜明的形象,以求在顾客心目中形成一种稳定的认知和特殊的偏爱,这就需要市场定位。

(一) 市场定位的含义

市场定位是指企业针对潜在顾客的心理进行营销设计,创立产品、品牌或企业在目标顾客心目中的某种形象或个性特征,保留深刻的印象和独特的位置,从而取得竞争优势。

市场定位的实质是取得目标市场的竞争优势,确定产品在顾客心目中的适当位置并留下深刻的印象,以便吸引更多的顾客。

(二) 市场定位的步骤

1. 识别本企业的潜在竞争优势

这一步骤的中心任务是要回答三个问题:一是竞争对手产品定位如何? 二是目标市场上顾客欲望满足程度如何以及确实还需要什么? 三是针对竞争者的市场定位和潜在顾客的真正需要的利益要求企业应该及能够做什么?

要回答这三个问题,企业市场营销人员必须通过一切调研手段,系统地设计、搜索、分析并报告有关上述问题的资料和研究结果。

通过回答上述三个问题,企业就可以从中把握和确定自己的潜在竞争优势在哪里。

2. 核心竞争优势定位

竞争优势表明企业能够胜过竞争对手的能力。这种能力既可以是现有的,也可以是潜在的。选择竞争优势实际上就是一个企业与竞争者各方面实力相比较的过程。比较的指标应是一个完整的体系,只有这样,才能准确地选择相对竞争优势。通常的方法是分析、比较企业与竞争者在经营管理、技术开发、采购、生产、市场营销、财务和产品等七个方面究竟哪些是强项,哪些是弱项。借此选出最适合本企业的优势项目,以初步确定企业在目标市场上所处的位置。

3. 明确显示独特的竞争优势

这一步骤的主要任务是企业要通过一系列的宣传促销活动,将其独特的竞争优势准确传播给潜在顾客,并在顾客心目中留下深刻印象。

首先应使目标顾客了解、知道、熟悉、认同、喜欢和偏爱本企业的市场定位,在顾客心目中建立与该定位相一致的形象。

其次,企业通过各种努力强化目标顾客形象,保持目标顾客的了解,稳定目标顾客的态度和加深目标顾客的感情来巩固与市场相一致的形象。

最后,企业应注意目标顾客对其市场定位理解出现的偏差或由于企业市场定位宣传上的失误而造成的目标顾客模糊、混乱和误会,及时纠正与市场定位不一致的形象。

企业的产品在市场上定位即使很恰当,但在下列情况下,还应考虑重新定位:

(1) 竞争者推出的新产品定位于本企业产品附近,侵占了本企业产品的部分市场,使本企业产品的市场占有率下降。

(2) 消费者的需求或偏好发生了变化,使本企业产品销售量骤减。

重新定位是指企业为已在某市场销售的产品重新确定某种形象,以改变消费者原有的认识,争取有利的市场地位的活动。如某日化厂生产婴儿洗发剂,以强调该洗发剂不刺激眼睛来吸引有婴儿的家庭。但随着出生率的下降,销售量减少。为了增加销售,该企业将产品重新定位,强调使用该洗发剂能使头发松软有光泽,以吸引更多、更广泛的购买者。重新定位对于企业适应市场环境、调整市场营销战略是必不可少的,可以视为企业的战略转移。重新定位可能导致产品的名称、价格、包装和品牌的更改,也可能导致产品用途和功能上的变动,企业必须考虑定位转移的成本和新定位的收益问题。

(三) 市场定位的方法

1. 以属性和利益定位

如日本产品是高质量高科技的象征。劳斯莱斯汽车则是身份、地位、财富的象征,其中一辆价格高达1 400万英镑,是世界上最贵的车,X·O是酒类极品的象征。通过产品本身的这种属性使消费者体会到产品给其带来的特殊利益和满足。

2. 以价格和质量定位

例如瑞士手表一向以精密、高质堪称,其价格也极其昂贵。保洁公司的汰渍洗衣粉以其经济实惠定位,同样是其公司产品的玉兰油以高质高价定位。又如海尔电冰箱由于是1997年国内唯一出口免检电冰箱,故以高价定位。由此,采用不同组合的价格与质量定位法,可吸引不同档次的消费者,避免同一档次的激烈竞争。

3. 根据用途定位

如伊利食品公司的雪糕一反以往雪糕的甜,带给人的单调乏味感,其"伊利苦咖啡"以苦定位;保洁公司的舒肤佳香皂以"含有迪宝肤,可杀灭有害菌"的卫生健康定位,既突出了产品的独到功能,也抓住了消费者的心理需求重点,产品定位准确独到。

4. 根据使用者定位

如奥妮首乌洗发露、奥妮皂角洗发液均是以中国传统纯天然原料为亮点,以"黑头发,中国货"一反外国产品或中外合资产品带给人的乏味和疲倦感;而海飞丝的使用者则是"头屑去无踪,秀发更出众",同是保洁公司的洗发用品,飘柔的使用者则是"张德培信赖飘柔,头发更飘柔"的不同定位,满足不同需求的消费者。

5. 根据产品档次定位

通过产品档次的不同,产生差异化产品,吸引不同细分市场的消费者。中国古酒茅台酒素以高品位定位,是中国传统的最知名最名贵的高档白酒,而秦池古酒则是以既具有古朴韵味又富含现代气息的中档白酒定位;各地方白酒如北京二锅头则以低档大众酒定位。同样是名酒、档次不同、消费层次不同。

6. 根据竞争地位定位

如美国有名的爱飞斯出租汽车公司在美国出租汽车业排行仅是第二,其市场定位广告是"我们仅是第二,为什么还坐我们的出租车?因为我们做得更好!"其定位说明实力虽是第二,但服务质量勇争第一。

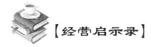【经营启示录】

把握"缺陷商机"

对生产企业来说,产品存在缺陷,是很不幸的事,因为,该缺陷有可能使产品滞销、企业亏损。但对于其竞争对手来说,这却是一个绝好的商机。

有例为证:奶粉必须用热水冲开才能溶化,并且喝后容易上火。一般奶粉的这种不方便与副作用给顾客带来了不便和麻烦,因此也影响了奶粉的销量。南山奶粉针对一般奶粉普遍存在的这种缺陷,进行技术攻坚,最后加工生产出"凉开水即溶,喝了不上火"的新型奶粉。凭着这一优势,南山奶粉在奶粉市场中所占的份额迅速上升。

武汉一家雨伞厂针对一般自动雨伞只能自动开不能自动关的缺陷,研制生产出既能自动开又能自动关的真正全自动雨伞。产品一上市就受到了消费者的青睐,该雨伞厂也因此由原来的严重亏损转为赢利。

【经营启示】

以上两则经营案例说明,别人的缺陷就是自己的商机。缺陷的背后隐藏着消费者对该产品的新期盼,隐藏得不到满足的市场需求,也就是说,缺陷是市场空白之所在。因此,盯住别人产品的缺陷,把握好"缺陷商机",并想办法生产出弥补该缺陷、填补市场空白的新产品,那么,经营者就不必频频发出"生意难做"的哀叹了。

学习任务三 产品策略

案例引入

四川榨菜的变身术

榨菜,原产四川,大坛装运,获利甚微;上海人买入,改为中坛,获利见涨;香港人买入,小坛出售,获利倍之;日本人买入,破坛,切丝,装铝箔小袋,获利又倍之,与四川

榨菜相比较,获利翻番又翻番矣。

【案例思考】从材料中得到了什么启示?调查市场上多种产品包装,试分析种类,比较优缺点。

一、现代产品观念

面对市场经济,面对越来越激烈的市场竞争,企业如何进入市场?如何占领市场?如何巩固市场?除了依靠正确的营销观念、优秀的营销人才、完善的营销计划外,灵活实用的经营策略则成为现代企业成功的首要也是最关键的因素,而产品策略是企业市场营销组合的第一要素,是推行其他策略的出发点,是工商企业市场营销的重要策略和方法。

(一)整体产品观念

查尔斯·雷弗森说:"在工厂里,我们生产化妆品;在商店里,我们出售希望。"这句话非常形象地说明了产品除了物质形态带给消费者的需求和利益满足外,还有非物质形态的服务所给予消费者心理上的满足。因此,企业在生产经营过程中除了注重商品的使用价值(商品的实体),也应该注重商品的有形利益和附加利益,树立起整体产品观念,只有如此,才能更好地满足消费者的需求,从而赢得更多的消费者。企业应该将产品看成以下三部分的组合。三个层次的相互关系和结构如下图4-2:

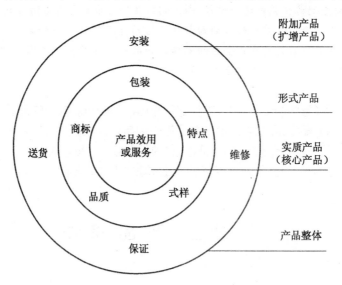

图 4-2 产品整体概念

1. 核心产品

即产品的物质形态及其功能,是产品的基本使用价值,它提供给消费者实际的效用和物质满足。

2. 形式产品

即产品的外观面貌和市场形式,包括产品的名称、式样、规格、色泽、商标、包装等。在现代竞争条件下,产品的市场形式是否符合消费需求,对企业经营起决定性作用,是消费者选购某些商品时的直接依据。

3. 附加产品

即产品的附加利益或无形利益,指工商企业为更好地发挥产品使用价值的特征或延长产品的使用寿命所提供的必要条件。比如免费送货、代客安装调试、指导使用和保养,保证使用安全、上门维修等一系列售前、售中、售后服务措施。产品的无形利益,有利于引导、启发、刺激消费者购买或增加购买某些产品,尤其是耐用商品,除取决于商品质量价格外,是否能吸引消费者、能否在市场竞争中取得优势取决于售后服务的好坏。可见,整体产品策略对于企业开拓市场具有重要的指导意义。

(二) 产品生命周期观念

任何生命都有生有灭,产品的市场生命也不例外。一种产品进入市场后,它的销售量和利润都会随时间的推移而改变,呈现一个由少到多,由多到少的过程,就如同人的生命一样,由诞生、成长到成熟,最终走向衰亡,这就是产品的生命周期现象。所谓产品生命周期,是指产品从进入市场开始,直到最终退出市场为止所经历的市场生命循环过程。产品只有经过研究开发、适销,并进入市场,它的市场生命周期才算开始。产品退出市场,则标志着生命周期的结束。

根据产品投放市场后的销售额、利润、成本、价格的变化情况,可以将产品生命周期分为四个阶段:投入期、成长期、成熟期、衰退期。如图 4-3,随着科学技术的进步,产品生命周期有逐渐缩短的趋势。据统计,第二次世界大战前,工业品的生命周期平均为 30 年,而今天缩短为 5～10 年。

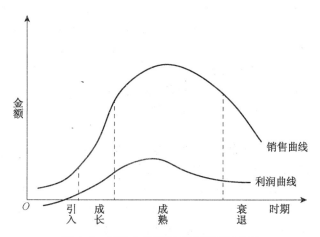

图 4-3 产品生命周期与销售利润曲线

树立产品生命周期观念对企业在制定经营战略具有重要的指导作用。

1. 对策作用

产品生命周期理论说明，产品在进入市场以后，各个阶段的特点有所不同，通过分析产品在生命周期中的位置，企业可积极采用不同的经营策略和对策，加强产品管理，对产品做出最佳决策，并使产品的新陈代谢得到良性循环。

2. 控制作用

产品生命周期理论还说明，各种不同产品生命周期的长短不同，并且终究要走向衰亡，通过对产品在生命周期各阶段的定位分析，企业可以掌握新产品进入市场的最佳时机，从而起到控制产品更新换代的作用。

3. 促进作用

科学技术的进步，消费者需要和爱好的变化、多变的竞争等，使产品生命周期大大缩短，加快了企业研究新产品的速度，从而推动了技术的进一步发展。

(三) 产品质量观念

在市场竞争中产品质量是企业提高竞争能力的重要支柱。从长远的观点看，任何一个企业要想在竞争中常胜不败，都必须十分重视产品质量。现代企业应以质量求生存，以质量开拓市场、占领市场，以优质取胜。但是，如果只是强调质量而忽视质量的经济分析，企业在竞争中也很难取胜。

因此，作为企业的经营者，不仅要牢固树立"质量第一"的观念，同时还应树立质量经济分析的观念。

产品质量的经济分析，主要是对产品的质量、价格、成本等各因素之间的关系分析。在现实经营活动中，对这些关系的处理往往出现两种倾向：一是"质量至善主义"，既不考虑企业是否盈利，也不分析用户的实际需要，单纯为提高质量而提高质量。其结果是，要么功能设计超过了用户的实际需要而形成了"过剩质量"，要么由于质量过高，成本太高而价格昂贵，使消费者望而生畏，变成了只供欣赏的质量。二是"盈利主义"。即不考虑产品的质量而一味地追求企业的盈利，单纯为降低生产成本而偷工减料，以次充好，忽视对产品功能的必要保证。结果是虽然价格便宜了些，但由于质量太低，而不受消费者欢迎。以上两种倾向在经营活动中都是不正确的观念。现代的质量观念应该是生产和消费"适宜质量"的产品，即满足用户需要，保证产品功能实现的产品质量。要想达到这一目的，在组织企业经营活动中，就必须对产品质量进行经济分析。

商品质量与价格之间在数量上存在一定的函数关系。在一定条件限制，商品价格可随着质量的变动而变动，即"按质论价"。但是超过一定的限度，价格便会稳定在一个水平上，而商品的生产成本则不然，它与质量之间的关系是比较稳定的。正因为这样，三者之间的数量关系的确定上便呈现出经济型界限。如图4-4。

一般情况下，如果需要提高产品质量标准，则要增加成本费用，如图4-4A线所示。另一方面，在一定限度内价格也会随着质量的提高而提高，但超过一定的限度，就会被消费者拒绝，从而使价格稳定在一定的水平上，如B线所示。由此可见，一个企业在确定产品质量时,不能片面地、单纯地强调高质量,而忽视了与其矛盾着的价格和成本因素的制约。从经济关系上看,单位商品利润等于单位售价与单位成本之差。从图中可以看出,当把质量标准确定在 M 点时,成本与价格差额最大,企业盈利也最大。但同时要考虑市场和消费者的需求因素。同样的道理,企业在考虑成本和价格因素时,也要考虑到质量因素的制约作用。

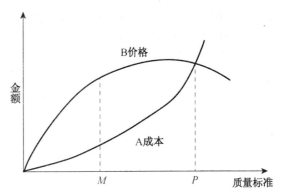

图 4-4 价格、成本、质量变化曲线

现代经营者的产品质量经济分析观念的树立,有助于企业在竞争对手如林的情况下,生产出用户满意、企业获利的产品,正确地指导企业的产品开发。

(四) 产品时代观念

商品反映时代,时代投影于商品。产品的时代性表现在:产品反映了时代的经济水平;产品反映了时代的科学技术状况;产品反映了时代的精神和文化追求。所以,商品,特别是热门商品往往是一个时代的象征,是一个时代的物质文明和精神文明的标志。作为工商企业的经营者,只有具备这种时代观念,才能正确地确定产品开发的战略方向,跟上时代发展的潮流。

当今时代,商品需求变化的总趋势是:

1. 新、快、美、廉

新是指运用新原理、新技术、新工艺和新材料,设计出新功能、新款式、新结构、新用途的产品,这是当今时代的主旋律。可以说,企业是无新不立,无新莫争,无新不强。

快是指捕捉信息要快,决策、开发、投产的节奏要快,产品更新换代要快,争时间,抢速度,抓机遇,讲效率,才能成功,才有效益。

美是指产品不仅要满足人们的物质需要,也要满足人们日益增强的精神和文化追求。产品不仅质量要高,而且造型结构要美,色调要美,包装装潢也要美。据国外统计,投入工业品美术设计 1 美元,可带来 1 500 美元的利润。

廉是指商品的价格要廉,耐用消费品和机械运输设备的使用、维护、修理费用要低,投入产出相比较效用要高。

2. 轻、薄、短、小

轻、薄、短、小是日本新闻媒介所列出当今流行商品的主要特征。

轻是指商品的重量要轻,结构简化。

薄是指商品的厚度要薄,密度低,浓度小。

短是指商品的长度短,时间短,速度快,频率高。

小是指商品体积小,消耗小,使产品小型化,微型化。

轻、薄、短、小的商品发展潮流,并不是排斥巨型机器设备,如矿山、发电机组、飞机、轮船等,以及耐用消费品的大功率冰箱、空调等产品的发展。这些大型产品的发展恰恰证明了轻、薄、短、小是一种普遍趋势。材料,部件轻、薄、短、小的设计原则,才使同等容量冰箱的重量和耗电量大幅度减少。

3. 综、专、高、便

综是指产品功能的综合性,多功能以及原材料综合利用型产品开发方向。现代科学技术的综合性特征决定了产品发展的综合性,许多新产品,往往新就新在多种功能或多种技术的嫁接上。

专是指专门化而言,特别是指专门技术活诀窍而言,所谓"一招鲜,走遍天"。功能独特或专利产品具有强大的诱惑力。高功能专用设备是生产自动化的前提。专用医疗器械和药品比那些万能灵丹更具有诱惑力。

高是指高技术产品和高附加值产品。这种高技术产品往往会改变人们的生活或工作方式,高技术产品一般包括微电子、生物技术、新材料、远程通信等技术和产品。发展高技术产品和高附加值产品正在成为工业发达国家发展战略的核心。

便是指产品的结构和包装方便使用,方便维护与修理。

以上各种趋势互相渗透,互相补充,构成了当今产品发展的新潮流,决定着产品战略的基本格局。

二、产品组合策略

(一) 产品组合及其相关概念

1. 产品组合、产品线与产品项目

产品组合是指企业生产经营各种不同类型产品之间质的组合和量的比例。产品组合由全部产品线和产品项目构成。

产品线是指产品在技术上和结构上密切相关,具有相同使用功能,规格不同而满足同类需求的一组产品。如雅芳化妆品公司的产品线有化妆品、珠宝首饰和家常用品三条。

产品项目是指产品线内不同品种、规格、质量和价格的特定产品。很多企业都拥有众多的产品项目,如上述的雅芳化妆品公司有 1 300 个以上的产品项目,而通用电器公司则有 25 万个产品项目。

2. 产品组合的宽度、长度、深度和关联性

产品组合的宽度指企业拥有的不同产品线的数目;产品组合长度指每条产品线内不同规格的产品项目的数量;产品组合的深度是指产品线上平均具有的产品项目数。产品组合的关联性则是指企业各条产品线在最终用途、生产条件、分配渠道或其他方面的密切相关程度。

产品组合的宽度越大,说明企业的产品线越多;反之,宽度越窄,则产品线越少。

同样,产品组合的深度越大,企业产品的规格、品种就越多;反之,深度越浅,则产品就越少。产品组合的深度越浅,宽度越窄,则产品组合的关联性越大;反之,则关联性越小。

产品组合的宽度、长度、深度和关联性对企业的营销活动会产生重大影响。一般而言,增加产品组合的宽度,即增加产品线和扩大经营范围,可以使企业获得新的发展机会,更充分地利用企业的各种资源,也可以分散企业的投资风险;增加产品组合的长度和深度,会使各产品线具有更多规格、型号和花色的产品,更好地满足消费者的不同需要与爱好,增强行业竞争力;增加产品组合的关联性,则可发挥企业在其擅长领域的资源优势,避免进入不熟悉行业可能带来的经营风险。因此,产品组合决策就是企业根据市场需求、竞争形势和企业自身能力对产品组合的宽度、长度、深度和关联性方面做出的决策。

(二) 产品组合策略及其应用

优化产品组合,可依据不同情况采取以下策略:

1. 扩大产品组合

包括拓展产品组合的宽度和加强产品组合的深度,前者指在原产品组合中增加产品线,扩大经营范围;后者指在原有产品线内增加新的产品项目。当企业预测现有产品线的销售额和盈利率在未来可能下降时,就需考虑在现有产品组合中增加新的产品线,或加强其中有发展潜力的产品线。

2. 缩减产品组合

市场繁荣时期,较长较宽的产品组合会为企业带来更多的盈利机会。但是在市场不景气或原料、能源供应紧张时期,缩减产品线反而能使总利润上升,因为剔除那些获利小甚至亏损的产品线或产品项目,企业可集中力量发展获利多的产品线和产品项目。

3. 产品线延伸策略

总体来看,每一企业的产品线只占所属行业整体范围的一部分,每一产品都有特定的市场定位。例如,宝马汽车公司(BMW)所生产的汽车在整个汽车市场上属于中高档价格范围。当一个企业把自己的产品线长度延伸超过现有范围时,我们称之为产品线延伸。具体有向下延伸、向上延伸和双向延伸三种实现方式。

(1) 向下延伸。是在高档产品线中增加低档产品项目。实行这一决策需要具备以下市场条件之一:利用高档名牌产品的声誉,吸引购买力水平较低的顾客慕名购买此产品线中的廉价产品;高档产品销售增长缓慢,企业的资源设备没有得到充分利用,为赢得更多的顾客,将产品线向下伸展;企业最初进入高档产品市场的目的是建立厂牌信誉,然后进入中、低档市场,以扩大市场占有率和销售增长率;补充企业的产品线空白。实行这种策略也有一定的风险。如处理不慎,会影响企业原有产品特别是名牌产品的市场形象,而且也有可能激发更激烈的竞争对抗。虽然新的低档产品项目可能会蚕食掉较高档的产品项目,但某些公司的重大失误之一就是始终不愿意填补市场上低档产品的空隙。哈利·戴维森公司的失败就在于忽视了轻型摩托车的市场。

(2) 向上延伸。是在原有的产品线内增加高档产品项目。实行这一策略的主要目的是：高档产品市场具有较大的潜在成长率和较高利润率的吸引；企业的技术设备和营销能力已具备加入高档产品市场的条件；企业要重新进行产品线定位。采用这一策略也要承担一定的风险，要改变产品在顾客心目中的地位是相当困难的，处理不慎，还会影响原有产品的市场声誉。

（3）双向延伸。即原定位于中档产品市场的企业掌握了市场优势以后，向产品线的上下两个方向延伸。

三、产品包装策略

大多数包装物质产品在从生产领域流转到消费领域的过程中，都需要有适当的包装。包装工作是整个商品生产的一个重要组成部分。所谓包装工作是指设计并生产容器或包装物将产品盛放或包裹起来的一系列操作过程。

（一）包装的构成

市场营销学认为，包装一般包括以下三个部分：

1. 首要包装

即产品的直接包装，如牙膏皮、啤酒瓶等都是这种包装。

2. 次要包装

即保护首要包装的包装物，如包装一定数量牙膏的纸盒或纸板箱。

3. 运输包装

即为了便于储运、识别某些包装的外包装。

此外，在产品包装上还有标签，这是为了说明某个产品而贴在产品上的招贴或印在产品包装上的文字、图案等。在标签上一般都印有包装内容和产品所包含的主要成分、品牌标志、产品质量等级、生产厂商、生产日期和有效期、使用方法等，有些标签上还印有彩色图案或实物照片，以促进销售。

（二）产品包装的意义

许多营销人员把包装化（Packaging）称为第五个 P。设计良好的包装能为消费者创造方便价值，为生产者创造促销价值。多种多样的因素会促进包装化作为一种营销手段在应用方面的进一步发展。包装具有多方面的意义。

1. 保护产品

有效的产品包装可以起到防潮、防热、防冷、防挥发、防污染、保鲜、防易碎、防变形等系列保护产品的作用。因此，在产品包装时，要注意对产品包装材料的选择以及包装的技术控制。

2. 促进销售

特别是在实行顾客自我服务的情况下，更需要利用包装来向广大顾客宣传介绍产品，吸引顾客注意力。

3. 包装还能提供创新的机会

包装化的创新能够给消费者带来巨大的好处，也给生产者带来了利润。1899

年,尤尼达饼干公司创新出一种具有保鲜装置的包装,使饼干的货架寿命长于饼干盒、饼干箱和饼干桶。克拉夫特食品公司开发了听装混合乳酪,从而延长了乳酪的货架寿命,并使公司赢得了"可靠"的声誉。

（三）包装策略

良好的包装只有同包装策略结合起来才能发挥应有的作用。可供企业选择的包装策略有以下几种：

1. 类似包装

即企业所有产品的包装,在图案、色彩等方面,均采用同一的形式。这种方法,可以降低包装的成本,扩大企业的影响,特别是在推出新产品时,可以利用企业的声誉,使顾客首先从包装上辨认出产品,迅速打开市场。

2. 差异包装

即企业的各种产品都有自己独特的包装,在设计上采用不同的风格、色调和材料。这种策略能够避免由于某一商品推销失败而影响其他商品的声誉,但相应地会增加包装设计费用和新产品促销费用。

3. 组合包装

即把若干有关联的产品,包装在同一容器中。如化妆品的组合包装、节日礼品盒包装等,都属于这种包装方法。组合包装不仅能促进消费者的购买,也有利于企业推销产品,特别是推销新产品时,可将其与老产品组合出售,创造条件使消费者接受、试用。

4. 附赠品包装

这种包装的主要方法是在包装物中附赠一些物品,从而引起消费者的购买兴趣,有时,还能造成顾客重复购买的意愿。例如在珍珠霜盒里放一颗珍珠,顾客买了一定数量之后就能串成一根项链。

5. 再使用包装

这种包装物在产品使用完后,还可作别的用处。这样,购买者可以得到一种额外的满足,从而激发其购买产品的欲望。如设计精巧的果酱瓶,在果酱吃完后可以作茶杯之用。包装物在继续使用过程中,实际还起了经常性的广告作用,增加了顾客重复购买的可能。

6. 分组包装

即对同一种产品,可以根据顾客的不同需要,采用不同级别的包装。如用作礼品,则可以精致地包装,若自己使用,则只需简单包扎。此外,对不同等级的产品,也可采用不同包装。高档产品,包装精致些,表示产品的身份;中低档产品,包装简略些,以减少产品成本。

7. 改变包装

当由于某种原因使产品销量下降,市场声誉跌落时,企业可以在改进产品质量的同时,改变包装的形式,从而以新的产品形象出现在市场,改变产品在消费者心目中的不良地位。这种做法,有利于迅速恢复企业声誉,重新扩大市场份额。

四、产品开发策略

随着科学技术发展的日新月异,市场竞争不断加剧,产品的生命周期日趋缩短,任何企业都不可能单纯依赖现有产品占领市场,必须适应市场潮流的变化,不断推陈出新,开发适销对路的新产品,这样才能更好地生存和发展壮大。因此,新产品开发是企业经营的一项重大决策,是产品决策中的重要一环,是企业未来发展的动力。

(一) 新产品的概念

所谓新产品是指与旧产品相比,具有新功能、新结构和新用途,能在某方面满足顾客新需求的产品,大体包括以下三类:

1. 全新产品

全新产品是指应用新原理、新技术、新材料和新结构等研制成功的前所未有的新产品。如蒸汽机、电灯、电话、飞机、电视机、电冰箱、计算机以及抗菌素、化学纤维的研制成功并投入使用,就属于全新产品。这类产品的问世往往缘于科学技术在某个方面所产生的重大突破,而它们的普及使用将极大地改善人们的生活。不过,它要求消费者必须进行相关知识的学习,彻底改变原有消费模式。全新产品的推出十分困难,绝大多数企业难以做到。

2. 换代产品

这种新产品是指在原有产品的基础上,采用或部分采用新技术、新材料、新结构制造出来的产品,与原有产品相比,换代产品往往在产品外观、性能或者功能等方面有较大改进,从而为顾客带来了新的利益,譬如 Windows 7 就是 Windows Vista 的换代产品。一般而言,这种产品要求顾客对原有消费模式有所改变。随着科技的迅猛发展,产品更新换代呈现越来越快的趋势。换代产品出现后,将逐渐取代老产品并导致其被市场淘汰。

3. 改进产品

改进产品是指在原有产品基础上适当加以改进,使得产品在质量、性能、结构、造型等方面有所改善。这类新产品与原有产品差别不大,改进的难度不高,顾客购买改进产品后,可以按原来的方式使用。

(二) 新产品开发战略选择

企业的新产品开发战略,依据其资源及所处市场竞争地位可以有两种选择:领先型新产品开发战略和跟随型新产品开发战略。

1. 领先型新产品开发战略

领先型新产品开发战略是指企业首先研制、开发新产品,并率先将产品投入市场,从而在行业中确立技术领先和产品领先的战略。

领先型新产品开发战略具有以下两方面的优点:

(1) 成功的新产品开发,使企业对新技术成果享有独占权,能够较早地建立起现实及潜在竞争对手进入市场的技术壁垒,并在新产品市场上处于主动地位。在这一阶段,企业不存在竞争者威胁,一方面可凭技术领先、理念领先等优势树立企业及产品品牌形象;另一方面可以占有尽可能多的市场份额,并采取撇脂定价策略,赚取高额市场利润。

(2) 企业在新产品生产、管理方面拥有的丰富经验和不断扩张的市场需求,有利于企业扩大生产规模,提高产品质量,降低生产成本,取得对后进入市场者的竞争优势。此外,企业还可以在必要时,采取出售产品生产许可证的方式,从技术转让中获利。

领先型新产品开发战略中所面临的风险,主要是投入大、成本高、开发周期长,由于市场的瞬息万变和研发的高风险性,新产品开发的结果难以预料。而一旦开发失败,则往往会给企业造成巨大的损失,同时带来员工士气的损伤。

2. 跟随型新产品开发战略

跟随型新产品开发战略是指企业密切注视市场上刚出现的新产品,一旦发现新产品获得成功,便立即组织力量通过某种方式生产出类似产品以进入这一市场的战略。

跟随型新产品开发战略具有以下几个方面的优点:

(1) 风险较小。由于采用领先型新产品开发战略的企业,已经解决了产品创新过程中一系列的技术难题。特别是实践证明,市场对这一新产品具有较好的反应,这样跟随企业就可以大大减少技术开发与市场开发中的失误和风险,避免可能出现的巨额损失。

(2) 投资少,成本低。跟随企业在跟进新产品时,新产品概念开发方面的成本已经由领先企业承担,跟随企业可以享受领先企业开辟市场所产生的外部效益;同时,跟随企业可以通过观察领先企业的创新行为进行技术的学习和模仿,不需要进行耗费巨大的技术探索研究,因此其新产品开发比领先企业投资少,开发周期短,生产成本较低。

(3) 开发的产品可能更具竞争力。领先企业开发的新产品,通过消费者的使用,一定会体现出一些有待改进之处。跟随企业可以在充分了解消费者需求和期望的基础上,对领先企业的产品在若干方面予以修正、改进,从而生产出更具竞争力的产品,获得良好的市场反应。

跟随型新产品开发战略的主要缺点是跟随型企业几乎在同一时期进入市场,面临的市场竞争比较激烈,因此跟随型企业的产品必须比已有产品的性能和品质更高一筹,或者营销实力更为雄厚,否则很难取得市场份额。

(三) 新产品开发过程

新产品开发过程由八个阶段构成,即寻求创意、甄别创意、形成产品概念、制定营销策略、营业分析、产品开发、市场试销、批量上市。

1. 寻求创意

新产品开发过程是从寻求创意开始的。所谓创意就是开发新产品的设想。虽然并不是所有的设想或者创意都可变成产品,但寻求尽可能多的创意却可为开发新产品提供较多的机会。新产品创意的主要来源有:顾客、科学家、竞争对手、推销员、经销商、企业高层、市场研究公司、广告公司等。此外,企业还可以从大学、咨询公司、同行业的团体协会、有关的报刊媒体那里寻求有用的新产品创意。

2. 甄别创意

取得足够创意之后,要对这些创意加以评估,研究其可行性,并挑选出可行性较高的创意,这就是甄别创意。甄别创意的目的就是淘汰那些不可行或可行性较低的创意,使公司有限的资源集中于成功机会较大的创意上。甄别创意时,一般要考虑两个因素:一是该创意是否与企业的策略目标相适应,表现为利润目标、销售目标、销售增长目标、形象目标等几个方面;二是企业有无足够的能力开发这种创意。这些能力表现为资金能力、技术能力、人力资源、销售能力等。

3. 形成产品概念

经过甄别后保留下来的产品创意还要进一步发展成为产品概念。在这里,首先应当明确产品创意、产品概念和产品形象之间的区别。产品创意是指企业从自己的角度考虑能够向市场提供的可能产品的构想。产品概念是指企业从消费者的角度对这种创意所做的详尽描述。而产品形象则是消费者对某种现实产品或潜在产品所形成的特定形象。

企业在确定最佳产品概念,进行产品和品牌的市场定位后,就应当对产品概念进行试验。所谓产品概念试验就是用文字、图画描述或者用实物将产品概念展示于目标顾客面前,观察他们的反应。

4. 制定营销策略

形成产品概念之后,需要制定营销策略,企业的有关人员要拟定一个将新产品投放市场的初步的营销策略报告书。报告书由三个部分组成:

(1) 描述目标市场的规模、结构、行为,新产品在目标市场上的定位,头几年的销售额、市场占有率、利润目标等。

(2) 简述新产品的计划价格、分销策略以及第一年的营销预算。

(3) 简述计划长期销售额和目标利润以及不同时间的营销组合。

5. 营业分析

在这一阶段,企业营销管理者要复查新产品未来的销售额、成本和利润的估计,看看它们是否符合企业的目标。如果符合,就可以进行新产品开发。

6. 产品开发

如果产品概念通过了营业分析,研究与开发部门及工程技术部门就可以把这种产品概念转变成为产品,进入试制阶段。只有在这一阶段,文字、图表及模型等描述的产品设计才变为实体产品。在这一阶段应当搞清楚的问题是,产品概念能否变为技术上和商业上可行的产品。如果不能,除在全过程中取得一些有用副产品(如数据、资料、信息情报等)外,所耗费的资金将全部付诸东流。

7. 市场试销

如果企业的高层管理者对某种新产品开发试验结果感到满意,就着手用品牌名称、包装和初步营销方案把这种新产品装扮起来,把产品推上真正的消费者舞台进行实验。其目的在于了解消费者和经销商对于经营、使用和再购买这种新产品的实际情况以及市场大小,然后酌情采取适当对策。

8. 批量上市

在这一阶段,企业高层需要做出以下决策:

(1) 何时推出新产品。指企业要决定在什么时间将新产品投放市场最适宜。例如,如果某种新产品是用来替代老产品,就应等到老产品的存货被处理掉时再将这种新产品投放市场,以免冲击老产品的销售,造成损失;如果某种新产品的市场需求有高度的季节性,就应在销售季节来临时将这种新产品投放市场。

(2) 何地推出新产品。指企业要决定在什么地方(某一地区,某些地区,全国市场或国际市场)推出新产品最适宜,能够把新产品在全国市场上投放的企业是不多见的。一般是先在主要地区的市场推出,以便占领市场,取得立足点,然后扩大到其他地区。因此,企业特别是中小企业须制定一个市场投放计划。在制定市场投放计划时,应当找出最有吸引力的市场先投放。

(3) 向谁推出新产品。指企业要把它的分销和促销目标面向最优秀的顾客群。这样做的目的是要利用最优秀的顾客群带动一般顾客,以最快的速度、最少的费用,扩大新产品的市场占有率。企业可以根据市场试验的结果发现最优秀顾客群。对新上市的消费品来讲,最优秀的顾客群一般应具备以下特征:①他们是早期采用者;②他们是大量使用者;③他们是观念倡导者或意见领袖,并能为该产品作正面宣传。当然,完全具备这几个特征的顾客为数很少,企业可以根据这些标准对不同的顾客群打分,从而找出最优秀的顾客群。

(4) 如何推出新产品。企业管理部门要制定开始投放市场的营销策略。这里,首先要对各项营销活动分配预算,然后规定各项活动的先后顺序,从而有计划地开展营销管理。

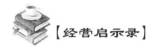
【经营启示录】

Starbucks 掀起咖啡狂潮

1971 年创建于西雅图,刚起步时只售出完整的咖啡豆和咖啡渣而不卖咖啡饮料的 Starbucks,1987 年开始从西雅图一家小型地方咖啡店发展为全国闻名的豪华、高雅咖啡店的典范。1996 年 11 月,Starbucks 已有了 1 034 家连锁店。财务权威们估计它未来五年的年增长率将达到 36.8%,高于包括高增长的半导体业在内的全部行业的大多数公司。

是什么使得 Starbucks 单独引导了 20 世纪 90 年代消费社会和休闲的最大革命?是风格。

咖啡馆已经伴随我们上百年了,但它们似乎并不具有什么特殊的意义。在法国,它们令人想到深夜神秘肮脏的交易,或者一些自命不凡的激进作家在塞纳河左岸喝了无数杯咖啡后谈论存在主义。而美国的咖啡店,几乎和小餐馆没什么区别,注重的是功能而非风格。

Starbucks 的与众不同之处在于它创造了遍及全美的统一外观。它们有计划地把自然与人工的物品融合在一起——柜台和标志图样区域的浅木纹色调、褐色的包装袋、绿色的肖像、肖像上披着长发的女人,都营造出一种自然与环保意识的氛围。但是,Starbucks 并不因此而抛弃设计中的现代感——木头表面光滑,磨光的深色大理石柜台面工艺精巧,玻璃柜、薄型白炽灯和纯白的杯子无不时时提示你是身处现代之中。商标上的人像也传达着原始与现代的双重含义:她的脸很朴实,却用了现代抽象的形式包装,中间是黑白的,只在外面用一圈彩色包围。

Starbucks 通过仿效现代设计精良的办公室和图书馆等,改革了咖啡馆的全貌。但它的美学并不止于此,它还融入了自己的风格。它对每一类型的咖啡都有其不同的包装设计,每一类型都有它的标记、人像、主题色和图形,这些不同的标记在基本统一的风格下又显示出其多样性和变化性,看上去像广告招贴艺术,以抽象主义为基础,再涉及一些装饰艺术。

1996 年度报告正是采用了一种夸张的手法,它用的是由咖啡渣制成的咖啡色纸张。为了炫耀它的照片和图片,报告中宣称"凑近看,你能看到纸里面还有咖啡渣。"同样是在 1996 年,Starbucks 推出了它"25 周年"的主题。纸杯上体现了 20 世纪 70 年代色彩艳丽的风格,上面装饰着"70 年代"霓虹灯色彩的字样;挂在咖啡馆上的标记也采用同样醒目的色彩和风格,恢复了 70 年代的口号:"给咖啡豆一个机会。"

Starbucks 之所以吸引人,是因为它有计划推出系统的、有组织的、整齐的形象,同时又加入了变化,创造了视觉冲击。它的风格抽象、时髦,但也很容易辨认。这就是 Starbucks 能掀起咖啡狂潮的根本原因。

【经营启示】
创新并不一定导向成功,我们需要的是纵观全局的眼光,这种眼光要能被公众所理解。

学习任务四　价　格　策　略

高 价 卖 画

在比利时的一间画廊里,一位美国画商正和一位印度画家在讨价还价,争辩得很激烈。其实,印度画家的每幅画底价仅在 10~100 美元之间。但当印度画家看出美国画商购画心切时,对其所看中的 3 幅画单价非要 250 美元不可。美国画商对印度画家敲竹杠的宰客行为很不满意,吹胡子瞪眼睛要求降价成交。印度画家也毫不示弱,竟将其中的一幅画用火柴点燃,烧掉了。美国画商亲眼看着自己喜爱的画被焚烧,很是惋惜,随即又问剩下的两幅画卖多少钱。印度画家仍然坚持每幅画要卖 250 元。从对方的表情中,印度画家看出美国画商还是不愿意接受这个价格。这时,印度画家气愤地点燃火柴,竟然又烧了另一幅画。至此,酷爱收藏的画商再也沉不住气了,态度和蔼多了,乞求说:"请不要再烧最后一幅画了,我愿意出高价买下。"最后,竟以 800 美元的价格成交。

【案例思考】你能说说影响画作价格的因素有哪些吗?

价格是市场营销组合的重要因素。在市场营销活动中,企业必须综合考虑影响价格的各种因素,运用多种策略与方法灵活确定产品价格。

一、影响价格的主要因素

1. 产品成本因素

成本是商品价格构成中最基本、最重要的因素,也是商品价格的最低经济界限。公司制定的价格除了应包括所有生产、销售、储运该产品的成本,还应考虑公司所承担的风险。

2. 产品供求因素

成本为公司制定其产品的价格确定了底数,而市场需求则是价格的上限。受商品供给与需求的相互关系的影响。当商品市场需求大于供给时,价格应高一些;当商品的市场需求小于供给时,价格应低一些。反过来,价格变动影响市场需求总量,进而影响销售量,影响企业目标的实现。因此,企业制定价格就必须了解价格变动对市场需求的影响程度。反映这种影响程度的一个指标就是商品需求弹性。

3. 竞争因素

成本因素和需求因素决定了价格的下限和上限,然而在上下限之间确定具体价格时,则很大程度上要考虑市场的竞争状况。竞争性定价在当今市场上越来越普遍。在缺乏竞争的情况下,企业几乎可完全依照消费者对价格变化的敏感度来预期价格变化的效果,然而由于有了竞争,对手的反应其至可完全破坏企业的价格预期,因此,市场竞争是影响价格制定的一个非常重要的因素。

4. 心理因素

消费者心理是影响企业定价的另一个重要因素。任何消费者的消费行为,都会受到复杂的心理因素的影响。大多数情况下,市场需求与价格呈现反向关系,即价格升高,市场需求降低;价格降低,市场需求增加,但在某些情况下受消费者心理的影响,会呈现完全相反的反应。消费过程中的"买涨不买跌"现象就是一个例子。因此,在研究消费者心理对定价的影响时,要持谨慎态度,要仔细了解消费者心理及其变化规律。

5. 国家的宏观经济政策

在市场经济条件下,国家不直接干预商品的价格。主要通过宏观经济政策和税收、信贷等经济杠杆来影响价格的形成和变化。

二、价格策略

按照产品与市场情况,灵活地运用各种定价方法与策略,可以吸引顾客,刺激购买,扩大产品销路,实现营销目标。

(一)新产品定价策略

企业向市场上推出新产品时,首先要考虑的便是新产品的定价问题,新产品的定价策略选择得正确与否,直接关系到新产品能否顺利地打开和占领市场,能否获得较大的经济效益。新产品的定价策略主要有两种:撇脂定价、渗透定价。

1. 撇脂定价

撇脂定价又称取脂定价、撇油定价,该策略是一种高价格策略,是指在新产品上市初期,将新产品价格定得较高,以便在较短的时间内获取丰厚利润。尽快收回投资,减少投资风险,这种定价策略因类似于从牛奶中撇取奶油而得名,在需求缺乏弹性的商品上运用得较为普遍。

撇脂定价的优势非常明显,在顾客求新心理较强的市场上,高价有助于外拓市场;主动性大,产品进入成熟期后,价格可分阶段逐步下降,有利于吸引新的购买者;价格高,限制需求量过于迅速增加,使其与生产能力相适应。

当然,运用这种策略也存在一定的风险,高价虽然获利大,但不利于扩大市场、增加销量,也不利于占领和稳定市场;价格远远高于价值,在某种程度上损害了消费者利益,容易招致消费者的抵制,甚至会被当做暴利来加以取缔,损坏企业形象;容易招来竞争者,迫使企业下调价格,好景不长。

因此,在消费者日益成熟、购买行为日趋理性的今天,采用这一定价策略必须谨慎。

2. 渗透定价

与撇脂定价策略相对立的是渗透定价策略。这是一种低价策略,又称薄利多销策略,指在新产品投入市场时,利用消费者求廉的消费心理,有意将价格定得较低,以吸引顾客,迅速扩大销量,提高市场占有率。这种定价策略适用于新产品没有显著特色、产品存在着规模经济效益、市场竞争激烈、需求价格弹性较大、市场潜力大的产品。低价可以有效地刺激消费需求、阻止竞争者介入从而保持较高的市场占有率、扩大销售而降低生产成本与销售费用。

对于企业来说,撇脂定价和渗透定价何者更优,不能一概而论,需要综合考虑市场需求、竞争、供给、市场潜力、价格弹性、产品特性、企业发展战略等因素才能确定。在定价实务中,往往要突破许多理论上的限制,通过对选定的目标市场进行大量调研和科学分析来制定价格。

（二）折扣价格策略

折扣定价策略是指销售者为回报或鼓励购买者的某些行为，如批量购买、提前付款、淡季购买等，将其产品基本价格调低，给购买者一定的价格优惠。具体办法有：**现金折扣、数量折扣、功能折扣、季节性折扣等**。

1. 现金折扣

现金折扣是企业为了鼓励顾客尽早付款，加速资金周转，降低销售费用，减少企业风险，而给购买者的一种价格折扣。财务上常用的表示方式为"$2/10, n/30$"，其含义是：双方约定的付款期为 30 天，若买方在 10 天内付款，将获得 2% 的价格折扣；超过 10 天，在 30 天内付款则没有折扣；超过 30 天要加付利息。现金折扣的前提是商品的销售方式为赊销或分期付款，因此，采用现金折扣一般要考虑三个因素：折扣比例，给予折扣的时间限制，付清全部货款的期限。

2. 数量折扣

数量折扣是因买方购买数量大而给予的折扣，目的是鼓励顾客购买更多的商品。购买数量越大，折扣越多。其实质是将销售费用节约额的一部分，以价格折扣方式分配给买方。目的是鼓励和吸引顾客长期、大量或集中向本企业购买商品。

3. 功能折扣

功能折扣又称交易折扣、贸易折扣，指企业根据其中间商在产品销售中所承担的功能、责任和风险的不同，而给予的不同价格折扣，以补偿中间商的有关成本和费用。对中间商的主要考虑因素有：在分销渠道中的地位、对生产企业产品销售的重要性、购买批量、完成的促销功能、承担的风险、服务水平、履行的商业责任以及产品在分销中所经历的层次和在市场上的最终售价等等。目的在于鼓励中间商大批量订货，扩大销售，争取顾客，与生产企业建立长期、稳定、良好的合作关系。一般而言，给批发商的折扣较大，给零售商的折扣较少。

4. 季节折扣

季节折扣是企业为在淡季购买商品的顾客提供的一种价格折扣。由于有些商品的生产是连续的，而其消费却具有明显的季节性，通过提供季节折扣可以鼓励顾客提早进货或淡季采购，从而有利于企业减轻库存，加速商品流通，迅速收回资金、促进企业均衡生产、充分发挥生产和销售潜力，避免因季节需求变化所带来的市场风险。如商家在夏季对冬季服装进行的打折促销便是季节折扣。

（三）差别定价策略

差别定价是指企业对同一产品或劳务制定两种或多种价格以适应顾客、地点、时间等方面的差异，但这种差异并不反映成本比例差异。差别定价主要有以下几种形式：

1. 顾客细分定价

即企业按照不同的价格把同一种产品或劳务卖给不同的顾客。比如，对老客户和新客户、长期客户和短期客户、女性和男性、儿童和成人、残疾人和健康人、工业用户和居民用户等，分别采用不同的价格。

2. 产品式样定价

即企业对不同花色、品种、式样的产品制定不同的价格,但这个价格与产品各自的成本是不成比例的。

3. 地点定价

即对处于不同地点的同一商品采取不同的价格,即使在不同地点提供的商品成本是相同的。比较典型的例子是影剧院、体育场、飞机等,其座位不同,票价也不一样。这样做的目的是调节客户对不同地点的需求和偏好,平衡市场供求。

4. 时间定价

即企业对于不同季节、不同时期甚至不同钟点的产品或服务分别制定不同的价格。如在节假日,旅游景点收费较高。又如哈尔滨市某洗衣机商场规定,商场的商品从早上9点开始,每小时降价10%。特别在午休时间及晚上下班时,商品降价幅度较大,吸引了大量上班族消费者,在未延长商场营业时间的情况下,带来了销售额大幅度增加的好效果。

(四) 心理价格策略

心理价格策略是考虑到消费者购买心理而实行的各种价格策略的总称,主要适于零售企业使用。

1. 尾数定价

尾数定价又称"非整数定价",指企业利用消费者求廉、求实的心理,故意将商品的价格带有尾数,以促使顾客购买商品,这种定价方法多用于中低档商品。心理学家的研究表明,价格尾数的微小差别,能够明显影响消费者的购买行为。如将肥皂的零售价定为3.9元而不是4.1元。虽然前后仅相差2角钱,但会让消费者产生一种前者便宜很多的错觉。有时价格为尾数让消费者觉得真实,如98.95元一瓶的葡萄酒,让消费者觉得其价格是经过企业仔细算出来的,给人以货真价实的感觉。有时候尾数的选择完全是出于满足消费者的某种风俗和偏好,如西方国家的消费者对"13"忌讳;日本的消费者对"4"忌讳;美国、加拿大等国的消费者普遍认为单数比双数少,奇数比偶数显得便宜;我国的消费者则喜欢尾数为"6"和"8"。

2. 整数定价

整数定价是指针对消费者的求名、求方便心理,将商品价格定为以"0"结尾的整数。在日常生活中,对于难以辨别好坏的商品,消费者往往喜欢以价论质,而将商品的价格定为整数,使商品显得高档,正好迎合了消费者的这种心理。如将一套西服定价为1 000元,而不是998元,尽管实际价格仅相差2元,给人的感觉却是这套西服上了一个档次,因为它的价格是在1 000元的范围内,而不是900元的范围内。因此,对那些高档名牌商品或消费者不太了解的商品,采用整数定价可以提高商品形象。另外,将价格定为整数还省去了找零的麻烦、提高商品结算速度。

3. 声望定价

声望定价策略是指根据消费者的求名心理,企业有意将名牌产品的价格制定得比市场中同类商品的价格高。名牌商品不但可减轻购买者对商品质量的顾虑,还能满足某些消费者的特殊欲望,如地位、身份、财富、名望和自我形象等,因而消费者往往愿意花高价来购买。

声望定价往往采用整数定价方式,这更容易显示商品的高档。当然,声望定价策略切不可滥用,一般适用于名优商品。

4. 招徕定价

招徕定价是有意将少数商品降价以吸引顾客的定价方式。企业在一定时期将某些商品的价格定得低于市价,一般都能引起消费者的注意,吸引他们前来购物,这是适合消费者求廉心理的。顾客在选购这些特价商品时,往往还会光顾店内其他价格正常或偏高的商品,这实际上是以少数商品价格的损失带来其他商品销售的扩大,增加企业的总体利润。

采用这种策略要注意以下几点:商品的降价幅度要大,一般应接近成本或者低于成本,只有这样,才能引起消费者的注意和兴趣,才能激起消费者的购买动机;降价品的数量要适当,太多商店亏损太大,太少容易引起消费者的反感;用于招徕的降价品,应该与低劣、过时商品明显地区别开来。招徕定价的降价品,必须是品种新、质量优的适销产品,而不能是处理品。否则,不仅达不到招徕顾客的目的,反而可能使企业声誉受损。

5. 投标价格

投标价格也称作密封定价法。这是事先对商品不规定具体价格,而以投标、拍卖方式由买方相互出价,而后以其最高价格成交的定价策略。这种价格策略是利用顾客竞争求胜心理,从中牟取高价的一种定价策略。这往往是在处置承包工程、企业倒闭或者特殊文物、工艺美术珍品采用的。

【经营启示录】

卖把斧子给总统

2002年5月20日,美国一位叫乔治·赫伯特的推销员,成功把一把斧子推销给了小布什总统。布鲁金斯学会得知这一消息,把刻有"最伟大推销员"的金靴子赠予了他。这是自1975年该学会的一名学员成功地把一台微型录音机卖给尼克松以来,又一学员登上了如此高的门槛。

布鲁金斯学会创建于1927年,以培养世界上最杰出的推销员著称于世。它有一个传统,在每期学员毕业时,设计一道最能体现推销员能力的实习题,让学员去完成。克林顿当政期间,他们出了这么一道题:请把一条三角裤推销给现任总统。八年间,有无数学员为此绞尽脑汁,可是,最后都无功而返。克林顿卸任后,布鲁金斯学会把题目换成把斧子推销给小布什总统。

鉴于前八年的失败和教训,许多学员知难而退。个别学员甚至认为,这道毕业题会和克林顿当政期间一样毫无结果,因为现在的总统什么都不缺少,再说即使缺少也用不着他们亲自购买,再退一步,即使他们亲自购买,也不一定赶上你去推销的时候。

然而乔治·赫伯特却做到了,并且没有花多少工夫。一位记者在采访他的时候,他是这样说的:"我认为,把一把斧子推销给小布什是完全可能的。因为,布什总统在德克萨斯州有一农场,那里长着许多树。于是我给他写了一封信,说:'有一次,我有幸参观您的农场,发现那里长着许多菊树,有些已经死掉,木质已经变得松软。我想,您一定需要一把小斧头,但是从您现在的体质来看,这种小斧头显然太轻,因此您仍然需要一把不甚锋利的老斧头。现在我这儿正好有一把这样的斧头,它是我祖父留给我的,很适合砍伐枯树,请按这封信所留的信箱,给予回复'……最后他就给我汇了15美元。"

乔治·赫伯特成功后,布鲁金斯学会在表彰他的时候说:金靴子奖已空置了26年,26年间布鲁金斯学会培养了数以万计的推销员。造就了数以万计的百万富翁,这只金靴子之所以没有授予他们,是因为我们一直寻找这么一个人。这个人从不因为有人说某一目标不能实现而放弃,从不因为某件事情难以办到而失去自信。

【经营启示】

不是因为有些事情难以办到,我们才失去自信,而是因为我们失去了自信,有些事情才显得难以办到。

学习任务五　促 销 策 略

免 费 赠 送

免费赠送是一种促销方法,就其实质而言是一种销售促进策略,日本万事发公司就是利用这一方法一炮打响的。相当一段时间,万事发香烟的销路打不开,公司面临关闭的威胁,于是公司决定以"免费赠送"进行促销。于是,公司老板在各主要城市物色代理商,通过代理商向当地一些著名的医生、律师、作家、影星、艺人等按月寄赠两条该牌子香烟,而每过若干时日,代理商就会寄来表格,征求对香烟的意见。半年左右,万事发香烟赢得了一些较有身份和影响的顾客,接着利用这些名人做广告,宣传该牌子的香烟都是有身份的高贵人士所用,那些有点身份的人当然会来购买,而那些没有多少财富或名气的人碍于心理或面子的驱使,也买这种香烟,这样,万事发香烟很快获得众多的顾客。

不仅日本万事发,美国企业巨人西屋电器公司也曾从这种方法中获益。西屋电器公司曾经开发了一种保护眼睛的白色灯泡,为了打开销路,采取了免费赠送策略,两周后再派人到使用的用户家中收集使用意见。在反馈意见中,有86%的家庭主妇认为,这种灯泡比别的灯泡好,眼睛的感觉舒服;78%的主妇认为,这种灯泡光线质地优良。于是,西屋电器公司以此作为实验性广告资料,将用户的评论意见公之于众,立即引起了消费者注意,西屋电器公司的白色灯泡一下子成为畅销品。

【案例思考】

1. 万事发公司和西屋电器公司为什么采取免费赠送策略?
2. 你认为免费赠送产品的方法有哪些,试列举。
3. 结合本案例谈谈免费赠送对企业产品被消费者接受的作用。

在现代营销环境中,企业仅有一流的产品、合理的价格、畅通的销售渠道是远远不够的,还需要有一流的促销。市场竞争是产品的竞争、价格的竞争,更是促销的竞争。企业的营销力特别体现在企业的促销能力上。那么如何从理论上定义促销呢?不同的市场学和促销理论著作中对促销都从不同角度给出了定义,如《Marketing Today》一书中对促销是这样定义的:"促销就是公司向人们传递有关公司产品、服务、公司形象、社会效益等信息的一切沟通活动。"《Marketing》一书中对促销的定义则是:"促销就是通过信息传播和说服活动,与个人、组织或群体沟通,以直接或间接地促使他们接受某种产品。"而《Promotion》一书则这样定义促销:"促销就是在卖方控制下,直接或通过其他能够影响购买决策的渠道向潜在买者传递有关卖方产品的有说服力和有利于卖方的信息。"虽然促销的定义五花八门,但归纳起来,都包含了信息和说服两个内容。本书对促销定义如下:企业组织实施的一系列以说服顾客采取购买行动为最终目的的活动,通过这些活动,使潜在顾客了解产品,引起其注意和兴趣,激发其购买欲望和购买行为,从而达到扩大销售的目的。

促销的本质是传播与沟通信息。在通常情况下,为了实现对目标市场集中的信息传播,企业往往采取广告、人员推销、公共关系、营业推广等方式。然而,有效地传播不是单向的。它需要营销人员着眼全局,了解、掌握信息沟通的全过程并有步骤地加以实施。

促销策略就是对广告、人员推销、公共关系、营业推广等各种促销方式的选择、组合和运用。

一、广告策略

"商品不做广告,就好像一个少女在黑暗中向你暗送秋波。"这句西方名言充分表达了广告在营销中的独特地位。

(一)广告的含义

广告是广告主以付资的方式,通过一定的媒体,有计划地向受众传递有关商品、劳务和其他信息,借以影响受众的态度,进而诱发或说服其采取购买行动的一种大众传播活动。

从以上定义可以看出,广告主要有以下特点:①广告是一种有计划、有目的的活动;②广告的主体是广告主,客体是消费者或用户;③广告的内容是商品或劳务的有关信息;④广告的手段是借助广告媒体直接或间接传递信息;⑤广告的目的是促进产品销售或树立良好的企业形象。

(二)广告的作用

在当代社会,广告既是一种重要的促销手段,又是一种重要的文化现象。广告对企业、消费者和社会都具有重要作用。

1. 对企业的功能

(1)传播信息,沟通产销。广告对企业的首要功能是沟通产销关系,所以一个企业不善于做广告,就好像在黑暗中向情人暗送秋波。

(2)降低成本、促进销售。从绝对成本的角度看,上述四种促销方式中广告的成本是最高的。但如果从相对成本的角度看,由于广告的大众化程度高,广告的成本又是比较低的。比如可口可乐,每年的巨额广告费平均分摊到每一个顾客身上只有0.3美分;但如果用人员推销成本,则需60美元。据统计,在发达国家,投入1元广告费,可收回20～30元的收益。

(3)塑造形象。广告是塑造企业形象的重要手段。

2. 对消费者的功能

(1)指导消费,消费者获取商品信息的来源主要有四种:即商业来源、公共来源、人际来源和个人来源。广告即是消费者最重要的商业来源。可以说,现代社会,面对琳琅满目的商品,如果离开了广告,消费者将无所适从。

(2)刺激需求。广告的一个重要功能就是刺激消费者的购买欲望,促使消费者对商品产生强烈的购买冲动。广告刺激的需求包括初级需求和选择性需求,所谓初级需求,是指通过广告宣传,促使消费者产生对某类商品的需求,如对电脑、汽车等的需求;选择性需求是指通过广告宣传,促使消费者产生对特定品牌商品的需求,如对联想电脑、红旗汽车的需求等,引导消费者认牌购买。

(3)培养消费观念。广告引导着消费潮流,促使消费者树立科学的消费观念。

3. 对社会的功能

(1)美化环境,丰富生活。路牌广告、POP广告、霓虹灯广告等,优化城市形象,使都市的夜晚变得星光灿烂,绚丽多姿。因此,广告被称为现代城市的脸。优美的广告歌曲、绚丽的广告画、精彩的广告词,无不给人以艺术的享受。

(2)影响意识形态,改变道德观念。据调查,一个美国人从出生到18岁在电视中看到的广告达1 800多个小时,相当于一个短期大学所用的学时。所以,广告对社会的价值观念、文化传承具有非常重要的影响。

(三)广告的种类

按照不同的标准,广告的种类有两种划分方法:根据广告的目的和内容,可将广告划分为商品广告和企业广告;根据广告的传播媒体,可将广告分为形声广告、文图广告和实物广告。

1. 商品广告

是提供商品信息的,也是针对商品开展广告宣传的。根据产品生命周期不同阶段中广告作用和目标的不同,这类广告又分为告知、劝说和提示三种。

(1) 告知性广告(又称开拓性广告),主要用于向市场推销新产品,介绍产品的新用途和新功能,宣传产品的价格变动、推广企业新增的服务,以及新企业开张等。告知性广告的主要目标是促使消费者产生初始需求。

(2) 劝说性广告(竞争性广告),在产品进入成长期、市场竞争比较激烈的时候,消费者的需求是选择性需求。此时企业广告的主要目标是促使消费者对本企业的产品产生偏好,具体包括:劝说顾客购买自己的产品,鼓励竞争对手的顾客转向自己,改变消费者对产品属性的认识,以及使顾客有心理准备乐于接受人员推销等。劝说性广告一般通过现身说法、权威证明、比较等方法说服消费者。

(3) 提示性广告(备忘性广告),提示性广告是在产品的成熟期和衰退期使用的主要广告形式,其目的是提示顾客购买,比如提醒消费者购买水产品的地点,提醒人们在淡季时不要忘记该产品,提醒人们在面对众多新产品时不要忘了继续购买本产品等。

2. 企业广告

是提供企业信息的,着重介绍企业的名称、厂牌、商标、地址、历史情况等,以增强企业在行业、社会和消费者中的形象和建立起好的声誉。这类广告一般是着眼于长期性营销目标的。

3. 形声广告

是指以电影、电视、电台广播等为传播媒介的广告。其特点是传播面积大,传递信息迅速及时,特别是其中的电视广告,集图像、色彩、声音和活动于一身,直观、生动地传播信息、能做到家喻户晓,老少皆宜,具有其他媒体没有的强烈感染力和传播优势,发展速度远远超过其他媒体广告,其缺点是费用高,存留时间短。

4. 文图广告

是指以报纸、杂志、产品目录、广告牌等为媒介的广告。这类广告的特点是作用时间长,可文图照片并用,信息容量更大,说明更清晰,报刊、杂志、产品目录等还可以长期保存、传阅和查找。其缺点是感染力差,易被忽略。

5. 实物广告

是指以橱窗、展销会、博览会等为媒介,展示产品实体的广告。其特点是能使观众对产品的构造、款式一目了然,并可以就地表演产品的性能、使用方法,对顾客指导性强,刺激购买作用较大。其缺点是适用范围较窄,不能得到广泛的应用。

除上述广告形式外,还有邮寄广告、标语广告、广告塔等多种形式。

(四) 广告设计的要求

任何广告都必定费成本,而且一旦传播即会产生社会影响。因此,企业必须重视广告的质量,而质量首先是由设计决定的,一个高质量的广告设计应符合下列要求。

1. 真实性

信誉是企业的命脉,广告作为一种宣传手段,直接关系到企业的产品在顾客心目中的形象。因此广告必须真实,不能浮夸、欺骗或攻击他人。

2. 针对性

广告的主要目的是刺激销售。因此必须针对顾客的心理特征、消费偏好等选择设计方案,突出广告主题。

3. 创造性

创造性是指为了在竞争中占上风,广告无论在内容或形式上都必须多样化,独具特色,吸引力强,切忌千篇一律,陈词滥调。

4. 简明性

为了节省费用,广告必须简明扼要,在有限的版面、时间内输出尽可能多的信息,并且要适应顾客的视、听、读和记忆能力。

5. 艺术性

为引人入胜,广告在内容上要给人以知识和美的享受,在形式上则力求图文并茂,具有艺术感染力。

6. 合法性

广告在内容、项目、形式上都必须遵守国家广告管理法律和其他有关法律法规,特殊产品和荣誉宣传还必须附有权威机构的证明。

(五) 广告策略的运用

企业的广告策略是市场营销策略的重要组成部分。运用广告策略,就必须明确广告目的,选择最有效的广告媒体和广告时机,使企业以最低的广告费用达到预期的广告宣传效果。具体地说主要应做好以下工作:

1. 确定广告目标

广告目标是企业通过广告活动要达到的目的。其实质就是要在特定的时间对特定的目标受众完成特定内容的信息传播,并获得目标受众的预期反应。

企业的广告目标取决于企业的整个营销目标。出于企业营销任务的多样性和复杂性,企业的广告目标也是多元化的。美国市场营销专家罗希尔·科利在《确定广告目标、衡量广告效果》一书中曾列举了52种不同的广告目标。

根据产品生命周期不同阶段中广告作用和目标的不同,一般可以把广告目标大致分为告知、劝说和提示三大类。

2. 制订广告预算

广告目标确定后,企业必须确定广告预算。企业在确定广告预算时必须充分考虑以下因素:

(1) 产品生命周期。产品在投放期和成长期前期的广告预算一般较高,在成熟期和衰退期的广告预算一般较低。

(2) 市场占有率的高低。市场占有率越高,广告预算绝对额越高,但面向广大消费者的产品的人均广告费用却比较低；反之，市场占有率越低的产品，广告预算绝对额也较低，但人均广告费并不低。

（3）竞争的激烈程度。广告预算多少与竞争的激烈程度成正比。

（4）广告频率的高低。广告频率的高低与广告预算多少成正比。

（5）产品的差异性。高度同质性的产品，消费者不管购买哪家企业生产的都一样，广告的效果不明显，广告预算低；高度差异性的产品，因为具有一定的垄断性，不做广告也会取得较好的销售效果，而具备一定差异性但这种差异又不足以达到垄断地位的产品，由于市场竞争激烈，广告预算反而应该比较多。

3. 设计广告信息

广告效果并不主要取决于企业投入的广告经费，关键在于广告的主题和创意。广告主题决定广告表现的内容，广告创意决定广告表现的形式和风格。只有广告内容迎合目标受众的需求，广告表现具有独特性，广告才能引人注意，并给目标受众带来美好的联想，促进销售。

4. 选择广告媒体

广告表现的结果就是广告作品。广告作品只有通过恰当的广告媒体才能实现广告传播的目标。

广播、电视、报纸和杂志是传统的四大大众传播媒体，因特网被称为第五大大众媒体。除大众传播媒体以外，还有招牌、墙体等户外媒体，车身、车站等交通媒体，信函、传单等直接媒体等众多种类。

广告媒体的选择，主要依据下列因素进行：

（1）广告产品的特征

一般生产资料适合选择专业性的报纸、杂志、产品说明书，而生活资料则适合选择生动形象、感染力强的电视媒体和印刷精美的彩色杂志等媒体。

（2）目标市场的特征

其一，目标市场的范围。全国性市场适合选择全国性媒体，如中央电视台、《经济日报》等；区域性市场适合选择地区性媒体，如《南京日报》、南京电视台等。其二，目标市场的地理区域。农村市场需要选择适合农民的媒体，如《南方农村报》等；城市市场则适合选择都市类媒体，如《南方都市报》等。其三，目标市场的媒体习惯。每种媒体都有自己独特的定位，每类消费者也都有自己的媒体习惯。所以，媒体选择要有针对性，如针对中产阶级的广告，适合选择《新快报》等时尚类媒体。

（3）广告目标

以扩大市场销售额为目的的广告应选择时效性快、表现性强、针对性强的媒体；树立形象的广告则适宜选择覆盖面广、有效期长的媒体。

（4）广告信息的特征

情感诉求的广告适合选择广播、电视等媒体；理性诉求的广告适合选择报纸、杂志等印刷类媒体。

(5) 竞争对手的媒体使用情况

一般情况下,应尽可能避免与竞争对手选择同一种媒体,特别是同种媒体的同一时段或同一版面。如果中国移动和中国联通的广告登在同一种报纸的同一版面上,或者在电视的同一时段投放,效果就可能大打折扣。

(6) 广告媒体的特征

各类广告媒体都有各自的广告适应性,如电视的优势是生动形象、时效性强、多手段传播,但不易保存、费用高;报纸价格低、易保存,但不生动等。选择广告媒体一定要对各类媒体的广告属性进行充分的把握。

(7) 国家广告法规

广告法规关于广告媒体的规定是选择广告媒体的重要依据。

5. 评估广告效果

广告效果主要体现在三方面,即广告的传播效果、广告的促销效果和广告的社会效果。广告的传播效果是前提和基础,广告的销售效果是广告效果的核心和关键,企业的广告活动也不能忽视对社会风气和价值观念的影响。

(1) 广告传播效果的评估

主要评估广告是否将信息有效地传递给目标受众。这种评估在传播前和传播后都应进行。传播前,既可采用专家意见综合法,由专家对广告作品进行评定;也可以采用消费者评判法,聘请消费者对广告作品从吸引力、易读性、好感度、认知力、感染力和号召力等方面进行评分。传播后,可再邀请一些目标消费者,向他们了解对广告的阅读率或视听率,对广告的回忆状况等。

(2) 广告促销效果的评估

促销效果是广告的核心效果。评估广告的促销效果,主要是测定广告所引起的产品销售额及利润变化的状况,一般可以采用比较的方法。在其他影响销售的因素一定的情况下,比较广告后和广告前销售额的变化;或者其他条件基本相同的甲和乙两个地区,在甲地做广告而在乙地不做广告,然后比较销售额的差别,以此判断广告的促销效果等。

(3) 广告的社会效果的评估

主要评定广告的合法性以及广告对社会文化价值观念的影响。一般可以通过专家意见法和消费者评判法进行评估。

二、人员推销

人员推销虽然是一种传统的古老的促销方式,但在现代企业市场营销中,人员推销仍然起着十分重要的作用。而且国内、外许多企业在人员推销方面的费用支出要远远大于在其他促销组合因素方面的费用支出。

(一) 人员推销的含义

所谓人员推销是指企业通过派出销售人员与一个或一个以上可能成为购买者的

人交谈,作口头陈述,以推销产品,促进和扩大销售。不难看出,人员推销是销售人员帮助和说明购买者购买某种产品或服务的过程。在这一过程中,销售人员要确认,并通过自己推销的产品能吸引和满足购买者的各种需求,使双方能从公平交易中获取各自的利益。

(二) 人员推销的特点

相对于其他促销形式,人员推销具有以下特点:

1. 注重人际关系

与顾客进行长期的情感交流。情感的交流与培养使顾客产生购买动机,从而与企业建立稳定的购销关系。

2. 具有较强的灵活性

推销员可以根据各类顾客的特殊需求,设计有针对性的推销策略,容易诱发顾客的购买欲望,促成购买。

3. 具有较强的选择性

推销员在对顾客调查的基础上,可以直接针对潜在顾客进行推销,从而提高推销效果。

4. 及时促成购买

推销员在推销产品和劳务时,可以及时观察潜在顾客对产品和劳务的态度,并及时予以反馈,从而迎合潜在消费者的需要,及时促成购买。

5. 营销功能的多样性

推销员在推销商品过程中,承担着寻找客户、传递信息、销售产品、提供服务、收集信息、分配货源等多重功能,这是其他促销手段所没有的。

人员推销作为促销方式的主要缺点是成本很高,且销售面有限。根据美国学者的调查,在许多企业里,人员推销费用是一项最大的经费开支,通常占企业销售额的8%~15%,而广告费用开支仅占1%~3%。另外,人员推销效果很大程度上取决于推销人员的个人素质,理想的推销人员应具备较高的专业知识、交流能力以及很高的个人素养。

(三) 人员推销决策

企业进行人员推销,必须做好以下决策:

1. 确定合理的推销目标

人员推销的目标主要包括以下几个:①发现并培养新顾客,将产品和服务的信息传递给顾客;②将产品推销给顾客;③为顾客提供服务;④进行市场调研,搜集市场情报;⑤分配货源。

人员推销的具体目标的确定,取决于企业面临的市场环境期的不同阶段。

2. 选择恰当的推销方式

推销主要有以下方式:①推销员对单个顾客,指推销员当面或通过电话等形式向某个顾客推销产品;②推销员对采购小组,指一个推销员对一个采购小组介绍并推销产品;③推销小组对采购小组,指一个推销小组向一个采购小组推销产品;④会议推销,指通过洽谈会、研讨会、展销会或家庭聚会等方式推销产品。

3. 确定合适的推销组织形式

一般说来,可供选择的推销组织形式有以下几种:

(1) 区域性结构

指每一个(组)推销员负责一定区域的推销业务。这适用于产品和市场都比较单纯的企业。主要优点是:第一,推销员责任明确,便于考核;第二,推销员活动地域稳定,便于与当地建立密切联系;第三,推销员活动范围小,节约旅差费用;第四,容易熟悉当地市场,便于制定有针对性的推销策略;第五,售后服务能做得比较到位。

(2) 产品型结构

每个推销员(组)负责某种或某类产品的推销业务。其最大优点是能为顾客提供相对比较专业的服务。这种结构比较适用于产品技术性比较强、工艺复杂、营销技术要求比较高的企业。

(3) 顾客型结构

主要根据不同类型的顾客配备不同的推销人员,其主要优点是能更深入地了解顾客的需求,从而为顾客提供差异化的服务。

(4) 复合式结构

即将上述三种结构形式混合运用,有机结合。如按照"区域—产品"、"产品—顾客"、"区域—顾客",甚至"区域—产品—顾客"的形式进行组合,配备推销员。其优点是能吸收上述三种形式的优点,从企业整体营销效益出发开展营销活动。这种形式比较适合那些顾客种类复杂、区域分散、产品比较多样化的企业。

4. 建立有效的推销队伍

(1) 确定推销队伍的规模

企业推销队伍的规模必须适当。西方企业一般采用工作负荷量法确定推销队伍的规模。设某企业有 250 个客户,若每个客户每年平均需要 20 次登门推销,则每年就需要 5 000 次登门推销。若平均每个推销员每年能上门推销 500 次,则该企业就需要 10 名推销员。

(2) 选拔、培训推销员

企业的推销员主要有两个来源,即在企业内部选拔和向企业外部招聘。不管推销员来自何方,一个合格的推销员都要具备良好的思想政治素质、文化修养和较强的实际工作能力,以及适宜的个性素质。西方营销专家麦克墨里给超级推销员列出这样几个特点:"精力异常充沛,充满自信,渴望金钱,勤奋成性,并有把各种异议、阻力和障碍看做是挑战的心理状态。"企业必须对推销员进行专业培训。推销员培训的一般内容包括:企业历史、现状、发展目标、产品知识、市场情况、推销技巧、法律常识和有关产品的生产技术和设计知识等。

(3) 推销员的评价和激励

对推销员的合理评价决定了推销员的积极性。企业必须建立一套合理的评估指标体系,并随时注意收集有关的信息和资料。

合理的报酬制度是调动推销员积极性的关键。确定推销员的报酬应以推销绩效为主要依据,一般有以下几种形式:固定工资制、提成制、固定工资加提成制。由于推销工作的复杂性,固定工资加提成制是一种比较理想的选择。

调动推销员的积极性除了对推销员的绩效的合理评价以及合理的报酬制度外,对推销员的激励也必不可少。一般对推销员的激励手段主要有:奖金、职位的提升、培训机会、表扬及旅游度假等。

三、公共关系

公共关系简称"公关",指的是企业利用传播手段,促进企业与公众之间的相互了解,达到相互协调,使公众与企业建立良好关系,树立良好的企业形象,求得社会公众对企业的理解和支持,提高产品和企业声誉的一系列活动的总称。公共关系反映的是公众对企业认知、评价、支持与合作的程度和趋向。

(一) 公共关系的功能

公共关系作为一门经营管理艺术,能为企业营造良好的市场环境,其主要表现在扩大影响、采集信息、咨询建议、协调沟通四个方面。

1. 扩大影响

公共关系的最终目标就是要树立组织良好的形象,维系组织良好的公关状态。无疑,有效的公关活动将有利于提升企业的知名度及美誉度,即能够起到吸引公众注意力,扩大企业的知名度,以争取更多的潜在顾客,以及树立企业良好信誉,增强公众对企业的好感和信任感,吸引公众经常惠顾的功效。

2. 采集信息

公共关系在公众双向沟通的过程中,所收集的信息主要有两大类,即产品形象信息与企业形象信息。产品形象信息包括公众特别是用户对于产品价格、质量、性能等方面的反应,对于该产品优点、缺点的评价以及如何改进等方面的建议;企业形象信息则包括公众对于企业领导机构、管理水平、人员素质及服务质量等方面的评价。

3. 咨询建议

公关人员在企业经营管理中的特殊地位,不仅使得他们能够对所采集的信息进行整理、选择、分类、归档,并向企业领导提供有关公众方面可靠的情况说明和建议,而且他们也能够切实地站在公众立场上发现问题,将公众利益、公关目标纳入决策视野,为企业高层决策提供咨询、建议。

4. 协调沟通

公共关系的基本内容即妥善处理各种内外关系,尽管公众各异,具体公共关系的方法也不同,但一切工作都是围绕此展开的。有效的公共关系将有利于招揽人才、吸引投资、获得理解、争取支持、促进销售等,特别是在企业与公众关系不明朗、不和谐时,公共关系能够起到很好的"润滑剂"功效,为促销成功及企业长远发展扫除障碍。

(二) 公共关系行为准则

公共关系行为应遵守一定的行为准则,以保证公共关系工作的科学性和实效性。

1. 真实性原则

真实性原则一直是公共关系工作最首要、最基本的行为准则。企业要在公众心目中树立良好的形象,关键在于以诚取信、实事求是,并及时地把有关信息传达给公众,以满足其"了解原因和详情"的要求和权利,任何隐瞒、拖延、敷衍甚至欺骗的做法,只会加深公众的误解,导致矛盾的激化。当然,在不违反真实性原则的前提下,企业的信息传播也应当掌握一定的技巧,灵活、辩证地认识这个问题。

2. 互利性原则

公共关系所追求的良好状态是企业与公众之间相互了解、相互合作的和谐关系,是一种共赢模式。一方面,企业的生存发展离不开社会的支持,诸如劳动力、资金、生产资料的提供及政府的宏观调控等;另一方面,公众需求特别是消费者需求的挖掘和满足则是企业营销工作的出发点和归宿点。因此,企业的公共关系行为应奉行互惠互利原则,为社会公众提供更多的优质产品和服务,适应不断发展变化的顾客或市场需要。

(三) 公共关系的构成要素

如前所述,公共关系是社会组织运用多种传播手段来建立和维持与公众之间良好内外部关系的活动。由此,可以分解出公共关系运作过程中的三大要素:

1. 公共关系的主体——社会组织

社会组织一般指具有特定目标和职能并具有一定独立性的社会群体。从市场营销角度说,公共关系的主体即为开展公共关系活动的各类企业,具体的公共关系活动可以由企业自己的公关部门或公关人员,或是企业聘请的公关公司或公关顾问来完成。

2. 公共关系的客体——公众

公众是与社会组织发生相互作用、相互影响的各种群体、社会组织或个人的总和。公众具有同质性、广泛性、多样性、可变性、互动性,通常可按公众的性质将其分为内部公众和外部公众。内部公众主要指组织的员工和股东;外部公众主要指消费者公众、政府公众、媒介公众、竞争者公众、社区公众等。从市场营销角度,将公共关系作为一种促销手段所研究的公众主要指的是外部公众,特别是消费者公众。

3. 公共关系的手段——传播沟通

信息传播是公共关系主体和客体开展双向沟通的纽带与桥梁,但公共关系传播不同于一般的信息传播。它不仅要求技术层面上的信息准确传达,还要求公共关系双方在情感层次、态度层次以及行为层次上的交流与传播,即达到联络感情,建立或改变公众态度,并进而影响行为的作用。因此,公共关系传播特别强调信息的针对性、整体性、真实性及双向沟通性。

（四）公共关系活动类型

实践中,常见的公关活动类型有社会型公共关系、征询型公共关系等。

1. 宣传型公共关系

这是企业运用各种传媒及沟通方法,向公众传递组织信息,使之充分了解组织、支持组织,从而对内增强凝聚力、对外扩大影响、提高美誉度的公关活动模式。其特点是传播面广、主导性强、时效性强、见效快,但传播主要停留在表面的层次上。常用的方式对内有座谈会、组织报纸、闭路电视等;对外有新闻发布会、开业庆典、周年纪念、形象广告、宣传图册、影视制品等。

2. 交际型公共关系

这是企业与公众的直接接触,通过人际交往进行感情上的联络,建立广泛的社会关系网络,形成有利于组织的人际关系环境的公关活动模式。其特点是具有灵活性,富有人情味,能促进企业与公众之间情感层次的交流。常用的方式有:舞会、招待会、茶话会、座谈会、春节团拜、工作午餐、联欢会等。

3. 服务型公共关系

这是通过提供优质服务来获取社会公众的了解和好评,建立良好组织形象的公关活动模式。这种模式直接向公众展示组织的行为和行动,使公关上升到行为层次,能够更好地影响公众,获得公众好感。常用的方式有:免费安装、终生保修、提供保险、热线导购、代看婴幼童、出借雨具等。

4. 社会型公共关系

这是社会组织利用举办各种社会性、公益性活动,展现企业关心社会、关爱他人的高尚道德,以扩大组织的社会影响、提高社会声誉、赢得公众好感的公关活动模式。常用的方式有:赞助社会福利事业和文化、体育、卫生事业,资助公共服务设施的建设,宣传社会新风尚,参与再就业创造工程等。

5. 征询型公共关系

这是以采集信息、了解民意为主要内容的公关活动模式,其目的是通过征询这种特殊方式,表明企业愿意听取公众意见、改进自己工作的诚意,加强双向沟通,加深公众印象。常用的方式有:进行民意测验、开办各种咨询业务、建立来信来访制度和相应的接待机构、开设公众热线电话和聘请兼职的信息人员等。

四、营业推广

营业推广又称销售促进,美国市场营销协会将其定义为"那些不同于人员推销、广告和公共关系的销售活动,它旨在激发消费者购买和促进经销商的效率,诸如陈列、展出与展览表演和许多非常规的、非经常性的销售尝试"。可见,营业推广是企业为了刺激购买需求、购买数量或购买频率而采取的一系列短期的促销措施。

（一）营业推广的方式

营业推广的方式各种各样,在选择具体的营业推广方式之前,企业营销人员必须首先明确促销目标。不同的目标市场应采用不同的营业推广方式。

1. 消费者推广

消费者推广方式有：免费赠送、折让优惠券、加量包装、销售奖励、销售现场示范等。

（1）免费赠送。是指企业免费向顾客提供产品。这是一种见效快但企业花费较高的一种营业推广方式。

（2）优惠折让券。是指企业向顾客发放一种票证，顾客持有这种票证在购买产品时享受折扣优惠待遇。

（3）增量包装。是指加量不加价的一种包装销售。这种方法见效较快。

（4）销售奖励。是指顾客在购买某一产品时，企业向顾客提供获得额外的现金、物品的机会。

（5）现场示范。是指企业在销售点以服务示范等办法吸引顾客的一种促销活动。

2. 交易推广

常用的交易推广方式有价格折让、额外贴补、免费赠品、交易优待、销售奖励、合作广告等，这是针对中间商的一类营业推广方式，通过刺激中间商，促使中间商迅速采用购买行为。

（1）价格折让。即在一定时期内，经销商可得到低于产品定价的价格折让。

（2）额外贴补。指企业提供若干免费产品给购买该产品者或购买达到一定数量的中间商，即额外赠送。

（3）免费赠品。通常指企业向其产品的经销商赠送专门广告品，如挂历、记事本、办公包等。

（4）交易优待、销售奖励。指企业为了鼓励中间商的销售业绩，给予中间商现金或其他物质奖励。

（5）合作广告。指企业和中间商共同承担为产品所做广告的费用或给予广告折扣的一种方式。

3. 业务推广

主要方式有订货会、展销会等目的是通过对顾客、中间商的展示刺激，来扩大影响，增加销售机会。

（1）订货会。这是企业吸引中间商和顾客购买的一种较为普遍和有效的形式。它可以将目标市场中购买者集中在一起，销售量较大，其收益远大于订货会费用的支出。

（2）展销会。这是一种边展边销或先展后销的形式。这是业务推广中较重要的形式。

（二）营业推广方案的制订

一次完整的营业推广活动大致应经历三个步骤：营业推广方案的制订→营业推

广方案实施→营业推广效果评估。其中营业推广方案的制订至关重要,直接决定了营销推广活动的行为方向和准则,以及最终的推广效果,它是企业根据总体营销目标的要求,综合分析营销环境后,对营业推广的强度、方法、时间、对象及预算做出的具体安排。

1. 确立营业推广目标

企业的营业推广目标应与总体营销策略相一致,并根据不同的推广对象加以确定,如针对消费者,目标包括促进大批量购买、吸引竞争者品牌的使用者等;针对中间商,目标包括吸引其经营本企业新产品、鼓励其帮助企业推销产品等;针对销售人员,目标包括激励其挖掘新顾客、开拓新市场等。

2. 确定最佳诱因

即提供一定的诱因(刺激物)来刺激需求。诱因的大小还与推广费用成正比。

3. 选择营业推广方法

除考虑推广对象外,企业还应综合考虑营业推广目标、产品类型、市场环境、竞争条件和各种工具的效益成本等各种因素,灵活有效地选择营业推广方法。

4. 明确营业推广时间

这是一个多向度概念,既包括推广时点(时机)的把握,又包括时长的选择,还包括推广时频的设定。有调查发现,一般日用品的营业推广最佳的频率为每季度有三周的推广活动,最佳的时间长度为平均购买周期。

5. 界定参加者的条件

企业应对营业推广的对象进行合理的界定,除要求为企业的公众之外,还应注意在涉及有奖销售等活动形式时,应避免内部人参与,严格控制参加者资格,以免给人造成弄虚作假的印象。

6. 编制营业推广预算

常见的营业推广预算方法有三种:一是参照法,即参照上期费用来确定本期费用的额度;二是比例法,即按总促销费用的一定比例来确定营业推广的费用,再将之分配到各个推广的项目上;三是总和法,即先确定各营业推广项目的费用,然后汇总得出营业推广的总预算。

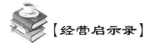

【经营启示录】

巧妙地利用消费者的心理定价

有一家仿古瓷厂生产的瓷瓶在一家商店销售,定价500元一个,在商店摆了不少,一个也卖不出去。后来有人给商店出主意,说这种商品主要不应卖给中国人,而应当卖给外国人。于是商家把瓶子全部收起来,店里只放一个,价格则从500元涨到5 000元。不久一个外国人看了就想买,可是想要一对。经理讲:"本店就有一个,不过明天我一定想法再帮你找一个来,今天你先把这个拉走。"外国人一再嘱咐一定要再找一个来。第二天,这位外国人来到店里,看到给他准备好了一个瓶子十分高兴。可这位外国人又带来一位,表示也要一对,经理讲:"今天晚上一定去找,请你明天再来一趟。"由于是费了一番周折买到的,外国人非常高兴。

【经营启示】

越难得到的东西,越容易激起消费者的购买欲望,"物以稀为贵",价格自然也就出来了。

学习任务六　渠　道　策　略

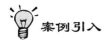案例引入

莲花味精的渠道选择

莲花味精是我国最大的味精生产基地,1999年实现净利润16 856万元,比去年同期增加67.9%。莲花味精是我国食品市场中的名牌产品,在市场中具有较高的品牌认知度和市场占有率。然而作为调味品,其市场需求是消费者对食品需求的派生和延伸。尽管每家每户都需要,但是消费者的购买频率低,每次购买的数量也相对较小。基于这样的产品特性,企业没有必要和可能采用直接建立销售网络体系这样的高成本销售方式,因此企业必须寻找和开辟更适合产品销售特点的销售渠道。

在实践中,莲花味精选择各地有较强分销能力的食品批发企业作为销售代理,通过代理公司将产品摆放在包括便利店、超市、仓储式商店及各类食品商店的货架上,并由此将莲花味精送上了千家万户的餐桌。其决策的依据如下:

1. 作为一种派生需求,消费者一般是在出售食品特别是副食品的商店中购买味精这种商品。因此,企业必须选择出售包括副食品在内的各类食品商店作为销售场所。

2. 作为购买频率较低和数量较小、但又是消费者经常需要的商品,消费者对购买味精等调味品的便利性要求较高,即希望在需要时可以方便地购买。这就要求企业应该具有较高密度的销售网点,能够最大限度地接近消费者并为其提供便利。

3. 从整体上来看,除少数大型百货企业和连锁企业具有一定规模外,大多数零售企业,特别是经营副食品的各类零售商店,其销售规模和经营实力都比较小,没有能力和渠道从生产企业获得稳定的货源,进货渠道主要是依赖当地的各种食品批发公司。因此,企业在进入和占领市场时,需要借助于具有较强分销能力的食品批发公司,通过食品批发公司及其分销系统,来达到企业的市场目标。

在实际操作中,莲花味精制订了"借船出海"的销售渠道策略,即在各个区域市场

中选择一些具有较强分销能力的食品批发公司,并与之建立起地区销售总代理关系,利用批发公司的既有销售渠道迅速进入和占领市场。例如在北京及华北地区市场,莲花味精的总代理是北京朝阳副食品批发公司,它是北京及周边地区最大的食品批发企业,其年销售额近20亿元,在北京及周边地区市场有较高市场信誉和销售网络体系,使莲花味精迅速在北京及华北地区市场站稳了阵脚,取得了十分突出的销售业绩。

【案例思考】莲花味精选择销售渠道时主要考虑什么因素?为什么?对莲花味精的销售渠道,你如何评价?

IBM公司开拓中国市场,从建立销售渠道起步;日本松下公司的成功,不仅在于其优质的产品、独特的促销手段,更在于其数以万计、密如蛛网的营销网络;小天鹅洗衣机公司的销售渠道以高达1.6亿元的价值在合资中占20%的股份……越来越多的企业发现,在产品、价格乃至广告同质化趋势加剧的今天,单凭产品的独立优势赢得竞争已非常困难。优秀企业把建立销售渠道视为企业开拓和占领市场的关键。销售渠道亦称配销渠道、营销渠道或销售通路,一般是指产品或服务从生产者流向消费者(用户)所经过的整个渠道。这个渠道通常由制造商、批发商、零售商及其他辅助机构组成,他们为使产品到达企业用户和最终消费者而发挥各自职能,通力合作,有效地满足市场需求。良好的营销渠道不仅要通过在合适的地点以合适的质量、数量和价格供应产品或服务来满足需求,而且要通过渠道成员的各种营销努力来刺激需求。因此,营销渠道是促使产品(服务)顺利地经过市场交换过程转移给消费者(用户)使用或消费的一整套相互依存的组织。

一、中间商概念及作用

为了实现企业的市场销售目标,各企业都须招募合格的中间商来从事渠道营销活动,从而成为企业产品销售渠道的一个成员。中间商是指介于生产者与消费者之间,专门从事组织或参与产品流通业务,促进交易行为实现的企业或个人。这些独立企业或个人,按照市场需要,向生产者收购产品,转卖给广大消费者和用户,在生产者和消费者或用户之间起着产品交换的"中间人"的作用。

根据货物的所有权是否发生转移,中间商有经销商与代理商之分:代理商不拥有产品的所有权;经销商则拥有产品的所有权。根据销售的对象是否为最终用户(消费者),中间商可分为零售商与批发商:批发商销售的对象一般不是最终用户;零售商销售的对象则是最终用户。

中间商在商品销售中具有十分重要的作用:

1. 简化交易联系,扩大交换范围,加速产品流转,保证市场供应

如果没有中间商的介入,生产者直接销售,这就意味着每个生产者同许多消费者发生交易关系,生产者就要投入大量的人力、物力、财力来承担流通任务,对生产者来说使交易变得复杂,而且由于生产者自身条件所限,交换范围和市场供应受到很大限

制,供求矛盾突出。中间商的介入,由于其专业性强、联系面广、熟悉市场、掌握供求规律,能加快产品转化,调节供求矛盾,减少产品占压资金,增加生产的资金,简化生产者的交易联系,为生产者节约时间、人力、物力、财力,使生产者为社会创造更多的价值。

2. 集中、平衡和扩散产品,均衡地按照消费者的需要组织产品实体位移,更好地满足消费者的需要

中间商发挥其组织产品流通的技能和特长(如:丰富的市场营销经验,熟悉产品的特点、储存保管、运输的专业技能及推销技巧等),把若干个生产企业所生产的产品采购集中,进行分类,根据不同的市场需求,从品种、数量和时间上加以平衡分配,推销扩散到各地,以满足不同地区广大消费者的需要。中间商从收购产品开始,到向消费者出售产品为止,始终伴随着产品实体的位移,而这种位移能均衡地按照消费者的需求进行。

3. 沟通信息和反馈信息,促进产需更好地结合

中间商联系面广,承担着产品购、销、调、存的具体业务,沟通生产者和消费者之间的经济联系,能及时收集和掌握来自生产者和市场的信息,传递给消费者,并把市场和消费者的信息反馈给生产企业,促进产需结合。

总之,正是由于中间商的存在,大多数生产企业产品的销售才成为可能。因此,企业应把发挥中间商的作用,处理好与中间商的关系,作为市场销售的重要问题予以足够的重视。

二、销售渠道的模式

一个企业所处的行业、所营销的产品不同,所设计的营销渠道网络也有所不同。而且随着企业的发展,传统的营销渠道也要经过改造适应现代营销的发展。建立完整、高效的营销渠道网络,必须选择合适的营销渠道网络的模式。比较常见的营销渠道网络的选择模式主要有:经销商模式、代理商模式、直销模式、垂直营销渠道、水平营销渠道、多渠道营销渠道等模式。

(一) 经销商模式

选用经销商模式是在营销渠道中一种最为常见的网络方案。经销商模式主要由生产商、经销商、批发商、零售商构成。在国外比较大的生产企业,其选用的网络方案大多是这种经销商模式。宝洁公司在进入中国市场后,在全国各地选择经销商,从而利用经销商网络迅速实现产品销售。

经销商模式的优点是生产企业利用经销商现有的网络,组织渠道批发系统和零售系统,将商品从生产企业传递到消费者手中。在这一传递过程中,生产企业通过建立与经销商良好的合作关系,形成与经销商共存共荣的联合体。经销商的优势在于有健全的销售网络,能够完成生产企业在目标市场的销售目标。生产企业的优势在于能够为网络成员提供多方面的营销支持和优惠。

采用经销商模式后,生产企业负责市场开发,销售网络负责商品销售。生产企业为打开销路,通常采用减价政策、研制新产品、广泛传授保护维修技术等办法,以制造社会需求。而销售网络则在销售过程中,通过店员通信、电话征求顾客意见,或到顾客家中访问等多种形式,进行极为广泛的市场调查,并将顾客的要求和信息及时地反馈给生产厂商,以推动产品的开发和改良。这对提高生产企业的市场开发能力、扩大销售网络的销售能力都有非常大的帮助。比较大的经销商网络也成为企业最广泛的市场信息来源渠道。

经销商模式的弱点在于企业对经销商难以控制,如果发生利益冲突,就非常有可能使企业建立起来的销售网络瘫痪。所以利用一定的经销商政策加以管理与控制是保证经销商顺利发挥作用的关键。

(二) 代理商模式

代理商模式是国际上通行的分销方式。主要内容是通过合同契约形式,取得生产企业产品的代理销售权或用户的代理采购权,交易完成后收取佣金。

对于代理商的选用,一般出现在新的区域市场和专业产品的营销上。因为专业产品在营销过程中,需要专业的营销知识和技术知识,而这不是一般的经销商所胜任的。同时对于新产品,由于新的目标市场还不容易测定,所以生产企业采用代理的方式,就容易获得中间商。尤其是生产企业在一个不熟悉的市场,利用代理商可以迅速打开市场。

代理商在市场中按照是否有独家代理权可以分为独家代理与多家代理。独家代理是指在某一市场(可以地域、产品、消费者群等划分)独家权利,厂商的某种特定的商品全部由该代理商代理销售。多家代理是指不授予代理商在某一地区、产品上的独家代理权,代理商之间并无代理区域划分,都为厂商搜集订单,无所谓"越区代理",厂商也可在各地直销、批发商品。

按照是否有权授予代理权可以划分为总代理和分代理。总代理是指该代理商统一代理某一厂商某产品在某地区的销售事务,同时它有权指定分代理商,有权代表厂商处理其他事务。因此,总代理商必须是独家代理商。在总代理制度下,代理层次比较复杂,在某一市场中总代理为一级代理,分代理商可以是二级代理或三级代理,按照与厂商的交易方式有佣金代理和买断代理。最为常见的是佣金代理,它是一种纯粹的代理关系。

代理商模式对于节省厂商的财力,提高销售效率具有重要的意义。生产企业选用何种代理方式取决于产品的销售潜力、企业的营销基础设施、企业对代理商的管理水平等多方面的因素,所以要灵活应用独家代理和多家代理、买断代理和佣金代理以及总代理,使企业能够达到促进产品销售、占有市场的目的。

(三) 直销模式

直销是指生产厂商直接将产品销售给消费者。如戴尔电脑公司等,这种销售的方式主要有上门推销、邮购、制造商自设商店以及现代的互联网销售等。

直销网络的建设主要是依靠现代的营销媒介,如邮政系统、电信系统、互联网来获取顾客。

在直销方面做得最好的是戴尔公司,所以直销模式又称为戴尔模式。所谓戴尔直销方式就是由戴尔公司建立一套与客户联系的渠道,由客户直接向戴尔发订单,订单中可以详细列出所需的配置,然后由戴尔"按单生产"。这种销售渠道模式实质是简化、消灭中间商,从而节省销售成本和储存成本,通过与顾客直接沟通达到产品销售的目的。

直销模式与传统的分销模式相比具有比较明显的优势。因为直销关注的是与顾客建立一种直接的关系,让顾客能够直接与厂商互动,通过这种互动,不管是通过互联网,还是通过电话,或者与销售员面对面互动,顾客都可以十分方便地找到他们需要的产品,并随时得到十分专业的服务。厂商可以准确了解顾客的信息,很好地跟踪顾客服务。

多数产品都适用直销模式,而且越来越多的人会愿意接受直销。之所以这样说,是因为直销不仅仅指面对面的销售。它可以通过其他途径,与顾客建立互动关系。所有的大众化标准产品都有机会实现直销模式而且可以节省很多用于销售渠道、代理商、展厅等方面的开支,把这些钱转送给顾客。这样产品更便宜,或者为用户提供更有成本效益的产品。

建立直销模式需要一定的条件。资产条件是最大的约束,首先是在广告上的投入。由于缺少面对面与顾客交流的机会和诸多的销售网点,直销厂商必须加大其他方面的宣传力度。其次,从表面上看,直销越过了分吃利润的中间商,节省了可观的销售成本;但事实是,公司首先得拥有一个日益庞大和复杂的全球信息和通信网络,包括免费的电话和传真支持。如戴尔平均每天要处理5万个以上的电话。同时,还要自己建立一支优秀的销售服务队伍。戴尔为弥补市场覆盖面和服务队伍精力上的缺陷,专门建立增值服务渠道,需要耗费较大的费用。与一般的PC厂商相比,需要更强大的计划、培训、投资和管理能力,而这一切确实是一笔不小的投入。当然,适合直销的高端产品也是一个重要的条件。

(四)垂直营销渠道

垂直营销渠道是针对传统的营销渠道关系松散的特点,通过产权、特约代营或者加盟合作的方式建立的一种由生产者、批发商和零售商所组成的统一的联合体。垂直营销渠道可以由生产商支配,也可以由批发商,或者零售商支配,其特征是:专业化管理和集中执行的网络组织,事先规定了要达到的成本经济和最高市场效果。垂直营销渠道有利于控制渠道行动,消除渠道成员为追求各自利益而造成的冲突。

它们能够通过其规模、谈判实力和减少重复服务而获得效益,并以这种相互联系的方式达到最佳成本经济和顾客反应。目前垂直营销渠道网络主要有以下三种类型:

1. 公司式垂直营销渠道

公司式的垂直营销渠道是由同一个所有者名下的相关的生产部门和分配部门组

成。这种营销渠道网络之间是由产权互相联系的。一般是一个企业通过收购渠道企业的股权,达到彼此之间的利益相通而得以控制渠道企业,这种模式使用的前提是生产商要有一定的经营规模和资产规模。康佳通过与成都的经销商共同组建合资企业而使产品得以在成都站稳脚跟,应用的就是这种模式。

2. 管理式垂直营销渠道

管理式垂直营销渠道网络不是由同一个所有者属下的相关生产部门和分配部门组织形成的,而是由某一家规模大、实力强的企业出面组织的。即名牌生产商通过其在市场中的地位,获得经销商强有力的支持,所以在商品展销、货柜位置、促销活动和定价政策等方面取得经销商大力支持的一种营销渠道。显然对于生产商来说,这种模式是依靠其强大的市场地位形成的。

3. 契约式垂直营销渠道网络

这是生产商通过契约为基础统一渠道成员的行动、以求得比独立行动时更大的经济和销售效果。在市场中契约式垂直营销渠道网络的联系方式是契约,所以其建立的基础要比上面两种形式薄弱,但较为适合大多数企业。一般契约式垂直营销渠道网络主要有两种常见的形式:一是代理制,另一种是加盟营销渠道网络。代理制是制造商通过组织各目标市场的代理商,以契约连接的方式,建立起批发或零售代理网络。加盟营销渠道网络主要存在于服务业,一般是由一个服务公司组织整个系统,以便将其服务有效地提供给消费者。如加盟快餐服务的麦当劳,通过与加盟的企业订立契约,提供给加盟企业管理、技术、店面指导等服务,从而迅速扩大营销渠道网络的一种模式。

4. 水平式营销渠道

水平式营销渠道网络是由两个或两个以上的公司联合开发一个营销机会,从而获得共同发展的一种模式。一般采用这种模式是这些公司缺乏资本、技能、生产或营销资源来独自进行商业冒险,或者承担风险,或者它发现与其他公司联合可以产生巨大的协同作用。公司之间的联合可以是暂时性的,也可以是永久性的,也可以专门组建一个专门公司。我们国内把这种营销方式称为捆绑式销售,最为典型的例子是微软公司和戴尔公司,当他们发现他们的软件和硬件结合起来可以销售得更好的时候,这种水平式的营销网络就组建起来了。

推行捆绑式销售,不是任何企业都可以进行,它有诸多条件的限制。首先,最重要的一点就是两个企业要具有一定的品牌优势,已经得到消费者的认知和了解,至少在目标销售市场上具有一定的知名度。其次,进行捆绑式销售的双方要具有足够的诚意,能够以双方的利益为重,而不能仅把眼光盯在自身的利益上不放。再次,企业之间进行捆绑式销售,有一定的领域和合作项目的限制。只有那些市场信息多变、结构变革迅速和竞争激烈的产业领域,那些能给企业带来高附加值的项目,才适合搞捆绑式营销模式。同时企业还应该考虑到企业间联合的成本费用情况,只有合作所增加的收益大于联合所产生的成本时才能考虑运用捆绑式销售模式。最后,企业产品要具有互补性。否则的话,如"泻立停"与餐巾纸进行捆绑式销售,只能让人产生反感。

5. 多渠道营销渠道

越来越多的公司采取多渠道进入同样或者不同的市场。多渠道是为两个不同层次的顾客提供商品。一般是企业利用经销商或代理商网络为一部分顾客提供商品,另一方面,企业又通过自建的营销渠道为一些重要客户直接提供商品。这样做的目的是企业可以不再单纯依靠经销商,而通过自己的营销渠道取得更大的营销业绩。这种多渠道的营销渠道如果管理不好,就非常有可能与经销商发生矛盾,并使整个营销渠道有瘫痪的可能。

在企业实际的市场运作中,选用什么样的营销渠道网络模式,要基于企业的条件,并且随着市场的发展、营销渠道的变化使得企业更接近市场。所以关注渠道变化的动态可以使得企业在市场中更具有竞争力。

三、影响销售渠道选择的因素

影响销售渠道的因素很多,生产企业在制订销售渠道策略时首先必须对下列各因素进行系统的分析和判断,在这一基础上才能设计出合适、高效的分销渠道。

(一) 产品因素

(1) 价值大小。一般而言,商品单个价值越小,分销渠道越多,路线越长,反之,单价越高,渠道越少,路线越短。

(2) 体重与重量。体积过大或过重的商品应选择直接渠道或中间商较少的间接渠道。

(3) 时尚性。对式样、款式变化快的商品,应多利用直接分销渠道,避免不必要的损失。

(4) 技术性和售后服务。具有高度技术性或需要经常服务与保养的产品,分销渠道要短。

(5) 产品市场生命周期。产品在市场生命周期的不同阶段,对分销渠道的选择是不同的,如在衰退期的产品就要压缩分销渠道。

(6) 新产品。为了较快地把新产品投入市场、占领市场,生产企业一般组织推销力量直接向消费者推销或利用原有分销渠道推销。

(二) 市场因素

(1) 销售量的大小,购买批量的大小。这是用户决定购买途径的重要影响因素,同样,也是生产企业选择分销渠道的主要影响因素。购买批量大,多采用直接分销渠道;购买批量小,多采用间接销售的方式。

(2) 顾客的分布。如果顾客分散,宜采用长而宽的渠道;反之,宜采用短而窄的渠道。工业品销售中,本地用户产需联系方便,因而适合直接销售,外地用户较为分散,通过间接销售较为合适。

(三) 生产企业本身的因素

(1) 企业实力强弱,主要包括人力、物力、财力。如果企业实力强可建立自己的分销网络,则实行直接销售;反之,则应选择中间商推销产品。

(2) 企业的管理能力强弱。如果企业管理能力强,又有丰富的营销经验,可选择直接销售渠道;反之,则应采用中间商。

(3) 企业控制渠道的能力。企业为了有效地控制分销渠道,多半选择短渠道;反之,如果企业不希望控制渠道,则可选择长渠道。

(四) 中间商特性

中间商在分销渠道中可以承担的各种职能及中间商本身的特性对分销渠道的选择也有较大的影响。能否找到合适的中间商,这是选择分销渠道时首先面临的问题。中间商的合适与否包括两方面的含义:一是中间商能否满足企业的要求,能否以较低的成本承担企业所要求承担的职责,如销售量的大小、运输、经销、储存、信息反馈、信用、产品的服务等。二是企业所选的中间商是否愿意经营企业的产品,一些新产品往往会面临这个问题,如果企业能找到合适的中间商,则利用现有中间商的分销渠道;如果找不到合适的中间商,则企业必须利用直接分销渠道。

(五) 环境因素

各种环境因素及其变化对分销渠道的选择都有影响。政治法律因素直接限制着企业使用何种分销渠道。如我国烟草的专卖制度,使得这些产品的生产企业按照专卖程序选择分销渠道。科学技术的发展有可能为某些产品创造新的分销渠道。如食品保鲜技术的发展,使得如水果、蔬菜等的分销渠道由过去的直接渠道变为多渠道销售。经济因素使得企业在经济萧条时,不得不考虑尽量使用费用低廉的方式把产品送到消费者手中,使企业缩短分销渠道,减少或取消那些提高产品最终售价不必要的服务项目。

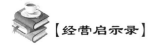

【经营启示录】

250 定律

美国著名推销员拉德在商战中总结出了"250 定律"。他认为每一位顾客身后,大体有 250 名亲朋好友。如果您赢得了一位顾客的好感,就意味着赢得了 250 个人的好感;反之,如果你得罪了一名顾客,也就意味着得罪了 250 名顾客。这一定律有力地论证了"顾客就是上帝"的真谛。

【经营启示】

必须认真对待身边的每一个人,因为每一个人的身后,都有一个相对稳定的、数量不小的群体。善待一个人,就像拨亮一盏灯,照亮一大片。

单元实训

学生:经营策略的内涵是什么?

老师:经营策略是指企业在经营活动过程中为实现战略目标,根据经营环境和自身条件而制订的行动准则和经营方法,是战略实施的具体方案。企业经营的成败,取决于企业经营策略的制订和实施,经营策略手段包括市场营销组合策略、市场细分与目标市场选择策略、产品策略、价格策略、促销策略和销售渠道策略。

学生:如何理解市场营销组合策略?

老师:市场营销组合策略,又称为市场营销组合,是指企业在选定的目标市场上综合运用各种市场营销策略和手段,以销售产品,并取得最佳经济效益的策略组合。4C营销组合策略由美国营销专家劳特朋教授提出,它以消费者需求为导向,重新设定了市场营销组合的四个基本要素:即消费者(Consumer)、成本(Cost)、便利(Convenience)和沟通(Communication),其基本观点是:企业首先应该把追求顾客满意放在第一位,其次是努力降低顾客的购买成本,然后要充分注意到顾客购买过程中的便利性,而不是从企业的角度来决定销售渠道策略,最后还应以消费者为中心实施有效的营销沟通。

学生:企业市场细分策略有哪几种?

老师:企业市场细分策略是企业目标市场定位的基础,企业在选择目标市场时通常可采用的策略有如下三种:①无差异性市场策略。采用此种策略时,企业对构成市场的各个部分一视同仁,只针对人们需求中的共同点,而不管差异点;②差异性市场策略,又叫差异性市场营销。采用此种策略时,企业承认不同细分市场的差异性,并针对各个细分市场的特点,分别设计不同的产品与市场营销计划,利用产品与市场营销的差别,占领每一个细分市场,从而获得大销量;③密集性市场策略。密集性市场策略则是选择一个或少数子市场为目标,企业可集中采用一种营销手段,服务于该市场。

学生:什么是产品定位策略?

老师:产品定位策略是指企业为了自己生产或销售的产品在市场竞争中获得稳定的销路,为产品树立一定的形象,以求在顾客心目中形成一种特殊偏爱。现代企业常用的产品定位策略有:①以属性和利益定位;②以价格和质量定位;③根据用途定位;④根据使用者定位;⑤根据产品档次定位;⑥根据竞争地位定位。在做好产品定位的基础上,企业要能够更深入地满足消费者的需求,还必须理解产品整体性的特征,做好核心产品、形式产品、附加产品,同时还需要以产品组合策略为手段,不断扩大企业的产品开发,满足更大的市场需求。

学生: 新产品如何定价?

老师: 价格是经营策略中的重要因素。在市场经营活动中,企业必须综合考虑影响价格的各种因素,运用多种策略与方法灵活确定产品价格。新产品定价策略一般有撇脂定价法和渗透定价法,撇脂定价法其主要目的是尽快收回投资,减少投资风险,主要适用于需求缺乏弹性的商品上,渗透定价法其主要目的是利用以低廉的价格吸引顾客,迅速扩大销量,提高市场占有率,主要适用于新产品没有显著特色、产品存在着规模经济效益、市场竞争激烈、需求价格弹性较大、市场潜力大的产品上。

学生: 如何将正确的商品销售给正确的顾客?

老师: 如何将正确的商品销售给正确的顾客,这就需要促销策略,使厂商与消费者拥有一条信息沟通的桥梁,促销策略就是对广告、人员推销、公共关系、营业推广等各种促销方式的选择、组合和运用。商品广告,是提供商品信息的,也是针对商品开展广告宣传的。根据产品生命周期不同阶段中广告作用和目标的不同,商品广告分为告知、劝说和提示三种作用。告知性广告,主要用于向市场推销新产品,介绍产品的新用途和新功能,宣传产品的价格变动、推广企业新增的服务,以及新企业开张等,主要目标是促使消费者产生初始需求。劝说性广告,主要用于在产品进入成长期,其主要目标是促使消费者对本企业的产品产生"偏好"。提示性广告,主要用于产品的成熟期和衰退期,其目的是提示顾客购买。人员推销虽然是一种传统的古老的促销方式,但在现代企业市场营销中,人员推销仍然起着十分重要的作用。其原因是它有着其他促销手段无法达到的效果和作用,其主要特点是:①注重人际关系,与顾客进行长期的情感交流;②具有较强的灵活性,推销员可以根据各类顾客的特殊需求,设计有针对性的推销策略,容易诱发顾客的购买欲望,促成购买;③具有较强的选择性。推销员在对顾客调查的基础上,可以直接针对潜在顾客进行推销,从而提高推销效果;④及时促成购买,推销员在推销产品和劳务时,可以及时观察潜在顾客对产品和劳务的态度,并及时予以反馈,从而迎合潜在消费者的需要,及时促成购买;⑤营销功能的多样性。推销员在推销商品过程中,承担着寻找客户、传递信息、销售产品、提供服务、收集信息、分配货源等多重功能,这是其他促销手段所没有的。

最后,一个好的商品还需要有一个合适的渠道到达消费者手中。销售渠道的选择直接影响了消费者获得商品的难易程度和成本。销售渠道通常有两种基本模式:一种是中间商销售,另一种是直销。中间商销售可以迅速扩大产品的市场占有率,提高产品的影响力,简化交易联系,扩大交换范围,加速产品流转,保证市场供应,但会增加消费者的价格成本。而直销可以降低产品的最终价格让利于消费者,但交易联系比较复杂。

读一读

世界经典广告语

雀巢咖啡：味道好极了

这是人们非常熟悉和喜欢的一句广告语。简单而又意味深远,朗朗上口。

M&M 巧克力：只溶在口,不溶在手

这是著名广告大师伯恩巴克的灵感之作,堪称经典,流传至今。它既反映了 M&M 巧克力糖衣包装的独特 USP,又暗示 M&M 巧克力口味好,以至于我们不愿意使巧克力在手上停留片刻。

百事可乐：新一代的选择

在与可口可乐的竞争中,百事可乐终于找到突破口,它从年轻人身上发现市场,把自己定位为新生代的可乐,邀请新生代喜欢的超级歌星作为自己的品牌代言人,终于赢得青年人的青睐。

大众甲壳虫汽车：想想还是小的好

20 世纪 60 年代的美国汽车市场是大型车的天下。伯恩巴克提出"think small"主张拯救了大众的甲壳虫,运用广告的力量改变了美国人的观念,使美国人认识到小型车的优点。

耐克：Just do it

耐克通过以"Just do it"为主题的系列广告,以及篮球明星乔丹的明星效应,迅速成为体育用品的第一品牌。

格力空调：离开国美,走自己的路

珠海格力集团公司是珠海市目前规模最大、实力最强的企业之一。集团拥有的"格力""罗西尼"两大品牌于 1999 年 1 月和 2004 年 2 月被国家工商局认定为中国驰名商标。2003 年,格力集团共实现营业收入 198.42 亿元,位列中国企业 500 强第 88 名。集团下属的珠海格力电器股份有限公司是中国目前生产规模最大的空调生产基地,现有固定资产 7.6 亿元,拥有年产空调器 250 万台(套)的能力。经过多年的发展,格力空调已奠定了国内空调市场的领导者地位,格力品牌在消费者中享有较高的声誉。据国家轻工业局、央视调查中心的统计数据,从 1996 年起,格力空调连续数年产销量、市场占有率均居行业第一。现在,格力空调产品覆盖全国并远销世界 100 多个国家和地区。

多年以来,格力空调一直采取的是厂商—经销商/代理商—零售商的销售渠道策略,并在这种渠道模式下取得了较高的市场占有率。然而近年来,一批优秀的渠道商经过多年发展历程,已经成长为市场上的一支非常重要的力量。其中尤以北京国美、山东三联、南京苏宁为代表的大型专业家电连锁企业的表现最为抢眼。这些超级终端浮出水面,甚至公开和制造企业"叫板"。自 2000 年以来,这些大型专业连锁企业开始在全国各大中城市攻城略地,在整个家电市场中的销量份额大幅度提高,其地位也直线上升。

2004年2月,成都国美为启动淡季空调市场,在相关媒体上刊发广告,把格力两款畅销空调的价格大幅度下降,零售价原为1 680元的1P挂机被降为1 000元,零售价原为3 650元的2P柜机被降为2 650元。格力认为国美电器在未经自己同意的情况下擅自降低了格力空调的价格,破坏了格力空调在市场中长期稳定、统一的价格体系,导致其他众多经销商的强烈不满,并有损于其一线品牌的良好形象,因此要求国美立即终止低价销售行为。格力在交涉未果后,决定正式停止向国美供货,并要求国美电器给个说法。"格力拒供国美"事件传出,不由让人联想起2003年7月份发生在南京家乐福的春兰空调大幅降价事件,二者如出一辙,都是商家擅自将厂商的产品进行"低价倾销",引起厂商的抗议。

2004年3月10日,四川格力开始将产品全线撤出成都国美6大卖场。四川格力表示,这是一次全国统一行动,格力在全国有20多家销售分公司,其中有5家公司与国美有合作,产品直接在国美销售,导致这次撤柜的主要原因是与国美在2004年度的空调销售政策上未能达成共识。3月11日,国美北京总部向全国分公司下达通知,要求各门店清理格力空调库存。通知称,格力代理商模式、价格等已经不能满足国美的市场经营需求,要求国美各地分公司做好将格力空调撤场的准备。

面对国美的"封杀令",格力的态度并没有退让。格力空调北京销售公司副总经理金杰表示:"国美不是格力的关键渠道,格力在北京有400多个专卖性质的分销点,他们才是核心。谁抛弃谁,消费者说了算。"格力空调珠海总部新闻发言人黄芳华表示,在渠道策略上,格力不会随大流。格力空调连续数年全国销量第一,渠道模式好与坏,市场是最好的检验。格力电器公司总经理董明珠接受《广州日报》记者采访时表示,格力只与国美的少数分店有合作,此事对格力空调的销售几乎没有什么影响,自己的销售方式也不会为此做出改变。对一个企业来说,对任何经销商都应该是一个态度,不能以大欺小,格力对不同的经销商价格都是一样的。格力在各地设立自己的销售公司主要是为了在各个区域进行市场规范管理,保持自己的品牌形象,而销售公司靠服务取得合理利润,价格一直贴近市场,格力空调去年500万台的销量就证明了这一点,因此格力不会改变这种销售方式。对于今后能否与国美继续合作,格力坚持厂商之间的合作必须建立在平等公正的基础上,违背这种合作原则只能一拍两散。

事实上,在国美、苏宁等全国性专业连锁企业势力逐渐强盛的今天,格力电器依然坚持以依靠自身经销网点为主要销售渠道。格力是从2001年下半年才开始进入国美、苏宁等大型家电卖场中的。与一些家电企业完全或很大程度地依赖家电卖场渠道不同的是,格力只是把这些卖场当作自己的普通经销网点,与其他众多经销商一视同仁,因此在对国美的供货价格上也与其他经销商一样,这是格力电器在全国的推广模式,也是保障各级经销商利益的方式。以北京地区为例,格力拥有着1 200多家经销商。2003年度格力在北京的总销售额为3亿元,而通过国美等大卖场的销售额不过10%。由于零售业市场格局的变化,格力的确已经意识到原来单纯依靠自己的经销网络已经不适应市场的发展,因此从2001年开始进入大卖场,但格力以自有营销网络作为主体的战略并没有改变。

而在国美方面,国美电器销售中心副总经理何阳青认为,格力目前奉行的股份制区域性销售公司的"渠道模式"在经营思路以及实际操作上与国美的渠道理念是相抵触的。国美表示,格力的营销模式是通过中间商的代理,然后国美再从中间商那里购货。这种模式中间增加了一道代理商,它必定是要增加销售成本的,因为代理商也要有它的利润。格力的这种营销模式直接导致了空调销售价格的抬高,同品质的空调,格力要比其他品牌贵150元左右,这与国美一直推行的厂商直接供货、薄利多销的大卖场模式相去甚远。国美与制造商一般是签订全国性的销售合同,而现在由于格力采取的是股份制区域性销售公司的经营模式,与格力合作时就不得不采取区域合作的方式,这与国美的经营模式也是不相符的。

【案例一】 洋河:"蓝色"的经典

2009年11月6日,洋河股份公开发行的4 500万股股票开始上市交易,发行价为60元,是白酒上市公司中股价仅次于茅台的第二高价。目前洋河发展势头迅猛,随着上市的启动,其未来的发展潜力巨大。

2003年,洋河推出"蓝色经典"系列,渐渐树立起高端白酒的形象,到2008年,蓝色经典全年销售总额同比增长67.58%,洋河已成为领军江苏白酒、领跑中国白酒的龙头企业。"世界上没有比海更宽广的地方,也没有比天空更高远的情怀,一种伟大的力量缔造我们共同的梦想。释放蓝色的激情,我们的梦想在远方,面对辉煌的未来,我们率先起航。洋河蓝色经典,男人的情怀"。就是这么朴实无华的广告语,使洋河蓝色经典在短短的5年时间里,品牌形象和品牌价值逐年攀升,其销售收入的增速也异常惊人,在全国掀起一场声势浩大的"蓝色风暴"。

(一)绵柔的感受

白酒是中国传统产品,在新的消费环境下,洋河如何通过改造传统产品适应消费者的喜爱,如何寻找传统白酒在新的消费者中的心灵认知?为此,洋河从1999年即投入了大量的资金、人力对此进行研究,其中包括:采用盲测法研究目标消费者对白酒口味的偏好;通过大量消费者饮后舒适度试验来研究不同风格的白酒对健康的影响;将相关系数等统计分析方法应用于消费者消费习惯的研究;应用SPSS等大型统计分析软件对市场调查结果进行综合分析后,得出结论:消费者饮用白酒后最大的问题就是头痛、口干舌燥等不适感,白酒市场迫切需要开发一种高而不烈、低而不寡、绵长尾净、丰满协调,饮时、饮后均令消费者舒适的白酒。根据结果,洋河对酒体风格进行了新的定义和研究,打造出了"绵柔型"白酒,主张"低而不淡、柔而不寡、绵长尾净、丰满协调",把对白酒的要求上升到一个新的高度。

为了适应这种新需求,洋河在工艺上做了很大革新。例如,采用慢火蒸馏,把不同"馏段"更好地区分开来,保证酒的前段口味重,后段寡淡,中段的酒香气比较幽雅,口味比较绵甜、柔软。此外,洋河采用缓慢发酵工艺,通过控制升温延长发酵时间,促使酒体中的香味物质的充分形成,尽管这样影响到出酒率,但酒质大大提高了。2003年9月,洋河蓝色经典"天之蓝""海之蓝"一上市就赢得消费者的喜爱。

1. 蓝色的梦想

在讲究个性化消费的今天,在色彩上寻求新卖点已受到企业的重视。色彩作为商品构成的一个要素,已渗透到人们生活的方方面面。通用汽车公司的设计部门有一个高度专业化的小组,他们的工作就是预测颜色的流行趋势。通过对通俗文化、经济趋势以及其他行业的消费模式的研究,这个小组必须对哪种颜色会流行做出判断,然后,他们根据判断,设计出全新的"银色"或者"黑色"。

古往今来,凡是经过岁月洗礼、至今笑傲江湖的品牌都有属于自己的品牌色——高端服装品牌爱马仕的橙色、法拉利的红色、西门子的白色家电等,而这种品牌色正是一家企业最弥足珍贵的无形资产。对于中国白酒行业来说,红、黄两色作为其惯用色一直沿袭至今。现在,这种惯用色正被洋河蓝色经典打破——它以一抹蓝色开创了一片新天地。

如果说黄色代表富贵,红色代表喜庆,那么蓝色则代表时尚,给人以宁静、典雅、智慧的感受。这不仅是外包装上的一次革新,也是内在文化层次上的一次革新。

2. 男人的情怀

中国人说喜欢喝酒,喜欢的不仅仅是酒的口味,更多的是对隐在酒杯背后的文化的喜爱。

洋河经典能够成为白酒行业的品位和流行,离不开它特殊而富有诗意的酒文化——"男人博大的情怀"。反观社会,但凡成功的人,都有大海、天空一样博大沉稳的胸怀,可以容纳和宽容别人。可以说,宽广与博大是成功人士所追求的人生心态和处世哲学。

海至深为蓝,天至高为蓝,梦至遥为蓝。梦,就如男人的胸怀:志存高远,挑战无限,有海的宽广和博大的胸怀,有浪花般的创造的力量,超越梦想,成就不凡。并不是只有胸襟宽广的男人才会喝蓝色经典,但是男人都会追求这种收放自如、胸襟博大的境界。洋河用这种至深、至高、至遥的意境为中国白酒市场带来一场绵柔悠长的蓝色风情。

3. 中国的情怀

现在是后工业化时代,也就是符号消费时代,对于同质化的酒类产品而言,人们消费的不单单是物质,更是一种概念,或者说是一种符号。"万宝路"让你想到美国西部粗犷奔放的牛仔,"动感地带"让你想到时尚的街头青年,洋河"蓝色经典"让你想到的就是博大高远的情怀。

现在,洋河"蓝色经典"又推出一则广告,可以说是"男人的情怀"的姊妹篇:"海之蓝,天之蓝,梦之蓝,洋河蓝色经典,中国蓝。"这是洋河蓝色经典在品牌传播上的又一力作,在感性诉求上又升华了一步。"男人的情怀"的诉求,其视野仅仅是男人,但"中国蓝"的诉求,不但走出了男人的圈子,而是将民族自豪感激发出来。

天空般宁静、海洋般深邃的蓝色象征着智慧、冷静、内敛、博大、宽广、稳重,蓝色是男人的情怀,"中国蓝"则是睿智深邃、心胸开阔、包容万物的中国情怀的象征。

(二) 年轻时尚

白酒是历史悠久、文化沉淀非常厚重的行业。因此,白酒的品牌建设非常讲究文化内涵。然而,很多白酒品牌的文化定位却步入了一些误区,所谓的文化都是些"历史悠久、酿酒秘方、神秘传说、帝王将相和文人骚客曾饮过"等说辞。这些都无法形成品牌独一无二的区隔个性。

洋河坚持以消费者为中心的品牌定位,将目标消费群进行细致分析。洋河目标消费群为职场精英,他们是公司主管以上的人物。他们既受到中国传统文化的熏陶,又受到西方现代文明的冲击,是融合的一代、两面性很强的一代;他们认同传统,又有享受时尚消费倾向,对新鲜事物理解接受度比较高;他们对消费档次和品质要求高;他们事业小有成就,处于上升期,但还没进入人生巅峰,追求收放自如的处世境界。

有了清晰的消费者定位,洋河也就有了全新的品牌定位:以技术创新为途径,以洋河"蓝色经典"为核心载体,打破传统思路,传播现代生活理念。"世界上最宽广的是海,比海更高远的是天空,比天空更博大的是男人的情怀"成为"洋河蓝色经典"的核心诉求。洋河"蓝色经典"精彩地演绎了白酒品牌与现代生活的融合之道,成为精英男士一种新的情感寄托与交流方式。最终,"洋河蓝色经典"不仅赢得消费者的深度认同,并引发了消费者的情感共鸣。

此外,在未来的5~10年,"80后"人群逐步成为酒类市场的消费主角,自我价值的实现、个性的彰显等成为他们消费的主流。因此,营销模式、品牌价值内涵都要随之升级。"80后"的年轻一族的消费习性和固有的消费群存在很大差异,产品的设计应该更多地研究消费"潜需求"的变化。"洋河蓝色经典"的瓶型"天之蓝"系列设计大胆采用弧线透明材料,线条柔和、晶莹剔透、古典唯美,加上银白色月牙状的包装,给人一份梦境与诗意。从品牌内涵的诠释上,激发无限的梦想,正符合年轻人彰显的个性。

(三) 完美的延续

洋河投资了千万元兴建"贮酒大容器",不仅解决了酒的贮存问题,而且对保证酒质批次的稳定性有很大的作用,每月进行检测,查看各项理化指标有无变化,每批酒灌装前同样要作检测分析,保证不同批次的酒质完全一致。"洋河"是唯一拥有全国驰名商标、唯一参与国家浓香型白酒新标准起草的苏酒企业领头羊,"洋河蓝色经典"作为洋河的新生代主导产品,以更高的质量要求让消费者感觉名实相符。

另外,洋河还以统一、稳定的视觉形象吸引消费者,强化品牌形象。在蓝色文化的指引下,每一个广告都力求增强人们对蓝色经典的企业文化和产品内涵的认同度。

正是这种蓝色文化的有力支撑,才使蓝色经典在消费者眼中不再是简单的三个酒瓶和一种颜色,而是蓝色的高雅、绵柔的口感和宽广博大的胸怀的完美组合。

【案例思考】
1. 运用市场营销原理分析"洋河蓝色经典"成功的原因。
2. "洋河蓝色经典"的目标市场是谁?他们有何特点?
3. "洋河蓝色经典"是如何进行文化营销的?
4. 结合本案例谈谈"洋河蓝色经典"在促销策略上有哪些东西值得我们借鉴?

【案例二】　　　　　　　华龙方便面的产品组合策略

2003年,在中国大陆市场上,位于河北省邢台市隆尧县的华龙集团以超过60亿包的方便面产销量排在方便面行业第二位,仅次于康师傅。同时与"康师傅""统一"形成了三足鼎立的市场格局。"华龙"真正地由一个地方方便面品牌转变为全国性品牌。

作为一个地方性品牌,华龙方便面为什么能够在"康师傅"和"统一"这两个巨头面前取得全国产销量第二的成绩,从而成为中国国内方便面行业又一股强大的势力呢?

从市场角度而言,华龙的成功与它的市场定位、通路策略、产品策略、品牌战略、广告策略等都不无关系,而其中产品策略中的产品市场定位和产品组合的作用更是居功至伟。下面我们就来分析华龙是如何运用产品组合策略的。

(一)发展初期的产品市场定位:针对农村市场的高中低产品组合

在90年代初期,大的方便面厂商将其目标市场大多定位于中国的城市市场。1994年,华龙在创业之初便把产品准确定位在8亿农民和3亿工薪阶层的消费群上。同时,华龙依托当地优质的小麦和廉价的劳动力资源,将一袋方便面的零售价定在0.6元以下,比一般名牌低0.8元左右,售价低廉。

2000年以前,主推的大众面如"108""甲一麦""华龙小仔";中档面有"小康家庭""大众三代";高档面有"红红红""煮着吃"。

凭借此正确的目标市场定位策略,华龙很快在北方广大的农村打开市场。

2002年,从销量上看,华龙地市级以上经销商(含地市级)销售量只占总销售量的27%,县城乡镇占73%,农村市场支撑了华龙的发展。

(二)发展中期的区域产品策略:针对不同区域市场高中低的产品组合

从2001年开始推行区域品牌战略,针对不同地域的消费者推出不同口味和不同品牌的系列新品。

资料一:华龙针对不同市场采取的区域产品策略:
- 定位在小康家庭的最高档产品"小康130"系列;
- 面饼为圆形的"以圆面"系列;
- 适合少年儿童的A-干脆面系列;
- 为感谢消费者推出的"甲一麦"系列;

- 为尊重少数民族推出的"清真"系列;
- 回报农民兄弟的"农家兄弟"系列;
- 适合中老年人的"煮着吃"系列。

以上系列产品都有三个以上的口味和 6 种以上的规格。

(三) 华龙方便面组合策略分析

华龙目前拥有方便面、调味品、饼业、面粉、彩页、纸品等六大产品线,也就是其产品组合的长度为 6。方便面是华龙的主要产品线,在这里,我们也主要研究方便面的产品组合。

1. 华龙的方便面产品组合非常丰富,其产品线的长度、深度和密度都达到了比较合理的水平。它共有 17 种产品系列,十几种产品口味,上百种产品规格。其合理的产品组合,使企业充分利用了现有资源,发掘现有生产潜力,更广泛地满足了市场的各种需求,占有了更宽的市场面。华龙丰富的产品组合有力地推动了其产品的销售,有力地促进了华龙成为方便面行业老二的地位的形成。

2. 华龙方便面在产品组合上的成功经验:

——阶段产品策略。

根据企业不同的发展阶段,适时地推出适合市场的产品。

① 在发展初期将目标市场定位于河北省及周边几个省的农村市场。由于农村市场本身受经济发展水平的制约,不可能接受高价位的产品,华龙非常清楚这一点,一开始就推出适合农村市场的"大众面"系列,该系列产品由于其超低的价位,一下子为华龙打开了进入农村市场的门槛,随后"大众面"系列红遍大江南北,抢占了大部分低端市场。

② 在企业发展几年后,华龙积聚了更大的资本和更足的市场经验,又推出了面向全国其他市场的大众面的中高档系列:如中档的"小康家庭""大众三代",高档的"红红红"等。华龙由此打开了广大北方农村市场。1999 年,华龙产值达到 9 亿元人民币。

这是华龙根据市场发展需要和企业自身状况而推出的又一阶段性产品策略,同样取得了成功。

③ 从 2000 年开始,华龙的发展更为迅速,它也开始逐渐丰富自己的产品系列,面向全国不同市场又开发出了十几个产品品种,几十种产品规格。2001 年,华龙的销售额猛增到 19 亿元。这个时候,华龙主要抢占的仍然是中低档面市场。

④ 2002 年起,华龙开始走高档面路线,开发出第一个高档面品牌——"今麦郎"。华龙开始大力开发城市市场中的中高价位市场,此举在如北京、上海等大城市大获成功。

——区域产品策略。

华龙从 2001 年开始推行区域品牌战略,针对不同地域的消费者推出不同口味和不同品牌的系列新品。

① 华龙的产品策略和品牌战略是：不同区域推广不同产品；少做全国品牌，多做区域品牌。

② 作为一个后起挑战者，华龙在开始时选择了在中低端大众市场，考虑到中国市场营销环境的差异性很大，地域不同，则市场不同、文化不同、价值观不同、生活形态也大不同。

因此，华龙想最大限度挖掘区域市场，制定了区域产品策略，因地制宜，各个击破，最大限度地分割当地市场。如华龙针对中原河南大省开发出"六丁目"，针对东三省有"东三福"，针对山东大省有"金华龙"等等，与此同时还创作出区域广告诉求（见上资料）。

③ 华龙推行区域产品策略——实际上创建了一条研究区域市场、了解区域文化、推行区域营销、运作区域品牌、创作区域广告的思路。

④ 之后它又开始推行区域品牌战略，针对不同地域的消费者推出不同口味和不同品牌的系列新品。如针对回族的"清真"系列、针对东三省的"可劲造"系列等产品。

——市场细分的产品策略。

市场细分是企业常用的一种市场方法。通过市场细分，企业可确定顾客群对产品差异或对市场营销组合变量的不同反应，其最终目的是确定为企业提供最大潜在利润的消费群体，从而推出相应的产品。华龙就是进行市场细分的高手，并且取得了巨大成功。

① 华龙根据行政区划推出不同产品，如在河南推出"六丁目"，在山东推出"金华龙"，在东北推出"可劲造"。

② 华龙根据地理属性推出不同档次的产品，如在城市和农村推出的产品有别。

③ 华龙根据经济发达程度推出不同产品。如在经济发达的北京推广目前最高档的"今麦郎"桶面、碗面。

④ 华龙根据年龄因素推出适合少年儿童的A-干脆面系列；适合中老年人的"煮着吃"系列。

⑤ 华龙为感谢消费者推出的"甲一麦"系列；为回报农民兄弟推出的"农家兄弟"系列。

华龙十分注重市场细分，且不仅是依靠一种模式。它尝试各种不同的细分变量或变量组合，找到了同对手竞争、扩大消费群体、促进销售的新渠道。

——高中低的产品组合策略。

华龙面的产品组合是一个高中低相结合的产品组合形式。而低档面仍占据其市场销量的大部分份额。

① 全国市场整体上的高中低档产品组合策略。既有低档的大众系列，又有中档的"甲一麦"，也有高档的"今麦郎"。

② 不同区域的高中低档产品策略。

如在方便面竞争非常激烈的河南市场一直主推的就是超低价位的"六丁目"系列。"六丁目"主打口号就是"不跪（贵）"。这是华龙为了和河南市场众多方便面竞争而开发出来的一种产品,它的零售价只有 0.4 元/包(给经销商 0.24 元/包)。同时,华龙将工厂设在河南许昌,因此让河南很多方便面品牌日子非常难过。

而在全国其他市场如东北在继"东三福"之后投放中档的"可劲造"系列,在大城市投放"今麦郎"系列。

③ 同一区域的高中低档面组合,开发不同消费层次的市场。

如在东北、山东等地都推出高、中、低三个不同档次、三种不同价位的产品,以满足不同消费者对产品的需要。

——创新产品策略。

每一个产品都有其生命发展的周期。华龙是一个新产品开发的专家。它十分注意开发新的产品和发展新的产品系列,从而满足市场不断变化发展的需要。

① 华龙在产品规格和口味上不断进行创新。从 50 g 一直到 130 g,华龙在 10 年的时间里总共开发了几十种产品规格。开发出了如翡翠鲜虾、香辣牛肉、烤肉味道等十余种新型口味。

② 华龙在产品形状和包装上进行大胆创新。如推出面饼为圆形的"以圆面"系列;"弹得好,弹得妙,弹得味道呱呱叫"弹面系列。封面上体现新潮、时尚、酷的"A 小孩"系列等等。

③ 产品概念上的创新。如华龙创造出适合中老年人的"煮着吃"的概念,煮着吃就是非油炸方便面,只能煮着吃,非常适合中老年的需要。

——产品延伸策略。

① 产品延伸策略是华龙重要的产品策略。每一个系列产品都有其跟进的"后代"产品。

如在推出"六丁目"之后,又推出"六丁目 108""六丁目 120""超级六丁目";

在推出"金华龙"之后,又推出"金华龙 108""金华龙 120";

在推出"东三福"之后,又推出"东三福 120""东三福 130"。

② 不仅有产品本身的延伸,而且有同一市场也注意对产品品牌进行的延伸。在东北三省推出"东三福"系列之后,又推出"可劲造"系列。

总之,华龙面的产品组合策略是比较成功的,值得我们认真分析和思考,有些方面值得借鉴,值得推广和运用。

【案例思考】

1. 请描绘一下华龙面的产品组合图。
2. 华龙面的产品组合策略为什么能取得成功?

练一练

一、单选题

1. 在产品生命周期的(　　)阶段,企业才采取坚决的淘汰措施。

A. 投入期　　　B. 成长期　　　C. 成熟期　　　D. 衰退期
2. 在产品生命周期的（　　）阶段，产品的销售增长率大于零。
　　A. 投入期　　　B. 成长期　　　C. 成熟期　　　D. 衰退期
3. 在企业开拓目标市场的策略中，（　　）的市场面狭小。
　　A. 人员推销　　　　　　　　B. 集中性市场策略
　　C. 差异性市场策略　　　　　D. 无差异性市场策略
4. 大型的机电设备可以采用（　　）。
　　A. 直接销售渠道
　　B. 经过经销商的销售渠道
　　C. 经过代理商的销售渠道
　　D. 经过代理商—经销商的销售渠道
5. 投标价格是（　　）的一种方法。
　　A. 差别定价策略　　　　　　B. 新产品定价策略
　　C. 折扣定价策略　　　　　　D. 心理定价策略
6. 产品整体概念具体说来包括三个层次内容，即核心产品、形式产品和（　　）。
　　A. 附加产品　　B. 实质产品　　C. 无形产品　　D. 有形产品
7. 消费品的销售渠道结构，一般有直接销售渠道、经过零售商的销售渠道、经过批发商—零售商的销售渠道和（　　）四种形式。
　　A. 经过批发商—代理商—零售商的销售渠道
　　B. 经过代理商的销售渠道
　　C. 经过代理商—批发商的销售渠道
　　D. 经过代理商—批发商—零售商的销售渠道
8. 商品广告，分为三种（　　）。
　　A. 开拓性广告、企业广告、提醒性广告
　　B. 开拓性广告、劝导性广告、提醒性广告
　　C. 开拓性广告、劝导性广告、公益性广告
　　D. 说服性广告、劝导性广告、提醒性广告
9. 现代的质量观念应该是生产和销售（　　）的产品。
　　A. 高质量　　B. 适宜质量　　C. 中等质量　　D. 尽善尽美
10. 下列不是市场营销的基本功能的有（　　）。
　　A. 技术开发　　　　　　　　B. 了解用户需求
　　C. 指导企业生产　　　　　　D. 开拓销售市场

二、名词解释
　1. 市场细分
　2. 市场营销组合

3. 营业推广
4. 产品生命周期
5. 产品组合

三、问答题

1. 市场营销的基本功能。
2. 市场细分的作用。
3. 市场细分应正确处理的几个问题。
4. 产品整体观念的基本内容。
5. 产品线策略的基本内容。
6. 市场营销组合策略的基本特点。
7. 制定市场营销组合策略的原则。
8. 人员推销的特点。

 做一做

请结合所学专业,以小组为团队,以"康师傅袋装方便面125 g"为目标产品,针对本校市场做出产品的营销活动策划方案。

学习单元五

经营业务管理

 ## 学习任务与目标

企业在经营目标和战略指导下,通过组织企业经营业务活动,使商品流转得以顺利进行,从而实现商品的价值和企业的经济效益。企业业务经营管理活动是围绕商品价值实现、按照商品流转程序来进行的。在商品流转过程中,商品采购和商品销售是以货币为媒介,在不同企业或个人之间实现商品所有权的转移,属于商流活动;商品运输和商品储存则是实现商品实体在空间位置上的移动,再加上为之服务的商品包装,属于物流活动。它们之间既相互依存,相互制约,又具有各自的独立性,共同构成了企业经营业务管理的全过程。

 ## 学习目标

一、知识目标
1. 了解商品采购的程序,掌握商品采购及供应商选择的原则
2. 了解商品销售业务的程序
3. 了解商品运输的业务程序,掌握合理运输的含义,理解并掌握合理运输的途径
4. 了解商品储存的程序,理解并掌握商品储存的原则

二、能力目标
1. 能够根据企业实际情况,设置采购管理部门及建立有效的采购流程,能够进行经济采购批量的计算
2. 能够根据实际情况甄别、选择各种不同的运输方式
3. 能够正确操作仓储有关的现代化设备;能够对仓储配送设备的日常维护与保养;能够对仓储中心主要岗位工作熟练操作

三、素质目标

1. 理解合理化运输,并会组织合理化运输
2. 规范仓储操作习惯;提高信息获取能力
3. 培养良好的职业行为、团结协作精神和语言表达能力

学习任务一　商　品　采　购

案例引入

胜利油田采购案例

　　从 20 世纪 80 年代开始,为了顺应国际贸易高速发展的趋势,以及满足客户对服务水平提出的更高要求,企业开始将采购环节视为供应链管理的一个重要组成部分,通过对供应链的管理,同时对采购手段进行优化。在当前全球经济一体化的大环境下,采购管理作为企业提高经济效益和市场竞争能力的重要手段之一,它在企业管理中的战略性地位日益受到国内企业的关注。

　　在采购体系改革方面,许多国有企业和胜利石油境遇相似,虽然集团购买、市场招标的意识慢慢培养起来,但企业内部组织结构却给革新的实施带来了极大的阻碍。

　　胜利油田每年的物资采购总量约 85 亿人民币,涉及钢材、木材、水泥、机电设备、仪器仪表等 56 个大类,12 万项物资。行业特性的客观条件给企业采购的管理造成了一定的难度,然而最让中国石化胜利油田有限公司副总经理裘国泰头痛的却是其他问题。

　　胜利油田目前有 9 000 多人在做物资供应管理,庞大的体系给采购管理造成了许多困难。胜利每年采购资金的 85 个亿中,有 45 个亿的产品由与胜利油田有各种隶属和姻亲关系的工厂生产,很难将其产品的质量和市场同类产品比较,而且价格一般要比市场价高。例如供电器这一产品,价格比市场价贵20%,但由于这是一家由胜利油田长期养活的残疾人福利工厂,只能是本着人道主义精神接受他们的供货,强烈的社会责任感让企业背上了沉重的包袱。同样,胜利油田使用的大多数涂料也是由下属工厂生产,一般只能使用 3 年左右,而市面上一般的同类型涂料可以用 10 年。还有上级单位指定的产品,只要符合油田使用标准、价格差不多,就必须购买指定产品。

　　在这样的压力下,胜利油田目前能做到的就是逐步过渡,拿出一部分采购商品来实行市场招标,一步到位是不可能的。

　　胜利油田的现象说明,封闭的体制是中国国有企业更新采购理念的严重阻碍。中国的大多数企业,尤其是国有企业采购管理薄弱,计划经济、短缺经济下粗放的采购管理模式依然具有强大的惯性。采购环节漏洞带来的阻力难以消除。

　　统计数据显示,在目前中国工业企业的产品销售成本中,采购成本占到60%左右,可

见,采购环节管理水平的高低对企业的成本和效益影响非常大。一些企业采购行为在表面上认可和接纳了物流的形式,但在封闭的市场竞争中,在操作中没有质的改变。一些采购只是利用了物流的技术与形式,但经常是为库存而采购,而大量库存实质上是企业或部门之间没有实现无缝连接的结果,库存积压的又是企业最宝贵的流动资金。这一系列的连锁反应正是造成许多企业资金紧张、效益低下的局面没有本质改观的主要原因。

【案例思考】

针对胜利油田的实际情况,提出你对该公司采购管理改进的方案和建议:包括如何降低采购成本、如何改革目前的采购管理体制、如何引入新型的采购模式等等。

一、商品采购概述

(一) 商品采购的含义

商品采购,是企业以市场需要为依据通过等价交换取得工农产品的一种经济活动。商品采购活动标志着商品实物形态在不同所有者之间的转移,是商品流转过程的起点,也是企业经营活动的起点。

(二) 商品采购的意义

在商品流转环节中,商品采购具有十分重要的意义,它直接关系到企业经营的成败,其重要性主要表现在以下几个方面:

(1) 商品采购是企业实现经营目标的物质基础。

(2) 商品采购直接决定着商品流通费用的高低,进而决定着企业的经济效益。

(3) 商品采购直接决定着产品的质量。

二、商品采购的原则

商品采购业务要力求做到进货数量充足,花色品种齐全,保持合理的商品库存,避免商品积压和脱销,保证商品销售顺利进行,因此,在商品购进过程中要坚持以下原则:

(一) 以需定购,以销定进

企业在制定商品采购计划和实际采购商品时,应以消费者的实际需要为出发点,充分考虑消费者的现实和潜在需求来组织货源,同时,进什么商品,进多少数量,什么时候进货都要从商品销售的实际情况出发,以保证销售需要为前提,避免出现购销脱节的现象。如果企业采购的商品适销对路,就能使消费者的需求得到满足;反之,如果企业采购的商品不能适应销售的需要,就可能造成两种情况:一种情况是由于采购量不足,使消费者需要的商品供不应求,造成脱销;另一种情况则是由于盲目采购,使消费者并不需要的商品供过于求,销售不出去,造成积压。因此,企业在商品购进业务中,必须根据"以需定购,以销定进"的原则,采购适销对路的商品,从而实现在为顾客提供服务的同时获得利润,维持企业的生存和发展。

(二) 勤进快销,以进促销

为适应消费者需求的多样性、多变性特点,企业应该充分利用有限的资金,尽可能做到勤进快销,及时调整商品结构,扩大花色品种,努力满足消费者的需求。企业在采购时,还应多方开拓货源,不断增加新的花色品种,特别是以积极的态度组织新产品的试销、展销等活动,引导消费,从而促进销售的不断扩大。

(三)注重质量,加强核算

企业购进商品的质量,不仅关系到消费者的满意程度,也直接关系到商品销售。因此,企业在商品购进时应严格把好质量关,做到三无商品(即无产地、无商标品牌、无厂名)不进,三证(即产品检验证、产品合格证、生产许可证)不齐不进,商品不合规范(即无生产日期、无保质期、食品无原料或成分配方)不进,尤其要做到防止购进假冒伪劣商品。同时,企业还应坚持逐项核算,降低商品购进成本和费用支出,提高采购效益。

(四)适应商品供求规律

企业在商品购进时应随时注意商品在一定时期的供求变化趋势,根据不同的情况制定应对措施,使商品购进的时间与数量符合供求规律。例如,对供求平衡、资源稳定的商品应采取勤进快销,对一些新产品应由少到多,打开销路后,再增加进货的数量,切不可大批量进货,对暂时供不应求、货源时断时续的商品,应积极组织货源,争取多进多销,对鲜活商品,则要随销随进,分批进,分批销。

三、商品采购的程序

商品购进是企业最繁杂的业务工作之一,不但种类多,而且金额大,稍有不慎就会给企业带来无可挽回的损失,因此,商务人员必须了解和熟悉商品购进的基本程序,以确保商品购进任务的圆满完成。商品购进工作一般按以下步骤进行:

(一)拟定进货计划

进货计划的内容包括购进商品的品种、价格、式样、质量、数量、花色、规格、进货时间、进货单价等。拟定进货计划应按以下步骤进行:

1. 搞好市场调查和预测

随着商品销售的进行,商品库存逐渐下降,为了保证商品供应连续不断,就必须开展市场调查和预测,及时确定进货需要。

2. 制订要货计划

一般来讲,需要由企业的商品部及仓库以要货单的形式提出,确定进货需要,不仅要提出购进什么商品,还要详细地说明进货数量、进货时间以及这些商品在经营上的特殊要求。

3. 制订订单,确定进货计划金额

企业的采购部门接到商品部及仓库提出的要货单后,应按要货单的项目、规格、数量、需要日期、价格条件、交货条件、付款条件等转换成订购需要量,也可根据对未来市场的预测结果,调整要货单的需要量。订购需要量确定以后,采购部门据此填写订货单并统一核定商品资金定额,确定进货计划金额。

学习单元五 经营业务管理

4. 建立订单跟踪与督促制度

为了解进货业务的进展情况,采购部门要对订单做适时的跟踪督促,应随时查看采购进度、及时掌握各项资料,确保交货日期、商品质量符合企业的需要,防止意外的发生。

(二) 选择货源

商品购进时,应认真选择供货单位,企业要根据对供应方的观察了解和分析,掌握其合作程序,尤其是对于大宗的商品采购,要对各供货方进行比较,比较的时候具体应综合考虑以下因素:

1. 货源的可靠程度

主要考察企业的生产能力、供应能力、技术力量、管理经验等。分析供应方在以往交易中的信誉及履约情况。

2. 商品因素

包括商品质量、花色品种、技术及服务要求等,是否与企业目标市场的需求和企业形象相符合。

3. 效益因素

包括商品价格、数量折扣、价格优惠程度、流通费用等,能否达到计划毛利率水平,该价格市场能否接受,质价是否相符。

4. 交货的及时性、付款方式、交货方式、破损商品比率等

为保证货源选择的质量,企业必须建立货源单位的信息资料档案,并随时分析、补充相关信息,切不可临近进货时四处奔波、八方搜寻。

(三) 签订购销合同

进货合同是企业在购进商品时、明确买卖双方的权利和义务、保护各自合法权益的书面协议。合同的内容要完整、具体、翔实,义务和权利必须明确,责任要分明,文字含义要准确。

(四) 商品验收入库

商品验收是加强商品进货管理的首要环节。要严格根据合同条款规定的标准,对商品进行检验和验收,对商品的品种、规格、质量、数量及其包装进行严格审核。发现不符,应查明原因及责任,进行交涉处理。商品验收工作包括:

1. 校对交货清单

一般在收到商品之前,采购部门即可收到供应厂商的交货清单或发货票。收到交货清单后,采购部门通知检验部门和仓库准备接收事宜。如果采购部门收到验收部门的检验报告与交货清单发生差异时,需了解差异情况,商讨对策;通知会计部门做相应的账务处理;通知供应厂商改正错误或采取其他补救措施。

2. 商品的检验和接收

商品到达检验部门时,检验部门要及时组织验收工作。商品的接收工作由仓库部门负责,商品检验符合采购要求,仓库就要及时组织商品入库。特别是零售商业企业,其购销业务特点是批量进货、零星销售。这就要求商品进入企业时必须详细点验,不仅要求清点整件,而且必须逐件查清细数,贵重商品、易碎易损商品、有使用期限的商品、易腐商品等的验收要求必须更为严格。

3. 办理进货手续

办理进货手续主要包括开具收货单、办理入库记账、采购核销等手续;收货单也叫商品验收入库单,是在商品验收无误后由进货员或保管员填制的,填制的依据是供货方的发货单票。记账是在商品购进后,根据收货单,登记库存商品明细账卡。采购核销就是办理采购资金报销手续。采购员购进商品后,凭收货单第二联及增值税专用发票第二、三联到财务部门报销采购资金。

4. 结算货款

商品验收无误后,企业应认真履行合同中有关条款规定的时间及方式结算货款。目前国内主要的结算方式有:银行汇票、商业汇票、银行本票、支票、汇兑、托收承付、委托收款、网上支付等。

5. 记录存档

每次采购活动结束,采购部门都必须认真记录,并将该次采购活动的全部文件整理存档,做到善始善终。

四、商品采购管理

(一) 商品品种的确定

企业在确定商品品种时,应重点考虑以下几个问题:

1. 目标市场是确定进货品种的基本依据

企业应注意确定适合本企业特点的目标市场,找出目标市场的需求特点和消费规律,将进货品种与目标市场的需求特点和消费规律紧密地结合起来。

2. 经营能力与进货品种

某些商品的经营,要求其具有相应的专业知识和物质技术设备等条件,并非每个企业都有能力经营任何一种商品,进货时需将本企业的经营能力与进货品种统一起来。

3. 企业经营特色

每个企业都按自己目标市场的需求特点组织商品经营,长此以往便逐渐呈现自身的经营特点,并形成企业的特色和优势。而经营优势和特色的展现,则要求在商品购进上得到保证,所以商品购进的品种要考虑到能否发挥本企业的经营特色和优势。

(二) 商品结构的确定

采购商品结构是指采购商品中的品种、花色、规格、档次等方面的构成与比例及其适销程度。企业要适时淘汰流行期已过、销小存大的商品品种;要及时补充新品种。只有在制订商品采购目标时认真考虑采购商品的结构,使各种比例都保持合理,才能使购进的商品适销对路,才能实现企业销售目标,获取理想的经济效益和社会效益。

(三) 采购数量的控制

影响进货数量的主要因素有:企业销售能力、企业资金状况、库存状况、进货费用等。

学习单元五 经营业务管理

企业可以根据自己企业的实际情况和上述因素确定是采用大量进货、适量进货还是经济批量进货。

以下是经济采购批量和储备量的计算。

设：

N—— 某材料的年需要量；

C—— 该材料的单价（元/单位）；

M—— 每采购一次该材料所需要的固定费用（元/次）；

h—— 单位材料每年平均仓库保管费[元/（单位·年）]；

X—— 每次采购数量（经济批量）；

Y—— 该材料每年需要的总费用。

假定在均衡生产（对材料的需要量均衡），货源充足（无供不应求现象），运输方便（不计运输时间），仓库库存不受限制等条件下，该材料全年所需要的总经费应为

$$Y = M\frac{N}{X} + CN + \frac{hX}{2} \quad (1)$$

要求使全年总费用 Y 最低的 X，只需先求 Y 的导数

$$Y' = \left(M\frac{N}{X} + CN + \frac{hX}{2}\right)' = \frac{h}{2} - \frac{MN}{X^2},$$

并令 $Y' = 0$，解得

$$X = \sqrt{\frac{2MN}{h}} \quad (2)$$

因为 $Y'' = \frac{2MN}{X^3} > 0$，所以(2)式就是该材料的经济采购批量。由此亦可得知，要完成全年对该材料的需要量，就需要采购 $\frac{N}{X}$ 次。

实际上，也可以将(1)式改写为

$$Y = \frac{h}{2} \cdot X + \frac{MN}{X} + CN,$$

$a = \frac{h}{2}$，$b = MN$ 代入公式(2)，即得

$$X = \sqrt{\frac{b}{a}} = \sqrt{\frac{MN}{\frac{h}{2}}} = \sqrt{\frac{2MN}{h}}$$

例如，某厂对某材料全年需要量为 1 040 吨，其单价为 1 200 元/吨，每次采购该材料时的固定费用为 2 040 元/次，每吨年平均保管费为 170/（吨·年），试求该材料

的经济采购批量。

解： 将 $M=2\,040$ 元/次，$N=1\,040$ 吨，$h=170$ 元/(吨·年)代入(2)式即得

$$X=\sqrt{\frac{2\times 2\,040\times 1\,040}{170}}=\sqrt{24\,960}\approx 158,$$

所以,该材料的经济采购批量为 158 吨。

显然,全年的采购次数为

$$\frac{1\,040}{158}\approx 6.58,$$

就是说,全年的采购次数应为 7 次。

(1) 式中,材料的全年保管费等于 $\frac{hX}{2}$ 是这样得来的：全年需要采购 $\frac{N}{X}$ 次,由于对材料的使用,每次采购的材料在仓库中保管的数量都是递减的,即从 $X\to 0$。若 X 分 K 次（这里称为小次,以区别于采购次数）取出,每小次取出的数量即为 $\frac{X}{K}$,这样,X 在仓库的保管数量就构成一个等差数列 $X, X-\frac{X}{K}, X-\frac{2X}{K}, \cdots, 0$。

每小次时间单位材料的保管费用为 $\dfrac{h}{K\dfrac{N}{X}}=\dfrac{Xh}{KN}$。

每次的保管费用即为 $\dfrac{Xh}{KN}\left[X+\left(X-\dfrac{X}{K}\right)+\left(X-\dfrac{2X}{K}\right)+\cdots+0\right]$

$$=\frac{Xh}{KN}\cdot\frac{K(X+0)}{2}=\frac{X^2h}{2N}$$

全年的保管费用即为 $\dfrac{X^2h}{2N}\cdot\dfrac{N}{X}=\dfrac{hX}{2}$。

在实际工作中,为了计算方便,某时期单位材料的平均保管费可采用某时期的保管费率来计算。保管费率的计算方法有两种：一种是用某时期的总保管费额与仓库有效面积之比来计算,即

$$\text{某时期（年）保管费（元}/\text{m}^2\text{）}=\frac{\text{某时期（年）总保管费（元）}}{\text{仓库的有效使用面积（m}^2\text{）}};$$

另一种是某时期总保管费额与该时期的平均存货金额之比来计算,即

$$\text{某时期（年）保管费率（\%）}=\frac{\text{某时期（年）总保管费（元）}}{\text{该时期（年）平均存货金额（元）}}。$$

假定保管费率为 i,则经济采购批量公式就要相应地做变更。这时的经济采购批量公式就成为

$$X=\sqrt{\frac{2MN}{Ci}} \tag{3}$$

其中 C 由 i 确定,用面积表示或用金额表示。

材料的经济采购批量确定之后,就可以算出对某种材料的储备数量。其计算公式是

$$仓库对某物品的经常储备量 = \frac{最低(保险)储备量 + 经济采购批量}{2}$$

这里,我们把最低(保险)储备量与经济采购批量之和称为最高储备量。而经常储备量视为仓库的储备量,它是用最高储备量之半来表示。在假定考虑运输时间的情况下,它们之间的关系示意如图 5-1 所示。

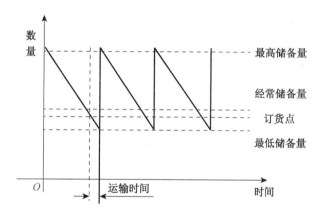

图 5-1 最低储备量、经常储备量、最高储备量关系图

从图可以看出,当某物资消耗到订货点处,就要以经济批量进行采购,经过采购时间(包括运输时间)后,物资就用到最低储备量处,这时物资采购到库,使物资在仓库中储备数量又达到最高。

(四)采购时机的把握

把握好进货时机,关键是准确掌握消费的时间规律以及影响商品购进时间因素的各种情况。

消费的时间规律体现在:四季变换呈现的消费时间规律,节假日所具有的消费时间规律,流行商品消费时间规律。一般来说,流行商品的周转较快,利润率较高,吸引了众多的经营者纷纷投入竞争,能在一个较短的时期内使得需求得到满足,因而其流行时间较短。此外,流行商品一般由国外、沿海口岸、大城市向内陆城市、再向乡村逐渐流动,由此产生了流行商品地区消费的时差性,在进货时机的把握上必须注意这些问题。

在掌握消费时间规律的基础上,考虑企业与供货企业的距离远近及运输状况以及供货企业的信誉,特别是供货合同的履约率,计算进货所需的在途时间,考虑企业平均日销量及库存状况,一般能够计算出进货的时间。

同时企业的进货时机还要考虑竞争对手的情况,在激烈的竞争中,谁先推出商品谁就赢得机会。因此企业应力求了解竞争对手何时进货,何时到货等有关情报。

(五) 进货渠道的选择

企业在确定了购买什么商品以后,就要考虑从什么渠道、什么单位进货。供货渠道就是商品所经过的渠道或通道。

企业在进行渠道选择时应遵循以下原则:

1. 经济效益原则

根据对进货地点、运输、在途时间等情况的综合比较,应选择环节少、渠道短、费用省、经济效益好的进货渠道。

(1) 环节少。一般来说,流通环节越多,商品在流通过程中停留的时间就越长,而且每多一个环节,就会使商品价格多增加一层差价,因此企业应尽可能减少不必要的中间环节,力求使追加于商品价格中的流通费用降到最低限度。

(2) 渠道短。在保证商品品种齐全、数量充足、价格合理的前提下,尽量就近进货,避免远距离运输。

(3) 费用省。企业应从商品的进货距离、时间、运输工具上综合考虑,降低商品的购进成本。

2. 稳定性原则

要选择能够持续稳定合作的进货渠道和单位,使之成为固定的伙伴,可以密切双方关系,相互信赖和支持,保持稳定的货源。

3. 可靠性原则

要选择信誉高,办事可靠的进货单位和渠道。

可供选择的渠道有:①产销渠道即企业直接向工农企业生产部门购进。包括生产企业和生产个人购进商品;②商商渠道,即企业通过商业系统内的供货方购进商品,主要有商品批发企业,批零兼营企业以及批发交易市场、贸易中心、商商联营企业及其他行业开办的经销企业购进商品。具体到批发企业和零售企业进货渠道又会有所不同。

(六) 进货方式的确定

进货方式是企业在处理商品购销关系、组织商品购进过程中所采取的进货形式和方法。

进货方式的确定直接关系到企业人、财、物力的合理使用,关系到企业的经济效益。

1. 批发企业的进货方式

批发企业进货的基本方式有:

(1) 市场选购。这是企业根据经营需要直接通过市场选购,协商定价。一般适用于购进花色品种复杂、规格繁多的商品。

(2) 合同定购。这是企业为控制某些商品的一定货源,对某些计划商品或需要统一平衡分配的商品以及其他大批量期货交易,与生产企业预先协商签订合同,订购一定品种、规格、质量、数量的商品,生产企业要严格按照合同规定的要求进行生产并按期供货,企业按照合同规定的内容、标准验收商品、交付货款,双方应按合同承担各自的法律责任。

(3) 计划收购。就是对某些关系国计民生的特别重要的商品,由国家分别下达工商计划,工业企业按计划生产,商业企业按计划收购。工业企业的超计划部分,企业可以自销,商业企业也可以协商收购。

(4) 代批代销。企业可以接受一些生产企业或其他企业的委托,为其办理代批代销计划收购、合同订购和市场选购以外的其他商品,等商品销售完后再办理货款结算手续,并由委托单位按购销数量、金额付给代销企业一定的价格回扣或手续费。

(5) 加工。可分为自行组织加工和委托加工两种方式。

(6) 联营联销。即工商、农商、商商企业在自愿平等的基础上,根据风险共担、利益均等的原则,实行联合经营的经营方式,这是近年来发展起来的一种方式,它有利于加强不同企业之间的内在联系,更好地发挥各类企业的优势,增强竞争能力。

2. 零售企业的进货方式

零售企业进货的基本方式有:集中进货方式、分散进货方式、集中进货与分散进货相结合、联购分销等。

(1) 集中进货方式。这是商业企业采购业务部门统一组织进货,而各商品部只负责销售的一种方式。

(2) 分散进货方式。这是由各商品部直接向供货单位进货,商业企业的业务部门只负责平衡和调节各商品部的资金使用。

(3) 集中进货与分散进货相结合。这是商业企业统一进货与商品部分散进货相结合的一种进货方式。

(4) 联购分销。这是几个零售商业企业联合派出人员外地采购,凑零为整,集中向供货单位进货,然后拆零分销。

上述各种进货方式各有利弊、商业企业应根据自己的具体情况,按照商品特点和进货渠道,选择最为有利的进货方式。一般来说,小型零售企业宜采用集中进货方式,大中型零售企业宜采取分散进货方式;专业商店经营品种少,宜集中进货,综合百货商店经营品种多、宜分散进货;从外地进货宜集中,从当地进货宜分散;大件、大批进货宜集中,花色规格复杂、批量小的商品可适当分散进货。

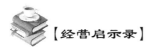【经营启示录】

爱情虾大卖

一位日本商人带着新婚妻子去菲律宾旅行。有一天,他们去逛跳蚤市场,发现有一种东西很受当地人的欢迎。这东西价格便宜,最贵的也只不过一美元一对。他妻子发现后,爱不释手,她叫商家用精美的盒子一包一包包装好,一口气买下十几对带回到日本。一回家,商人和妻子就把这种东西一一送出去,亲戚朋友又纷纷上门讨要,而且向他们打听买这种东西的商店,也想买一些送给自己的亲戚朋友。但找遍整个日本,也没有这种东西出售。

其实,那只是生长在热带海上的一种普通小虾,自幼从石头缝爬进去,然后在里面成长为无法出来的雌雄虾,关在石头里终其一生。

日本商人一看此物这么受人欢迎,就专程飞往菲律宾进口大批雌雄虾回日本,然后以"偕老同穴"命名,把它进行精美包装出售。购买者认为这种虾能给新婚夫妇带来幸福。即使不是自己结婚,他们也会作为礼物买上一两对送给结婚的亲朋好友。意想不到的是,这种虾一摆上台,便供不应求。最后,进口价格仅仅为一美元的东西,一下子竟卖到270美元的天价。

日本商人的成功,既非工艺复杂,也非高成本投入得到丰厚回报。它是一种意念的创意。他抓住了雌雄虾这种爱情专一、从一而终的独特象征,以爱情为主题,大肆做人虾合一的意念宣传。这种意念宣传正好吻合了消费者渴求幸福美满的心态。

在菲律宾来来往往观光旅游的旅客成千上万,相信看到"雌雄虾"的也绝非少数,日本商人的成功无非在常人发现的基础上更有独到的发现,抓到了机遇,再抓牢不放。

【经营启示】
胜利只不过是由于你恰巧有一双敏锐的眼睛、敏捷的思维和毫不犹豫的性格,当然,出售商品的同时,别忘了出售概念。

学习任务二　商　品　销　售

苏宁销售方式的转变

近几年,随着行业的变化以及电子商务潮流对传统零售业态的冲击,国内家电零售行业巨头苏宁电器一直在试图探索转型。2009年8月,苏宁启动营销变革,尝试全品类经营、全渠道拓展。2010年2月,苏宁易购正式对外发布上线,标志着苏宁电器正式进军电子商务领域。一开始,苏宁依旧是以线下为主。线上是线下的补充,并且苏宁内部认为,发展线上,就意味着要抢自己线下门店的市场份额,对苏宁而言,更像是左右手互搏。何况,当时苏宁的线下业务在增长,并且还在盈利,苏宁很难下定决心来发展线上业务。危机出现在2012年,2012年线下零售的营收开始出现下滑,是家电业的一个重大拐点。苏宁当时的情形有些"不妙":苏宁在2012年前三个季度当中,营收达到724亿元,同比只增长了7%,而利润总额29.5亿元,同比下降了36.54%。门店的销售也不容乐观,甚至,苏宁主动关闭了一些门店。与此同时,苏宁还面对着一些强硬的对手,比如阿里巴巴和京东。

在这种形势下,苏宁被迫下定改革的决心。2012年两会期间,张近东表示苏宁要走"沃尔玛＋亚马逊"的模式,同时提出苏宁要推进"去电器化"的品牌发展战略。

随后,苏宁易购增加图书、百货、日用品类甚至增设旅游频道,接着是苏宁易购上的全品类经营模式尝试。

2012年9月,苏宁的LOGO里去掉了"电器"二字。9月25日,苏宁正式宣布以6 600万美元收购母婴电商品牌"红孩子","红孩子"成为苏宁易购并购的第一家垂直电商。业内人士普遍认为,苏宁"云商模式"的战略提出,意味着电商在苏宁内的地位升级,线上线下一体化的意图日趋显现。

目前,业内的普遍共识是,中国零售业已进入互联网时代,移动互联网时代新兴销售渠道和消费群体新购物习惯的变化,对以苏宁为首的原有线下连锁模式造成了巨大冲击。线下连锁经营已无力应对线上竞争。规模日益膨胀的"电器巨无霸"苏宁实际上已经到了"不转不行"的时候,这种紧迫感主要来自于百思买的教训。这家与原来的苏宁类似的公司,受美国第一大电商亚马逊巨大冲击,销售额大幅下降,去年亏损数十亿美元。统计数据也显示,国内电子商务领军企业成长相当迅速。除阿里巴巴集团旗下的淘宝网和天猫遥遥领先外,在B2C电子商务领域排名第二的京东商城去年交易量已倍增至600亿元以上,而去年苏宁在电子商务平台上实际销售额也约有180亿元。

这也使苏宁宣布实施自己的"云商"模式后,电商一线平台在2013年的准入门槛将进一步抬高。而电商最大的优势就在于价格,准入门槛的抬高给品牌商带来经营成本压力和客户流失的危机。

调查显示,苏宁在电子商务方面无论是经验、百货种类都与其他电商有差距。而开放平台的管理也存在很多问题,物流点设置、干线体系建设都亟待解决。

对苏宁线上、线下同时发展,如何调整商品的差异化和同类商品的价差,一些业内人士同样表示了担心,认为苏宁云商目前只是向公众、资本市场、消费者、产业上下游供应商等各个层面急速抛出一长串新概念而已。

"最重要的是,优质的客户体验如何保证。"有专家认为,苏宁连锁店面累计的会员数据约有一亿,会员数据的融合、支付融合、线上线下打通等都是不小的难题。而"云商"模式加速发展的形势下,结账慢、派送慢等长期存在的问题能否改善,如何对目前扩大的组织架构进行更好的管理,也是苏宁需要思考的问题。

【案例思考】销售市场环境发生了什么变化?这些变化对苏宁的销售方式产生了什么影响?

一、商品销售的含义

(一)何谓商品销售

商品销售是指企业把商品卖出去,实现商品由实物形态向货币形态的转化过程

(W-G),是商品所有者通过商品货币关系向货币所有者让渡商品的营利性经济活动。商品销售是企业商品经营活动的终点。根据商品经营者在流通领域的地位和作用,商品销售可分为批发销售和零售。商品批发销售是指以实现商品转售或加工为目的而进行的商品销售活动,在这一阶段,商品仍处于生产过程或流通过程。商品零售是指将商品卖给最终消费者的活动,通过零售,商品被推出流通领域,最终实现商品价值和使用价值。

(二) 商品销售的意义

企业经营的目的是满足需要、取得利润,而满足需要的程度和取得利润的多少,归根到底取决于商品销售。具体来说,商品销售的重要性主要表现在以下几个方面:

1. 商品销售是实现社会再生产的基本条件

商业是联系社会生产和社会需要的纽带,社会生产的产品只有经过销售才能进入消费领域,使产品转化为货币,商品的价值才能得以实现,否则,商品积压,价值就不能实现,企业无力进行商品采购,生产企业就无法组织再生产,使社会生产与社会需要发生脱节,社会再生产无法继续进行。

2. 商品销售是促进企业改善经营管理、提高经济效益的重要手段

影响商业企业经济效益的因素很多,在正常情况下,只有销售的扩大,才能促进购进的扩大,促进企业经营规模的扩大,从而取得更多的盈利。在条件不变的情况下,销售快,资金周转就快,费用水平就低,经济效益就好。

3. 商品销售是搜集市场信息的主要渠道之一

在商品销售中,销售人员直接与消费者打交道,可及时了解他们潜在的、未被满足的或未被充分满足的消费需求,并反馈给生产企业,一方面起到了指导生产的作用,另一方面起到了引导消费的作用。目前一些大中型零售商场正在逐步建立以前台 POS 系统、后台 PC 工作站为特征的商场管理信息系统(MIS),这将更有利于零售企业采集实时信息,逐步实现现代化、科学化管理。

二、商品销售方式

批发企业和零售企业有各自不同的特点,可采用不同的商品销售方式。

(一) 批发企业的销售方式

批发企业的商品销售,可根据各种批发企业所经营商品种类的不同,销售范围大小和销售对象的不同采用不同的方式。通常有以下一些方式:

(1) 销售会议。销售会议是由专业公司和批发企业召开的,由商品供应企业与要货企业共同参与,在会上进行商品的平衡与分配,衔接产销计划,签订购销合同的销售方式。具体可分为:供应会议、补货会议、物资交流会、专业商品签约会。

(2) 市场批发。这是由批发企业派出人员携带商品或样品外出到工业品贸易中心、小商品批发市场、农村集市贸易参加交易,批售商品的一种方式。

(3) 门市批发。这是批发企业在企业内部设置固定的批发业务部,由批量采购

者根据需要随时选购商品的一种现货交易方式,主要通过建立样品室陈列、销售商品。这种方式地点固定,可看样选购,是批发企业向零售企业销售商品的主要方式。

(4) 访问推销。这是由批发企业派出销售人员,访问客户、上门推销的一种方式,它主要用于销售对象比较集中或处于买方市场条件下的商品。

(5) 代批代销。这是由供货方委托销售方代为销售,等销售后结算货款的一种方式,目的在于调动经营者的积极性,为商品寻找新的市场机会。

(6) 联营联销。这是批发企业与工业企业、其他批发企业、零售企业联合经营、联合销售的一种方式。采取这种方式,可以是批发企业商品销售与资源供应单位或商品销售对象,或竞争企业的利润相联系,有利于批发企业妥善处理对外关系,发挥经济联合的优势,扩大商品销售。联营联销的具体形式,有工商联营、批批联营及批零联营等。

(二) 零售企业的销售方式

自从连锁经营进入我国以来,我国零售企业的组织形式发生了激烈的变革,已从过去单一的百货商店发展成为多种零售业态共存、百花齐放的模式。现阶段我国常见的商业业态主要有:百货商店、专业商店、超级市场、连锁商店、便利店、仓储式商店、购物中心、无店铺销售等。

零售企业应根据不同商品的经营特点和企业自身条件,选择合适的商品销售方式。常见的销售方式有:

(1) 封闭式。这种售货方式的特点是顾客与售货员之间有陈列商品的柜台相隔,顾客不能直接拿取商品,须经售货员传递。

(2) 敞开式。顾客与售货员之间不分隔,在同一场地活动,由售货员办理成交手续。

(3) 自选式。是敞开式售货的一种特殊形式。在封闭的营业场所内敞开陈列所有的待售商品,商场不设售货员,完全由顾客自己任意挑选,然后集中结算付款。

(4) 自动式。采用自动售货机销售商品。

(5) 流动式。零售商店组织力量和货源以流动的方式向顾客出售商品的销售方式。

(6) 邮购销售。根据距离商店较远和外地顾客的函电要求,通过邮寄形式销售商品。

(7) 商品展销会。将不同厂商、不同规格、不同花色品种的某一类或某一种商品集中起来,展开销售,以满足顾客按自己购买意愿进行充分选择的需要。例如,中国进出口商品交易会、中国国际高新技术成果交易会、全国糖酒商品交易会等。

(8). 网络销售。是伴随着互联网进入商业而产生的,以互联网为手段营造商业经营活动,其销售方式呈现多样化,例如:E-mail营销、视频营销、微信营销、SEO优化排名营销等。虽然目前来说,互联网销售仍然存在支付安全、物流配送等配套问题,但网络销售已展现出其强大的发展势头,对传统商业销售造成了一定的冲击。

此外，还有商品代销、访问销售、电视直销等多种销售方式。每一种销售方式都有各自的适用范围和条件，零售企业可以一种方式为主，结合运用其他方式，为商品销售开辟渠道。

三、销售代理方式及管理

（一）销售代理的种类

一般来说，代理商按其是否有独家代理权分为独家代理与多家代理；按其是否有权授予分代理权分为总代理与分代理；按其与厂商的交易方式而分为佣金代理与买断代理。

1. 独家代理与多家代理

独家代理是指厂商授予代理商在某一市场（可能以地域、产品、消费者群等区分）独家权利，厂商的某种特定的商品全部由该代理商代理销售。以地域划分的独家代理是指代理商在某地区有独家代理权，这一地区的销售事务由其负责。

多家代理是指厂商不授予代理商在某一地区、产品上的独家代理权，代理商之间并无代理区域划分，都为厂商搜集订单，无所谓"越区代理"，厂商也可以在各地直销、批发产品。

2. 总代理与分代理

所谓总代理是指该代理商统一代理某厂商某产品在某地区的销售事务，同时它有权指定分代理商，有权代表厂商处理其他事务。因此总代理商必须是独家代理商，但是独家代理商不一定是总代理商，独家代理商不一定有指定分代理商的权力。因此总代理制度下，代理层次更为复杂，因而，常常称总代理商为一级代理商，分代理商则为二级或三级代理商。分代理商也有由原厂商直接指定的，但是大多数分代理商由总代理商选择，并上报给厂商批准，分代理商受总代理的指挥。

3. 佣金代理与买断代理

这是按代理商是否承担货物买卖风险，以及其与原厂的业务关系来划分的代理形式。佣金代理方式是指代理商的收入主要是佣金收入，代理商的价格决策权受到一定限制。佣金代理方式又分为两种，一种是代理关系的佣金代理商，一种是买卖关系的佣金代理商。

买断代理商与厂商是一种完全的"买断"关系。他们先自己掏钱向厂商进货再销售，而买卖关系的佣金代理商则是先从厂商进货，若收不到货款时，再承担"坏账"损失，因此，买断代理商的风险更大，他们对产品的销售价格拥有完全决定权，其收入来自买卖的差价，而不是佣金。

（二）代理方式的选择

确定采用代理商营销之后，企业紧接着要选择合理的代理方式。即，是选择独家代理方式还是多家代理方式，是采用佣金代理，还是采用买断代理方式，抑或是将代理方式与其他营销方式配合使用。

1. 如何应用独家代理与多家代理

（1）根据产品所处的生命周期而改变代理方式。也就是说，产品在不同的生命周期，厂商应采用不同的代理方式。新上市的产品，也就是处于投入期与成长期的产品，由于厂商要求代理商能对顾客提供使用指导、技术服务、售后维修等服务，因此，代理商必然会要求在某一市场区域拥有独家代理权，当产品处于成熟期或衰退期时，产品也就越来越规格化、大众化，消费者与工业使用者所需的特殊知识越来越少，交货时间与价格的重要性相对地增加。到此时，厂商便可以考虑增加代理商的数目。

（2）依据市场潜力而采用不同代理方式。采用多家代理方式的前提是市场潜力较大，需要多家代理商共同开发市场。市场潜力过小，多家代理商同时代理，反而有一些代理商无业务可做，有僧多粥少的嫌疑。这时一般就采用独家代理的方式，不但节省了厂商的佣金支出，而且代理的效率也比多家代理更高。这是因为市场容量小时，多家代理商的同时存在容易造成恶性竞争、相互削价的缘故。

（3）依据厂商产品差异大小而采用不同的代理方式。当厂商的产品类型的区分十分明显时，譬如高级品与低级品的不同顾客群十分清楚，这时厂商便可做更细的市场细分，对不同的市场授予各家代理商独家代理权，以掌握不同特性的顾客。

若厂商的产品之间没有明显差异，而市场容量较大时，以采用多家代理的方式为宜。若这时厂商还采取依产品授予独家代理权的方式，则各家代理商会陷入争夺顾客的泥潭，独家代理权也就名存实亡。

（4）依现有代理商的能力而决定。独家代理商应当有较强的销售能力，较宽的销售网络并且应当有较为雄厚的实力。否则，便会阻碍厂商营销目标的实现，厂商就要考虑采用多家代理的方式。

2. 佣金代理与买断代理的选择

就产品内容而言，若企业产品处于投入期或成长期，还是采用佣金代理方式为好。因为这时企业急需找到代理商，打开市场。若企业采用买断代理方式，让代理商承担买卖中的风险，代理商一般不乐意。买断代理方式一般适用于成熟期的产品或是名牌产品，尤其是名牌的消费品。

就代理商而言，企业若选用买断代理方式则要求该代理商有较为雄厚的资本、较大的影响和较好的商誉。采取买断代理方式，企业的营销基本上由买断代理商接手过去，这时代理商的能力就决定了厂商的生死存亡，因此采用买断代理时，厂商更应注重代理商的能力，若没有合适的代理商，决不能勉强采用此方式。

就价格策略而言，厂商若是十分重视统一价格策略，最好还是采用佣金代理方式。低价竞争导向强的产品采用佣金代理方式更佳。高价高促销的产品，如名牌的产品、高档、奢侈消费品则可考虑采用买断代理的方式。

3. 混合式代理的选择

在实务中，有许多厂商是利用混合式代理方法。所谓混合式代理是指厂商在设计分销渠道时，将销售代理与其他分销渠道结合起来使用。主要有代理商与原厂相互代理方式、经销商与代理混合使用方式及分支机构指导下的代理方式这三种方式。

（1）代理商与原厂互为代理。这种方式是指两厂商互为代理商，相互帮助对方开拓自己所在国的市场。

这种互为代理的方式需要一定的条件才能实现：两厂商的产品性质应当相同或者相近；互为代理的两厂商应当规模相近、声誉相当；互为代理中，两厂商所拥有的权利与所承担的义务必须对等。

（2）经销商与代理混合使用。这种混合式代理有两种情况：一种是总代理下设经销商，另一种则是总经销商下设代理商。

那么厂商是选择总代理商下设经营商的方式，还是选择总经营商下设代理商的方式呢？这主要看以下因素：

首先是厂商的目标。厂商若是以迅速打开国外市场为目标，则宜选择总代理下设经销商的方式。在此方式下，与厂商直接联系的是总代理商，其不承担买卖风险，因此比总经销商更能代表企业的利益，更能集中精力打开市场。

厂商若以减少风险为营销目标，则可选择总经销商下设代理商的方式。厂商货物一到达总经销商处，便能从总经销商那儿收到货款，而不像前者，要通过总代理商向经销商收款，款项才转到厂商。

其次看目标市场的中间商的能力，及中间商与厂商的关系。在厂商不充分信任中间商之前，厂商只愿给中间商以总经销权，总经销商下再设代理商。

（3）分支机构指导下的代理方式。这种方式是指厂商一方面设立分支机构对代理商进行指导与监督，另一方面分支机构又不具体从事销售事务，销售事务有代理商进行。

企业在下述情况下，可采用分支机构指导下的代理商策略：产品技术复杂或是新产品，代理商需要专门的技术指导；多家代理商并存时，为了协调代理商关系，亦可设立分支机构；为了加强对代理商的控制，亦可采用分支机构指导下的代理商方式。

（三）代理商的管理

1. 激励销售代理商

销售代理商是厂商营销环节中的重要一环，但是由于其毕竟不是厂商的营销部门，其代表厂商推销产品时往往有下述不足：①不能重视某些特定品牌的销售。②缺乏产品知识。③不认真使用厂商的广告资料。④忽略了某些顾客群。⑤不能准确地保存销售记录，甚至有时遗漏了品牌名称。⑥售后服务并不十分积极，多家代理情况下，相互推诿售后服务的责任。因此，有必要采取一些激励手段来提高代理商的积极性。

厂商激励代理商的手段较多，一般有物质激励、代理权激励和一体化激励三种方式。

（1）物质激励。通俗地说，所谓物质激励是指厂商采取软硬兼施、威胁利诱的"胡萝卜加大棒"的方法。代理商达到厂商的要求有物质上的好处，未达到则有可能

学习单元五 经营业务管理

失去某些利益,甚至丧失代理商的地位。正面的物质激励包括较高的佣金、交易中给予特殊照顾、奖金等额外酬劳、合作广告补助、展览津贴和销售竞赛等方法;消极的物质制裁有威胁要减少佣金、推迟交货或中止关系等。

经验较为丰富的厂商则设法与代理商建立长期的合伙关系,通过这种长期合伙关系来激励代理商。对于市场覆盖率、产品可获量、市场开发、招揽客户、技术指导与维修和市场信息等方面,生产厂商与代理商彼此之间相互要求,应有明确的设想,从而达到长期合作的目的。为了使代理商相配合,厂商在佣金支付上不是采取一揽子付出的佣金,而是按项目付出。如佣金率为25%,厂商可化解为下面几个方面来支付佣金:

a. 如能保持适当的存货水平付给5%。
b. 如能完成最低销售额付给5%。
c. 如能较好地提供售后服务付给5%。
d. 如能正确地报告顾客购买水平付给2.5%。
e. 如能适当管理应收账款再付给2.5%。
f. 如能较成功地进行广告宣传付给5%。

这种佣金支付方式比一揽子佣金付出的形式更能促进厂商与代理商形成一种长期合作的关系。不过仍属物质激励范畴。

(2)代理权激励。所谓代理权的激励是指厂商运用变化代理权的形式与内容来激励代理商,从而使代理商更积极地工作。代理权的激励有两种形式,一种是先采用多家代理再转为独家代理,另一种则是先采用独家代理后转为多家代理。

厂商最开始若对代理商不甚了解时,一般都不会给予代理商独家销售代理权。经过较长时间的比较之后,从最开始选出的几个代理商中选出一个销售网络较为强大,广告、售后服务做得较好,资金力量较为雄厚的代理商作为其独家销售代理商。

在这种激励方式下,各代理商会尽其全力做好其销售代理工作。多家代理制改为独家代理制之后,厂商可以撤除其他代理商,全部销售代理工作由该独家代理商进行;厂商也可以改为实行总代理制,改代理工作突出的代理商成为总代理商,其他代理商作为手下的一级代理商、二级代理商、三级代理商等,其他下级代理商必须向总代理商拿货,总代理商负一定的协调、管理下级代理商的职责。

对于工作不出色的独家代理商,厂商也可采取"降级"的消极激励措施,即将独家代理制改为多家代理制。

日本三田复印机公司在台湾市场上,以前采取的是独家代理制,即由力可公司全权代理三田公司的影印机销售。力可公司虽全力以赴,但仍达不到三田公司的在台湾地区复印机市场占有率达10%的目标。三田复印机公司因此决定将原来由力可公司代理的四种新机型交给信舟公司代理。力可公司仍维持四种机型的代理权。其后信舟公司业绩突出,为了激励信舟公司,日本三田会社将力可公司剩下的四种产品的代理权全部由信舟公司接替,但并未停止供应力可公司其以往的承诺代理的产品。

三田会社的做法,被称为"双轨代理"方式,旨在刺激新、旧代理商相互竞争而扩张业务。

只要是处理得妥当,厂商由独家代理制改为多家代理制不但不会影响产品销售,有时还会因多家代理商竞争而使产品销售量急剧上升。

如,日本象印牌家电用品在台湾原来设有独家代理商,后来由于不满意于独家代理商的销售业绩,又授予另一家代理商以销售相同产品的代理权,结果在两家代理商的相互竞争下,象印牌家电用品的销售量增加了一半以上。

因此物质激励的方式只能起到短期激励的作用,从长期来看,代理权的激励作用更大。

(3) 一体化激励。一体化激励方式是厂商激励代理商的最高形式。它包括厂商向代理商技术授权和厂商与代理商相互参股以及厂商最终将代理商变为自营销售部门这三种方式。

前面已经说过,技术授权是指厂商将自己的技术、商标、品牌授予其他厂商使用,技术授权让厂商使用其技术制造产品,并可以使用该厂品牌、商标销售产品,原厂商收取权力转让费。

许多厂商的代理商是综合性公司,该代理商有自己的生产企业生产类似产品。厂商采用该代理商进行销售代理一段时间后,若发现该代理商的下属生产企业物质、设备条件好,产品质量不错,但缺乏某些关键性技术与名牌商标,这时为了激励代理商积极推销其产品,便可采用技术授权的方式。

这样,厂商所在国与代理商所在国之间实际上发生了两种贸易。技术授权是国际企业活动中工业财产权的使用权力的授予,是"无形贸易",而代理权所授予的,则是一般实体货物的销售权,是"有形贸易"。这两种贸易混合在一起,对代理商的激励作用更为明显,更为巨大。

现实中,厂商对代理商授予代理权同时又进行技术授权的事例并不少见。台湾地区一家公司在取得美国Wave Mate公司的产品在东南亚地区总销售代理权的同时,又从该公司获得技术授权,生产、销售IBM/PCAT相容性电脑。

对代理商进行技术授权,大大地刺激了代理商的积极性。这是因为代理商得到技术授权后,日后其代理权一旦被厂商收回,代理商已获得了厂商的重要技术,可以不再以原厂商的商标进行销售,而是自创品牌,利用其原来的销售通路,大发其财。

厂商不对原代理商进行技术授权,而是对其代理商所在国的其他企业进行技术授权,从实质上来说,也是对代理商的一种激励。因为在代理商所在国其他企业进行技术授权后,若授权合同中有特殊规定,则该代理商便既可从国外的原厂进口该代理产品,又可直接从自己国内的技术授权厂商进货,因而省去了报关、纳税、海上运输风险等一系列麻烦。

例如,以生产企鹅牌成衣闻名于世的美国Munsing服装公司即以技术授权的方式,授权日本东洋纺织公司在日本制造企鹅牌成衣。因此,Munsing服装公司的销售代理商,日本第一大服装销售公司——迪尚公司(DESCENT)既可从东洋纺织公司直接进货,代理销售日本当地制造的企鹅牌成衣,也可从美国 Munsing 服装公司直接进口,代理销售"美国制"的企鹅牌成衣,不但扩大了迪尚公司的代理销售量,同时大大方便了迪尚公司的销售代理工作。

随着国际销售代理业的发达,跨国、跨洲进行销售代理越来越多,因此技术授权方式必须成为方便代理商进货的重要方式。如台湾市场上南桥关系企业名坊公司的"巧得来"碗面、韩国的浪味乌龙面及日本的"合味道"碗面,有相当部分便是代理商从技术授权厂商那儿拿货销售的,而原厂商与技术授权厂商再进行结算,由原厂商付款给技术授权厂商。

一体化激励方式的另一种形式是厂商与代理商之间的相互参股进行投资。

厂商对代理商的参股本身是对代理商的一种投资,代理商可得到厂商注入的资金,同时由于代理商的公司内有厂商的股权,厂商更关心代理商的业务与成长。因而可以说是对代理商的一种莫大的激励,更利于厂商与代理商之间形成一种长期合作的关系。

这种厂商对代理商的参股关系在名牌服装的厂商与代理商之间表现尤为突出,如世界名牌内衣斯蒙佩尔公司、世界名牌皮衣 BALLY 公司对其代理商均有投资参股。另外如汽车行业也很突出。日本丰田商事会社曾为配合丰田汽车在台湾市场的营销,而对其在台湾的代理商——建台丰公司进行股权投资。从而加强了对代理商的控制,并给其在台湾的合资汽车厂提供了诸多方便。

股权投资激励代理商的另一种方式是厂商与代理商共同投资成立合资企业。由于该合资企业的大股东是原厂商,因而主要经营活动由原厂商负责,代理商参与投资后,不需太多负债经营活动,又能借助股权投资获得红利,因而颇受代理商欢迎。如,日本丰田汽车公司曾计划到台湾成立合资的大汽车厂,由其代理商——和泰汽车公司协助找寻合资方,同时允许和泰汽车公司参与小部分的股权投资。

股权投资激励代理商的最后一种方式是代理商获得许可,购买原厂商的部分股权。当然若原厂商是穷困潦倒,又无什么名气的厂商,则不能算是对代理商的激励,反而是代理商的负担,代理商是不会参股的。若原厂商乃名牌厂商,则允许代理商参股则是对代理商极大的鼓励。这种情形较少,要求代理商本身也是实力雄厚的大公司,否则无力参股,勉强参股,股份额较少,不起任何作用。

厂商许诺将业绩卓著的代理商作为自己的自营销售部门或子公司,从某些情形下来说,也是对该代理商的激励,这得看代理商的意愿,与厂商的实力。若代理商在国内独自经营困难较大,而且有意成为大公司的子公司或自营销售部门时,则厂商许诺将该代理商归于自己旗下也可算是对代理商的一种一体化激励。

2. 控制销售代理

厂商控制代理商主要通过两种途径,第一种途径是在订立代理合同之时,规定好代理商的权利和义务,即通过代理合同控制代理商的作业;第二种途径是订立代理合同之后,继续加强对代理商的联系与沟通,注意代理商的业务经营状况,及时修订计划。

(1) 通过代理合同控制代理商。厂商主要可通过代理合同中的如下项目控制代理商的业务:①划分清楚代理区域,以防止越区代理。②规定最低代理销售额,以防代理商不积极推销产品。③规定商情报告制度,以加强厂商与代理商的沟通。④规定代理产品价格与代理佣金水平。

(2) 日常业务控制。厂商不宜对代理商的业务过多地干涉,其主要通过市场计划的修改,对代理商的指导及对代理商的评估来达到控制代理商日常业务的目的。首先要继续进行市场研究,并适时地修改计划。厂商选定代理商后,不可全盘依赖代理商统揽全部营销事务,其仍需进行市场研究来拓展市场。厂商的市场研究可委托代理商搜集材料,但对海外市场的分析、评估与规划必须由自己进行。厂商应当仔细观察市场需求的变化、营销渠道的变化;厂商产品对本厂产品的影响;厂商还应当注意自己的代理商销售能力、销售业绩的变化。通过市场研究之后,厂商应拿出市场营销方案,具体由代理商执行,否则,代理商之间行动不统一,在广告、价格、人员促销等方面必有不协调一致的地方,影响了厂商的总体营销能力。其次要对代理商进行指导。由于代理产品对于代理商所在国家是新产品或尚未进入该国市场的产品,因此,代理商本身也不一定很精通该产品的营销,如商用计算机刚出现时,代理商基本上都无代理销售该产品的经验,一时茫然不知所措。广告宣传大多不得要旨,售后服务更是一筹莫展。最后还是得由厂商自己来销售。在上述情况下,厂商应派人员协助代理商,或定期对代理商的销售人员、技术人员进行培训。否则,便不能利用诸多代理商发挥其配销的功能。有时,一些代理产品,厂商要求代理商应用较新的销售方法时,代理商也可能一时难于跟上,因而亦需指导。如,美国食品罐头厂对中国大陆的代理商要求,其产品要应用直销的方式发送到客户手中。而我国大陆地区,直销方式才兴起,很多直销商业务水平尚低,因此也需要该美国食品罐头厂派人指导。

3. 对代理商进行评估

评估代理商是为了下一阶段更好地控制代理商的业务经营。对代理商进行评估主要是检查销售业绩及成长率,代理商对产品推销的努力程度及服务品质的高低等。对于业务进展不佳的代理商,要进一步评估其代理区域是否过大以致无暇全面顾及,代理商有无足够时间及力量推销新的产品,此外还得随时注意代理商在财务、库存等经营管理方面的能力及资金周转等。

如果某一代理商的绩效明显低于厂商既定标准,则需要找出主要原因,同时还应考虑可能的补救办法。如果放弃或更换代理商将会导致更坏的结果时,厂商则只好容忍这种令人不满的局面。当不会出现太坏的结果时,厂商应要求工作成绩欠佳的代理商在一定时期内有所改进,否则,就要取消该代理商的资格。

对代理商的评估应从四个方面进行评估比较。

(1) 长期评估。所谓长期评估,是指厂商评估代理商从长期来说是否能配合厂商完成其国外市场的长期目标。例如,厂商若将来想在代理商所在的市场自行设立分支机构时,该代理商是否会阻挠厂商在当地的扩张活动?该代理商的效能是否足以发展出大规模的销售实绩,从而有利于厂商在当地进一步直接设厂生产。

(2) 短期评估。所谓短期评估是指厂商评估代理商目前是否达到了厂商所期望的功能,是否需要在产品组合定价等方面作适当的配合,使该代理商担任的功能发挥更大的效果。例如,该代理商的销售强度、绩效与市场占有率的高低;该代理商的平均存货水平,送货时间,次品及遗失品的处理状况如何;该代理商对企业促销及训练方案的合作程度,及对顾客提供的服务等。

(3) 纵向评估。所谓纵向评估是指将每一代理商的代理销售额与上期的代理销售额进行比较,并以整个代理商群体代理销售额升降百分比作为评价标准。若全体代理商的平均代理销售额与去年相比上升了10%,而某代理商只上升了5%,则应当有所警惕。

对于该群体平均水平以下的代理商,必须加强评估与激励措施。如果对后进代理商的环境因素加以调查,可能会发现一些客观因素,如当地的经济衰退;某些顾客不可避免地失去;主力业务人员的失去或退休等。其中某些因素可在下一期补救过来。这样,厂商就不因这些因素而对代理商采取惩罚措施。

(4) 横向评估。这种评估办法是指厂商将各代理商的绩效与该代理商区域的销售潜量分析时所设的预计代理销售相比较。在销售期过后,根据代理商实际销售额与其潜在销售额的比较,将各中间商按先后名次进行排列。这样厂商的调查与激励措施可以集中于那些未达到既定比率的中间商身上。其实,上述的纵向评估与横向评估只是相对而言的,纵向评估方法内也包含有横向评估,因而不可绝对化。

四、特许经营及管理

(一) 特许经营的特点

厂商在生产商品之后,必须将这些能满足消费者欲望的商品分销出去,使消费者能在最方便的地方买到。营销的功能之一是如何有效地将商品分销出去,在分销过程中,如何选择中间商以最有效的方法,发挥空间、时间的效用来达成商品从制造商转移到消费者手上的目的,成为企业经营的重中之重。

特许经营在成本与效益的衡量中,被认为是一种低成本高效率的流通方式。一般而言,特许经营有如下特点:

(1) 特许经营是授予人(生产厂商或批发商)和很多独立商号(如批发商或零售商)之间经销商品的一种契约。

(2) 特许经营是一种流通的方式,特许经营权由母公司授予个人或小公司在某一特定范围及某一段时期内,按其规定方式经营销售的一种特权。

(3) 在特许经营权的存续时期中,提供一个经营权利的保证,并时时提供有关特许店在组织、训练、销售及管理方面的协助与辅导。

总之,特许经营强调的是一种双方特许经营权(授予人与接收方)永续的关系。在这种关系之下,是一种有偿的传授或授予有形与无形资产如服务、商标、服务标志、形象设计或专业技巧的行为。特许店在母公司的辅导下应用其品牌,实际从事企业的营运。

(二) 特许经营与连锁经营的区别

一般说来,特许经营与连锁经营是两种不同营销方式,原因如下:

(1) 特许经营和连锁经营的定义不同。连锁经营的核心是同一资本所有,经营同类商品和服务,由同一个总部集中管理领导,共同进行经营活动的组织化的零售企业集团。

(2) 特许经营和连锁经营的特点不同。特许经营的核心是特许权的转让,特许人(总部)是转让方,受许人(分支店)是接受方。特许体系是通过特许人与受许人一对一签订特许合同而形成的,各个分支店之间没有关系。而在连锁经营中,总部对各分店拥有所有权,对分店经营中的各项具体事务均有决定权。分店需将营业利润按总部要求上缴,分店经理是总部的一名雇员,完全按总部意志行事。

(3) 特许经营和连锁经营的范围不同。连锁经营的范围仅限于流通业和服务业,不涉及制造业;而特许经营的范围则宽广得多,在制造业中也有大量实例。

(4) 特许经营和连锁经营所包含的法律关系不同。在特许经营中,特许人与受许人之间的关系是合同双方当事人的关系,双方的权利和义务在合同条款中有明确的规定。而连锁经营中不涉及这种合同(分店经理与总部的雇佣合同则另当别论),总部和分店之间由公司内部的管理规则调整关系。

(5) 特许经营和连锁经营的运作方式不同。特许经营业务开展的基础是一整套经营模式或某项独特的商品、商标。特许人把这些东西以特许权组合的形式转让给受许人,有了它受许人就可以独立开展业务。特许组织的建立也是以开发出上述各项为基础的。而连锁经营则不需要这些内容。连锁经营实际上只需足够的资金和合适的业务类型就可以进行。当然,对于连锁经营来说,充足的经营管理经验和方法对于其成功是至关重要的。

(6) 特许经营和连锁经营的发展方式不同。特许经营通过吸收独立的商人加入而扩大体系。在这过程中,特许人需进行大量的营销工作吸引潜在的受许人,还需进行选择受许人的工作,并为受许人提供培训等各种服务。而连锁经营欲扩大其体系,则只需进行市场调查,选择合适的地点,并筹集到足够的资金就可以了。

(三) 特许经营合同

特许经营是由两个独立的个体,按照合同的约束条件,来履行双方的权利与义务。在特许经营分销体制下,合同是唯一维系双方关系的文件。合同对于特许人和受许人都是至关重要的。一般来说,这种合同以约束为主,它限制了特约经销商的权利并规定了它的自我经营的方式;对于特许人来讲,他必须制定这些限制,以便充分保障其商标权益,同时维持全国的标准化作业及水准。

通常一份典型的合同书会涵盖很多项目。

（1）区域限制。合同中应写明特许人授予区域独占权,即在该区域内不再指定其他受许人或特许人自己经营业务;特许人不将其制造的产品或其商标交予受许人所在区域的第三方使用;受许人可被限制在合同中指明的场所进行营业活动;在特许人的同意下,受许人也可以改换其营业场所;特许人在接受受许人的变换地点申请时不能拖延不答;禁止受许人去授权区域外吸引顾客,但不得要求受许人拒绝向主动前来的区域外顾客提供服务。

（2）产品。受许人不得制造、销售和使用特许人竞争对手的产品或服务。特许人需要保证在所有特许业务中的产品都是特许人生产的,或其指定的,或标有其品牌的。除非为了保护其工业和知识产权,或维护特许体系的形象和声誉,特许人不得拒绝指定受许人提出的第三方作为授权制造商。

特许人可以要求受许人销售和使用符合特许人制定的最低质量标准的产品和服务,或销售和使用仅由特许人制造的产品和服务,并尽其最大努力销售产品、为其提供的产品和服务做出保证。

（3）竞争。特许人可要求受许人遵守:不得制造、销售和使用特许人竞争对手的产品;为了保护特许人的权利,或特许体系的整体形象和声誉,受许人不得直接或间接卷入在某一区域的相似经营活动,受许人不得接受体系竞争对手的财务资助,以避免对手对受许人的经营行为施加影响。

（4）经营诀窍。特许人为了保护其经营诀窍,可对受许人附加下列义务:在合同期间和合同中止以后,不得为除开发特许权以外的目的使用经营诀窍;在合同期间和合同中止以后,不得向第三方泄露经营诀窍。

（5）其他方面。特许人须促使受许人明确指出受许人作为独立经营者的地位;为了保护特许人的权利,或特许体系的整体形象和声誉,受许人需要为体系的广告活动做出贡献,并只在经过特许人认可的方式下开展自己的广告活动。

（四）特许经营的优势与挑战

任何事物都有正反两个方面,特许经营也是一样有利有弊,既有其诱人的魅力,也有无法否认的缺陷。因此必须清醒认识两方面的作用,扬长避短,才能少走弯路,充分利用特许经营的优势开拓自己的事业。

特许经营对特许人事业的发展诸多优势,主要表现在以下方面:

第一,特许人不受资金限制,可以迅速扩张经营规模。特许经营开设的每一家特许加盟店都是由加盟商自己出资,加盟商对分店拥有所有权。总部通过出售自己公司的名望、商标、经营模式等无形资产,不仅开分店无须自己出资反而还能从加盟商那里获得开办费、使用费。由此看来,特许经营不受资金限制,仅凭一纸契约就可以发展新店,迅速扩大规模。

第二,受许人更加积极肯干,有利于特许人事业发展。受许人既是加盟店的经营者又是加盟店的所有者,加盟店的经营好坏与自己切身利益密切相关。因此,加盟店经理与收入建立在工资和佣金基础上的经理们相比,干事业的雄心更大,受到的激励更强,而受许人的努力工作,自然有利于特许事业的发展。

第三,特许经营方式可以使特许人得到更多的经营优势,可以降低经营成本。随着加盟者的增多,集中采购商品的数量也不断增多,可以从供应商那里获得较多的折扣和优惠条件,延长付款期限,从而降低进货成本,进而可以降低商品售价,增强企业的竞争能力。另外,特许经营总部负责广告策划和实施,广告费用由各加盟店分担,降低了总部的广告宣传成本。特许经营总部给予加盟商的各项支持,包括监察费用,都可以从各加盟店的营业额中抽取一定比例获得补偿,这实际上又将一些管理费用分担给各加盟店,相应降低了总部的经营成本。

第四,特许人可以集中精力提高企业管理水平。由于总部无须处理各加盟店在日常经营中可能出现的各种问题,因而可以集中精力改善经营管理,开发新产品,挖掘新货源,做好后勤工作。

第五,特许人可以获得政府支持,加快国际化发展战略。随着世界各国连锁业的不断发展,商业集中和垄断趋势逐渐加强,这种集中的结果,被各国政府视作有破坏自由竞争之嫌。同时,这又使零售业中1~4人的最小企业在竞争中大量倒闭、歇业或被兼并。在这种情况下,许多政府已意识到保护中小企业的重要性,制定一系列措施,支持鼓励特许加盟组织的发展。因此,相对于正规连锁来说,特许经营在政府的支持下具有更多的经营优势。特许经营还较正规连锁更容易打开他国国门,实施国际化战略。因为,许多国家,尤其是发展中国家,其市场是逐渐向外开放的,往往对零售业、服务业等第三产业更谨慎,外国资金要进入这些行业非常困难。而特许经营因为是一种无形资产的许可,并不涉及外资的进入,因而可以绕过壁垒,大张旗鼓地将事业发展到世界各地。

特许经营在给特许人事业带来优势的同时,也给特许人提出一些挑战。

一是受许人有时闹独立,难以控制。受许人把企业经营得很好,挣到了他想挣的钱,甚至更多,他确信成功在于自己独立自主的经营,便开始怀疑是否需要特许人,从而产生较强的独立意识,这对特许人来说是一种挑战。毕竟,特许人的无形资产,帮助受许人获得成功,而受许人却认为全是他自己的功劳,视特许人为多余,这无疑会在特许人和受许人的关系中投下阴影,这就迫使特许人用高度技巧和艺术去处理双方的关系。

二是公司声誉和形象会受到个别经营不好的加盟店的影响。在特许经营中,从全局来看,各加盟店与总部是在一盘棋上,其利害有较强的一致性。但是由于加盟店是受许人自己投资,因此经营的大部分风险都在加盟者身上,加盟店又是一个独立的利益主体。个别加盟店为追求自身利益,可能不按总部指导办事,随意更改总部的样板经营程序,或采取不规范甚至不正当的手段来经营这一事业。其结果必然是损害总部名声,使得总部和其他加盟店多年来树立的形象遭到破坏。

三是当发现加盟店主不能胜任时,无法更换。加盟总部并不容易找到理想的店主,尤其是总部发展较快时,他会发现要招到足够数量的合适的加盟者有些困难。因为加盟者是该店的所有者,是法人代表,即使经营一段时间发现店主不能胜任工作,总部也不能像直营店那样可以辞退再换人,只能任其"滥竽充数",这将影响事业的顺利发展。

特许经营是一种双赢的经营形式,其对受许人也有相应的优势与挑战。当一个潜在的受许人试图加入特许经营体系,成为一个真正的受许人而且独立经营业务之前,他必须分析和了解特许经营对自己有哪些利与弊。

特许经营也给受许人带来不少优势:

第一,小投资者、缺乏经验的创业者加盟特许经营网络,成功的机会将大大提高。在当今日趋激烈的竞争环境里,市场机会对一个小资本的独立创业者来说已是越来越稀少。一个资金有限、缺乏经营的投资者要在高度饱和的市场环境中独立开创一份自己的事业是困难的。但投资者若选择一家实力雄厚、信誉高的特许经营企业,加盟其中,其成功的机会将大大提高。

第二,受许人可以得到系统的管理培训和指导。拥有一套成熟并被证明是高效率的管理方法无疑是事业成功的基础。让一家新企业独自摸索往往需较长的时间。但若投资者加入特许经营企业,他就不必一切从头做起,便可以立即得到总部的管理技巧、经营诀窍和业务知识方面的培训。加盟商还可以直接从总部那里获得许多帮助,有些总部会派专门工作人员帮助加盟商解决企业在开业之初和经营过程中出现的问题。

第三,受许人可以集中进货,降低成本,保证货源。特许经营最大的优势主要体现在集中进货与配送上,由于大量的加盟者的加入,从总体上扩大了总部的规模,这就使得进货成本和库存成本的降低成为可能。加盟总部在集中进货时,由于进货量大,对供应商谈判的周旋余地也大,可以获得较低的进货价格,从而降低进货成本,取得价格竞争优势。由总部集中进货后,另一大优点是可以充分保证货源,防止商品断档。

第四,受许人可以使用总部著名的商标或服务。在绝大多数情况下,加盟总部已经建立了良好的公众形象和高品质的商品服务,个体经营者加盟了这些特许组织,就可以分享这些无形资产,使自己的知名度和信誉随之提高。就消费者角度来说,一般也会把加盟者的分店看成是某大集团属下的企业,从而增加信赖感。利用这种优势,受许人可以迅速稳固市场地位。

第五,受许人较易获得银行的贷款。作为特许总部,他们会帮助加盟店与银行建立关系,有些甚至采取连带担保方式,使加盟店获得贷款,而现在许多银行也已经认识到特许加盟店是建立新企业的一种安全途径,在特许总部的"保护伞"下,企业有能力创造更多的利润,因而银行也愿意贷款给加盟者。

第六,受许人可以获得加盟总部的经销区保护。一般来说,特许经营总部常实行经销区保护的方针,即在一个区域只接受一位加盟者,不再建立其他特许店,以避免同商号的恶性竞争,共同对付其他竞争者,保证双方的利益。

特许经营对受许人的挑战则表现为:

一是经营受到严格约束,缺乏自主权。加盟店加入特许经营组织后,其付出的最大代价便是自由度限制。从商店的布置、商品的陈列、经营的商品品种、经营设备、经营方式,甚至营业员的行为、语言、着装都必须跟总部规定步调一致,分店只有服从总部安排的义务。缺乏自由度,就可能使投资者失去应变能力。

二是特许人出现决策错误时,受许人会受到牵连。投资者若加入了特许经营组织,就等于将自己的投资得失,全部与特许经营组织挂上了钩,是成是败,在很大程度上受总部的影响。特许经营失败的例子也有很多,这些失败的例子有一个共同的教训,即总部决策失误。由于加盟店营运中很多事物均由总部安排,一旦总部出现问题,加盟店就会大受牵连。

三是过分标准化的产品和服务使加盟店缺乏灵活性和应变力。一般来说,受许人只能按照特许人制定的程序来做,想临时改变一些商店的售价或一些经营策略都比较困难,更不用说创新花样了。而且,加盟店所有的商品、设备、原料、加工品种都是由总公司分配,几年如一日地提供同一种商品和服务,可能会对顾客失去吸引力。

四是在发展速度过快时,总部的后续服务如果跟不上,会影响加盟店经营。加盟店的数量在迅速增长的情况下,总部的物流系统,后勤服务等如果跟不上,对加盟店不能进行有效的帮助和指导,削弱了总部的控制力,使特许系统成为一盘散沙。在这种情况下,受许人便成了直接的受害者。

五是受许人退出或转让将受到合同限制,困难重重。受许人与特许人签订合同后,在合同期限内,必须照章办事,不能再有其他选择。如果在这一期间经营不太理想,或因其他原因想终止合同或受许人想转让等,一般总部出于自身利益考虑不会轻易同意。因此,受许人一定要经过慎重考虑后才能签合同,否则后患无穷。

综上所述,尽管特许经营有利也有弊,但它的好处依然是显而易见的,作为一个小资本的投资者,选择加盟特许经营组织仍不失为一个明智之举,但投资者必须充分认识到,任何事物都不是只有利而无一害的,你踏进特许经营组织的那一刻起,你就走进了一个充满风险的世界。

(五) 特许经营的管理

当企业决定利用特许经营制度为其分销系统时,接下来便是特约经营商的选择、促销、管理及绩效评估。由于特约经销商是独立经营的企业,它的管理方式完全不同于一般的流通方式,特约经营商的甄选过程,虽然费时费力,却关系着整个体系的成败,因而不得不特别慎重。

(1) 选择特约经销商。要以一个简明扼要的法则来说明特约经营商的甄选要诀是不可能的,因为各行各业的特殊性质,深深影响着特约经销权的权利与义务。有些业已成功的特约经销商甚至联合起来,以资本结合的方式来对付母公司,由于时代的变迁,这些特约经销商的教育与经验往往也有超越母公司的情形,要谈到甄选就比较困难了。

总的来说,选择特约经销商时,信用与财务能力是甄选特约经销商时的第一要素。除此之外,还要考察经营人才、以前的工作经验、经营者的个性、健康情形、教育背景等因素。

(2) 特约经销商的培训。特约经销商经营成功与否,训练具有举足轻重的地位。母公司利用训练来鼓励特约经销店,也用来提高特约经销商的经营绩效。训练程度的多寡完全取决于特约经销权的特性,以及对于经营技术的程度而定。

(3) 母公司的营销决策。特许经营制度下,最重要的管理问题是特约经销商的协调与控制。虽然特约经销商是独立的企业,他们的成功可以说是由特约经营制度的形象而决定。

由于成功的特约经销制度发展迅速,其规模的扩大,势必造成控制的问题,在规模扩大之后,有关生产、财务、营销、运送等问题,就会变得复杂。

除了控制问题之外,市场情况的一日千变,也是件伤脑筋的事。市场的竞争、技术革新、政府干预、社会习俗的变迁,母公司必须随时配合这些变化,提供特约经销商应变的方法来确保整个体制的成功。母公司必须随时控制特约经销商的销售区域、商店外观、商品品质,以及售价等等。

(4) 区域问题。特约经销系统的母公司在区域划分上采取两种基本的策略,第一种策略是在某一个地域,授权一家特约经销商,让他全权去转授或自行设立特约经销系统。第二种策略则是由母公司采取单独授权设立。

另外一个问题是区域划分的界限应具有弹性,以备日后的扩充。

维系特许经营制度最重要的秘诀在于标准化。因此,几乎所有的特约经销权母公司都要求分店在外表、品种、存货、价格及货色上取得一致。特约经销商标准化的外观是此种制度的精神所在,最主要的目的是树立消费者心目中统一的形象。为了维持统一的形象,地域性的广告活动必须配合母公司制作的标准化广告表现,并经母公司核准,这种控制,一般来说是必要条件之一。

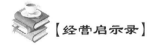【经营启示录】

小 说 旅 馆

位于美国俄勒冈州的纽波特海湾,一年四季风光旖旎,海风习习,宁静安详。在海湾的一个小镇上,人们仿佛过着远离尘世的生活,除了海浪扑向海岸的声音,其他的一切来自大城市的污染都没有。偶尔有三三两两的游客到这里来转转,显得特别扎眼。科利尔和莎莉斯决定在这里开设他们的旅馆。

这无疑是一个冒险的举动。靠旅客吃饭的旅馆,面对的却是每日寥寥无几的外来人,来小镇办事的人大都住在政府开办的招待所。朋友和亲人都这样认为:他们简直疯了。

但是八年后,当人们再看到科利尔和莎莉斯这家名为"西里维亚·贝奇"的旅馆时,红火的生意让人眼馋,每年有数以万计的游客在这里下榻。现在想来住宿,需要提前两个星期预订房间。当然,小镇也因此人气渐旺,但宁静依然。

科利尔和莎莉斯是如何把游客引来的呢?

谜底是小说。

八年前,科利尔和莎莉斯还在俄勒冈州的一家大酒店里供职。在工作中他们发现,很多人来俄勒冈旅游之余,不愿去酒店里的酒吧、赌场、健身房这些娱乐场所,也不喜欢看电影、电视,而是静下心来在房间里看书。时常有游客问科利尔,酒店里能不能提供一些世界名著?酒店里没有,爱看小说的科利尔满足了他们。问的人多了,科利尔就留心起来。

一段时间后,他发现这一消费群体相当庞大。现代社会压力极容易让人浮躁,人们强烈要求释放自己,有的人就去酒吧找疯狂,去赌场寻刺激来发泄,而另一部分人偏爱寻一方静地让自己远离并躲避一切烦恼与压力,看书是一种最好的方式。开一家专门针对这类人群的旅馆,是否可行呢?科利尔在一次闲聊时,把这个想法对莎莉斯说了,没想到莎莉斯早就注意到这一现象,两人一拍即合,决定合伙开办一家"小说旅馆"。

为了安静,他们最后选择了纽波特海湾这个偏僻的小镇。他们集资购买了一栋三层楼房,设客房20套,房间里没有电视机,旅馆内没有酒吧、赌场、健身房,连游泳池都没有。

这就是科利尔和莎莉斯所想达到的效果。在"海明威客房"中,人们可以看到旭日初升的景象,通过房间中一架残旧打字机和挂在墙壁上的一只羚羊头,人们马上就会想到海明威的小说《老人与海》《战地钟声》等里面动人的情节描写,迫不及待地想从"海明威的书架"上翻看这些小说,那种舒适的感受也许让人终生难忘。

所有的故事描述与人物刻画在科利尔和莎莉斯的精心筹划与布置下,都表现在房间里。令人大惑不解的是,他们的旅馆刚投入使用,来此的游客与日俱增,尽管对这种新颖的旅馆有口碑相传的效应,但稀疏的几个外来人或许自己都没有来得及消化,影响也不至于这样快。

原来,在科利尔和莎莉斯布置旅馆的同时,就早已开始了招徕顾客的工作。

既然是小说旅馆,自然顾客群是与书亲近的人。为了方便与顾客接触与交流,他们在俄勒冈开了一家书店,凡是来书店购书的人都可以获得一份"小说旅馆"——西里维亚·贝奇的介绍和一张开业打折卡。许多人在看了这份附着彩色图片的介绍之后,就被这家奇特的旅馆吸引住了,有的人当即就预订了房间。为了扩大客源,莎莉斯还与俄勒冈的其他书店联系,希望他们在售书时,附上一张"小说旅馆"的介绍。这种全方位有针对性的推介,为他们赢得了稳定的客源。这种形式一直持续到现在。入住"小说旅馆"的房客必须是"西里维亚·贝奇"书店书友会的会员,持会员卡才能预订房间。

学习单元五 经营业务管理

随着时间的推移,"小说旅馆"的影响日渐扩大。科利尔和莎莉斯的书店生意的兴隆,也显示出了其"小说旅馆"客人的增加。在旅馆的每个房间和庭院里随处可见阅读小说、静心思考、埋头写作的客人,甚至一些大牌演员和编剧也在这里讨论剧本。一些新婚夫妇还以在旅馆中入住以法国作家科利特命名的"科利特客房"度蜜月为荣。

【经营启示】

创意来自生活的细节。营销一开始面向大众当中的某一部分,当它渐渐地变成一种时尚,就不再是一部分人的了,它变成了全体人的。

学习任务三 商品运输管理

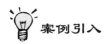

沃尔玛通过运输合理化节约成本

沃尔玛公司是世界上最大的商业零售企业,如何降低运营成本,是沃尔玛成功经营的关键。物流是企业的第三利润源泉,物流成本是沃尔玛运营成本中的重要组成部分。其中运输和仓储在物流成本中占据较大比重,因此沃尔玛着重对其运输体系进行整改。在中国,沃尔玛百分之百地采用公路运输,所以如何降低卡车运输成本,是沃尔玛物流管理面临的一个重要问题,为此他们主要采取了以下措施:

第一,在符合交通法规的情况下,尽可能使用最大的卡车,并且保证货车的满载运输,产品从车厢的底部一直装到最高,不会浪费空间,这样有助于节约成本。

第二,沃尔玛的运输体系是自建的,卡车和司机都属于沃尔玛。沃尔玛对车队的管理非常严格,保证安全是节约成本最重要的环节。沃尔玛的口号是"安全第一,礼貌第一",而不是"速度第一"。因此卡车的事故率极低。

第三,沃尔玛采用GPS对车辆进行定位,因此调度中心可以随时掌握车辆的动向。沃尔玛知道卡车在哪里,产品在哪里,就可以提高整个物流系统的效率,有助于降低成本。

第四,沃尔玛连锁门店的物流部门,24小时昼夜工作,随时能为卡车装、卸货。一般情况下,货车下午集货,夜间进行异地运输,翌日上午即可送货上门,保证在15~18个小时内完成整个运输过程,这使得沃尔玛的物流速度非常快。

第五,沃尔玛的运输成本比供应商自己运输还要低。所以供应商也使用沃尔玛的卡车来运输货物,从而减少中间周转环节,产品可以从工厂直接运送到商场,降低了商品周转中的仓储成本。

【案例思考】在企业运营中,为何商品运输合理化如此重要?

一、商品运输概述

（一）商品运输的含义及存在的基础

商品运输是指商品借助于各种运力，实现其在空间位置上的转移的活动和过程。商品生产的目的是为了实现社会消费的需求。从经济的角度来说，商品被生产出来之后就具有一定的使用价值，但是这种使用价值只有在消费的过程中才能够实现，商品在进入消费领域进行消费之前，其使用价值只是一种潜在的可能性。在商品经济的条件下，由于商品生产的相对集中和商品消费的极其分散，商品在产销和供需空间上存在着距离。要把已经生产出来的商品从可供消费的可能性变为现实性，就必须通过商品的运输，实现商品空间位置的移动。如果没有商品运输，商品经营就无法进行。

（二）影响商品运输的主要因素

商品运输不仅由商品产、供、销的需要所决定，而且受到地理位置、交通运输条件等多种因素制约。具体来说，影响商品合理运输的因素主要有：

1. 运输距离

运输距离长短是合理组织商品运输的最基本的影响因素，它与运输时间、运输货损、运输费用、车辆或船舶周转等指标都有一定的比例关系。合理组织商品运输就应尽可能缩短运输距离，从而缩短运输时间，加速运输工具的周转和资金周转，充分发挥运力。

2. 运输环节

商品运输环节越多，越会增加运输费用，也会增加运输的附属活动，如装卸、搬运等，从而增加不必要的商品损耗。所以，减少运输环节对合理组织商品运输有着促进作用。

3. 交通运输条件

优越的交通运输条件，为合理组织商品运输提供了可能性。否则，如果交通运输的发展跟不上经济发展的需要，受交通运输条件的限制，就会造成商品积压待运等不合理的运输现象。因此，交通运输条件也是合理组织商品运输的重要影响因素。

4. 商品运输的技术水平和管理水平

合理组织商品运输工作涉及面广，货运规章严，作业技术性强，是一项复杂细致的组织工作，需要具备各方面专业知识的人才，要求企业建立起完善的经营管理制度。较高的经营管理水平和技术水平，是合理组织商品运输不可忽视的条件。

5. 市场供求和市场竞争

市场供求状况和市场竞争状况如何，直接影响着企业的生存和发展。因此，为了保证市场的需要，满足竞争的要求，维护企业信誉，要求企业在组织商品运输过程中，必须在考虑节约运输费用、合理使用运输工具的基础上，着重考虑货源、交货的速度和交货的时间，做到时间省、速度快、费用低、能及时满足市场需求。由此可见，市场供求状况和市场竞争也影响着商品合理运输的实现。

二、商品运输的业务程序

商品运输的业务程序包括商品的发运、接收和中转三项具体工作。这三项工作通常是联系在一起的,商品发运是整个运输的开端,商品接收是整个运输的终结,而在其间,某些不能直达的商品必须通过中转才能到达目的地。因此,商品运输过程中,企业应认真做好每一个环节的工作,保证商品运输能够连续、稳定、高效地进行。

1. 商品发运

商品发运时发货单位按照交通运输部门的有关规定,根据双方协商认可的计划和合同,通过一定的运输方式,将商品从发货地运达目的地。由于商品发运是整个运输工作的第一道环节,因此,对整个运输过程中的时间、运量、质量、费用及安全性等起着决定性作用。商品发运之前,首先要落实好待运货物的货源及运力,做好各项运输准备工作,然后,向有关运输单位提出运输申请和运输计划,依据运输部门核准的申请和计划,办理有关发运手续。

2. 商品接收业务

商品从发运地运到收货地后,收货单位根据商品到达站、港的通知,同承运部门办理商品的点验和接收工作。

3. 商品中转业务

商品从发运地到接收地的运输过程中,由于受交通路线、自然地理位置等影响不能直达,必须经两种或两种以上的运输工具换装,才能运达目的地,这就是商品中转业务。由于中转运输联结着发货方和收货方,在运输过程中起着承前启后的作用。所以,中转运输直接影响着商品运输时间的长短、费用的大小、商品的安全和运输的经济效益。

三、商品合理运输的途径

(一) 商品合理运输的含义

商品的合理运输不只是个"合理流向"的问题,还应包括商品的生产、消费和商品购销对商品运输的要求,以及各种运输方式的合理分工和运输业务的组织管理。因此,商品的合理运输可以表述为:在促进商品流通,充分利用各种运输方式的条件下,选择最经济合理的运输路线和运输工具,从而以最短的里程,最少的环节,最快的速度和最省的劳动消耗,安全优质地完成商品运输活动。

(二) 商品合理运输的重要性

商品合理运输的重要性主要表现在以下几个方面。

首先,合理的商品运输,有利于缩短商品的待运时间、在途时间,保证商品经营的顺利进行,及时满足市场消费需要,使企业在商品销售竞争中处于有利的地位。

其次,合理的商品运输,有利于缩短商品运输里程,有效地利用各种工具,避免劳动力和运力的浪费,提高运输效率,使现有的运输工具能更好地为完成运输任务服务。

最后，合理的商品运输，有利于减少待运商品和在途商品积压，加速资金的周转，节约贷款利息，减少商品损耗，从而降低流通费用，提高企业的经济效益。

(三) 组织商品合理运输的途径

1. 选择合理的运输路线

选择合理的运输路线是组织商品运输的首要途径。企业应在满足生产和市场需要的前提下，从现有交通运输的实际状况出发，尽可能减少商品流转环节，缩短运输里程和在途时间。主要措施有：

(1) 按照经济区域组织商品流通。经济区域是商品流通规律在地区上的反映，它是指商品从生产地到消费地的流通。根据工农业生产布局、地理、交通运输条件、供求关系和消费习惯等自然形成的一定的商品流通范围。按照经济区域组织商品运输，就是不受行政区划的限制，实现跨区供应、跨区收购，以经济区域为基础，形成毗邻行政地区之间的购销关系，从而减少不必要的经济层次和环节，避免出现迂回和倒流等不合理运输。

(2) 实行分区产销平衡合理运输。就是根据商品的产销分布情况和交通运输条件，在产销平衡的基础上，按照近产近销原则，规划商品的基本流向和流通范围，划分商品的调运区域，制定商品合理流向图，并以此选择合理的运输路线和运输方式。

(3) 直线直达运输。直达运输是越过中间批发仓库环节，把商品从产地或起运地直接送往销售地、销售单位或主要用户。直线运输是按商品合理流向，走最短的路程，消除倒流、迂回等不合理的运输现象，使商品运输直线化。直达直线运输可以省去不必要的中间环节，减少商品在途时间，加快商品流转；同时还可以简化手续，节省人员使用，提高工作效率。

直达直线运输适合品种单一、运量较大的商品，以及鲜活易腐烂的商品的运输。

(4) 四就直拨运输。"四就直拨"运输，指企业在组织发运和接收商品时，对当地生产或外地运达的商品，不经过商业批发仓库环节，直接分拨到要货单位或直拨车站、码头运往外地的方式。通常是指就厂直拨、就车站直拨、就仓库直拨、就车(船)直拨。

就厂直拨。在工厂购进验收后，直接调拨给销售单位、主要用户或直拨车站(码头)发运外地。

就车站(码头)直拨。在车站(码头)对外地调入的商品、在交通运输部门允许占用货位的时间内，经交接验收后，直接分拨各要货单位。

就仓库直拨。对需要储存或需要更新库存的商品，越过不必要的中间环节，直接从仓库分拨要货单位。

就车(船)直拨。对外地运入商品，经交接验收，直接转换其他交通工具运往要货单位。

"四就直拨"运输越过了中间环节，减少装卸搬运次数，有利于降低商品损耗和运杂费用。

2. 选择合理的运输工具

合理选择和使用运输工具,是合理组织商品运输的重要途径。合理使用运输工具,就是根据运输工具的特点,结合商品的自然属性和形态,考虑市场需求的缓急,将全部运量统配于各种运输工具,充分发挥运输设备的效能。下面简要介绍一下铁路运输、水路运输、公路运输、航空运输、管道运输这 5 种运输工具的特点。

(1) 公路运输。公路运输具有换装环节少,候车时间短,机动灵活、方便及时等优点,而且公路建设周期短、投资较少,可实现"门到门"的运输。公路运输主要是承担近距离、小批量的货运和水运、铁路运输难以到达的长途、大批量货运,以及铁路、水路运输优势难以得到发挥的短途运输,也可作为其他运输方式的衔接手段。公路运输的经济半径一般在 200 公里以内。

(2) 铁路运输。铁路运输是完成商品运输的主要力量。其优点是运载量大,速度快,运输成本低,不受气候、季节的影响,在运输上有高度的连续性和准确性。缺点是候车时间长、灵活性差。主要用于大宗物资的远程运输。

(3) 水路运输。水路运输在我国商品运输中占有重要的地位,我国水运的自然条件较好,具有很大的发展潜力。水路运输的优点是费用低,运量大,能耗小。其缺点是连续性差,换装环节多、速度慢。因此,时间性要求不强和相对分散的商品,有条件利用水路运输时,要尽量利用。水路运输,又可以分为内河运输和海上运输。

(4) 航空运输。航空运输是现代运输中最先进的运输手段。航空运输最为突出的优点是运输的速度快,能够使商品的远程运输在很短的时间内完成。但是,航空运输量比其他方式的运输量小得多,而且运价昂贵,受气候影响大,同时还要受机场地理位置的限制。目前,航空运输只适用于远距离急需商品和重量轻、体积小而价值贵重的商品运输。

(5) 管道运输。通常利用管道输送气体、液体和粉状固体,和其他运输方式的重要区别在于,管道设施是静止不动的。管道运输的主要优点是,运输量大,在运输过程中可避免货物损失,也不存在运输设备本身在运输过程中消耗动力所形成的无效运输问题。

总之,企业在选择商品运输工具时,应从实际出发,根据具体情况,综合考虑运费、运输速度、客户要求等因素。一般来说,单位价值低的商品,要尽量选择运费低的运输工具;单位价值高或易腐烂的商品,要尽量选择速度快的运输工具。远程运输应选择火车作为运输工具,而近程运输则应该利用汽车作为工具。

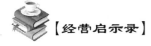
【经营启示录】

机会最偏爱的人

日本第一产业公司是生产和销售家用电器的大公司。作为该公司创始人的总经理久保道正过去是一位兼营修理业的电器商。在五十年代日本进入高速发展时期后,久保道正预测到随着人们收入水平的增长,必将引起对家用电器需求的迅速增长,那么怎样才能适应这一发展趋势的需要并抓住机会发展电器产业呢?他看到,在五十年代中期,日本的人均收入水平并不高,所以家电产品能否打开销路的关键是在价格上。于是在1956年,他果断地采取了薄利多销的方针,并辅之以其他一些行之有效的供销方法,包括兼营家电零件销售业务;掌握各品种家用电器的供求形势与价格水平;适应季节变化的要求进行推销;扩大货场面积,增加家电产品的品种以吸引顾客。最后一个法宝是发扬其修理与销售并重的传统,加强销售服务。于1960年,久保创立了"修理车上门修理"业务,并确立了"全年365天不休息,当天修理本公司出售的电器"的经营方针,受到广大消费者的一致好评,他的第一产业公司的业务也随之蒸蒸日上地发展起来了。到1984年,第一产业公司的资金达到29亿3千万日元,年营业额达996亿日元,营业额超过资金的25倍,在日本全国7万家家电产品销售企业中名列第2位。现在,他在广岛市内开办了一个研修中心,以培训公司的职工。久保道正说:"单纯追求销售额的扩大并不一定就是好事,把满意卖给顾客才是根本。"

【经营启示】

机会常常偏爱那些敏于观察,勤于思考,多谋善断的人,经济效益常常是对那些业精于勤,想用户之所想的企业的奖赏。久保道正和他的第一产业公司的发迹充分说明了这一点。这也是所有的企业家的成功之道。但是,凡是开创性的经营策略和方法都不可能是一帆风顺的,久保道正在实行薄利多销的方针之初,就受到过同行业的妒忌、围攻和封锁,他不得不诉诸法律才解了围。市场竞争是商品生产的一般规律,久保道正的供销策略是值得我们借鉴的。

学习任务四　商品储存管理

案例引入

深圳赛格储运有限公司

仓库是保管、存储物品的建筑物或场所的总和。按照不同标准可分为不同的类别:按仓库在社会再生产过程中所处的领域分为:生产领域的仓库、中转仓库和国家储备仓库;按储存物资的种类可分为:综合性仓库和专业性仓库;按照储存物资的不同保管条件可分为:普通仓库、恒温恒湿仓库、高级精密仪器仓库、冷藏仓库和特殊仓库;按库房结构特点分为:地面仓库、地下仓库和半地下仓库。

除这些之外还有一些其他叫法的仓库,如保税仓、中转仓等,配送中心在一定程

度上也有存储的功能。

深圳赛格储运有限公司下属的福保赛格实业有限公司(以下简称福保赛格)。福保赛格在深圳市福田保税区拥有28 000平方米的保税仓。公司的问题主要是保税仓的固定资产超过8 000万,而每年的利润却不到500万,资产回报率太低。提高保税仓库区工作人员士气,努力增强服务意识,注重品质提升;增大物流增值服务的比例,大幅提高仓租费以外的收入来源,争取到更多利润贡献率高的优质客户,淘汰利润率低的C类客户等都是势在必行的问题。

1. 公司现状分析

福保赛格的主要客户包括日本理光国际通运有限公司、华立船务有限公司、伯灵顿国际物流公司、华润物流等近百家外资、港资物流企业和分布于珠三角地区的制造企业。福保赛格面向这些企业,提供保税仓的长租和短租服务,并附带从事流通加工等物流增值服务。

福保赛格的在职员工约40名。包括5名管理人员,10名左右的叉车工人和搬运工人,另外还有报关员、报检员、客户服务人员、仓库管理员、勤杂人员(含门卫和设备检修人员)等约20多人。

福保赛格的赢利模式是以仓库库位出租为核心的物流服务项目的收费。基本收费项目是仓租费。另外还有装车、卸车、并柜/拼箱,对货品进行贴标、缩膜/打板、换包装、简单加工(如分包、重新组合包装、简单装配等),以及代客户进行报关、报检等服务项目的收费。主要支出是人工、水电、仓储物和设备折旧带来的维修维护费用等。

福田保税区的特点在于有通向香港落马洲的进出境通道(一号通道)和通向深圳市区的进出关通道(二号通道)。货物进出境只需向海关备案,而进出关则需要报关。客户可以利用保税区境内关外的政策优势,实现整批进境,分批入关的延迟纳税优惠,或反之提前退税的好处。

2. 问题总结与整理

福保赛格的仓库主要是平面仓,有部分库区采用立体货架。以托盘为基本搬运单元,用叉车(以及地牛)进行进出库搬运和库内搬运。一楼是越仓区,有五辆燃气动力的叉车。二楼到十楼为储存区,每层都有一到两台电动叉车(用蓄电池驱动)。有两个大型货运电梯上下。车辆停靠的月台有十多个车位,可以停靠货柜车、箱式车等多种型号的运输车辆。

福保赛格目前仍然是以订单为驱动,以业务为中心进行运作的仓储服务企业。还没有转型到以客户服务为中心。在该公司管理层的推动下,公司上下全体员工已经树立了全面质量管理的理念,并以ISO9000质量管理体系的要求建立了规范化的质量文档体系。但该公司尚未正式申请或通过ISO9000质量体系认证。

3. 解决方案

福保赛格及其母公司赛格储运有限公司在1999年开发过一套基于C/S体系的

管理信息系统,后因结算不准确、系统灵活性差、不能适应业务变化等原因放弃使用了。自2002年底到2003年底,赛格储运有限公司与赛邦软件合作开发了一套全新的,基于Web的B/S体系的物流管理系统,覆盖了运输业务、仓储业务、财务结算等各个方面。从而实现了客户网上下单、网上查询订单处理状态、库存状态、账单明细等,可以做到实时结算和预约结算。

福保赛格面临的最大的问题是如何提高资产回报率。保税仓的固定资产超过8 000万,而每年的利润却不到500万。与运输业务相比(货柜车辆的固定资产只有1 000多万,每年贡献的利润却达到2 000万以上),资产回报率太低。提高保税仓库区工作人员士气,努力增强服务意识,注重品质提升;增大物流增值服务的比例,大幅提高仓租费以外的收入来源,争取到更多利润贡献率高的优质客户,淘汰利润率低的C类客户等都是可能的解决途径。

为了使公司能够上台阶,提高保税仓的资产回报率,并在适当的时候通过ISO9000的认证。福保赛格希望通过内部实现全面质量管理来持续改进自己的管理流程,并通过信息化的手段来辅助管理的开展。他们所考虑的思路与前面我们所探讨的质量管理学大师戴明所持的观点有很多程度的吻合。

首先他们希望建立现代的岗位培训制度,建立严谨的教育及培训计划。

然后通过在部门中持续不断地开展培训和流程监控,消除内部部门之间的隔阂,提升所有员工主动为客户服务的意识,并且消除员工对于管理层的恐惧感,敢于提出自己的观点和看法;逐步取消妨碍基层员工的工作畅顺的因素,以及量化考核指标;并且通过最高层领导的积极参与,在企业内部形成一种计划、执行、检查、处理(PDCA)的全体员工认同的管理文化。

对外开发更多的高端客户,树立以客户为中心的意识(强烈关注客户的满意度),提出"要把服务做在客户没有想到之前"的口号。通过内部的管理流程挖潜和对外客户的优质增值服务来获得新的竞争优势。

一、商品储存概述

(一) 商品储存的含义

商品储存是指商品尚未进入消费领域,而在流通领域内为保持销售连续性,或为调整产品生产或消费的季节差异,或为应付不时之需所出现的暂时停滞。它和商品采购、销售一样,也是商品流通过程的一个必要环节,是企业适应市场需要的一个可控因素。在任何经济形态下,为了保证社会再生产的顺利进行和满足生活消费的正常需要,都要保持一定量的产品储存。

商品储存具有竞争性的外观,但它本质是流动的。流通过程中的商品储存,就使用价值的形态来看,是在经常地更新,就价值形态看,则是变动着的商品资金,它看起来是商品在流通过程中的停滞,实际上是商品在离开生产过程以后,尚未进入消费领域之前的一种特殊的商品运动形式。

(二) 商品储存的原则

企业在组织商品储存的过程中,应贯彻和遵循以下主要原则:

1. 保证销售原则

企业的商品储存虽然有形成的必然性,但决不能因此而得出商品储存在质和量上不存在任何限度的结论。它应以保证商品销售为限度。一般来说,当第一批采购的商品验收入库,具备出售条件的时候,就形成了最高储存量,这是商品储存对商品销售的调节作用的上限。随着商品陆续销售出去,商品储存就相应地从上限陆续下降,下降到采购点开始第二批采购的进货初期,由于第二批进货尚未到达而销售照常进行,商品储存就达到最低点,这是商品储存对商品销售的调节作用的下限。当商品储存在上限和下限之间进行周期性变动,既不至于剩余过多,也不至于消耗殆尽时,就能保证销售,从而这样的商品储存量才是最合理的。

2. 结构合理原则

在具体保证销售的原则时,必须从储存商品的数量和结构两个方面去适应市场需要的变化。一般来说,商品储存量主要取决于商品销售量。也就是说,不同品种、规格、花色、档次的商品储存量必须与其销售量保持同时增减的比例关系。只有这样,才能从数量和结构上满足日益增长的消费需要,防止脱销或积压。

3. 先进先出原则

绝大多数商品随着储存时间的延长,因受外界条件的影响,其质量会有所下降而影响使用或食用价值。因此,要做到先入库的商品先出库,形成良性循环,以保证商品质量完好。特别是对有保管期限和使用(食用)限制的易变质商品,应严格控制在保质期限之内出库和销售。

二、商品储存的组织与管理

商品储存是以商品保管为中心所开展的,是由一系列相互联系、相互独立的作业活动所构成的,包括从接收准备入库商品开始,到把这些商品根据各种需要发运出去为止的全过程。为保证商品质量,防止商品损耗。在储存管理中要做好以下工作:

(一) 严格入库验收

商品入库验收,主要包括数量验收、包装验收和商品质量验收三个方面。必须严格认真,以保证入库商品数量准确,质量完好,包装符合要求,发现质量或数量问题,应及时分清责任,认真妥善处理。

(二) 安排适宜的存放地点

选择适当的储存场所是商品安全储存的基础。在选择商品储存的场所中,要根据商品的性能和保管要求,安排适宜的存放地点。安排保管场所,最主要的业务内容是分区分类保管和仓库定额管理。

1. 分区分类保管

分区分类保管是根据物资储存任务、物资的类别和性能特点,结合仓库内各库房、货场等的容量、建筑结构、装卸设备、专用线位置等条件,确定每一库房、货场、货棚存放物资的种类数量,分区分类编成目录并绘制平面图。具体的分区分类方法主要有:按商品种类和性质划分储存区域、按商品发往地区分区分类、按危险品储存条件要求进行分区分类等。

2. 仓容定额

仓容定额,又称单位面积储存定额,是指在一定条件下,单位面积合理存放商品的最高数量。仓容定额是确定仓库储存能力的依据。每个仓库都应根据自身状况制定仓容定额,一般可采取统计分析法来制定。具体库房的仓容定额还可以用该库房历年存放物资情况的统计分析资料加以修正,测算出一个合理的定额。

(三) 科学堆码

商品堆码是指商品的堆放形式和方法。商品堆码应当符合合理、牢固、定量、整齐、节省、方便的基本要求。

1. 合理

一是指分类合理,不同种类的商品,不同供方的商品,应分别存放。二是指垛形合理,要根据商品性能特点,选择适宜的垛形。如怕潮的商品,货垛应采用通风式码垛。三是码垛的大小应该合理,以合理而充分地利用仓容、墙距(货垛或货架离建筑物墙壁的距离)、垛距(货垛或货垛之间的距离)要合理。四是要标明码垛的先后次序,以便贯彻"先进先出"的原则。

2. 牢固

是指码垛稳固,防止货垛倒塌及其他毁货伤人的事故。

3. 定量

每行每层的物资数量要尽量成整数,如五十成行,五十成方,五十成串,五十成包,五十成堆等,以达到过目知数。过磅物资不能整数时,每层应明显分隔,标明重量,以便于清点和便于发货。

4. 整齐

排列要整齐有序,无论横看竖看,均成行成列。包装外有标志者,标志一律朝外。要彻底清除灰尘污迹,以便达到整齐、清洁、美观。

5. 方便

垛位垛形要符合装卸、搬运、发放、检查等作业方便、高效的要求。

(四) 健全在库商品管理

为了保证在库储存商品的质量和数量,企业应加强在库商品管理,具体内容有:

1. 加强库检工作

就是对在库储存商品进行定期和不定期、定点和不定点、重点和一般相结合的检查制度。检查方法以感官检查为主,充分利用检测设备,必要时要进行理化检验。库检工作的内容有以下几方面。

(1) 查数量。清点实物量,检查数量是否准确,规格有无混杂,有无超过保管期限及长期未使用造成积压的物资,并核对账、卡、物是否一致。

(2) 查质量。检查质量有无变化。如金属商品是否发生锈蚀,水泥是否受潮而降低标号,纺织品是否被虫蛀(毛织物)等。

(3) 查保管条件。检查保管条件与储存商品的保管要求是否符合。如苫垫的严密性、清洁卫生性、库房的密封性、温湿度控制设备的有效性等。

(4) 查计量工具。检查计量工具,如皮尺、磅秤等的计量性是否准确,使用与保养是否合理。

(5) 查安全。检查各种安全设施与消防设备是否符合安全要求。

2. 加强商品盘点

对库存商品进行数量上的清点和质量上的验点的业务活动称为商品盘点。通过核对,可以及时发现库存商品数量上的溢余、短缺、品种互串等问题,以便分析原因,采取措施,挽回和减少保管损失,还可检查库存商品有无质量变化、残损、停滞等情况。盘点时要求逐垛逐批、点货(库存商品)对卡(货卡)、以卡对账(商品明细账)。核对相符应做好盘点标记并签章,不相符的,也应做好记录。

3. 库存管理

是指在物流过程中商品数量的管理。库存多,占用资金多,利息负担加重,但是如果过分降低库存,则会出现断档。过去认为仓库里的商品多,表明企业发达、兴隆,现在则认为零库存是最好的库存管理。

(五) 做好商品出库

商品出库管理是指根据业务部门开出的商品出库凭证所进行的业务凭证核对、备料、出库、复核、点交等业务活动的总称。

1. 商品出库方式

商品出库方式有三种:一是用户自提方式,用户持出库凭证,自备交通工具,前来仓库提货,也有的用户委托承运部门来仓库提货;二是代提代发运方式,是仓库根据用户开出的提货单,代办提货和承运手续;三是送货到用户方式,是用户委托仓库送货到需要单位,其交接手续在货车卸货地点办理。

2. 商品出库业务

包括出库前的准备、核对出库凭证、备料、复核、点交、清理等。其中,特别是抓住"复核"和"点交"两个环节。"复核"是防止是否出现差错出库的重要环节。

3. 商品出库要求

商品出库是仓储业务的最后阶段,要求做到:必须具有业务部门开出的提货单据,认真验证,手续齐备才能付货;商品的品种、规格、数量要准确、清楚,质量完好,复核要仔细,不错、不漏、单、货同行;商品包装完整牢固,标志清楚、准确,符合运输要求;本着先进先出、易坏先出和接近失效期先出的原则,及时发货,对变质失效的商品不准出库。

三、商品储存的养护与安全管理

(一) 商品的养护

商品养护是商品储存过程中一个重要环节。商品养护主要包括两个方面:一是商品的质量变化,防虫害、防霉变、防老化、防锈蚀、防爆炸、防毒害等。二是控制仓储环境的温湿度与清洁卫生。

商品养护的方法很多,下面简单介绍几个常用的方法。

1. 低温冷藏法

利用液态氨、天然冰、人造冰、冰盐混合物等各种制冷剂来降低温度,保持仓库中所需要的一定低温,抑制微生物的生理活性和酶的活性,主要方法有冷却法和冷冻法两种。

2. 空调法

通过调节仓储环境的空气,保持适合于商品储存的温度和湿度的方法。

3. 气体净化

清除空气中多余的杂质,以满足保证商品质量需要的标准气体。利用气体净化方法和手段,调节空气中氧和二氧化碳的比例,达到控制环境气体、有利于商品质量完好储存的目的。

4. 防虫害法

主要有两类方法:一类是杜绝仓库害虫的来源。包括对商品原材料进行杀虫和防虫处理。加强对入库商品虫害的检查和处理,加强仓储设施及用具的消毒及清扫等措施。另一类是药物防治。主要有驱避剂驱虫法、杀虫剂杀虫法和高低温杀虫法,也可以采用药物熏蒸措施。

除了上述养护技术外,还有除尘技术、密封技术、消声技术、防辐射技术等。

(二) 仓储安全管理

仓储安全管理是仓库管理中至关重要的一环。它不仅关系到商品的安全,也影响着人的健康和安全。仓储安全管理的内容主要包括人身安全、商品安全和设备安全。人身安全,指仓库人员在商品装卸、搬运、保管、养护等作业中,要防止商品发生人身伤亡和中毒事故。商品安全,指在商品储存期间要防止发生霉烂变质、虫蛀鼠咬、自燃、爆炸、火灾、水淹、丢失等事故。设备安全,是指要防止仓库超高、超重储存商品,机具超速、超负荷操作和不按时维修,以免造成损毁建筑物和损坏机器设备等事物。仓储安全的三个方面是相互联系的,一旦某一方面发生问题,商品、人员、设备都会直接受到损失。

要做好仓储安全工作,必须采取一系列行之有效的措施。具体而言,包括领导亲自抓安全,做好仓储安全的宣传教育工作;严格执行商品分区分类管理制度;严格控制火种、火源和电源;要有足够有效的消防设施;严格执行安全检查制度;严肃纪律,奖惩严明等等。

学习单元五　经营业务管理

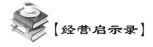

低价不如高价俏
——高价格树立产品的好形象

巴厘克是印度尼西亚久负盛名的服装,深受印尼和东南亚各国妇女的喜爱。随着社会的发展,人们对服式的时代感要求增强,一位印尼青年企业家适应了消费者这一要求,将巴厘克的传统图案革新设计成现代图案,使巴厘克集精美与典雅于一身,化娟秀与华丽于一体,倍受印度尼西亚和东南亚妇女的青睐。

一位日本人见到更新后的巴厘克赞叹不已,告诉这位年轻企业家,如此迷人的服装在日本市场上一定有销路,而且很畅销,并建议他到日本去推销这种服装。这位年轻企业家欣然答应了。

这位青年企业家经过精心准备,带着巴厘克及其模特来到日本,举办了一场十分壮观的服装展销。许多社会名流妇女、高级贵妇应邀光临了这场服装展销。但遗憾的是当展销结束时并没有多少人购买巴厘克,这简直令年轻的企业家大为不解,于是他请来了日本专家进行咨询。专家告诉他毛病出在价格上,定价太低,这种高雅的服装,消费者皆为社会上层的贵妇名流,这样低的价格上层妇女谁会买呢?因为如果买件便宜货穿在身上,她会感到脸上无光,并遭人讥笑。

听罢专家的诊断,年轻的企业家恍然大悟,回到国内后,再次改进设计使巴厘克更加光彩照人。次年当他第二次率领时装模特来到日本再度举办巴厘克时装展销时,巴厘克的定价比上次高出了三倍,果然这一价格使他所带的巴厘克很快被抢购一空。

爱普丽卡是日本专门生产童车的一家小公司,其产品在日本国内很畅销,1980年公司将这种产品拿到美国去推销。当时美国市场上也有各种各样的童车,价格最贵的仅为58美元一辆,而爱普丽卡童车到美国后,每辆定价高达200美元,这一昂贵的价格简直把人给吓住了,美国商人拒绝经销。

爱普丽卡公司没有被严峻的形势所吓倒,他们相信自己童车的质量,坚持不降价竞争,力争在美国市场上树立自己童车的"优质、高档、名牌"的产品形象,以高价高质给美国的消费者造成良好的第一印象。他们坚信美国的消费者是会喜欢他们的产品的,且有能力按这一价格接受。为此,他们广为宣传,派推销员向消费者介绍产品的优良质地。经过努力爱普丽卡童车终于在美国市场上打开销路,1981年爱普丽卡童车在美国市场上销出5万辆,以后销量年年上升,1985年售出20万辆,获利润1 800万美元。

不仅如此,爱普丽卡公司还由于童车质量好,使公司在美国获得了好名声。目前在美国许多州和大城市,爱普丽卡这家小公司已经和丰田等大公司一样为人们所熟悉,爱普丽卡童车已进入美国许多著名的连锁商场。

【经营启示】

在国外中小企业的产品定价大多采用跟随大企业价格的领衔制定价或是低价策略。但低价策略未必都灵验。

无论是大中小企业运用高价策略都要以产品的质量为保证,只要不是独家垄断且缺乏弹性的产品,高价策略的使用就必须以高质量为前提。其次,高价策略的运用要选准消费者。爱普丽卡童车敢坚持高价,除其自身质量外,就是坚信美国消费者有这种支付能力,否则,目标市场偏差,会导致消费者无力购买。最后,高价策略的运用还要特别注意消费者心理的分析。使用什么样的价格的商品,几乎已经成为表明商品使用者身份的一种标志。

单元实训

学生:进货计划应该按几步进行?

老师:商品购进工作一般按以下步骤进行:①拟定进货计划;②选择货源;③签订购销合同;④商品验收入库。

学生:在确定商品品种时,应重点考虑哪几个问题?

老师:企业在确定商品品种时,应重点考虑以下几个问题:①目标市场是确定进货品种的基本依据;②经营能力与进货品种;③企业经营特色。

学生:零售企业销售商品的方式有哪些呢?

老师:零售企业销售商品的方式有:①封闭式;②敞开式;③自选式;④自动式;⑤流动式;⑥商品展销会;⑦网络销售。

学生:物流运输的形式有哪些?

老师:物流运输的形式包括铁路运输、公路运输、水路运输、航空运输。它们各有优缺点,其中水路运输在长途、大批量的货物运输上较有优势。航空运输在运输速度上较有优势。公路运输在运输的灵活性上更有优势。

学生:企业为何如此重视商品销售?

老师:①商品销售是实现社会再生产的基本条件。商业是联系社会生产和社会需要的纽带,社会生产的产品只有经过销售才能进入消费领域,使产品转化为货币,商品的价值才能得以实现。②商品销售是促进企业改善经营管理、提高经济效益的重要手段。③商品销售是搜集市场信息的主要来源之一。在商品销售中,销售人员直接与消费者打交道,可及时了解他们潜在的、未被满足的或未被充分满足的消费需求,并反馈给生产企业,一方面起到了指导生产的作用,另一方面起到了引导消费的作用。

学生：为保证商品质量，防止商品损耗，在储存管理中要做好哪些工作？

老师：为保证商品质量，防止商品损耗，在储存管理中要做好以下工作：①严格入库验收；②安排适宜的存放地点；③科学堆码；④健全在库商品管理；⑤做好商品出库。

用战略采购提升企业赢利能力

对于很多制造型企业来说，采购部门可能还是个令人头疼的成本中心，又如何谈及利用采购实现产品增值。

通过战略采购一样可以提升企业赢利能力？

虽然在经典的管理学理论中，改进供应链和物流管理是企业价值链一个有机的环节，但是这一点往往被市场的剧烈变化和竞争环境的恶化所淹没，一方面过低的产品定价迫使采购部门因为单纯的价格要求和供应商陷入旷日持久的讨价还价，另一方面生产制造部门急不可待地向采购部门索取原材料，根本不管成本的高低。不同的要求和采购管理的混乱甚至影响到对采购人员人品的怀疑，以至于 CEO 不得不定期更换采购主管来保证流言蜚语不再影响团队的团结。

企业的 CEO 如果不能意识到采购战略的重要性，很容易在成本和利润的魔咒中迷失自己的方向，陷入降价、裁员、再降价、再裁员的恶性循环。IBM 从企业价值链的各个环节着眼，对采购的战略规划和管理提出了思考，这些建议虽然不能从根本上扭转公司的赢利状况，但是至少会显著降低 CEO 在利润方面的压力，帮助企业家从更高的层面把总体拥有成本（TCO）控制在一个相当合理的水平，从一个可能被忽视的环节发现更多实现赢利的机会。

决心制定采购战略

撤换采购主管也许是最容易做的，可是在您任命继任者的时候，是否已经确认哪些问题是由负责人的能力和个人素质造成的，哪些问题是由系统性的问题造成的？如果不能重新规划采购战略和采购流程，这些错误将被无限次重复。

在改变采购战略的开始，公司的领导人需要重新评估赋予采购主管的使命，也就是对采购部门的期待。以往我们强调的单纯的成本降低和质量的提高已经不能完全反映采购部门的价值。在一个要求管理精细化的新时代，对总体拥有成本的要求被认为是最能反映客观情况的指标，以 TCO 为目标会给解决问题提供了新的机会。

然而什么是采购过程中的总拥有成本？物料、服务的成本其实包含了从供应商的成本到供应成本再到生产运营直至残值处置这一整个供应链生命周期的总成本。这一工具为企业的领导者提供了超越单纯用价格来考核采购的依据：首先，TCO 反映的是两个方面能力的匹配，即产品质量满足顾客需求为一方面，而外部供应能力为另一方面，两个方面保持在合理的匹配水平；其次，TCO 还包括采购供应的及时和准时性;再次,TCO强调供应要保证充足,供应方面可能出现的风险应当得到控制;最后,TCO还有这样的含义,即整个供应链的成本一定是可以预测的,并且一个优秀的TCO控制会将供应链成本降至最低。

一旦确定了TCO是主要的控制方向,采购部门的战略规划也具备了基础。我们将从企业的业务环境入手,通过采购数据的整理和分析,找出问题点,结合已经具有高度先进性的优秀企业实践和每个企业独有的内部环境,提出改进建议,然后根据改进项目的优先级和实施的难易程度,及项目的效益分析,最终确定采购管理变革的实施建议和进程。

根据一般企业的特点,可将整个战略规划过程的重点集中在两点:优化采购决策平台和提升以绩效考核为核心的采购管控。在优化采购决策平台项目中,TCO的概念将成为核心得到重点运用。因为围绕这个核心,企业将实现一个从发现机会,实现价值到保持成果并不断发现机会的循环过程,这是整个全价值采购的价值基础。

在这个过程中包含的主要几个模块分别是:进行支出费用的研究、部署一个跨部门的物料采购团队、对供应市场和采购寻源进行分析、制订物料分类及分类战略、采购询价全过程和部署及实施分类物料战略。采购寻源是采购管理的专业用语,通常是指对于所要采购的物料及其(潜在)供应商的选择、评估、谈判(包括改变需求)和确认的过程。

对供货商的管理是采购部门的一项重要工作,如果希望这项管理更加合理,制定物料分类和分类战略就十分关键。显然在以TCO为价值标准的体系中,单一的价格已经无法正确反映物料的全面属性,但是过于复杂的维度又会给物料分类造成一定的难度,我们将一些主要的因素全面地归纳为两个维度:风险和复杂度维度以及价值维度。前者涵盖了这样一些因素:采购一旦中断对企业的影响,采购物料设计的成熟度和制造、服务、供应的复杂性,企业在采购该种物料方面的熟练程度以及供货市场的市场供给能力、竞争性、进入壁垒、供应市场范围、供应链复杂性等方面的因素。而价值维度体现的则是TCO和价格弹性。

简化的价值标准提供了这样的4类物料:第一类物料是高风险和复杂度及高价值的物料,我们将其定义为战略物资,这类物资需要和少数关键供应商结成战略性合作关系,实现TCO的优化;第二类是高风险和复杂度且低价值的物料,我们称其为瓶颈类物资,对于瓶颈类物资有这样两种解决办法,要么不断开发新的供应商,要么修改自己的需求,将这类瓶颈类产品转化为其他物资;第三类是低风险和复杂度及高价值的物资,我们定义它是杠杆型物资,从字面很好理解,杠杆类物料需要扩大寻源范围,通过招标降低TCO;最后一类是低风险、简单且低价值的物资,也就是所谓的常规类物资,我们可以通过标准化和自动化的采购流程简化采购过程,降低采购成本。

从优化采购决策平台的过程可以看出,采购是关系到企业战略的核心业务,通过对采购过程的战略规划,通过科学的方法论基础以及量化的分析,企业不仅可以重新树立降低 TCO 和提升赢利能力的信心，还可以寻找到更好的采购战略和合作伙伴，一起优化供应链管理，提升企业的核心竞争力。

改进你的采购管控

再好的战略都需要周密的计划和执行。从战略到流程、再到组织结构、最终是信息化的手段，对采购的管理和控制其实是一件复杂的事情。因为管控采购涉及的范围十分广阔，涉及的形式多种多样，控制什么？如何控制？如何评估控制的结果？这些问题提高了管控的难度，仅仅考察结果没有太大的意义。

因此，采购的组织和人员，对于采购的绩效考核，采购流程的精心设计都是保证有效管控的重要手段。此三者密不可分：采购战略确定了一个企业合理的集分权采购组织结构，根据采购组织及管控模式确定适宜的采购岗位，制定清楚明确的岗位说明书和采购职责描述，依据公司战略和目标设立采购组织和个人的考核指标体系，对如何获取和保持技能制定战略计划并付诸行动。

首先，采购的主体是人，所以对采购人员的管理十分重要。仅仅砍价能力强的采购人员不一定是合格的采购人员。为了帮助采购人员更深入地了解 TCO 的概念和以 TCO 为核心的采购战略，采购人员应当得到必要的培训。从人员招聘、岗位培训到采购文化的管理都必不可少，专业化的采购人员建设，也应当纳入公司人力资源建设中来，并坚持成为一项重要的组成部分。

当然，绩效考核对于采购人员完成既定目标至关重要，需要详细的关键业绩指标（KPI），这些指标应当尽量标准化和数量化，通过这些项目的推行就可以对采购进行全面的评估。

以供应存货、物料中断和损耗为例，这两个重要的 KPI 在某种程度上有一些矛盾，但是实际上是从两个方面要求采购满足生产的需求。前者的目标在于保证公司的库存成本在大部分情况下保持在一个合理的水平，不要成为企业的负担；后者则要求库存降低却不能影响生产，不能由于物料的缺少导致停产。对前者的评估标准是物料供应链周期天数的减少，对后者的评估标准是因采购造成的停产是零。

同样的 KPI 还包括供应商的可靠性、每个物料类别的供应商数量、每个供应商类别的供应商数量（战略级供应商、一般级供应商等等）。这些 KPI 如同销售人员被要求除了考核销量还要考核客户满意度、利润等等，采购人员除了要求能砍价还要保证 TCO 最小化。这些具体的 KPI 是可以量化并最终决定采购人员是得到奖励还是惩罚，这种明确的目标也保证了对采购人员工作的指导。

为了保证员工知道在什么时候会得到何种激励及惩罚，还需要更加详细的《采购手册》用于规范采购行为和施行采购管控。

永远的变革和改进

对采购的改进不会轻易结束。沃尔玛的创始人沃尔顿非常重视成本控制。很多时候供应商的确已经到了降低供货价格的极限，沃尔顿通过分析，发现供应商把商品送货上门的物流成本很高，仔细核算以后决定成立自己的物流部门，直接到供货商仓库提货,又把自身的成本降低了一大截。对于企业来说,表面看来已经没有改善空间的采购方面,其实是可以做到进一步压缩和控制的。

分析、改进、运行、评估、再改进,企业的转变是个长期的过程,其间很多因素都会变化。但让企业变得更加强大这个目标不会变化,从采购这个环节做起,企业一定会发现,原来价值链还可以这样逐步改善。

想一想

【案例一】　　　　　　　　如何成为沃尔玛的供应商

世界顶级零售企业沃尔玛在全球有5 160家商场,在大陆20多个城市开设了342家商场,沃尔玛2003年直接或间接从中国采购商品150亿美元,2004年达到180亿美元,因此,没有供应商能够拒绝沃尔玛合同的诱惑。但是,许多实力不弱,知名度不小的企业面对沃尔玛却屡屡碰壁。那么,如何才能成为沃尔玛的供应商呢?

一、沃尔玛跟谁打交道

沃尔玛的供应商基本上可以分成两类:制造商与贸易商。从沃尔玛的一贯风格来看,它更愿意直接与制造商打交道,因为贸易商本身有利润的要求,这必然导致采购成本增加,从而违背其向消费者提供最低价格商品的宗旨。但是,在中国目前物流业不发达、沃尔玛在中国的发展受到一定限制的情况下,沃尔玛同样会对中国贸易商们伸出橄榄枝。

贸易商与沃尔玛的合作有一个前提条件,那就是贸易公司要把自身价值加到产品上面,而不是将其成本加在产品上面。简单的做贸易差价是行不通的,贸易商们需要的是提供增值服务。

对于制造商,沃尔玛对供应商的要求近乎苛刻,这已不仅仅是质量上的问题了。沃尔玛对供应商的考察非常全面:企业给不给职工买养老保险?消防设施是否齐全?工人有没有饮水处?食堂环境如何?厕所是否干净?等等。这些因素可能成为沃尔玛拒绝采购的理由。

除此之外,一个特殊的群体出现在沃尔玛的采购会上,这就是地方政府工作人员,他们希望用政府的信誉为自己辖内的企业取得订单。这种做法对沃尔玛根本行不通。沃尔玛认为,政府部门的出现只会使采购效率低,甚至信息失真,一般不会与之打交道。

二、沃尔玛需要什么样的商品

沃尔玛对于商品,有四个检验标准,即供应商的产品拿来以后会不会提高沃尔玛的质量、会不会使沃尔玛的价格得以改善、会不会增加沃尔玛的价值、会不会丰富沃尔玛的种类。

还有一种情况是沃尔玛最为青睐的,那就是专门为沃尔玛尔生产的商品,包括商品用供应商自己的品牌名,但只在沃尔玛销售和贴沃尔玛的牌子。目前,沃尔玛店内的自有品牌占到总商品的 20%～25%。供应商可以根据自己的实际情况迎合沃尔玛的需要，从而赢得规模供应合同。

不少实力雄厚的供应商发现，虽然自己的产品在国内知名度不小，但沃尔玛却完全不感兴趣。造成这种情形的主要原因是对国外市场需求产品研究不足。沃尔玛的跨国采购除了在国内销售，更多的产品可能都要面向国外市场。但是由于供货商对国外商品需求研究不够，虽然自己费了九牛二虎之力，可是由于缺乏针对性，经常会空手而归。

三、沃尔玛选择供应商的条件

对于沃尔玛这样的超级零售商而言，产品只是其中一个方面。沃尔玛首先看中的是企业，其次才是产品，它对供应商的选择高于对商品质量的选择，对他们来说，选择了合适的供应商，才有可能采购到合格的商品，没有好的供应商，一切都无从谈起。也就是说，产品的丰富性并不是沃尔玛考虑的重点，因此沃尔玛强调与其接触所带样品不需要超过 10 个。

要成为沃尔玛的供应商，企业必须满足以下条件：所提供的商品质量优良，符合中国政府及地方政府的各项标准和要求；商品价格是市场最低价；提供全部的企业及商品资料；首次洽谈新品必须带样品；有销售纪录的增值税发票复印件；能够满足大批量订单的需求，接连三次不能满足沃尔玛订单将取消与该供应商的合作关系；供应商应提供年度佣金、仓库佣金、新店赞助费、新品进场费等；供应商不得向采购人员提供任何形式的馈赠，如有发现，将做严肃处理。

沃尔玛会随时检查供应商的状况，如果供应商达不到沃尔玛的要求，根据合同沃尔玛有理由解除双方的合作。

四、沃尔玛采购手法和要求

对于一项产品，沃尔玛首先会组成一个采办小组。采办小组最先做的是产品信息的采集，主要是各地供应商提供的新产品及报价。在经过简单的分类后，该小组会和沃尔玛全球主要店面的买手们沟通，这个过程会比较长。在确定买手们需要的大致产品后，在世界各大区买手来到中国前(一般一年两到三次)，采办的员工会准备好样品，样品上会清楚地标明价格和规格，但绝不会出现厂商的名字。因此，买手们并不知道该样品的生产厂商，在采办的办公室里，买手们开始选择产品，他们将最后决定采购哪些产品，而采办的人员并不能过多地推荐。随后买手会和采办人员对被看上的产品进行价格方面的内部讨论，定下大致的采购数量和价格，由采办人员通知厂商过来就细节和价格谈判，而该过程，买手们也基本不和厂商直接碰面，一切由采办人员负责。在正式下单后，采办人员将继续负责跟单，整套流程就基本结束了。这种采购方式杜绝了决定采购的买手与供应商进行"合作"的可能性。

【案例思考】

结合上述案例以及本章的学习，谈谈选择供应商应遵循的原则。

【案例二】 青啤集团现代物流管理

青啤集团引入现代物流管理方式,加快产成品走向市场的速度,同时使库存占用资金、仓储费用及周转运输在一年多的时间里降低了 3 900 万元。

1998 年第一季度,青啤集团以"新鲜度管理"为中心的物流管理系统开始启动,当时青岛啤酒的产量不过 30 多万吨,但库存就高达 3 万吨,限产处理积压,按市场需求组织生产成为当时的主要任务。青啤集团将"让青岛人民喝上当周酒,让全国人民喝上当月酒"作为目标,先后派出两批业务骨干到国外考察、学习,提出了优化产成品物流通渠道的具体做法和规划方案。这项以消费者为中心,以市场为导向,以实现"新鲜度管理"为载体,以提高供应链运行效率为目标的物流管理改革,建立起了集团与各销售点物流、信息流和资金流全部由计算机网络管理的智能化配送体系。

青啤集团首先成立了仓储调度中心,对全国市场区域的仓储活动进行重新规划,对产品的仓储、转库实行统一管理和控制。由提供单一的仓储服务,到对产成品的市场区域分部、流通时间等全面的调整、平衡和控制,仓储调度成为销售过程中降低成本、增加效益的重要一环。以原运输公司为基础,青啤集团注册成立具有独立法人资格的物流有限公司,引进现代物流理念和技术,并完全按照市场机制运作。作为提供运输服务的"卖方",物流公司能够确保按规定要求,以最短的时间、最少的环节和最经济的运送方式,将产品送至目的地。

同时,青啤集团应用建立在 INTERNET 信息传输基础上的 ERP 系统,筹建了青岛啤酒集团技术中心,将物流、信息流、资金流全面统一在计算机网络的智能化管理之下,建立起各分公司与总公司之间的快速信息通道,及时掌握各地最新的市场库存、货物和资金流动情况,为制定市场策略提供准确的依据,并且简化了业务运行程序,提高了销售系统动作效率,增强了企业的应变能力。同时青啤集团还对运输仓储过程中的各个环节进行了重新整合、优化,以减少运输周转次数,压缩库存、缩短产品仓储和周转时间等。具体做法如:根据客户订单,产品从生产厂直接运往港、站;省内订货从生产厂直接运到客户仓库。仅此一项,每箱的成本就下降了 0.5 元。同时对仓储的存量作了科学的界定,并规定了上限和下限,上限为 1.2 万吨。低于下限发出要货指令,高于上限下再安排生产,这样使仓储成为生产调度的"平衡器",从根本上改变了淡季库存积压、旺季市场断档的尴尬局面,满足了市场对新鲜度的需求。

目前,青啤集团仓库面积由 70 000 多平方米下降到 29 260 平方米,产成品库存量平均降到 6 000 吨。

这个产品物流体系实现了环环相扣,销售部门根据各地销售网络的要货计划和市场预测,制定销售计划;仓储部门根据销售计划和库存及时向生产企业传递要货信息;生产厂有针对性地组织生产,物流公司则及时地调度运力,确保交货质量和交货期。同时销售代理商在有了稳定的货源供应后,可以从人、财、物等方面进一步降低销售成本,增加效益。经过 1 年多的运转青岛啤酒物流网已取得了阶段性成果。首先是市场销售的产品新鲜度提高,青岛及山东市场的消费者可以喝上当天酒、当周酒;省外市场的东北、广东及沿海城市的消费者,可以喝上当周酒、当月酒。其次是产成品周转速度加快,库存下降使资金占用下降了 3 500 多万元。再是仓储面积降低,仓储费用下降 187 万元,市内周转运输费降低了 189.6 万元。

现代物流管理体系的建立,使青啤集团的整体营销水平和市场竞争能力大大提高,1999 年,青岛啤酒集团产销量达到 107 万吨,再登国内榜首。其建立的信息网络系统还具有较强的扩展性,为企业在拥有完善的物流配送体系和成熟的市场供求关系时开展电子商务准备了必要的条件。

【案例思考】

结合本章的学习,谈谈加强现代物流管理对提升青啤整体营销水平和市场竞争力的意义。

一、单选题

1. 企业经营业务的起点是( )。
   A. 商品采购   B. 商品销售   C. 商品储存   D. 商品包装
2. 确定企业进货品种的基本依据是( )。
   A. 目标市场   B. 经营能力   C. 企业经营特色   D. 经济效益
3. 一般来说,小型企业宜采用( )。
   A. 分散进货   B. 集中进货   C. 代批代购   D. 市场选购
4. ( )处于经营业务活动的终点。
   A. 商品采购   B. 商品销售   C. 商品储存   D. 商品包装
5. ( )是商品流通的"蓄水池"。
   A. 商品采购   B. 商品销售   C. 商品储存   D. 商品包装
6. 商品储存过程中,应贯彻和遵循的原则有( )。
   A. 注重质量   B. 先进先出   C. 注重保养   D. 后进先出
7. 商品储存的本质是( )。
   A. 流通过程中的停滞   B. 静止的
   C. 静止的商品资金   D. 流动的
8. 单位价值低的商品,要尽量选择( )的运输工具。
   A. 运费低   B. 运费高   C. 速度快   D. 速度慢
9. ( )是组织商品运输的首要途径。
   A. 选择合理的运输路线   B. 选择合理的运输工具
   C. 仓库设置要合理   D. 选择适当的运输方式
10. 对代理商的评估应从长期评估、短期评估、纵向评估和( )方面进行评估比较。

    A. 综合评估   B. 会议评估   C. 横向评估   D. 顾客评估

11. 佣金代理与买断代理是按代理商是否承担（　　），以及其与原厂的业务关系来划分代理形式。

    A. 货物买卖风险   B. 运输管理

    C. 市场广告   D. 客户服务

12. 厂商激励代理商的手段较多，一般有物质激励、代理权激励和（　　）三种方式。

    A. 信息激励   B. 精神激励

    C. 一体化激励   D. 管理权限激励

二、名词解释

1. 商品合理运输
2. 先进先出原则
3. 仓容定额
4. 网络销售
5. 商品运输
6. 代理权激励
7. 总代理
8. 独家代理

三、问答题

1. 企业在进行渠道选择时应遵循哪些原则？
2. 简述商品销售的意义。
3. 商品售后服务的主要内容有哪些？
4. 简述公路、铁路、水路、航空四种运输方式的优、缺点。
5. 简述运输合理化的概念。影响运输合理化的因素是什么？
6. 如何应用独家代理与多家代理销售方式？
7. 简述特许经营与连锁经营的区别。

做一做

    某公司根据计划每年需要采购甲零件 30 000 个。甲零件的单位购买价格是 20 元，每次订购的成本是 240 元，每个零件每年的仓储保管成本为 10 元。要求计算，甲零件的经济订购批量及每年的订货次数。

学习单元六

企业的发展和融资、投资分析

 学习任务与目标

社会主义市场经济中的企业,作为投资决策主体自我发展的能力得到了不断增强。发展离不开投资,投资的前提是融资。本单元就是在阐述企业发展的特征及其发展类型的基础上,着重研究企业融资成本及决策、投资方向和投资决策的经济评价等问题。通过本单元的学习,使学生了解融资和投资的基本原理,掌握融资、投资决策的方法。

 学习目标

一、知识目标

1. 了解企业发展的含义及特征
2. 理解企业发展的方式
3. 掌握企业常见融资方式及其评价
4. 掌握融资成本指标及其应用原理
5. 掌握投资可行性分析
6. 理解投资风险评估

二、能力目标

1. 能够结合实际辨析企业发展方式
2. 能够根据实际结合融资成本分析选择合适的融资渠道及融资方式
3. 能够运用投资决策理论初步制定投资方案

三、素质目标

1. 形成辨析企业发展方式的职业习惯

2. 具备初步确定企业融资渠道与方式的素养
3. 具备投资决策流程的理念

学习任务一 企业的发展及方式

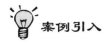 案例引入

苏宁云商之路

苏宁云商集团股份有限公司原名苏宁电器股份有限公司,1990年12月26日全国第一家苏宁创办于江苏省南京市宁海路,是苏宁第一家空调专营店,2004年7月成功上市。2016年8月,全国工商联发布"2016中国民营企业500强"榜单,苏宁控股以3 502.88亿元的年营业收入名列第二。2011年以来,苏宁持续推进新十年"科技转型、智慧服务"的发展战略,云服务模式进一步深化,逐步探索出线上线下多渠道融合、全品类经营、开放平台服务的业务形态,即"店商＋电商＋零售服务商"的"云商"模式。2014年春季,苏宁组织架构调整,除了设立商品经营总部和运营总部两大经营总部之外,还设立红孩子、PPTV、满座网、电讯、物流、金融、Lindex、苏宁互联八大直属独立公司。面对互联网、物联网、大数据时代,苏宁按照"一体两翼三云四端"的互联网零售战略,坚持顾客服务、商品经营的零售本质,O2O融合运营,开放物流云、数据云和金融云,产品线从家电、3C拓展至超市、母婴、百货、数据、金融、内容等产品,通过四端协同实现无处不在的一站式消费体验。

苏宁云商的持续发展伴随着多种途径的拓展。①发展物流。1997年2月,苏宁电器投资3 000万元在南京自建第一代物流配送中心。2005年3月苏宁电器启动"5315服务工程",建立全国一体化的物流配送体系。2008年3月苏宁第三代物流基地——南京雨花物流基地全面交付使用,苏宁物流迈入作业机械化、管理信息化、网络集成化、人才知识化的新时代。2012年6月,盐城苏宁电器物流基地完成搬迁,物流基地项目正式投入使用。2012年11月徐州物流基地项目施工完毕,并正式交付使用。2014年2月7日,苏宁宣布已经通过国家邮政局快递业务经营许可审核,获得国际快递业务经营许可。苏宁由此成为国内电商企业中第一家取得国际快递业务经营许可的企业,今后将可以与FedEx、DHL、UPS、TNT四大国际快递公司一样从事国际快递业务。2015年3月26日,"苏宁物流报关代理服务有限公司"获批。2015年4月7日,苏宁第三方物流企业服务平台项目正式发布上线。2017年1月,苏宁收购估值42.5亿的天天快递全部股份。苏宁已经获得一张全国性快递牌照及国内150多个区域性的快递牌照,是行业内拥有快递牌照最多的电商企业。②构建体育帝国。2015年12月21日,江苏苏宁集团已与国信集团签署协议,全面接手原

江苏国信舜天足球俱乐部。2016年6月,苏宁集团以约2.7亿欧元收购国际米兰俱乐部约70%股份,成为国际米兰第一大股东。2016年11月,苏宁以7.21亿美元的总价获得英超2019—2022赛季中国大陆及澳门地区独家媒体版权。③进军网络视频行业。2013年10月28日,苏宁联合弘毅投资公司斥资4.2亿美元战略投资PPTV,收购后者约74%的股权,收购后苏宁占到44%的股权,成为PPTV第一大股东。④进军服装业。2013年9月16日下午消息,苏宁与瑞典的快时尚品牌Lindex签署战略合作协议,成为Lindex在中国大陆地区的总代理,苏宁将借此进军快时尚产业。⑤布局电讯。2015年12月31日,努比亚与苏宁共同发布公告,苏宁宣布19.3亿元投资努比亚,占股33.3%,目前努比亚估值约10亿美金。2015年8月6日苏宁云商旗下通讯公司正式对外发布苏宁通讯公司品牌"苏宁互联"。苏宁互联是以通信业务为基础,打通苏宁线上线下社交、购物、娱乐、资讯等多方面资源,为用户带来一系列围绕移动互联生活的增值服务和解决方案,包括社交休闲、视频娱乐、线上线下购物、金融理财、智能家居等服务,是苏宁搭建的从"云"到"端"的移动互联通道。⑥设立海外研究院。2013年11月19日苏宁美国研发中心暨硅谷研究院正式揭牌,启动了首个海外研究院,海外研究院将与已运行的苏宁北京、南京研发中心一道,共同推动苏宁互联网转型与云商模式的加速落地。⑦推出金融服务。2013年8月21日,苏宁云商正在向有关部门申请设立"苏宁银行",并注册了域名。2013年9月,包括苏宁银行在内的9家民营银行名称获得国家工商总局核准。2014年1月15日苏宁云商与广发基金、汇添富合作的"类余额宝"产品"零钱宝"正式上线。苏宁研发的余额理财产品既针对个人,也针对企业用户开放。个人用户既可用余额理财产品又可进行购物、消费、充话费、缴水电煤气费及信用卡还款等多项创新增值功能。同时,"零钱宝"也可随时提现至支付账号和银行卡。⑧整合线上线下资源。团购模式被认为是线上线下融合最成功的模式。2014年1月27日消息,苏宁云商已经全资收购国内团购网站满座网,并整合为苏宁本地生活事业部。并购后,将增强苏宁本地生活领域的综合实力,双方可在采购、运营、市场推广方面实现资源共享、成本集约,并借助苏宁线上线下开放平台和丰富的供应商、合作商户资源,实现交易规模的快速提升。苏宁云商集团副总裁王哲表示,苏宁云商正式发布苏宁众包平台,苏宁众包平台将借助O2O全渠道,提供从创意—作品—产品—商品—用品各个转化阶段所需的众包服务解决方案,实现创意转化、产品孵化、品牌放大及市场的加速扩张。⑨战略合作。2015年9月6日上午,万达与苏宁宣布战略合作,苏宁云店将进驻现有的万达广场。万达方面还将为苏宁提供物业资源的开发定制。2015年8月10日,阿里宣布将以约283亿元人民币战略投资苏宁,成为公司第二大股东;苏宁将以140亿元人民币认购不超过2 780万股的阿里新发行股份。双方将打通线上线下全面提升效率,为中国及全球消费者提供更加完善的商业服务;苏宁云商辐射全国的1 600多家线下门店、3 000多家售后服务网点、5 000个加盟服务商以及下沉到四五线城市的服务站将与阿里巴巴强大的线上体系实现无缝对接。

资料来源：以苏宁官网资料为基础整理获得

【案例思考】 根据所给资料，谈谈苏宁云商通过哪些方式一步步发展起来？

一、企业发展及意义

企业发展是指企业投入自有资金或其他途径融资的资金，通过建造、购置、改造及兼并其他企业等方式，提高生产经营能力，形成新的企业规模的过程。

这个过程的主要特征是：

（1）它是企业经营活动从量的提高到质的飞跃的过程。其标志是形成超过原有的新的企业经营规模。以这个标志来衡量，企业发展是有特定含义的概念。它不是一般的经营业务的发展和扩大，而特指企业新的生产经营能力不断形成又不断被超越的企业规模扩大过程。

（2）企业发展的方式是多种多样的。它既包括外延式的发展，如建设安装新的生产线和营业设施等。又包括内涵式的发展，如对现有生产经营装备与设施进行技术改造等。近年来，随着我国改革的深化而出现的企业兼并和企业集团已经成为企业发展中广泛采用的方式。

（3）企业发展是与追加投资联系在一起的。投入相当数量的资金是企业发展的前提。因此就其实质内容来说，企业发展就是企业为扩大生产经营能力而进行的融资与投资活动。由于我国市场经济刚刚起步，企业自我积累能力还很弱，企业发展对资金的需要与可能的矛盾始终是存在的。为了求得加快发展，越来越多的企业摆脱了计划体制下"有多少钱，办多少事"的小生产意识的束缚，敢于承担风险，把"举债建设，负债经营"，作为企业发展的重要手段，多方筹集资金走出一条"借鸡生蛋，以蛋孵鸡"的快速发展之路。可以说，自主地吸收外部资金作为企业自我发展的能量之源是现阶段企业发展的又一显著特征。

（4）企业不断发展是一种客观必然趋势。从整体上或根本上看，它是不以企业领导人主观意志为转移的市场竞争的必然结果。优胜劣汰是市场竞争的无情法则，不进步、不发展就会在竞争中处于劣势，直至被淘汰。巨大的压力推动企业必须随着经济技术的进步不断地更新技术，扩大经营规模，力争在竞争中占据有力地位。可以说，能否不失时机地进行自我发展，是关系到企业生死存亡的重大问题。

二、企业发展方式

通过追加投入来实现企业的发展，主要表现为企业生产能力的扩大、技术的改进、产量的增加、品种的增多、质量的提高以及开发新产品等。使企业原有的生产圈和市场圈得到扩大。企业发展的方式比较多，归纳起来，主要有以下五种方式：

（一）原型发展

所谓原型发展，是指不改变原有的经营方向和产品结构，通过追加投入增加产品的数量和提高产品质量。其具体形式是：

(1) 由于市场需求的扩大,增加原有产品的产量。增加产量的方法有二:一是通过增加设备和人力,扩大生产能力;二是对原有设备进行改造,提高劳动生产率。前一种方法属于外延式的发展,后一种方法属于内涵式的发展。

(2) 不改变原有的经营方向和生产规模,通过追加投资进行技术改造。采取新技术、新材料和新工艺,提高产品质量,增加产品价值。企业发展不是靠产品数量的增加,而主要靠产品质量的提高。

(二) 部门内部发展

部门内部发展,是指不跨出本部门和本行业的范围,增加本企业未生产过的产品,其具体形式是:

(1) 不改变原有的经营方向,扩大经营范围,增加本企业未生产过的产品,但经营范围的扩大局限在本部门经营的范围内,与生产同种产品的企业进行竞争。

(2) 利用原有生产条件,改变原有的生产经营方向,放弃原有产品的生产,通过追加投资增加新的生产条件,生产本部门已有的产品。

由于对原有经营方向和经营规模调整的程度不同以及所增加产品的发展程度不同,还可以组合成许多具体的发展形式。在一般情况下,完全改变原有经营方向的企业居于少数,就大多数企业来说,基本上都是在原有经营的基础上,扩大经营范围求得发展。

(三) 部门外部发展

部门外部发展,是指企业的生产经营活动向别的部门进行发展,增加生产别的部门已有的产品。跨出本部门、本行业,在部门之间展开竞争。其具体形式是:

(1) 不改变原有的经营方向,扩大经营范围,增加生产别的部门已经生产经营的产品。

(2) 改变原有的经营方向,放弃原有产品的生产,利用已有的生产条件,通过追加投资增加新的生产条件,生产别的部门经营的产品。

(四) 交叉性发展

交叉性发展,是指企业在部门内部进行发展的同时,向外部门进行发展。企业经营范围的扩大,不仅增加生产,而且本部发展与外部发展同时并存。其具体形式是:

(1) 不改变原有的经营方向和生产规模,通过追加投资,以部门内部发展为主,以部门外部发展为辅;或者以部门外部发展为主,以部门内部发展为辅。

(2) 通过调整原有的经营方向和生产规模,追加投资扩大经营范围,既向本部门内部发展又向部门外部发展。根据企业自身具体条件,发展部分必然会有所侧重。

(五) 开放性发展

开放性发展,是指企业在原有的经营基础上,通过追加投资开发新产品、新技术,即增加生产本部门和外部门从未生产过的产品,向新部门和新领域进军,具有明显的开发性质。其具体形式是:

(1) 不改变原有的经营方向,通过追加投资进行研制和开发新产品、新技术。

(2) 对原有的生产规模和经营方向进行调整,增加新的生产条件,进行新产品开发。

【阅读专栏】

伊莱克斯学习海尔的启示

"向海尔学习",这句口号已成为国内众多企业自觉的行为规范。可是,作为国际赫赫有名的跨国公司伊莱克斯如今也提出向海尔学习了。

瑞典伊莱克斯集团是世界最大的商用冰箱、冰柜等的专业生产厂商,正式员工超过12万人,1996年的销售额高达175亿美元,其强大的技术力量和雄厚的资金实力远非海尔能比。然而,务实的伊莱克斯主动提出向海尔学习并制订了详尽计划,其目的正如伊莱克斯中国执行主席所说,海尔在品牌宣传和商店内部的商品陈列方面有独到之处,伊莱克斯进入中国市场就应该针对中国消费者的心理、习俗,设计构想出符合中国国情的营销理念,开发有竞争力的产品。

伊莱克斯这一举动,同时也给我们国内企业敲响警钟。那种上到一定规模,拥有一定实力就夜郎自大、故步自封、沾沾自喜的企业,今后怎么办?当前,处于国际竞争国内化的境地,面对跨国公司虎视眈眈、攻城略地的侵蚀,我们的企业是高枕无忧还是找出差距奋起直追,一切取决于企业领导人的战略眼光与营销观念。作为海尔人他们明白,当伊莱克斯等外国公司抢滩中国市场份额时,海尔只有向更高更强的国外企业学习,从世界市场上抢得份额,才能使自己立于不败之地。

学习任务二 融资及成本分析

桑裕集团多渠道融资

桑裕集团公司是一家从事污水处理的公司,并在这个行业处于领先地位。桑裕集团率先在环保行业中提出了借用BOT的模式建设污水处理项目,即桑裕集团建设污水处理厂,并获得若干年的经营权,到期后,将项目移交给市政部门,完成整个项目周期。桑裕集团对若干个污水处理项目需要巨额资金投入,但是自有资金不足,资金成了桑裕集团事业拓展的"瓶颈"。为此,桑裕一直在寻求拓展筹资渠道。

一般情况下筹资不外乎两种方式:股权筹资和债权筹资。股权筹资方面,桑裕集团为其下属的公司——北京桑裕工程股份有限公司引进了新的股东:北大方正和中国国际金融公司。同时,桑裕集团还通过一种类似可转换债权的契约型私募方式进行了债券筹资。这些资金将满足桑裕短期项目建设的资金需求。

学习单元六　企业的发展和融资、投资分析

IFC是世界银行下属的投资机构,一向重视企业的环保以及环保产业,桑裕集团正在和IFC探讨成立一家合资公司(SPV),IFC将投入不超过25%的股本,总股本的底线是2 000万美元。

长期筹资方面,德国投资与开发公司(DEG),是一家提供长期贷款、股本金投资以及金融担保的机构,这些投资方式很符合环保项目筹资的需求。桑裕集团公司也在积极寻求从资本市场直接筹资,准备上市。在桑裕集团公司的资本运作规划中,下属的另一家公司——北京海斯环保设备有限公司准备在美国上市。如果与IFC合资的SPV能够设立,今后还会在香港上市。通过资本市场筹集到的资金,今后将成为桑裕集团拓展环保项目的长期资金来源。

债券筹资模式也在桑裕集团公司的考虑之中,在未来5年内,桑裕打算在海外发行资产抵押债券(ABS)。筹集到资金后,桑裕集团计划将资金投入到新的项目中。

环保行业是资金密集型产业,周密的短期、中期和长期融资规划是保证企业发展的关键,桑裕集团的筹资蓝图无疑为这个行业提供了一个良好的范例。

资料来源:改编自孔德兰主编:《企业财务管理》,中国财政经济出版社2010年版

【案例思考】

(1) 桑裕集团为什么需要筹资? 桑裕集团筹资规划中涉及了哪些筹资渠道与筹资方式?

(2) 企业选用筹资方式时需考虑哪些要素?

融资是企业根据其生产经营活动对资金的需求,通过资金市场,采用适当的融资方式,获取所需资金的一种行为,是企业财务管理的重要内容,是企业的基本财务活动。融资是企业整个资金运动的起点,也是企业维持正常生产经营和扩大经营规模、分配资金的前提条件。

一、融资方式与融资渠道

(一) 融资的动机

1. 扩张性融资动机

扩张性融资动机是企业因扩大生产经营规模或增加对外投资的需要而产生的追加融资动机。处于成长时期、具有良好发展前景的企业通常会产生这种融资动机。

2. 调整性融资动机

企业的调整性融资动机是企业因调整现有资本结构的需要而产生的融资动机。

3. 混合性融资动机

企业同时既为扩张规模又为调整资本结构而产生的融资动机,可称为混合性融资动机。

企业融资的基本要求:合理性、及时性、效益性和合法性。

(二) 企业融资渠道

1. 融资渠道的定义

融资渠道是指筹措资金的来源与通道,反映资金的源泉和流量。融资渠道属客观范畴,即融资渠道的多与少企业无法左右,它与国家经济发展程度及政策制度等相关。企业了解融资渠道的种类及每种渠道的特点,有助于正确利用融资渠道。

2. 融资渠道的内容

国家财政资金。国家财政资金,是指国家以财政拨款、财政贷款、国有资产入股等形式向企业投入的资金。它是我国国有企业,包括国有独资公司的主要资金来源。今后也仍然是国有企业筹集资金的重要渠道。

银行信贷资金。银行信贷资金是指银行对企业的各种贷款,是各类企业重要的资金来源。银行以储蓄存款作后盾,财力雄厚,并为企业提供多种多样的贷款,可以满足各类企业的需要。

非银行金融机构资金。非银行金融机构是指各种从事金融业务的非银行机构,主要有信托投资公司、租赁公司、保险公司、证券公司、财务公司等。它们可以为企业直接提供部分资金或为企业融资提供服务。虽然非银行金融机构没有银行实力雄厚,但它们资金供应灵活,且可提供多种特定服务,具有广阔的发展前景。

其他企业资金。其他企业资金是其他企业向企业投资或由于业务往来而暂时占用在企业的资金。企业之间以闲置资金相互投资或者提供短期商业信用也是企业的一种资金来源。

民间资金。企业职工和城乡居民利用结余资金向企业投资,它也是企业资金的一种来源。随着城乡经济的发展,人们投资意识的增强,这部分资金的利用空间会越来越大。

企业内部资金。企业内部资金是指企业在经营过程中形成的内部资金,主要包括提取公积金、未分配利润以及提取折旧而形成的资金。

外商资金。外商资金是企业利用的外国投资者以及我国港、澳、台地区投资者的资金,它是外商投资企业的主要资金来源。随着我国资本市场向着国际化的发展,外商资金会为越来越多的企业所利用。

(三) 企业融资方式

1. 融资方式的定义

融资方式是指企业筹措资金所采取的具体形式,反映资金在企业的具体存在形式。融资方式属于主观范畴,可以由企业来选择。企业只有了解融资方式的种类及每种方式的特点,才能灵活运用不同的融资方式,降低资金成本,有效筹集所需资金。

2. 融资方式的内容

企业筹集资金的方式主要有以下七种:①吸收直接投资;②发行股票;③借款;④商业信用;⑤发行债券;⑥发行融资券;⑦租赁融资。

(四) 融资渠道与方式的关系

融资渠道与方式是两个不同的概念。融资渠道反映企业资金的来源与方向,即资金从何而来;融资方式反映企业融资的具体手段,即如何取得资金。但在实际融资的具体过程中,渠道与方式之间又有着密切的关系。一定的融资方式可能适用于某一特定的融资渠道,但一种融资方式可能适用于多种不同的渠道,而一种渠道的资金也可以采取多种不同的方式取得。企业融资时应根据不同的融资渠道选择合适的融资方式。各种融资渠道与方式的配合可见表 6-1。

表 6-1 各种融资渠道与方式的配合

方式 组合渠道	吸收直接投资	发行股票	借款	商业信用	发行债券	发行融资券	租赁融资
国家财政资金	√	√					
银行信贷资金	√	√	√		√	√	
非银行金融机构资金	√	√	√		√	√	√
其他企业资金	√	√		√	√	√	
民间资金	√	√			√	√	
企业内部资金	√	√					
外商资金	√	√	√		√	√	√

(五) 融资的类型

企业融资由于渠道和方式的不同,形成多种不同的资金。按照不同的分类标准,企业融资可分为多种类型,包括自有资金与借入资金、短期资金与长期资金、内部融资与外部融资、直接融资与间接融资等。

1. 权益资金与负债资金

企业资金根据来源渠道不同可分为权益资金和负债资金,即自有资金和借入资金。权益资金是指企业总资金中归投资人所有的部分资金,即所有者权益,包括实收资本、资本公积、盈余公积和未分配利润。它是由企业投资人的原始投资和积累而形成的,是企业永久性的资金来源。我国财务制度规定,在企业存续期内,投资人投入资本可以依法转让但不得抽回。企业吸收自有资金可采取吸收直接投资、发行股票、留用利润等方式。

负债资金是指企业总资产中由债权人提供的那部分资金。借入资金形成企业负债,要按期支付本金和利息。借入资金包括应付账款、应付票据、银行借款、应付债券及其他各种应付而未付款项。借入资金可采用借款、发行债券、发行融资券、商业信用、融资租赁等方式筹措取得。自有资金与借入资金的比例反映企业的资本结构和财务风险的高低。

2. 短期资金与长期资金

企业资金按期限的不同分为短期资金和长期资金。

短期资金是指能够在一年以内使用的资金。企业为满足日常生产经营中资金周转的需要,往往筹集一些短期资金。一般通过银行短期借款、商业信用、发行短期融资券等方式来筹措。

长期资金是指能够在一年以上时间使用的资金。企业为保证长期、稳定的资金供应,需要筹集一定数量的长期资金。如,购建固定资产、取得无形资产、长期投资等等。长期资金的筹集一般采用吸收直接投资、发行股票、发行债券、银行长期借款、融资租赁等方式。

广义的短期资金与长期资金有两种不同角度。从融资角度看,反映的是资金使用时间的长短;从投资角度看,反映的是资产使用时间的长短,即相应形成的短期资产(流动资产)与长期资产。虽然企业常规筹措短期资金是为了短期资产占用,筹措长期资金是为了形成长期资产,但在企业资金自主调配使用的情况下,也不乏长期资金短期占用或短期资金弥补长期资金不足的例子。企业在融资与投资时都要注意长短期资金的合理配置。

3. 内部融资与外部融资

企业资金按其范围不同又可分为内部融资与外部融资。

内部融资就是从企业内部来筹措资金。企业内部由于留用利润、提取公积金和计提折旧增加的资金可以直接由企业使用,无须进行融资活动。内部融资所形成的都是企业自有资金。

外部融资是指从企业外界筹措所需资金。外部融资可以采取吸收直接投资、发行股票、发行债券、借款、商业信用、融资租赁等方式,筹集到的既有自有资金又有借入资金。

由于内部融资不需要耗费融资费用,且资金能立刻到位,所以,企业融资时应优先考虑内部融资,不足部分再寻求外部来源。

4. 直接融资与间接融资

企业融资活动按其是否以金融机构为媒介,可分为直接融资与间接融资。

直接融资是指企业直接与资金供应者协商融资,无须通过金融机构作为中介。直接融资中资金供需双方直接接触,资金也直接进行交割。一般常见的形式有联营投资、融资租赁、股票或债券直接发售等。

间接融资是指企业借助银行等金融机构而进行的融资活动。在间接融资中涉及了企业、资金供应者及金融机构三方面的利益,资金也是从供应者手中转到金融机构,再由金融机构提供给企业。间接融资的基本方式是银行借款,此外还有非银行金融机构借款、融资租赁等某些具体形式。

直接融资与间接融资的差别,主要表现为以下几个方面:

(1) 融资机制不同。直接融资依赖于资本市场机制如证券交易所,以各种证券如股票和债券为媒介;而间接融资则既可运用市场机制,也可运用计划或行政手段。

(2) 融资范围不同。直接融资具有广阔的领域,可利用的融资渠道和融资方式比较多;而间接融资的范围相对较窄,融资渠道和融资方式比较少。

(3) 融资效率和融资费用高低不同。直接融资因程序较为繁杂,准备时间较长,

学习单元六 企业的发展和融资、投资分析

故融资效率较低,融资费用较高;而间接融资过程简单,手续简便,故融资效率高,融资费用低。

(4) 融资效应不同。直接融资可使企业最大限度地筹集社会资本,并有利于提高企业的知名度和资信度,改善企业的资本结构;而间接融资有时主要是为了适应企业资本周转的需要。

二、融资成本分析

(一) 融资成本的含义和内容

融资成本是资金所有权与资金使用权分离的产物,融资成本的实质是资金使用者支付给资金所有者的报酬,即企业为筹集和使用资金而支付的代价,又称之为资金成本。广义上,企业筹集和使用任何资金都要付出代价,但由于企业资金中长期资金所占的比重较大,且成本较高,因此,狭义的融资成本仅指筹集和使用长期资金的成本。

企业融资成本包括筹资费用和用资费用。筹资费用是企业在资金筹资过程中发生的各种费用,如委托金融机构代理发行股票、债券而支付的注册费和代理费,向银行借款支付的手续费等等;资金使用费是指企业因使用资金而向其提供者支付的报酬,如股票融资向股东支付股息、红利,发行债券和借款支付的利息,借用资产支付的租金等等。需要指出的是,上述融资成本的含义仅仅只是企业融资的财务成本。

融资成本可以用绝对数表示,也可以用相对数表示,但绝对数不利于不同资金规模的比较,所以一般采用相对数表示。其基本计算公式如下:

$$融资成本率 = \frac{年用资费用}{筹资总额 - 筹资费用} \times 100\%$$

(二) 融资成本的作用

(1) 融资成本是选择资金来源、确定筹资方式的重要依据,企业要选择融资成本最低的筹资方式。

(2) 对于企业投资来讲,融资成本是评价投资项目、决定投资取舍的重要标准,投资项目只有在其投资收益率高于融资成本时才是可接受的。

(3) 融资成本可以作为衡量企业经营成果的尺度,即经营利润率应高于融资成本,否则表明经营不利,业绩欠佳。

(三) 融资成本指标及分析

融资成本指标包含个别资金成本、综合资金成本和边际资金成本。

1. 个别资金成本

企业在不同的筹资方式中进行选择时,应考察不同筹资方式下的个别资金成本。个别资金成本是指使用各种资金的成本,包含债务融资和股权融资,主要有长期借款成本、债券成本、优先股成本、普通股成本和留存收益成本等。

需要注意的是，由于债务融资的成本可以在税前扣除，因此年用资费用应换算为税后费用。

(1) 银行借款的资金成本

银行借款的资金成本是指借款利息和筹资费用。其中的利息一般在税前支付，具有减税效应，且借款手续费较低，其计算公式为：

$$银行借款的资金成本 = \frac{年利息 \times (1-所得税税率)}{筹资总额 \times (1-筹资费率)} \times 100\%$$

【例 6-1】 某公司向银行取得 400 万元 5 年期借款，年利率 10%，每年付息一次，到期还本，借款手续费率 0.3%，所得税率 25%。

$$银行借款的资金成本 = \frac{400 \times 10\% \times (1-25\%)}{400 - 400 \times 0.3\%} \times 100\% = 7.52\%$$

(2) 债券的资金成本

债券的资金成本是指债券利息和筹资费用，债券成本中的利息在税前支付，具有减税效应，但筹资费用一般较高，其计算公式为：

$$债券的资金成本 = \frac{年利息 \times (1-所得税税率)}{筹资总额 \times (1-筹资费率)} \times 100\%$$

其中，年利息＝债券面值×债券票面利息率。债券筹资总额按实际发行价格确定。

【例 6-2】 某企业计划年初发行公司债券，面值 800 万元，10 年期，票面利率 6%，每年付息一次。发行费用为发行价格的 0.5%，适用的所得税税率为 25%。

分别计算该债券按照面值、1 000 万元、600 万元发行的资金成本。

$$债券的资金成本_1 = \frac{800 \times 6\% \times (1-25\%)}{800 \times (1-0.5\%)} \times 100\%$$

$$= \frac{4.5\%}{99.5\%} \times 100\% = 4.52\%$$

$$债券的资金成本_2 = \frac{800 \times 6\% \times (1-25\%)}{1\ 000 \times (1-0.5\%)} \times 100\%$$

$$= \frac{800 \times 4.5\%}{1\ 000 \times 99.5\%} \times 100\% = 3.62\%$$

$$债券的资金成本_3 = \frac{800 \times 6\% \times (1-25\%)}{600 \times (1-0.5\%)} \times 100\%$$

$$= \frac{800 \times 4.5\%}{600 \times 99.5\%} \times 100\% = 6.03\%$$

(3) 股票的资金成本

股票融资的筹资费用是指发行股票时发生的相关费用，包括发行费、印刷费、律师费、财产评估费、公证费等;股票融资的用资费用为支付给股东的股利。由于股利支付取决于企业的获利水平和股利政策,情况比较复杂,其资金成本的计算在不同理论基础上形成不同的计算模型。下面介绍股利贴现模型,又称"戈登模型(Gordon Model)",它是通过计算公司预期未来支付给股东的股利现值,来确定股票的内在价值,相当于未来股利的永续流入。

① 固定股利模型

如果公司采用固定股利政策,即每股股票每年可得到相等金额的股利。此时普通股股利税后支付,不具有抵税作用。因此,在固定股利政策下普通股资金成本的计算与优先股一样。其计算公式为:

$$股票的资金成本 = \frac{每年股利}{筹资总额 \times (1-筹资费率)} \times 100\%$$

【例 6-3】 某公司发行面额为 1 元的优先股票 1 000 万股,每股发行价格 5 元,筹资费用为全部筹资额的 5%,约定每年每股股利为 0.1 元,求该优先股的资金成本率。

$$股票的资金成本 = \frac{1\,000 \times 0.1}{1\,000 \times 5 \times (1-5\%)} \times 100\% = 2.11\%$$

② 固定增长股利模型

如果公司采用固定股利增长率的政策,即公司收益按照一个固定的比率增长,公司采用固定增长股利政策,此时,股利也会永久性地按照一个固定的增长率增长下去,资金成本计算公式为:

$$股票的资金成本 = \frac{第一年每股股利}{筹资总额 \times (1-筹资费率)} + 股利年增长率$$

【例 6-4】 某公司发行面额为 1 元的股票 1 000 万股,每股发行价格 5 元,筹资费用为全部筹资额的 5%,预计第一年每股股利为 0.1 元,以后每年递增 3.6%,求该股票的资金成本。

$$股票的资金成本 = \frac{1\,000 \times 0.1}{1\,000 \times 5 \times (1-5\%)} \times 100\% + 3.6\% = 5.71\%$$

(4) 留存收益的资金成本

留用利润似乎没有成本,实质上,属于股东的再投资,要求与普通股等价的报酬,且不用考虑筹资费用。因此,留存收益成本除了无筹资费用外,基本等同于普通股成本。其资金成本的计算在数值上等同于筹资费率为 0 时的普通股资金成本。

【例 6-5】 某公司发行普通股 1 000 万股,每股发行价格 5 元,筹资费用为全部筹资额的 5%,今年刚发放的股利为每股股利 0.1 元,以后每年预计按照 4% 递增,计算留存收益的资金成本。

$$留存收益的资金成本 = \frac{1\,000 \times 0.1}{1\,000 \times 5} \times 100\% + 4\% = 4.02\%$$

2. 综合资金成本

企业在不同的筹资方案中进行决策,优化公司资本结构,需要依据计算出的综合资金成本。综合资金成本,是指企业所筹集资金的平均成本,反映企业筹集资金的总体成本水平高低,其数值往往通过对个别资金成本加权平均确定。其计算公式如下:

$$K = \sum_{i=1}^{n} K_i W_i$$

式中,K——综合资金成本;

K_i——某种资金的成本;

W_i——某种资金在全部资金中的比重。

【例6-6】 某公司具有长期资本1 000万元,其中长期借款100万元,债券200万元,优先股100万元,普通股400万元,留用利润200万元,其个别资金成本分别为5%、6%、10%、14.6%、14%,请问:该公司的综合资金成本为多少?

$$K = \frac{100}{1\,000} \times 5\% + \frac{200}{1\,000} \times 6\% + \frac{100}{1\,000} \times 10\%$$
$$+ \frac{400}{1\,000} \times 14.6\% + \frac{200}{1\,000} \times 14\% = 11.34\%$$

3. 边际资金成本

边际资金成本是指企业每增加单位资金而增加的资金成本。边际资金成本采用加权平均法计算,是追加筹资时所使用的加权平均成本。通过比较边际资金成本与投资报酬率,企业可以判断有利的筹资和投资机会。

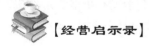
【经营启示录】

不入虎穴,焉得虎子
——以兼并方式占领美国药品市场

具有200年历史的英国葛兰素药厂,是世界第二大药厂,现有20多家分公司和分厂,其产品遍布150多个国家和地区,其中治疗消化性溃疡的药物"善胃得"已成为世界销量第一的药品。

"葛兰素"从一家传统的、老迈的公司,成为持续增长的、产品畅销国际市场的跨国企业。其成功的密码,在于一个敢于冒险、有战略眼光的经营策略。美国是世界上最大的西药市场,众多实力雄厚的药厂,已把美国的药品市场分割得差不多,要再跻身进去,并非易事,而葛兰素药厂以其独特的经营方式,在短短的时间内,不仅在美国市场站稳脚跟,而且该厂的"善胃得"占领了美国几乎全部的肠胃药市场。"善胃得"在美国营业额10亿美元,为全球营业额的三分之一。

葛兰素药厂是于1979年开始进入美国市场的。要敲开美国的药品市场,必须采用强有力的促销手段,否则是很难进入美国市场的,他们通过分析美国药品市场的情况,认清问题,寻找占领市场的突破口。兼并工厂的经营方法,是打开美国市场的捷径。他们通过兼并一家当地的小型药厂,借此彻底了解当地的市场情况。为了让这家企业成为地道的美国公司,使之与美国的文化完全融合,授予该企业美方负责人以充分的权力,使其在经营管理中决策明快,经营灵活,葛兰素药厂很快在美国市场站稳脚跟。葛兰素药厂为了进一步拓展美国市场,他们与当地排名前10名的瑞士罗士药厂合作,运用罗士的业务代理和销售网络销售其药品。另外,他们抛弃了大多数厂商把药品商标权借给其他厂,并由其销售的做法,而是采取垂直组合的经营形态,从原料生产、研究开发、成品制造到发货行销一竿子到底,不包给经销商销售,以保证药品的质量和及时反馈信息。葛兰素药厂正是依靠这样的促销手段,使其"善胃得"药品成为美国的明星药品。

【经营启示】

"不入虎穴,焉得虎子",英国葛兰素药厂在将其产品打入美国市场时,以战略眼光来制定经营策略。采用"兼并"工厂这一绝招,就像将一探测器安在美国药品市场上。这样,美国药品市场上的一呼一吸已被葛兰素药厂所把握,为其产品占领美国市场提供了确切的情报基础。被兼并的工厂熟知美国市场,便于企业的经营活动的开展,对于占领市场有重要意义。葛兰素药厂为进一步巩固和拓展市场,他们采取从生产、开发、销售的一竿子到底的经营方式,迅速巩固和发展了美国市场。

学习任务三　投资决策与风险

可口可乐公司投资"新可乐"失败

1985年4月23日,可口可乐公司董事长罗伯特·戈伊朱埃塔宣布了一项惊人的决定。他宣布经过99年的发展,可口可乐公司决定放弃它一成不变的传统配方,原因是现在的消费者更偏好口味更甜的软饮料,为了迎合这一需要,可口可乐公司决定更改配方调整口味,推出新一代可口可乐。

一、改变口味的原因

可口可乐公司做出改换口味的决定,是希望借此将其饮料王国的强劲对手置于死地。在20世纪80年代,可口可乐在饮料市场的领导者地位受到了挑战,其可口可乐在市场上的增长速度从每年递增13％下降到只有2％,其原因是竞争对手百事可乐来势汹汹,它先是推出了"百事新一代"的系列广告,将促销的锋芒直指饮料市场最大的消费群体——年轻人。

在第一轮广告攻势大获成功之后,百事可乐公司仍紧紧盯着年轻人不放,继续强调百事可乐的"青春形象",又展开了号称"百事挑战"的第二轮广告攻势,在这轮攻势中,百事可乐公司大胆地对顾客口感试验进行了现场直播,即在不告知参与者在拍广告的情况下,请他们品尝各种没有品牌标志的饮料,然后说哪一种口感最好,试验过程全部直播,百事可乐公司的这次冒险成功了,几乎每一次试验后,品尝者都认为百事可乐更好喝,"百事挑战"系列广告使百事可乐在美国的饮料市场份额从6％猛升至14％。

可口可乐公司不相信这一事实,也立即组织了口感测试,结果与"百事挑战"中的一样,人们更喜爱百事可乐的口味。市场调查部的研究也表明,可口可乐独霸饮料市场的格局正在转变为可口可乐与百事可乐分庭抗礼,20世纪70年代18％饮料消费者只认可可口可乐这一品牌,认同百事可乐的只有4％,到了80年代只有12％的消费者忠于可口可乐,而只喝百事可乐的消费者则上升到11％与可口可乐持平的水平。而在此期间,无论是广告费用的支出还是销售网站,可口可乐公司都比百事可乐公司高得多。

二、新可乐的诞生

可口可乐新的领导者戈伊朱塔认为,尽管可口可乐公司广告开销巨大、分销手段先进、网点覆盖广,但市场占有率却还是一直在下滑,其重要的原因是可口可乐那曾经是神圣不可侵犯的、已经使用了99年的配方,似乎已经合不上今天消费者的口感要求了。

可口可乐公司技术部门决定开发出一种全新口感、更惬意的可口可乐,并且最终拿出了样品,这种"新可乐"比可口可乐更甜、气泡更少,因为它采用了比蔗糖含糖量更多的谷物糖浆,它的口感柔和且略带胶粘感。

三、市场调查过程

可口可乐公司在研制新可乐之前,曾秘密进行了代号"堪萨斯工程"的市场调查行动,它出动了2 000名市场调查员在10个主要城市调查顾客是否接受一种全新的可口可乐,问题包括:可口可乐配方中将增加一种新成分使它喝起来更柔和,你愿意吗?可口可乐将与百事可乐口味相仿你会感到不安吗?以及你想试试一种新饮料吗?调查结果表明只有10％～12％的顾客对新口味可口可乐表示不安,而且其中一半表示会适应新的可口可乐,这表明顾客们愿意尝试新口味的可口可乐。

在新可乐的样品出来后,可口可乐公司组织了品尝测试,在不告知品尝者品牌的情况下,请他们说出哪一种饮料更令人满意,测试的结果令可口可乐公司兴奋不已,顾客对新可乐的满意度超过了百事可乐,市场调查人员认为这种新配方的可乐至少可以将可口可乐的市场占有率推高1％～2％,这就意味着多增加2～4亿的销售额。

为了确保万无一失,可口可乐公司倾资400万美元进行了再一次规模更大的口味测试,13个最大城市的超19万名顾客参加了测试,55%的品尝者认为新可乐的口味胜过了传统配方的可口可乐,而且在这次口感测试中新可乐再次击败了对手百事可乐。

四、失败的结局

新可乐即将投产,目前面临的问题是:是为"新可乐"增加新的生产线呢?还是彻底地全面取代传统的可口可乐呢?可口可乐的决策层认为,新增加生产线会遭到遍布世界各地的瓶装商的反对,公司最后决定"新可乐"全面取代传统可口可乐、停止传统可口可乐的生产和销售。

在"新可乐"全面上市的初期,市场的反应相当好,1.5亿人在"新可乐"面世的当天就品尝了它,但很快情况有了变化。

在"新可乐"上市后的一个月,可口可乐公司每天接到超过5 000个抗议电话,而且更有雪片般飞来的抗议信件,可口可乐公司不得不开辟了83条热线,雇用了更多的公关人员来处理这些抱怨和批评。

有的顾客称可口可乐是美国的象征、有的顾客威胁说将改喝茶水永不再买可口可乐公司的产品、更有忠于传统可口可乐的人们组成了"美国老可乐饮者"的组织在发动全国抵制"新可乐"的运动,而且许多人开始寻找已停产的传统可口可乐,这些"老可乐"的价格一涨再涨。面市后两个月,"新可乐"的销量远远低于公司的预期值,不少瓶装商强烈要求改回销售传统可口可乐。

公司的市场调查部门进行了紧急的市场调查,一月前还有53%的消费者声称喜欢"新可乐",可现在一半以上的人说他们不喜欢"新可乐",再过一个月,认可"新可乐"的人只剩下不到30%。

"新可乐"面市后的三个月,其销量仍不见起色,而公众的抗议却愈演愈烈。最终可口可乐公司决定恢复传统配方的生产,其商标定名为可口可乐古典,同时继续保留和生产"新可乐"其商标为新可乐。但是可口可乐公司已经在这次的行动中遭受了巨额损失。

资料来源:http://wenku.baidu.com

【案例思考】
(1) 可口可乐投资"新可乐"经历了哪些步骤?
(2) 可口可乐投资失败的原因是什么?

一、企业投资的特点及分类

(一) 企业投资的特点

企业投资不同于正常生产经营过程中的资金运用,它是为实现企业发展过程中某一阶段的具体目标而投入的数额较大的资金。因此,企业投资具有自己的特点:

1. 影响时间长

用于企业技术更新改造和产品开发的投资,是在将来发挥作用。一般的投资项目要经过投资准备期、投资建设期、生产期和投资收回期,从投资准备到生产投入一般需要三年以上,投资全部收回则需要更长的时间。

2. 涉及范围广

企业投资既涉及企业外部环境又涉及企业内部条件。外部环境有国家经济建设的方针、政策及其他政治、社会因素，还涉及技术、经济、法律、银行信贷、利用外资等一系列因素。内部条件有产品结构、生产条件、技术力量、物质资源、财务状况、销售渠道和经营实力等。上述因素协调一致，才能做出投资决策。

3. 需要资金多

企业投资决策是企业高层决策。它决定企业未来的发展方向、速度与规模，影响较长时间的经济效果，涉及企业整体发展战略，所以一般投入的资金较多，少则百万，多则几千万，甚至上亿元。

4. 遭受风险大

由于企业投资影响时间长、涉及范围广、需要资金多，势必使企业投资遇到较大的风险。这些风险是新技术、新产品开发风险、企业转向风险、市场开拓风险和扩大产品产量风险等。企业投资风险既存在风险损失，同时也存在风险效益。

(二) 企业投资的分类

工商企业投资，可以从不同角度进行分类。

1. 按再生产过程中的作用

可以分为企业初建时建设性投资、维持企业简单再生产的更新改造投资、从事扩大再生产的追加性投资和因调整生产经营方向发生的移向性投资。

(1) 企业初建时建设性投资，是指平地起家的企业为建立生产经营必备的条件和一切辅助设施的投资。其特点是投入的资金是企业的原始资金。

(2) 维持企业简单再生产的更新改造投资，是为了适应社会技术进步的需要，对已经老化的机器设备和其他固定资产进行更新改造所投入的生产资金。其特点是将原来投入经营过程的资金收回后再投入到生产经营过程。

(3) 扩大再生产的追加性投资，是企业为了扩大生产经营规模，在增加人力、设备和生产面积或提高技术装备水平等生产要素的投资。其特点是将积累的资金，通过建设转化为企业更大规模的投资。

(4) 调整生产经营方向发生的移向性投资，是企业为了调整原有的生产经营方向，部分或全部改变原有经营方向，将抽调出来的资金投向新的市场或开拓加强另一种产品的生产。其特点是企业的资金总量不发生变化，但资金在使用上发生移向。

2. 按所构成企业资金性质

可以分为固定资产投资、流动资金和专用基金投资。

(1) 固定资产投资，是企业对房屋、建筑物、机器设备、运输工具等劳动资料方面的投资。其中又分为生产性固定资产投资和非生产性固定资产投资。

(2) 流动资金投资，是企业为维持正常的生产经营活动，购买原材料、燃料、辅助材料、动力、支付工资和其他费用的投资。它包括初建时投入的流动资金和生产经营过程中追加投入的流动资金。

(3) 专用基金投资,是企业研制新产品、发展生产、奖励职工所做的贡献、解决职工生活困难给予的补助和改善职工福利的投资。

3. 按回收时间的长短

可以分为长期投资、中期投资和短期投资。

(1) 长期投资,是指投资回收期为5年以上的投资。

(2) 中期投资,是指投资回收期为3~4年的投资。

(3) 短期投资,是指投资回收期为1~2年的投资。

进行中长期投资决策时,一要考虑投资风险;二要考虑货币的时间价值。

4. 按发生作用的地点不同

可分为对内投资和对外投资。

(1) 对内投资包含企业本体投资和企业联合投资,企业本体投资是企业对其内部生产经营活动的投资,其特点是投资的所有权与使用权是统一的。企业联合投资是企业通过合资经营、股份、补偿贸易等形式对其他企业的投资,其特点是这种投资的所有权与使用权相分离。

(2) 对外投资包含对国外直接投资和对国外间接投资。对外直接投资是在国外建立企业的投资或对这些企业的追加投资。对外间接投资是购买外国政府债券、外国公司的股票等。对外直接投资不仅要取得企业经营的利润,而且要在一定程度上控制企业的经营管理权。对外间接投资仅以取得利息和股息为目的,一般并不企图参与企业的经营活动。只有达到控股时才参与企业的经营管理。

5. 按投资对象不同

可分为市场开发投资、新产品开发投资、设备更新投资、人才开发投资、证券投资等。

6. 按目的不同

可分为扩大收入的投资和降低成本的投资。

(1) 扩大收入的投资,是指扩大生产能力且扩大销售量,增加收入的投资。

(2) 降低成本的投资,是指为降低产品成本在设计技术、生产工艺、质量、设备改造和劳动组织等方面的投资。

7. 按投资形式

可分为直接投资和间接投资。

(1) 直接投资,是指直接用于建立各种企业、公司,从事生产经营职能活动,并从直接经营活动中取得投资收益的投资形式。其特点是规模大、周期长和风险大。

(2) 间接投资,它不直接用于组建企业、公司,而是通过各种金融媒介机构,购买各种金融商品的投资活动,其特点是比较灵活、便利和广泛。

二、投资方向与可行性分析

(一) 企业投资的方向

企业投资决策,就是企业根据其发展规划和发展目标,正确地确定资金的投向,选择合理的投资项目和最佳的投资方案的过程。

1. 资金的确定

资金投向是指投入的具体方向或领域。确定资金投向就是企业要明确一定时期内企业投资的领域和范围。它属于企业投资的战略性决策，对企业未来的发展具有深远的影响。因此，每个企业都应根据企业的实际情况，慎重地选择确定自己的资金方向。

确定资金投向一般要考虑以下三个方面的要求：

(1) 资金投向要与企业发展方向和发展阶段的要求相适应。在企业的发展过程中，可能会遇到多次有利可图的投资机会，各部门也可能提出各种各样的投资项目，在这种情况下，企业的投资应首先选择那些最能体现企业发展方向和对实现现阶段发展目标具有关键作用的领域和经营环节，而不能将投资分配在各个领域和经营环节。这是因为，任何企业能够筹集的资金都是有限的，只有首先保证上述领域和生产经营环节发展的投资需要，才能最好地发挥有限的资金对企业发展的促进作用。如与之相反，投资领域偏离开企业发展轨道，虽然可得到局部效益，但却削弱了企业在主要发展方向的投资能力，影响到企业的长远发展。因此，确定投资方向首先应服从于企业总的发展方向。

(2) 资金投向要以企业的技术改造为重点。国内外的经验都表明，把投资重点放在对企业现有的生产经营条件的技术改造上，风险小，把握大，收效快。一般来说，通过技术改造形成的生产能力，比新建同等规模的企业要少用 1/3 左右的资金，节省一半的设备和原材料，工期可缩短 1/2 到 2/3，因此，像美国、日本等技术先进的国家，企业的投资重点也已经逐步转到技术改造上来。我国企业技术还普遍落后，更应将企业资金重点投入技术改造领域，尽快用新技术、新工艺更换陈旧落后的技术和工艺，将企业的主要产品提高到 80 年代或 90 年代的水平。

(3) 资金投向要考虑国家的产业政策，优化企业产品结构。企业投资是调整企业产品结构，发展新产品的重要手段。在确定其投向时，要认真研究国家的产业政策，使企业产品结构的调整符合国家对社会产品结构的调整方向。企业产品开发投资应优先用于发展、高技术含量、高附加值、高质量、低耗能的产品；当企业实行多角化经营，向新的生产经营领域发展时，应尽可能将资金投向国家大力扶持的新兴产业。总之，企业投资方向与国家产业政策的要求相适应，有助于企业得到国家在财政、信贷、税收等各方面的支持，为生产经营的进一步发展创造更为有利的条件。

2. 投资项目的选择

投资项目的选择是企业投资决策的核心内容和主要工作。一般情况下，企业资金投向确定后，在一定时期是稳定不变的，所以投资决策主要是指投资项目的提出、评价与决策过程。

(1) 投资项目的提出。企业所有成员均可能提出新的投资项目。企业领导者应鼓励各级、各部门广泛提出各种各样的投资项目，以便找出足够的有利可图的投资机会。这些项目往往是互不关联、目标分散的。为了使有限的资金得到充分利用，有必要加以筛选、分类、排队,经过系统的研究分析,确定一个符合企业长期目标的投资项目系列,然后根据主客观条件,有选择地编制投资支出预算。在投资中切忌过于分散。

(2) 投资项目的评价。每个投资项目都应从技术、经济和社会效益等方面进行可行性分析和评价。财务管理部门要负责其中的盈利分析和方案的经济评价,即检查项目投产后的收入是否可靠,成本是否合理,能提供多少利润,有多少风险以及整个方案经济上是否合理等,并提出是否采取和采纳以及先后次序的建议。除此之外,有关部门还应考虑与本企业相关的其他因素,如产品销售的影响,对同行的竞争影响,对本企业声誉的影响,消费者组织的影响,对整个国民经济的影响等。

(3) 投资项目的决策。企业投资项目经过综合评价和可行性研究之后,即进入决策审批阶段。在此期间,项目决策审批人员应分别征询工程技术人员、市场研究人员和财务人员等从不同角度对项目的分析评价。对重大投资项目更应集思广益,集体决策,避免失误。对投资风险较大或发展前景不确定性较大的项目,应在评价其对有关目标要求的满足程度之后,做出批准或否决的决策。这些目标是:

① 利益目标的要求。投资的最终目标是获取最大限度的收益。然而,并非任何时候,任何项目都能够获得最佳或是最优的收益目标。因为投资风险的存在,在利益目标决策时,必须考虑投资回收的安全和可能承担的风险损失,为此,要采取各种相应的预防措施,要坚决放弃那些过高的追求。最佳利益目标就是在正确处理收益和风险损失的前提下,既不冒进,又不保守,充分估计到利益实现的客观可能条件基础上制定的。

② 安全目标的要求。即投资免遭风险损失,确保投资安全回收和既定效益目标实现的目标决策。安全目标是投资的核心。它包括本金的安全、利益的安全和有效回收期的安全。

③ 前景目标的要求。即投资项目的生命力。由于各种投资追求的目的要求不同,对投资前景的选择亦有所不同。一般来说,短期的小数额的周转性的过渡性投资,其所追求的短期投资利益,不重点考虑其投资前景,而那些长期的、大型项目的投资,则必须考虑其投资前景。

(二) 投资项目的可行性研究

可行性研究,概括说就是对预定的投资项目从技术、经济、社会、法律等多方面进行研究分析,对项目实施后可能达到的经济效益、社会效益、发展前景进行预测,为项目决策、筹措资金、方案设计等提供科学的依据。

可行性研究作为一种科学方法,主要用于对投资项目的必要性、可能性和经济效益做出综合评价,也可以用于对具体方案的分析研究。它的程序是由粗到细、由浅入深、分步完成的。一般可将其分为三个步骤:

1. 机会研究

这是对投资的初步设想和建议所进行的一种概略性的分析。主要是分析其必要性,并根据少数几个大的综合性经济指标对其经济效益进行估算,根据已掌握的内外情况对所需的最基本条件具备程度进行估计,以此来确定是否还继续进行更深一步的研究。如果结论是肯定的,就进行下一步。

2. 初步可行性研究

这是当机会研究因资料不足,基本经济指标缺少把握,不能确定投资项目发展前途时所进行的思维深一步研究(如果机会研究得出的是有发展前途的结论,就可越过这一步)。它是在有了项目概貌的基础上,运用易得到的资料和研究人员的经验,通过少量有选择意义的指标、条件等,对经济效益和条件具备程度的分析。目的也是为了确定是否应继续进行研究。如果结论是肯定的,就可以进行下一步。

3. 详细可行性研究

也是最后的可行性研究。它是在认真调查、掌握足够情报资料的基础上,对项目进行的系统分析。其结果应为决策提供确切、全面的依据和结论意见。结论意见可以是对少数几个可行方案的利弊说明,或对最好方案的推荐,也可以是都不可行的说明。

详细研究的成果一般通过可行性研究报告的形式反映出来。报告的内容主要包括:投资项目的必要性、可能性;项目的具体实施计划;项目的财务分析和经济评价;研究总结等。

对投资项目的可能性的分析,主要是指:

(1)是否真正需要投资本身实现的直接成果,如是否需要新建的厂房、新购置的设备等;是否真正需要利用完成的投资项目所从事的生产经营活动,如是否需要利用新建的厂房、新设备所生产的产品等。

(2)实现这一项目必须具备哪些条件,是否真正具备了这些条件;利用完成的投资项目所从事的生产经营活动又必须具备哪些条件,是否真正具备了这些条件。

对投资项目的经济评价,主要是用一系列指标如投资收益率、投资回收期、追加投资回收期等来衡量与评价项目投资的经济效益。对投资较大的项目,一般还要对方案各部分、各时期的资金运动进行细致的定量分析与评价。

三、投资决策评价方法

投资决策评价即评价投资方案的经济效益的方法,一般可以分为两类:一是不考虑资金时间价值的静态分析方法,二是考虑资金时间价值的动态分析方法。

(一)静态分析方法

1. 投资回收期法

投资回收期是评估投资经济效果、反映投资和收益之间对比关系的一个重要指标,是在不考虑资金时间价值的情况下,计算用投资取得的收益来收回原始投资所需要的年限。回收年限越短,投资方案越有利。

(1)当每年现金净流入量相等时,投资回收期可按下式计算:

$$投资回收期 = \frac{原始投资额}{每年现金净流入量}$$

其中,每年现金净流入量,即是每年收益,其值等于年利润＋年折旧额。

【例 6-7】 某项目现金净流量如表 6-2 所示,试计算该项目的静态投资回收期。

表 6-2 项目每年现金流的计算

年 份	0	1	2	3	4	5
现金净流量(万元)	－24	6	6	6	6	6

表中的现金净流量,"－"号表示投资。

$$投资回收期 = \frac{24}{6} = 4(年)$$

(2) 如果每年现金净流入量不相等,一般用累计收益回收期计算。

【例 6-8】

表 6-3 每年现金流流入量的计算

年	年现金净流入量(万元)	累计现金流量(万元)	年	年现金净流入量(万元)	累计现金流量(万元)
1	－1 750	－1 750	6	1 665	760
2	－2 250	－4 000	7	1 665	2 425
3	221	－3 779	⋮	⋮	⋮
4	1 361	－2 418	⋮	⋮	⋮
5	1 513	－905	14	1 665	14 840

表中的年现金流量,"－"号表示投资。
按表中数据可知:

$$投资回收期 = 5 + \frac{905}{1\,665} = 5.54(年)$$

由表中数据可知,该项目建设期两年,投资回收期应该包含建设期。

投资回收期计算简便,并且易为决策人员正确理解,所以在现实生活中经常被用到,但它忽视资金的时间价值,没有考虑回收期后的收益,优先考虑急功近利的投资项目,可能导致放弃长期成功的方案。

2. 投资报酬率法

投资报酬率是计算投资项目投产期间的年平均净收益(利润)与项目投资额的比率。评价方案时,应选取投资报酬率高的方案。

投资报酬率的计算公式是:

$$投资报酬率 = \frac{年平均净收益}{投资总额} \times 100\%$$

其中,如果没有净收益指标,只有现金净流量的情况下,分子中的年平均净收益也可以使用年均净流量来计算投资报酬率。

【例 6-9】 某企业拟进行某项投资,现有甲、乙两方案,甲方案需要设备投资 50 000 元,乙方案需要设备投资 45 000 元。两方案的净收益资料如表 6-4 所示,试用投资报酬率法评价两方案。

表 6-4

净收益(元) 方案 年	甲方案	乙方案	净收益(元) 方案 年	甲方案	乙方案
1	2 500	8 000	4	10 000	—
2	5 000	8 500	5	12 500	—
3	7 500	9 000			

根据上述资料,甲、乙方案的年平均净收益计算如下:

$$甲方案年平均净收益 = \frac{2\,500 + 5\,000 + 7\,500 + 10\,000 + 12\,500}{5}$$

$$= 7\,500(元)$$

$$乙方案年平均净收益 = \frac{8\,000 + 8\,500 + 9\,000}{3} = 8\,500(元)$$

$$甲方案投资报酬率 = \frac{7\,500}{50\,000} \times 100\% = 15\%$$

$$乙方案投资报酬率 = \frac{8\,500}{45\,000} \times 100\% = 18.89\%$$

计算结果表明乙方案投资报酬率高于甲方案,所以选择乙方案为投资方案。

(二) 动态分析方法

1. 净现值法(简称 NPV)

净现值是指投资方案未来各年现金流量按资金时间原理折算到现在的价值与原始投资额的差额。净现值为正值,则方案可行;多方案比较时,净现值越大,则投资效果越好。其计算公式为:

净现值 = 未来各年现金净流入量现值之和 - 原始投资额

【例 6-10】 某企业计划将资金 10 000 元作为某项目投资,基准收益率为 10%,现有甲、乙两个方案,有关资料如表 6-5 所示,试用净现值法评价这两个方案。

表 6-5

效用时间	甲方案现金流入量(元)	乙方案现金流入量(元)	效用时间	甲方案现金流入量(元)	乙方案现金流入量(元)
1	1 000	7 000	3	1 000	2 000
2	1 000	5 000	4	14 000	1 000

$$NPV_甲 = \frac{1\,000}{1+10\%} + \frac{1\,000}{(1+10\%)^2} + \frac{1\,000}{(1+10\%)^3} + \frac{14\,000}{(1+10\%)^4} - 10\,000$$
$$= 2\,048.99(元)$$

$$NPV_乙 = \frac{7\,000}{1+10\%} + \frac{5\,000}{(1+10\%)^2} + \frac{2\,000}{(1+10\%)^3} + \frac{1\,000}{(1+10\%)^4} - 10\,000$$
$$= 2\,681.51(元)$$

计算结果表明,甲、乙两方案的净现值均为正数,所以都可行。但乙方案净现值大于甲方案,所以选择乙方案为决策方案。

2. 现值指数法(简称 PVI 法)

现值指数是指投资方案未来各年现金流量按资金时间原理折算到现在的价值与原始投资额之比率。现值指数大于1,则方案可行;多方案比较时,选现值指数大的方案为决策方案。

其计算公式为:

现值指数 = 未来各年现金净流入量现值之和 ÷ 原始投资额

现仍以上例计算甲、乙两方案的现值指数:

$$PVI_甲 = \frac{1\,000}{1+10\%} + \frac{1\,000}{(1+10\%)^2} + \frac{1\,000}{(1+10\%)^3} + \frac{14\,000}{(1+10\%)^4} \div 10\,000$$
$$= 1.205$$

$$PVI_乙 = \frac{7\,000}{1+10\%} + \frac{5\,000}{(1+10\%)^2} + \frac{2\,000}{(1+10\%)^3} + \frac{1\,000}{(1+10\%)^4} \div 10\,000$$
$$= 1.268$$

计算结果表明,甲、乙两方案的现值指数均大于1,所以都可行。但乙方案的现值指数大于甲方案,所以选择乙方案为决策方案。

(三)内部报酬率法(简称 IRR)

内部报酬率法,它是通过测算投资项目实际可以实现的报酬率(IRR),并与企业的最低利润率标准比较,以评价投资方案是否可行。内部报酬率是使投资项目的净现值等于零时的折现率,又称内含报酬率。

用内部报酬率法来评价投资方案,往往要运用内插法进行多次测算。其步骤是:首先,根据各种因素确定企业可以接受的最小投资报酬率,作为评价方案的标准。然后,测算方案的内部报酬率,直至使计算出的每年现金净收入的现值总额等于或接近投资额,即得该方案的内部报酬率。最后,比较不同方案的内部报酬率,选择内部报酬率最高的方案。

【例 6-11】 某一投资方案需投资 20 000 元,有效期 2 年,第一年可获现金净收入 11 800 元,第二年可获现金净收入 13 240 元,投资报酬率不得低于10%,评价该方案是否可取。测试过程见表 6-6。

表 6-6 内含报酬率测试

年份	现金净流量（元）	贴现率＝10%		贴现率＝16%		贴现率＝18%	
		贴现系数	现值	贴现系数	现值	贴现系数	现值
0	(20 000)	1	(20 000)	1	(20 000)	1	(20 000)
1	11 800	0.909	10 726	0.862	10 172	0.847	9 995
2	13 240	0.826	10 936	0.743	9 837	0.718	9 506
净现值			1 662		9		－(499)

从上表中可知，该方案的投资报酬率在16%与18%之间，因此，用内插法计算出内含报酬率。

$$16\%-18\%\left\{16\%-IRR\begin{Bmatrix}16\% & 9\\ IRR & 0\\ 18\% & -499\end{Bmatrix}9-0\right\}9-(-499)$$

$$\frac{16\%-IRR}{16\%-18\%}=\frac{9-0}{9-(-499)}$$

内含报酬率 $IRR=16\%+\left(2\%\times\dfrac{9}{9+499}\right)\approx 16.04\%$

该方案的内含报酬率为16.04%，高于10%，可以接受此方案。

四、投资风险分析方法

(一) 投资活动的风险投资特征

投资活动是一种典型的风险活动，而且这种风险属于投机性风险，既有可能获得收益，也有可能发生损失。投资者进行投资，主要是受投资活动的机会与收益的诱导，而是否取得这种预算期收益，则受风险的影响。

投资活动之所以具有风险，是因为投资活动具有以下风险特征。

1. 投资收益具有不确定性

在投资项目实施之前，决策者对投资收益的估计结果仅仅是一种预期收益，这种预期收益具有一定的不确定性；投资项目实施的结果，有可能偏移这种预期收益，一旦实际投资收益低于预期收益，便构成了风险损失。

决策论中，一般将投资收益状况分为几种状态，并且在假设这些状态的概率已知的情况下进行风险决策，而在实际过程中，往往状态的概率都难以估计，即现实中的投资不确定性往往比数学模型所置定的不确定性更严重。在这种状况下做出的决策，具有很大的不确定性与风险。当实际的投资收益很低甚至为负时，如果决策者误认为投资收益率很高，那么，有可能使决策者选择这种项目并进行大量投资，从而导致决策失误、投资失败与资金损失。

2. 投资活动具有周期性与时滞性

一项投资活动的实施，需要一定的时间或周期。在实施周期里，投资活动的外部环境将发生变化,而如果投资者未预先考虑这种变化,那么,环境的变化便会给投资者带来巨大的风险。

有可能当国家产业结构调整以及产业政策发生变化时,便可能使得企业正在投资的产业处于国家产业政策所限制的范围,或国家法律有可能禁止某些产品的生产。例如,禁止含氟利昂的空调机、电冰箱的生产,这样,便会使正在投资于这些产品的企业蒙受风险;原来限制进口的产品,一旦减低关税或竞争并不激烈的产品,随着时间的推移,新的竞争者的加入,竞争对手的强大,将使投资活动面临复杂的竞争风险。因此,时间因素隐含不确定性,而这种不确定性又导致投资风险。

投资活动又具有时滞性和惯性,例如,企业进行某项生产投资,一旦投入的资金变为最大资产实物(如设备),这时,即使企业已察觉到风险,但因投资过程缺乏可逆性而不能有效地防范损失的发生。

3. 投资活动具有投资的测不准性

投资活动的风险性,还表现在项目投资的测不准性上。投资测不准,不仅表现在项目的所需投资预测不准性,而且表现在项目的实际所需投资往往是超过预期的估算。例如,三峡工程所需静态投资,1993年的估算为954亿元,是前两年的估计值的2倍,远远超过以前的估计,当三峡工程完工时,其实际投资可能更多。投资的测不准,将从两个方面加剧投资风险:①投资的测不准,实际上是对项目所需投资进行过低估计,而对投资的低估,势必夸大投资的预期效益,从而易导致决策者在项目选择时做出错误决策。②对投资的过低估计,将使投资者的资金准备不足,使筹集的资金不能满足项目的实际需要,从而形成项目的资金缺口,导致项目中止、延期,而项目的中止与延期又会导致各种费用的增加和投资需求的进一步扩大。

(二) 风险分析的方法

风险分析的目的在于估计风险可能给经营活动的结果带来的影响程度,为企业经营决策提供依据,也便于企业采取对策,把风险造成的损失减少到最低限度。

风险程度。风险程度是指经营活动的不确定结果(称随机变量,用 X 表示)对期望值可能发生的偏离程度。它是反映风险大小的指标。风险程度的大小用标准离差和标准离差率来表示,其计算公式为:

$$\sigma = \sqrt{\sum P_i(X_i - \mu)}$$
$$y = \sigma \div \mu$$

式中,σ——标准离差;

P_i——第 i 个客观自然状态的概率;

X_i——第 i 个随机变量;

μ——期望值;

y——标准离差率。

风险价值。风险价值又称风险报酬,或称风险效益,是指经营者因在经营活动中冒风险而取得的报酬。风险价值同风险程度成正比,风险程度越大,所取得的风险价值就越高。风险价值是风险程度(标准离差)的函数,可用下列公式表示:

$$Q = f(\sigma \div \mu)$$

式中,Q——风险价值(风险报酬);

f——风险系数。

1. 风险程度分析

当比较两个投资方案以做出选择时,可按以下原则选取:

(1)当两个方案的期望回收率相同时,应当选择标准离差率(风险程度)低的方案。

(2)当两个方案的标准离差率(风险程度)相同,应当选择期望回收率高的方案。

(3)当一个方案的期望回收率低于第二方案,而其标准离差率却高于第二方案,应当选择第二方案。

(4)当一个方案的期望回收率高于另一方案,但其风险程度也高于另一方案时,这时,一般不能简单地肯定哪一个方案好。这要取决于决策者的主观愿望。有的决策者愿意冒较大的风险,以追求较高的回收率,就会选取回收率和标准离差率均高的方案。而有的决策者则可能相反,不愿意冒较大的风险去追求较高的回收率,就会选取回收率低些,风险也小些的方案。

2. 风险价值分析

假设投资者主观确定的风险报酬系数为1÷12,则上例的风险报酬为:

$$Q = f(\sigma \div \mu) = 1 \div 12 \times 141\% = 11.75\%$$

又假定市场上的无风险利率(如银行存款利率)为6.3%,那么,对于投资者来说,必须取得18.05%(风险报酬和无风险报酬之和)以上的期望回收率。但本例的期望回收率只有17%,因此,此项工程投资是缺乏吸引力的。

【阅读专栏】

斯隆与杜拉克

曾任美国通用汽车公司总经理的斯隆被西方管理学界誉为"现代化组织的天才"。杜拉克则是美国著名的管理学者。

1944年,斯隆聘请杜拉克担任通用的管理政策顾问。二人见面时,斯隆说了这样一番话:

"我不知道我要你研究些什么,要你写什么,也不知道该得出什么样的结果。这些都该是你的任务。我唯一的要求,只是希望你把你认为正确的东西写下来。你不必顾虑我们的反应,也不必怕我们不同意。尤其重要的是,你不必为了使你的建议易为我们接受而想到调和折中。在我的公司里,人人都会调和折中,不必劳你的驾。你当然也可以搞调和折中,但你必须先告诉我们,'正确'的是什么,我们才能做出正确的调和折中。"

管理学家们认为,通用何以能成为通用,斯隆何以被称为"组织天才",这段话传达出了重要信息。

许多人请外来人员的本意是要注入新鲜血液,那么就不要把他同化到庙里已有的和尚群体中。保持本色,才能出色。

单 元 实 训

学生:企业通过哪些方式进行发展?

老师:企业发展的方式比较多,归纳起来,主要有以下五种方式:原型发展、部门内部发展、部门外部发展、交叉型发展、开放型发展。

学生:我国企业的融资渠道主要有哪几种?

老师:融资渠道是指筹措资金的来源与通道,反映资金的源泉和流量。我国企业的融资渠道主要有国家财政资金、银行信贷资金、非银行金融机构资金、其他企业资金、民间资金、企业内部资金、外商资金。

学生:企业应如何运用不同的筹资方式筹集资金?

老师:企业筹集资金的方式主要有以下七种:①吸收直接投资;②发行股票;③借款;④商业信用;⑤发行债券;⑥发行融资券;⑦租赁融资;但每种方式各有利弊,企业应该结合自身情况,选择适合自身的筹资方式。

如,吸收直接投资优点是:①吸收直接投资所融资本属于企业的自有资本,与借入资本相比较,它能够提高企业的资信和借款能力。②吸收直接投资不仅可以取得一部分现金,而且能够直接获得所需的先进设备和技术,尽快形成生产经营能力。③吸收直接投资的财务风险较低。其缺点主要是资金成本高,要为所有者带来丰厚的回报,同时由于该融资方式没有以证券为媒介,产权关系有时不够明晰,也不便于产权交易。投资者资本进入容易出来难,难以吸收大量的社会资本参与,融资规模受到限制。

学生:企业应如何选择合理的投资项目?

老师:合理的投资项目要求围绕投资项目的必要性、可能性和经济效益做出综合评价,论证投资项目是可行的,并形成可行性研究报告。因此,选择合理的投资项目应由粗到细,由浅入深,分步完成评价。一般可将其分为三个步骤:机会研究、初步可行性研究和详细可行性研究。

学生:高风险的项目是否没有投资价值?

老师:高风险往往伴随着高收益,低收益的项目往往风险也较低。对于高风险的项目,是否有投资价值,主要取决于决策者的主观愿望。有的决策者愿意冒较大的风险,以追求较高的回收率,就会选取回收率和标准离差率均高的方案。而有的决策者则可能相反,不愿意冒较大的风险去追求较高的回收率,就会选取回收率低些,风险也小些的方案。

读一读

解读新三板与主板、中小板、创业板

"新三板"指的是全国性的非上市股份有限公司股权交易平台,即全国中小企业股份转让系统,主要针对的是中小微型企业,原指中关村科技园区非上市股份有限公司进入代办股份系统进行转让试点,因为挂牌企业均为高科技企业而不同于原转让系统内的退市企业及原STAQ、NET系统挂牌公司,故形象地称为"新三板"。新三板最早发源于北京中关村,2013年底,证监会宣布新三板扩大到全国,对所有公司开放。2014年1月24日,新三板一次性挂牌285家,并累计达到621家挂牌企业,宣告了新三板市场正式成为一个全国性的证券交易市场。

"主板"市场是资本市场中最重要的组成部分,很大程度上能够反映经济发展状况,有"国民经济晴雨表"之称。中国大陆主板市场指的是上海证券交易所和深圳证券交易所两个市场。

"中小板"市场是为一些条件达不到主板市场的要求的企业上市的市场,是创业板的一种过渡,中小板的市场代码是002开头的。2004年6月2日,首只中小板股票新合成发行,中小板市场成立。中小企业板与主板区别除了交易制度的修订,更重要的是其总股本较小。

"创业板"市场指专门协助高成长的新兴创新公司特别是高科技公司筹资并进行资本运作的市场,是多层次资本市场的重要组成部分。它与大型成熟上市公司的主板市场不同,是一个前瞻性市场,注重于公司的发展前景与增长潜力,上市标准要低于成熟的主板市场,是一个高风险的市场。创业板于2009年10月23日正式开市。

新三板、主板、中小企业板、创业板都是企业进行融资的市场,但在主体资格、投资者准入条件、交易制度、风险警示条件及退市条件方面均存在差别。

资料来源:http://mt.sohu.com

		全国中小企业股份转让系统	主 板	中小板	创业板
一、挂牌条件	主体资格	境内股东累计超过200人或者股票公开转让的非上市股份公司	公开发行股票的股份公司	同主板	同主板
	股东人数	可以超过200人,未超过200人的可有条件豁免核准	不少于200人	同主板	同主板

续表

		全国中小企业股份转让系统	主　板	中小板	创业板
一、挂牌条件	存续时间要求	存续满2年	存续满3年	同主板	同主板
	盈利指标要求	具有持续盈利能力	近3个会计年净利润为正,累计超3千万元,净利润以扣除非经常性损失前后较低者为计算依据	同主板	近两年连续盈利,净利润累计不少于一千万元;或近一年净利润不少于5千万元,近两年营收增长率不低于30%
	现金流要求	无	近3个会计年现金流累计超5千万元;或近三个会计年营收超三亿元	同主板	无
	净资产要求	无	最近一期末无形资产占净资产比例不高于20%	同主板	最近一期末净资产不少于2千万元,且不存在未弥补亏损
	股本总额要求	无	公司股本总额不少于5千万元	同主板	公司股本总额不少于3千万元
	券商督导期要求	主券商推荐并持续督导	上市当年剩余时间及其后2个会计年	同主板	上市当年剩余时间及其后3个会计年度
二、投资者准入条件	投资主体资格	▲机构投资者(证券公司、保险公司、证券投资基金、私募股权投资基金、风险投资基金、合格境外机构投资者、企业年金等,法人机构须注册资本在500万元以上;合伙企业须实缴资本在500万元以上) ▲自然人(需具备2年以上证券投资经验,或会计、金融、财经等相关专业背景或培训。名下证券资产市值须达300万元以上。)	法人、基金、自然人	同主板	同主板
三、交易制度	交易方式	可采协议方式、做市方式、竞价方式或其他证监会批准的转让方式	采竞价方式,大宗交易采协议和盘后定价方式	同主板	同主板
	交易时间	周一至周五上午9:30至11:30,下午13:00至15:00	同新三板	同新三板	同新三板
	控股股东及实际控制人的交易限制	在挂牌前持有的股票分三批解禁,每批解禁数量均为其挂牌前所持股票的三分之一,解禁的时间分别为挂牌之日、挂牌期满一年和两年。主办券商为开展做市业务取得的做市初始库存股票除外	发行人公开发行股票前已发行的股份,自发行人股票上市之日起一年内不得转让。控股股东和实际控制人应当承诺自发行人股票上市之日起36个月内不转让	同主板	同主板

续表

		全国中小企业股份转让系统	主板	中小板	创业板
三、交易制度	涨跌幅限制	股票转让不设涨跌幅限制	涨跌幅限制比例为0%，ST和*ST等被实施特别处理的股票价格涨跌幅限制比例为5%	同主板	同主板
	申报数量限制	申报数量应当为1 000股或其整数倍	通过竞价方式买入股票的，申报数量应当为100股或其整数倍	同主板	同主板监管
四、风险警示条件	连续亏损	—	2年	同主板	2年，在披露其后首个半年报时
	净资产为负	1年	1年	同主板	1年
	营收低于1 000万	—	1年	同主板	—
	审计报告为否定或无法表示	1年	1年	同主板	1年，在披露其后首个半年报时
	未改正财报中的重大差错	—	未按时改正，且公司股票已停牌2个月	同主板	未按时改正，规定期限届满后次一交易日
	未按时发布年报和半年报	—	未按时改正，且公司股票已停牌2个月	同主板	未按时改正，规定期限届满后次一交易日
	股权分布不符合上市条件	—	连续20个交易日不符合上市条件，提出解决方案获交易所同意，恢复交易当天	同主板	连续10个交易日不具备上市条件的，在其后首个交易日
	股本总额变化，不具备上市条件	—	一旦发生，即暂停上市（不再风险警示）	同主板	知悉股本总额发生变化不再具备上市条件时进行风险警示
	宣告破产	—	披露相关破产受理公告后的次一交易日	同主板	—
	公司解散	—	披露可能被解散公告后次一交易日	同主板	—
五、退市条件	连续亏损	—	4年	同主板	同主板
	净资产为负	—	3年	同主板	2年
	营收低于1 000万	—	3年	同主板	—
	审计报告为否定或无法表示	—	3年	同主板	两年半

续表

		全国中小企业股份转让系统	主 板	中小板	创业板
五、退市条件	因财务触及退市,未在法定期限公布年报	—	被暂停上市后未在法定期限披露年报	同主板	—
	未改正财报中的重大差错	—	6个月	同主板	同主板
	未按时披露年报或中报	2个月	6个月	3个月	3个月
	累计成交过低	—	120个交易日累计成交低于500万股	同主板	同主板
	收盘价低于每股面值	—	连续20个交易日	同主板	同主板
	连续20个交易日股权分布不符合上市条件	—	暂停上市后六个月仍不符合的	同主板	同主板
	公司股本总额发生变化不再具备上市条件的	—	交易所规定期限内仍不达标的	同主板	同主板
	宣告破产	—	被法院宣告破产	同主板	同主板
	公司解散	公司清算注销后退市	因故解散的	同主板	同主板
	受到交易所公开谴责的	—	—	36个月内三次	同中小板
	未在规定期限内补充恢复上市资料的	—	未能在30个交易日内补充的	同主板	同主板
	因财务被暂停上市后不具备恢复上市条件的	—	因财务被暂停上市后不具备恢复上市条件的	同主板	同主板

想一想

【案例一】　　　　　南海汽车制造公司筹资决策案例

南海汽车制造公司是一个多种经济成分并存,具有法人资格的大型企业集团。公司现有58个生产厂商,还有物资、销售、进出口、汽车配件等4个专业公司,1个轻型汽车研究所和1所汽车工业学院。公司现在急需1亿元的资金用于"七五"技术改造项目。为此,总经理赵广文于1988年2月10日召开由生产副总经理张伟、财务副总经理王超、销售副总经理李立、某信托投资公司金融专家周明、某研究中心经济学家吴教授、某大学财务学者郑教授组成的专家研讨会,讨论该公司筹资问题。下面是他们的发言和有关资料。

总经理赵广文首先发言,他说:"公司'七五'技术改造项目经专家、学者的反复论证已被国务院于1987年正式批准。这个项目的投资额预计为4亿元,生产能力为4万辆。项目改造完成后,公司的两个系列产品的各项性能可达到国际80年代的先进水平。现在项目正在积极实施中,但目前资金不足,准备在1988年7月筹措1亿元资金,请大家讨论如何筹措这笔资金。"

生产副总经理张伟说:"目前筹集的1亿元资金,主要是用于投资少、效益高的技术改造项目。这些项目在两年内均能完成建设并正式投产,到时将大大提高公司的生产能力和产品质量,估计这笔投资在投产后3年内可完全收回。所以应发5年期的债券筹集资金。"

财务副总经理王超提出了不同意见,他说:"目前公司全部资金总额为10亿元,其中自有资金为4亿元,借入资金为6亿元,自有资金比率为40%,负债比率为60%,这种负债比率在我国处于中等水平,与世界发达国家如美国、英国等相比,负债比率已经比较高了。如果再利用债券筹集1亿元资金,负债比率将达到64%,显然负债比率过高,财务风险太大。所以不能利用债券筹资,只能靠发行普通股股票或优先股股票筹集资金。"

但金融专家周明却认为:目前我国金融市场还不完善,一级市场刚刚建立,二级市场尚在萌芽阶段,投资者对股票的认识尚有一个过程。因此,在目前条件下要发行1亿元普通股股票十分困难。发行优先股还可以考虑,但根据目前的利率水平和市场状况,发行时年股息率不能低于16.5%,否则无法发行。如果发行债券,因要定期付息还本,投资者的风险较小,估计以12%的年利息率便可顺利发行债券。

来自某研究中心的吴教授认为:目前我国经济正处于繁荣时期,但党和政府已发现经济"过热"所造成的一系列弊端,正准备采取措施治理经济环境,整顿经济秩序。到时汽车行业可能会受到冲击,销售量可能会下降。在进行筹资和投资时应考虑这一因素,否则盲目上马,后果将是十分严重的。

公司的销售副总经理李立认为:治理整顿不会影响该公司的销售量。这是因为该公司生产的轻型货车和旅行车,几年来销售情况一直很好,畅销全国29个省、市、自治区,市场上较长时间供不应求。1986年全国汽车滞销,但该公司的销售状况仍创历史最高水平,居全国领先地位。在近几年全国汽车行业质量评比中,轻型客车连续夺魁,轻型货车两年获第一名,一年获第二名。李立还认为:治理整顿可能会引起汽车滞销,但这只可能限于质次价高的非名牌产品,该公司的几种名牌汽车仍会畅销不衰。

财务副总经理王超补充说:"该公司属于股份制试点企业,执行特殊政策,所得税税率为35%,税后资金利润率为15%,准备上马的这项技术改造项目,由于采用了先进设备,投产后预计税后资金利润率将达到18%左右。"所以,他认为这一技术改造项目仍应付诸实施。

来自某大学的财务学者郑教授听了大家的发言后指出:以16.5%的股息率发行优先股不可行,因为发行优先股所花费的筹资费用较多,把筹资费用加上以后,预计利用优先股筹集资金的资金成本将达到19%,这已高出公司税后资金利润率,所以不可行。但若发行债券,由于利息可在税前支付,实际成本大约在9%左右。这时不宜发行较长时期的具有固定负担的债券或优先股股票,因为这样做会长期负担较高的利息或股息。所以,郑教授认为,应首先向银行筹措1亿元的技术改造贷款,期限为1年,1年以后,再以较低的股息率发行优先股股票来替换技术改造贷款。

财务副总经理王超听了郑教授的分析后,也认为按16.5%发行优先股,的确会给公司造成沉重的财务负担,但他不同意郑教授后面的建议,他认为,在目前条件下向银行筹措1亿元技术改造贷款几乎不可能;另外,通货膨胀在近1年内不会消除,要想消除通货膨胀,利息率有所下降,至少需要两年时间。金融学家周明也同意王超的看法,他认为1年后利息率可能还要上升,两年后利息率才会保持稳定或略有下降。

【案例思考】
1. 你认为总经理应该选择何种筹资方式?
2. 本案例对你有哪些启示?

【案例二】　　　　　　利达 VCD 制造厂生产线投资方案

利达 VCD 制造厂是生产 VCD 的中型企业,该厂生产的 VCD 质量优良,价格合理,长期以来供不应求。为扩大生产能力,厂商准备新建一条生产线。负责这项投资工作的总会计师经过调查研究后,得到如下有关资料:

(1) 该生产线的原始投资额为12.5万,分两年投入。第一年初投入10万元,第二年初投入2.5万元,第二年末项目完工可正式投产使用。投产后每年可生产 VCD 1 000 台,每台销售价格为300元,每年可获销售收入30万元,投资项目可使用5年,残值2.5万元,垫支流动资金2.5万元,这笔资金在项目结束时可全部收回。

(2) 该项目生产的产品总成本的构成如下:
材料费用20万元　制造费用2万元

人工费用 20 万元　折旧费用 2 万元

总会计师通过对各种资金来源进行分析,得出该厂加权平均的资金成本为 10%。

同时还计算出该项目的营业现金流量,现金流量,净现值,并根据其计算的净现值,认为该项目可行。有关数据见表 1-1～表 1-3。

(3) 厂部中层干部意见。

经营副总认为:在项目投资和使用期间,通货膨胀率大约在 10% 左右,将对投资项目各有关方面产生影响。

基建处长认为:由于受物价变动的影响,初始投资将增长 10%,投资项目终结后,设备残值也将增加到 37 500 元。

生产处长认为:由于物价变动的影响,材料费用每年将增加 14%,人工费用也将增加 10%。

财务处长认为:扣除折价后的制造费用,每年将增加 4%,折旧费用每年仍为 20 000 元。

销售处长认为:产品销售价格预计每年可增加 10%。

【案例思考】

1. 分析、确定影响利达 VCD 投资项目决策的各因素;
2. 根据影响利达 VCD 投资项目的各因素,重新计算投资项目的现金流量,净现值等;
3. 根据分析,计算结果,确定利达 VCD 项目投资决策。

练一练

一、单选题

1. 直接筹资与间接筹资是将筹资按(　　)标准进行的分类。
   A. 资金的取得方式不同
   B. 是否通过金融机构
   C. 资金的来源渠道
   D. 筹资的结果是否在资产负债表上反映
2. 按照资金来源渠道不同,可将筹资分为(　　)。
   A. 直接筹资和间接筹资　　B. 内部筹资和外部筹资
   C. 权益筹资和负债筹资　　D. 短期筹资和长期筹资
3. 商业信用筹资方式筹资的资金只能是(　　)。
   A. 银行信贷资金　　　　　B. 国家财政资金
   C. 其他企业资金　　　　　D. 本企业自留资金
4. 以下属于权益筹资的方式有(　　)。
   A. 银行借款　　B. 融资租赁　　C. 商业信用　　D. 留存收益

学习单元六 企业的发展和融资、投资分析

5. 在下列各项中,能够引起企业自有资金增加的筹资方式是( )。
   A. 吸收直接投资　　　　　　B. 发行公司债券
   C. 利用商业信用　　　　　　D. 留存收益转增资本

6. 下列筹资方式中,资金成本最低的是( )。
   A. 发行股票　　　　　　　　B. 发行债券
   C. 长期贷款　　　　　　　　D. 保留盈余资金成本

7. 按投资对象的存在形态,可以将投资分为( )。
   A. 实体投资和金融投资　　　B. 长期投资和短期投资
   C. 对内投资和对外投资　　　D. 独立投资、互斥投资和互补投资

8. 个别资金成本计算中,不必考虑筹资费用影响因素的是( )。
   A. 长期借款成本　　　　　　B. 债券成本
   C. 留存收益成本　　　　　　D. 普通股成本

9. 在计算个别资金成本时需要考虑所得税抵减作用的筹资方式有( )。
   A. 银行借款　　B. 发行普通股　　C. 发行优先股　　D. 留存收益

10. 可以作为比较选择追加筹资方案重要依据的成本是( )。
    A. 个别资金成本　　　　　　B. 综合资金成本
    C. 边际资金成本　　　　　　D. 自有资金成本

11. 要使资本结构达到最佳,应使( )达到最低。
    A. 综合资金成本率　　　　　B. 边际资金成本率
    C. 债务资金成本率　　　　　D. 自有资金成本率

12. 现值指数与净现值指标相比,其优点表现在( )。
    A. 便于比较投资额相同的方案　　B. 考虑了现金流量的时间价值
    C. 便于比较投资额不同的方案　　D. 考虑了投资风险

13. 当某方案的净现值大于零时,其内含报酬率( )。
    A. 可能小于零　　　　　　　B. 一定等于零
    C. 一定大于设定的折现率　　D. 可能等于设定的折现率

二、名词解释

1. 融资方式
2. 资金成本
3. 融资渠道
4. 内部融资
5. 外部融资
6. 个别资金成本
7. 综合资金成本
8. 固定资产投资
9. 标准离差率

10. 风险报酬

做一做

1. 某企业计划筹集资金 100 万元,所得税税率为 33%。有关资料如下:

向银行借款 10 万元,借款年利率 6%,手续费率 2%。按溢价发行债券,债券面值 14 万元,溢价发行价格为 15 万元,票面利率 8%,期限三年,每年支付一次利息,筹资费用率为 3%。发行优先股 25 万元,预计年股利率为 10%,筹资费用率为 3%。发行普通股 4 万股,每股发行价格 10 元,筹资费用率为 4%。预计第一年每股股利 0.8 元,以后每年按 4% 递增。其余所需资金通过留存收益取得。要求:(1)计算个别资金成本;(2)计算该企业综合资金成本。

2. 假定太平洋公司计划年度准备以 2 000 万元进行投资创办饮料厂,根据市场调查,预计在三种不同的市场情况下可能获得的现金流入及其概率的资料如表所示。

现金流入及其概率资料

市场情况	现金流入(X_i)(万元)	概率(P_i)
繁荣	600	0.2
一般	400	0.5
疲软	200	0.3

若行业风险报酬系数为 0.4,计划年度的平均利率为 12%,要求计算投资风险报酬率和投资风险报酬。

3. 某公司拟建一条生产线,有甲、乙两个投资方案,基本情况如下表所示。

项目	甲方案		乙方案	
	投资额(万元)	现金净流量(万元)	投资额(万元)	现金净流量(万元)
0	50		100	
1		15		18
2		20		22
3		18		60
4		6		80

假如该项目的行业基准贴现率为 8%。

(1) 计算该公司的投资回收期和投资报酬率,为该公司选择投资方案。

(2) 计算该公司的净现值、现值系数、内含报酬率,为该公司选择投资方案。

(3) 根据上述计算结果,评价各指标应用的优缺点。

学习单元七

企业跨国经营

 学习任务与目标

随着经济全球化的发展,世界各国之间的经济联系越来越紧密。商品、资本、技术、人力资源等要素在全球范围流动,不同经济体深度融合。许多企业在全球范围内寻求生产要素的最佳配置,深入参与国际分工与合作,以实现企业的发展。众多国际知名的跨国公司纷纷进入我国市场;同时,我国许多优势企业也开始走出国门,选择国际化发展道路,开拓国际市场,利用国际资源,不断拓展企业生存与发展空间。跨国经营在经济发展过程中发挥了越来越重要的作用,日益为人们重视和关注。本单元对跨国经营的发展,跨国经营的方式,跨国公司的组织与控制问题进行了探讨,为学生今后从事企业跨国经营业务奠定初步基础。

 学习目标

一、知识目标

1. 了解跨国经营的含义、发展阶段、方式
2. 理解跨国经营的基本理论
3. 掌握跨国公司的组织及控制模式

二、能力目标

1. 能够根据企业实际制定简单的跨国经营方案
2. 能够结合企业实际提出企业跨国经营组织机构设置建议

三、素质目标

1. 扩大知识面,培育国际化视野
2. 能够初步从全球化视角思考企业经营发展问题

学习任务一　跨国经营的基本知识

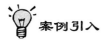
案例引入

华为技术有限公司的全球扩张

华为技术有限公司是一家总部位于中国广东省深圳市的生产销售电信设备的员工持股的民营科技公司，于1988年成立于中国深圳。华为的主要业务范围是交换、传输、无线和数据通信类电信产品，在电信领域为世界各地的客户提供网络设备、服务和解决方案。总裁任正非，董事长孙亚芳。

2016年华为销售收入达5 215.74亿元人民币，净利润370.52亿元人民币。

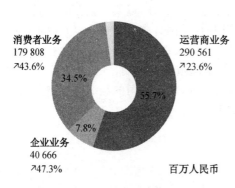

图7-1　华为2016年销售收入来源

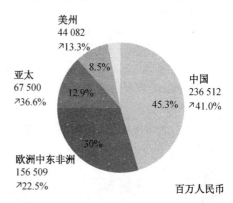

图7-2　华为2016年销售收入地区分布

华为支持全球170多个国家和地区的1 500多张网络的稳定运行，服务全球1/3以上的人口。

华为已在全球部署了超过60张4.5 G网络；华为无线家庭宽带解决方案（WTTx），覆盖全球3 000万家庭；华为在超过100个国家累计部署190多张移动承载网络。

华为已在全球获得了170多个云化商用合同；VoLTE和VoWiFi解决方案累计服务于全球110张网络；数字业务云服务平台累计引入超过4 000家合作伙伴，聚合超过60万数字内容和应用。

华为联合500多家合作伙伴为全球130多个国家和地区的客户提供云计算解决方案，共部署了超过200万台虚拟机和420个云数据中心。

华为智慧城市解决方案已应用于全球40多个国家的100多个城市，华为还主笔了9项智慧城市中国国家标准;华为平安城市解决方案已服务于80多个国家和地区的200多个城市,覆盖8亿多人口。

在金融领域,华为全渠道银行解决方案已服务于全球300多家金融机构,包括全球十大银行中的6家;在能源领域,华为全联接电网解决方案已应用于全球65个国家,服务170多个电力客户;在交通领域,华为已与业内60多个合作伙伴开展合作,提供数字城轨、智慧机场等解决方案,服务全球超过22万公里的铁路和高速公路、15家以上客流量超3 000万的机场。

全年智能手机发货量达到1.39亿台,同比增长29%,连续5年稳健增长;全球市场份额提升至11.9%,居全球前三。

【案例思考】
华为技术有限公司在全球经营中是如何进行行业和产品的布局的?

一、跨国经营的含义、特征及动机

(一) 跨国经营

跨国经营是指企业所进行的生产经营活动超越了本国范围,以国际市场为经营场所,这些活动包括商品、劳务、资本、服务等多种形式的经济资源的国际传递与转化。

(二) 跨国经营的特征

与国内经营相比,跨国经营具有以下特征:

1. 跨国经营是国内经营的必然发展

从社会经济发展的角度来看,跨国经营体现了商品经济国际化的内在必然性。商品生产的基本特征表现为价值的生产,因而具有内在扩张趋势,物质生产过程和市场是这种扩张的两个基础条件。

社会生产的发展伴随着社会分工的发展,在分工基础上产生的交换既服务于分工,又促进了分工的进一步发展,其结果必然形成分工的国际化。生产力的发展水平,决定着分工的内容、范围和形式,决定着国际分工的深度。早期的国际分工主要表现为国际贸易,随后的国际分工逐渐演变为世界范围内的工业分工,产业部门内部的分工逐渐深入,进而发展到以专业化为基础的分工,各国技术水平的差异日益取代自然资源在国际分工中的基础地位。另一方面,国际分工的纵深发展,促进了世界市场的形成,将世界各国社会再生产各阶段和各环节紧密地联系在一起,从本质上消除了经济发展的民族、国界的局限。

2. 跨国经营的环境复杂

跨国经营不仅涉及在国内经营中必须面临的国内环境因素,还面临国际环境因素和东道国环境因素。由于跨国经营涉及不同的主权国家,在政治体制、经济结构、法律制度、文化传统等方面往往存在着较大的差异。国际市场的供求关系往往随着一个或几个不可控因素的变化而变化,呈现出不确定性。在这种差异化的国际环境条件下,企业所承受的风险也比单纯的国内经营要高得多,这对管理者提出了更高的要求。

3. 国际市场竞争激烈

科学技术的进步和生产力水平的提高使国际市场的性质产生了变化,即由有利于生产者的卖方市场转变为有利于消费者的买方市场。市场上大多数商品供过于求的局面,让消费者在购买时有了充分的选择自由。各国的生产企业为了让自己的商品在市场上打开销路,不惜力量投入竞争,使得市场上企业之间的竞争日趋激烈。特别是拥有强大实力的跨国公司的出现,更增加了企业在国际市场上竞争的激烈程度。

(三)跨国经营的基本动机

企业为何从事跨国经营?其原因很多,据美国国家外贸委员会对其具有跨国经营业务的成员企业做的一份调查表明,这些企业参与跨国经营的最主要原因和动机有:跨越关税和进口壁垒与管制;降低关税和消除高额运输成本;获取和利用当地原材料,利用廉价生产要素;获得东道国政府的鼓动与优惠;预见到国外市场扩大的潜在机会;控制特种产品的制造质量;跟随国外顾客需要;追随国外竞争者行动;获得国外技术、设计与营销技能;参与国外基础设施工程投标;获取规模经济效益;分散经营风险。

企业从事跨国经营的原因和动机虽然很多,但基本动机不外乎以下三点:

1. 扩大销售的需要

根据市场营销学的基本原理,一个企业的销售状况将受到对其产品或劳务感兴趣的消费者人数和消费者购买力水平的影响。当企业将其市场扩大到其他国家后,消费者人数必然会增加,绝对的购买力水平也会提高,在一般情况下,销售额会大幅增长。因而,具有较强经济实力,特别是具有过剩生产能力的企业都会有跻身于国际市场的强烈动机和愿望。如雀巢咖啡、诺基亚公司都明显具有这样的特征。改革开放后兴起并迅猛发展的我国家电企业,在国内市场相对饱和以后,纷纷出国投资建厂,如康佳集团、海尔集团也可以认为是这一动机驱使的结果。

一般来说,不考虑其他因素,较大的销售量会意味着较高的利润。因为当单件产品的利润一定的时候,利润的总量会随着销售的数量正比例递增,同时,产品销售量的增加还会给企业带来规模效益,使得产品的成本减少。因此扩大销售能给企业带来更为丰厚的利润。

2. 获取资源的需要

提供商品或劳务的企业往往利用原材料丰富的国家的资源就地生产,可以大大地降低在产品成本中占有很高比例的原材料成本;生产基地接近市场既可以减少运输成本,也可以更好地搜集信息来了解市场、服务市场,避免决策失误带来的损失,增强企业的竞争实力。如西方石油公司几乎都将大量的投资投向了西亚地区;为开拓中国市场,众多的西方发达国家公司纷纷到中国投资,兴办企业。这些都是为获取资源,降低成本,争取获得高额利润的跨国经营的做法。成本的降低,一方面可以增加企业的利润,另一方面也可以使企业制定更为合适的市场战略,吸引顾客,扩大产品销售的数量,以利于企业与竞争对手开展竞争。

到具有潜力的目标市场所在国家投资兴办企业的另一个目的是绕过贸易壁垒,避免国际商务纷争,更好地挤占他国市场,从本质上看,也可以看成是一种资源的获取。如海尔集团到美国投资生产电冰箱,就是在海尔集团生产的中小型电冰箱已占领美国市场30%以上份额的情况下,为进一步开拓美国市场,避免可能发生的贸易纷争,而采取的跨国投资行为。

3. 经营战略的需要

多元化经营是企业为了分散经营风险,发现新的经营机会而常采用的经营战略。其主要做法是在关联度不大的产业进行投资,或在不同的市场开展经营,以确保"东方不亮西方亮"的经营效果。具有一定实力的企业往往利用国际性经营活动实现经营的多元化,以保证企业收入稳定,避免市场波动带来的风险。

经营方式的多元化主要包括经营、产品和市场的多元化。经营的多元化是指企业在不同的行业开展经营活动。例如在垂直多元化的经营中,钢铁企业可以向铁矿、煤矿经营方向发展,石油企业可以向化工生产方向发展,也就是说,企业可以将经营活动拓展到原材料生产、产品深度开发,甚至产品的市场销售中去。又如,在水平多元化的经营中,工业企业可向金融、房地产等其他行业拓展,从而可以占领多个不同产业的市场。在产品多元化经营中,企业可以开发多种不同类型的产品满足顾客不同的需求,也可以生产一种产品的系列品种满足不同层次顾客的需求。市场的多元化可以根据国与国、地区与地区在发展、需求、民族文化等方面的差异,所处商业周期的不同,而采用不同的市场开发策略。如美国的施乐公司1986年在其主要的经营方向——办公室自动化设备销售不景气的情况下,金融业却取得了成功,为公司提供了2.28亿美元的收入,填补了主业的亏空。日本的NEC(日本电气公司)曾在电子领域的计算机、通信设备、电子元件、家用电器四个方面开发出15 000多个品种的产品,在140多个国家销售,成为世界著名的电气公司。美国的福特汽车公司针对北美、南美、欧洲以及东南亚市场需求的差异,开发出不同档次的产品,全方位地开展市场争夺,在满足不同地区顾客需求的同时,保证了公司在各个市场的竞争实力。这些都是多元化经营取得成功的范例。

二、跨国经营的发展阶段

跨国经营大致经历了四个发展阶段:

(一) 产品出口阶段

这是跨国经营的起步阶段,其经营地点和方针主要在国内,一般通过国际贸易,将其产品输出到其他国家。

(二) 国外销售阶段

随着出口产品份额的不断提高,就进入跨国经营的国外销售阶段。企业直接在国外设立销售机构,直接主动地同国外消费者打交道。但产品和劳务的生产仍在国内进行。

(三)国外投资阶段

企业直接在国外投资兴办生产性子公司,在国外从事供、产、销一条龙的经营活动。这一阶段的经营活动扩大到许可证贸易、技术转让、合作经营、合资经营等方面。

(四)跨国公司阶段

随着国际投资和国际合作的发展,产生了跨国公司。跨国公司是以世界市场为目标,在最有利的国家或地区进行研究、开发、生产和销售所经营的产品和劳务。从而使企业经营战略全球化,并形成了全球性的组织结构。

三、跨国经营的基本理论

第二次世界大战后,西方学者开始注意到跨国公司的对外直接投资活动,并提出了一系列理论进行解释。理论界大致已经形成了两大类跨国经营的基础理论,即基于贸易视角的跨国经营理论和基于对外直接投资视角的跨国经营理论。同时,针对发展中国家和地区的跨国经营理论也正在形成中。所有这些理论不仅对存在的跨国经营现象做出了合理的解释,加深了对此问题的理解,更为重要的是对企业今后的跨国经营实践活动起到了相当大的指导作用。

(一)基于贸易的跨国经营理论

1. 贸易结构优化理论

在相当长的一段时间里,贸易结构优化是一个最为热门的话题。一个国家应当向哪些国家出口何种产品?又应当从何处进口何种产品以增进本国福利,促进本国发展?从亚当·斯密的绝对优势论到当代克鲁格曼的新贸易理论,都在为各国间的贸易活动寻求适当的理论解释。有关贸易理论关于贸易结构的论述代表性的有:

(1)古典的比较优势理论。古典贸易理论起源于亚当·斯密的以地域分工为基础的绝对优势学说,该理论提出后引起许多争议,并被进一步补充和完善,其中李嘉图的比较优势理论和俄林的要素禀赋理论被广泛接受和认同。

(2)动态比较优势学说。日本在二战结束后恢复重建,在短短的几十年间就迅速进入贸易大国和发达国家行列。日本的经济迅速崛起,激发了经济学家们对这一经济现象研究的兴趣,逐渐建立了动态比较优势理论。动态比较优势理论从动态、长期的观点出发,把生产要素的供求关系、政府政策、各种可利用资源的引进、开放程度等综合到贸易理论之中,将古典的静态比较优势理论动态化。主要代表理论包括筱原三代平的动态比较优势理论和赤松的雁形理论。

(3)技术缺口理论。经济学家普斯纳尔认为,国际间技术水平的高低也是比较优势产生的重要原因。基于此,普斯纳尔提出了技术缺口理论。该理论认为,国家间技术的差别导致了国家间贸易的产生。当一国在技术上处于领先地位时,成本对贸易流的走向没有太大的影响,而技术是决定贸易的关键要素;当其他国家通过模仿也掌握了这一技术时,该国便会丧失在技术上的优势地位,这时,成本差别会逐步决定贸易的走向。可以说,由技术缺口所主导的贸易是对外投资的第一阶段,由成本差别所主导的贸易是对外贸易的第二阶段。

2. 产品周期理论

产品周期理论是美国哈佛大学跨国公司研究中心负责人雷蒙·弗农在1966年5月《经济学季刊》上发表的《产品周期中的国际贸易和国际投资》一文中首先提出的。

弗农认为,垄断优势理论无法更好地解释为什么跨国公司必须通过设立海外子公司的途径去达到获利的目的。而事实上,拥有新产品、新技术的跨国公司,总是待这些新产品新技术在国内经历了一定的发展阶段后,才会逐步通过对外直接投资而到海外建立子公司,从事相同产品的生产和销售。根据这一现象,弗农通过对战后美国跨国公司发展的长期研究,提出了产品周期理论。该理论将产品的周期划为三个阶段,即新产品阶段、成熟产品阶段和标准化产品阶段。弗农指出:跨国公司的对外直接投资与产品的周期有着直接的关系。

该理论的重要前提条件是:企业创新的程度和形式及企业的产品研究与开发,主要由企业所在国家的市场需求和相对要素价格决定,巨大的市场有利于企业的研究与开发、生产和销售新的生产工艺、新的产品。

产品周期理论的贡献在于:一是这种理论将对外直接投资同国际贸易、产品的生命周期有效地结合在一起。二是它将传统学说应用的静态分析方法改换为动态的分析方法。同时,它抛弃了传统理论的理论假说,建立起较为完整的、系统的理论形态。三是它重视研究与开发、市场需求、规模经济等因素。因此,该理论的影响很大。

3. 边际产业理论

边际产业理论亦称之为日本"小岛清"模式,它从企业比较优势的动态变迁的角度来解释日本企业国外直接投资的理论。

日本一桥大学国际经济学教授小岛清,运用比较优势原理,提出"边际产业扩张论",解释了日本式对外直接投资问题,其理论核心是:"一国应该从已经或即将处于比较劣势的产业开始对外直接投资,并依次进行。"根据小岛清理论模式,日本对外直接投资有以下的特点:

(1) 日本对外直接投资的重心在于开发海外的自然资源,补充本国资源的短缺,同时,将本国已属于"边际性生产"(即劳动密集型生产)转移到海外。

(2) 日本对外直接投资的主体是中小企业,并以与东道国技术差距最小的产业依次进行投资。

(3) 日本对外直接投资大多采用合资经营方式,投资扩散效应大。

(4) 日本式的对外直接投资是"顺贸易导向的投资",即按"边际产业"顺序进行对外直接投资,符合比较成本与比较利润率相对应的规则,有利于扩大双方的比较成本差距,也利于贸易扩大。

(二) 基于对外直接投资的跨国经营理论

1. 垄断竞争理论

垄断竞争理论产生于20世纪60年代初期。它是由美国学者海默于1960年在其博士论文《本国公司的国际性经营：一种对外直接投资的研究》中首先提出的。该理论的核心内容包括两个部分："垄断优势"和"市场不完全"。此后，美国学者金德伯格又对该理论进行了发展和补充。

海默研究了美国企业对外直接投资的工业部门构成，发现直接投资和垄断的工业部门结构有关，美国从事对外直接投资的企业主要集中在具有独特优势的少数部门。美国企业走向国际化的主要动机是为了充分利用自己独占性的生产要素优势，以谋取高额利润。所谓独占性的生产要素是指企业所具有的各种优势，这些优势具体表现在技术先进、规模经济、管理技能、资金实力、销售渠道等方面。海默认为，其他国家的对外直接投资也与部门的垄断程度较高有关。

另一方面海默还分析了产品和生产要素市场的不完全性对对外直接投资的影响。所谓市场的不完全性指的也就是市场上存在着不完全竞争，市场上存在着一些障碍和干扰，如，关税和非关税壁垒的存在，少数卖主或买主能够凭借控制产量或购买量来影响市场价格决定的现象的存在，政府对价格和利润的管制等。在市场完全的情况下，国际贸易是企业参与国际市场或对外扩张的唯一方式，企业将根据比较利益原则从事进出口活动。但在现实生活中，市场是不完全的，这种产品和生产要素市场的不完全性为对外直接投资打开大门。正是由于上述障碍和干扰的存在严重阻碍了国际贸易的顺利进行，减少了贸易带来的益处，从而导致企业利用自己所拥有的垄断优势通过对外直接投资参与国际市场。

垄断竞争理论的贡献在于这种理论是在抛弃传统理论基础的前提下展开研究的。西方从事跨国公司研究的学者们认为：这是一种理论性的突破，它奠定了当代跨国公司研究的理论基础。垄断竞争理论对以后的各种理论产生了深远的影响，西方许多国家从事跨国公司研究的学者基本上是沿着海默的思路，以该理论为基础进一步补充和完善跨国公司的理论。

2. 内部化理论

用交易费用概念解释跨国公司的形成及其运行，并形成内部化理论，是20世纪70年代以来跨国公司理论发展的主要方向。内部化理论典型的代表人物有巴克利、卡森、邓宁、蒂斯、亨纳特等。

内部化理论的基本分析思路是：随着生产分工和科技革命的发展，企业经营的内容和范围都发生了很大变化，中间产品由传统的原材料、半成品改变为以知识技术为主的信息产品。由于外部市场缺乏交换中间产品的定价机制与交易机制，导致市场交易成本上升，降低公司全球生产的协调与经营效率。外国直接投资的原因不仅仅是最终产品市场的不完全性，主要是中间产品市场的不完全性所致。为了谋求利润最大化的目标，企业使中间产品在其组织内进行内部化转移，跨国公司是市场内部化跨越国界的产物。

内部化理论的贡献在于：向学术界提供了"有力的分析工具"。因为，该理论是研究对外直接投资的一般理论，有着更大的适用性。它既可用于国内，又适用于国外；既可用于发达国家，又可用于发展中国家；既可解释个别现象，又可解释大部分对外直接投资的动因。

3. 国际生产折中理论

国际生产折中理论又称国际生产综合理论。该理论由英国经济学家邓宁教授在1976年所撰写的一篇题为《贸易经济活动的区位与多国企业：一种折中理论的探索》论文中首次提出的，是迄今最完备的被人们广为接受的综合国际生产模式。该理论的核心内容是：企业之所以在海外直接投资，是该企业具有的所有权优势、内部化优势和区位优势这三大优势综合作用的结果。所有权优势主要指企业拥有或能够得到他国企业没有或者无法得到的无形资产和规模经济优势。内部化优势是指企业为了避免外部市场的不完全性对企业经营的不利影响而将企业优势保持在企业内部。区位优势是指生产地点的政策和投资环境等方面的相对优势所产生的吸引力。

生产折中理论的贡献在于：一是能融合各种学说之长，使人们可以综合地探讨对外直接投资的原因。二是该理论吸收了过去国际生产和贸易理论的精华，排除了传统贸易理论中众多的限制性假说。因此这种理论更加丰富，更能解释现实跨国公司经营行为的多样化。三是这种理论除适用于发达国家外，也能用于分析发展中国家海外直接投资现象。四是它有效地将静态分析和动态分析相结合。

（三）关于发展中国家和地区的跨国经营理论

以上跨国经营的理论主要是以发达国家特别是美国的跨国公司作为研究对象的，认为跨国公司的竞争优势主要来自企业对市场的垄断、产品差异、高科技和大规模投资以及高超的企业管理技术，而发展中国家跨国公司并不具备上述优势。从20世纪70年代中期开始。一些学者逐渐关注发展中国家和地区跨国公司理论的研究，提出了许多有价值的理论和观点，虽然这些理论还不够完善和成熟，但对研究发展中国家和地区跨国公司的产生和发展仍有参考价值和借鉴意义。主要的理论有：

1. 投资发展周期理论

邓宁在1981年提出"投资发展周期理论"，从动态角度解释发展中国家对外投资行为，进一步发展和完善了其国际生产折中理论。邓宁实证分析了67个国家在1967—1978年间直接投资流量与人均国民生产总值（GNP）的关系，结果发现：一个国家对外直接投资与该经济发展水平密切相关。换言之，一个国家对外直接投资的动力和能力大小，直接取决于人均国民生产总值的高低。因为处于不同经济发展阶段的国家，企业所有权优势、内部化优势和区位优势都有较大差别，从而对直接投资流量会产生重大影响。

2. 技术创新产业升级理论

英国里丁大学教授坎特威尔在研究新兴国家和地区的企业对外直接投资迅速增

长现象的基础上,于20世纪80年代末期提出了"技术创新产业升级理论"。该理论包含两个基本命题:第一,发展中国家产业结构的升级,说明了发展中国家企业技术能力的稳定提高和扩大,这种技术能力的提高是不断积累的结果。第二,发展中国家企业技术能力的提高是与其对外直接投资的增长直接相关的。现有的技术能力水平是影响其国际生产活动的决定因素,同时也影响着发展中国家跨国公司对外投资形式和增长速度。在以上两个命题的基础上该理论的基本结论是:发展中国家对外直接投资的产业分布和地理分布是随着时间的推移而逐渐变化的,并且是可以预测的。

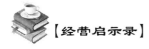【经营启示录】

麦当劳的疏忽

快餐巨子麦当劳在1994年第15届世界杯足球赛上企图抓住商机,一展身手。他们在食品包装袋上印了参赛的24国的国旗。按说,此项创意必将受到各国球迷消费者的欢迎。不幸的是,在沙特阿拉伯国旗上有一段古兰经文,这带来了阿拉伯人的抗议。因为使用后的包装袋油污不堪,往往被揉成一团,丢进垃圾桶,这被认为是对伊斯兰教的不尊重,甚至是对《古兰经》的玷污。面对严厉的抗议,这次所费不菲的行动泡了汤,麦当劳只有收回所有的包装袋,坐了一回冷板凳,当了一回看客。

【经营启示】

麦当劳的这次失误告诉我们,除了产品本身的质量、企业自身的素质要高以外,还必须更多地贴近市场、贴近消费者,研究消费者的民族传统和文化背景,不然就会因小失大。

学习任务二 跨国经营方式

案例引入

华为技术有限公司的国际化战略

判断一个公司是否国际化,有一个很简单的标准:其海外销售额占全球销售额的1/3以上,才可以称得上是一个国际化的公司。从这个角度评价,华为已是个真正国际化的公司。华为已把国内销售总部降格为与海外其他八个地区总部平行的中国地区部,可见国际市场在华为的重要性。

而海尔国内销售仍占大头,海外销售的话语权还不大,是一个还在国际化征途上的公司。海尔是家电行业,华为从事的是通信、IT行业,海尔销售的主要是与老百姓

生活息息相关的家用耐用消费品,而华为销售的是针对运营商使用的通信系统,属于基础设施的资本性产品。

华为采取渐进式国际化战略。该过程可分为四个步骤:

第一步:进入香港

1996年,华为与和记电信合作,提供以窄带交换机为核心产品的"商业网"产品,这次合作中华为取得了国际市场运作的经验,和记电信在产品质量、服务等方面近乎苛刻的要求,也促使华为的产品和服务更加接近国际标准。

第二步:开拓发展中国家市场

重点是市场规模大的俄罗斯和南美地区。1997年华为在俄罗斯建立了合资公司,以本地化模式开拓市场。2001年,在俄罗斯市场销售额超过1亿美元,2003年在独联体国家的销售额超过3亿美元,位居独联体市场国际大型设备供应商的前列。1997年华为在巴西建立合资企业,但由于南美地区经济环境持续恶化以及北美电信巨头占据稳定市场地位,直到2003年,华为在南美地区的销售额还不到1亿美元。

第三步:全面拓展其他地区

包括泰国、新加坡、马来西亚等东南亚市场,以及中东、非洲等区域市场。在泰国,华为连续获得较大的移动智能网订单。此外,华为在相对比较发达的地区,如沙特、南非等也取得了良好的销售业绩。

第四步:开拓发达国家市场

在西欧市场,从2001年开始,以10 G SDH光网络产品进入德国为起点,通过与当地著名代理商合作,华为的产品成功进入德国、法国、西班牙、英国等发达地区和国家。北美市场既是全球最大的电信设备市场,也是华为最难攻克的堡垒,华为先依赖低端产品打入市场,然后进行主流产品的销售。

另外,为配合市场国际化的进展,华为不断推进产品研发的国际化。1999年,成立印度研究所。2000年之后,又在美国、瑞典、俄罗斯建立研究所,通过这些技术前沿的触角,华为引入了国际先进的人才、技术,为总部的产品开发提供了支持与服务。

【案例思考】 华为技术有限公司的跨国经营战略有哪些特点?

企业跨国经营是在不同的国家或地区之间从事经营活动,因而其经营方式与企业仅在本国从事生产经营的方式有很大的差别,相比而言方式要多一些,也更复杂一些。跨国经营的方式主要有出口型、契约型和投资型三类经营方式。企业可以根据自己的经营目标、选定的目标市场、拥有的资源和经营的环境,选择恰当的经营方式开展经营活动。

一、出口型经营方式

所谓出口型经营方式,就是向目标市场所在国家或地区出口商品。这也是中小型企业国际化经营开始阶段最常用的一种跨国经营方式。这种方式所需的费用和风险较低,但获取利润的速度较快,也比较直接。出口型经营方式主要包括直接出口和间接出口。

(一) 直接出口和间接出口

1. 直接出口

直接出口是指企业直接将产品销往国外,而不是借助代理机构。一般来说,商品的直接出口活动被认为是一个企业进入国际商务活动的第一个台阶。直接出口又分为两种情形,一是企业设置相应的职能部门,由该部门直接负责向目标国家或地区的中间商出口商品,再由中间商负责在目标市场上销售商品;二是在目标市场所在国家或地区设立专门的销售分支机构或子公司进行商品的销售活动。

直接出口具有以下一些优点:

(1) 由于避免了许多销售的中间环节,相比间接出口而言获利更多。

(2) 由于直接面向目标市场,因而可以获得更多的市场信息,便于企业准确地把握国际市场需求的变化。

(3) 由于企业直接面向消费者,便于企业掌控商品的销售状况,为消费者提供更多有益的服务,也有利于企业提高自身的国际经营水平。

直接出口也存在明显的缺点:

(1) 面临目标市场所在国家或地区的各种贸易壁垒的阻碍,以及国外目标市场环境变化所带来的经营风险。

(2) 适用面相对较窄。由于从事直接出口的企业必须自己寻找目标市场,因此在出口产品方面必须具有较强的竞争优势,要做到产品的性能独特、质量优异、价格低廉、服务周到等,才能有效地打开国际市场。

(3) 在渠道选择上面临抉择。如选择中间商,则出口业务容易为中间商控制,且不易及时掌握市场信息;如自己设立国外销售机构,则又需要较多熟悉国际贸易的专才,这些问题对一些中小型企业而言不易解决。

2. 间接出口

间接出口是指企业通过本国的中间商经销或代理其产品出口,企业与国外市场无直接联系,也不涉及国外业务活动,因而不必专设机构和雇佣专职人员经营出口,可节省经营费用,也不需承担出口风险。在中国只有那些取得进出口经营权的企业才可以从事商品的进出口贸易,所以对那些不具备进出口经营权的企业来说,其产品要想进入国际市场,必须走间接出口的道路。

间接出口一般是通过具有进出口经营权的专业的外贸公司或专业的出口代理商来进行。代理商通常采用买断企业的产品,经重新包装后再出口。代理商承担了贸易过程中的所有风险,但也享受了可能的高额利润。生产企业与代理商达成协议后,只需按照协议规定交付产品即可,其他事宜均由代理商负责处理。

间接出口具有以下一些优点:

(1) 充分利用代理商的信息、经验和国际销售渠道,迅速将自己的产品打入国际市场。

（2）由于只需要根据合同要求组织相应产品的生产，因而节省了大量的市场调研、渠道建立等费用；同时便于企业集中精力组织生产，因而可大大提高企业的生产效率。

（3）经营方式较为灵活，如国际市场供求信息变化或者企业实力增强，企业可迅速调整跨国经营方式。

间接出口的缺点也是显而易见的，主要有以下一些缺点：

（1）与直接出口一样也面临目标市场所在国家或地区的各种贸易壁垒的阻碍。

（2）依赖代理商来从事跨国经营，不利于企业积累跨国经营的经验，一旦代理商信誉不佳，企业的利益将受到损害。

（3）由于不是直接面对国外市场的消费者，因而对消费者的需求信息难以把握，一旦市场变化，企业将不能及时应对。

（二）出口型经营方式的基本环节

出口型经营方式一般包含以下几个环节：

（1）综合评估企业在目标市场所在国家或地区从事跨国经营活动面临的风险。

（2）了解企业所在国和目标市场所在国家或地区的有关国际贸易的法律法规。

（3）充分了解和理解各国对产品的质量要求。

（4）出口合同履行的条件及相关的凭证。

（5）产品运输方式的选择。

（6）各国的融资政策。

（7）贸易伙伴的信用评价。

（8）合同的保险条款。

二、契约型经营方式

契约型经营方式是指企业与目标市场所在国家或地区的法人之间订立长期的非投资性的合作协议，这种合作协议可以是转让无形资产——包括各种工业产权（如专利、商标、技术秘诀、管理技能、营销技能等）和版权，也可以是劳务出口或工程承包等。与出口型经营方式相比，通过契约型经营方式企业输出的是技术、技能等无形资产，而不是直接输出有形的产品，虽然它也可能带来出口的机会。契约型经营方式一般包括国际合作经营、许可证贸易、特许经营、合同制造、管理合同、交钥匙项目合同等。

（一）国际合作经营

1. 国际合作经营的概念

国际合作经营，一般简称为合作经营，也称为合作生产，或非股权式合营，是两国（地区）或两国（地区）以上的合作者建立在契约基础上的各种形式合作经营的总称。它是由外国和东道国投资者根据东道国相关法律，以各自的法人身份，共同签订合作经营合同，在合同中约定合作各方的投资条件、风险责任、经营方式、收益分配等权利和义务。在契约型合作经营中，决定合作各方权利和义务的基础是双方所签订的合同，而不是股权。

契约型合作经营有两种不同的表现方式:其一是"法人式"合作经营,即合作各方通过契约组成统一的合作经营经济实体,具有东道国的法人资格,并以该实体的全部财产为限对债务承担责任,企业拥有自己独立的财产处置权;其二是"非法人式"合作经营,即合作各方通过契约组成一个松散的合作经营经济联合体,不具有东道国的法人资格,企业没有自己独立的财产所有权和处置权,资产所有权仍然归合作各方所拥有。

2. 国际合作经营的主要特征

(1) 合作各方对合作经营企业的投资不折为股本或不计算投资比例。合作各方的投资收益,只按各方同意的适当比例进行分配,这种分配比例用契约的形式予以约定,可以是长期固定的比例,也可以分若干阶段实行不同的分配比例。债务和其他责任也按契约约定的比例各方承担。

(2) 合作经营的投资形式较为灵活,分配方式也灵活。只要是合作经营活动所必需,为合作各方一致同意的软、硬件资源都可以作为合作各方的投资。收益分配则既可以现金形式,也可以实物形式。

(3) 合作经营企业的管理关系比较简单,往往采用以一方为主进行管理的方式。例如,非法人式合作经营企业内合作各方为合伙关系,一般不设董事会,只建立联合管理委员会,该委员会的职责只是检查、监督、协调合作各方执行合同的情况,而企业的日常管理,则多数是经协商交合作一方为主来进行,也可委托第三者来进行管理,或者在协定中规定合作各方各负一部分管理责任。至于法人式合作经营企业,虽设立董事会,但其管理也可以采用与非法人式合作经营企业相类似的形式。

(4) 合作经营在提前收回资本方面比较灵活。一般当合作各方或一方希望在合作期满之前收回其出资,则经协商可以采取快速折旧或扩大利润分成比例等方式,并将这种收回资本的方式和期限在合同中做出约定。

(二) 许可证贸易

许可证贸易是指许可方企业与国外被许可方企业签订协议,授权被许可方企业使用许可方企业的专利、专有技术、商标等或具有资产价值的其他知识使用权进行生产或销售,然后从被许可方企业收取许可费用的一种跨国经营方式。许可证协议是国际技术贸易中最常见的一种方式,许可协议的有效期通常在5~10年。

许可证贸易的优点在于:

(1) 这种方式可使跨国经营企业避开关税、运费及竞争等不利因素,能较容易地进入国际市场和占领国际市场。

(2) 企业无须进行生产和营销方面的大量投资。

(3) 企业向外国提供先进技术易得到东道国的批准。

许可证贸易的缺点在于:

(1) 许可证协议终止后,被许可方可能成为本企业的竞争对手,使许可方丧失技术垄断。

(2) 许可证贸易所取得的收益往往较直接出口产品或海外直接投资所得收益相

差很远。

(3) 许可证的卖方通常不能参与经营管理买方企业,容易造成产品质量的失控,直接关系到卖方的技术和商标的信誉。

(三) 特许经营

特许经营是一种专业化的许可协议。它是指已经取得经营成功的企业,将其商标、商号名称、服务标志、专利、技术诀窍和管理的方法或经验转让给另一家企业,后者(通常称为特许经营接受人)有权使用前者(通常称为特许经营授权人)的商标、商号名称、专利、技术诀窍及管理经验,但需支付一定的特许费。特许经营方式的特殊性在于,特许经营接受人往往在技术操作和经营方式受到授权人的控制,但授权人并不确保接受人获得利润,且对接受人的盈亏不负任何责任。一般来讲,特许经营的形式主要用在服务行业。如世界著名的快餐连锁店麦当劳就是通过特许经营的方式发展起来的。

特许经营的优点在于:

(1) 向目标市场所在国家或地区低成本快速扩张。

(2) 通过提供标准化的产品或服务,容易形成特色,扩大市场影响力。

(3) 被许可人能够迅速获得经营管理的经验、富有特色的产品或服务,有利于迅速拓展市场。

(4) 经营风险较小。

特许经营的缺点在于:

(1) 由于要交付不菲的特许费用,因而被许可人的利益有限。

(2) 难以对被许可人进行全面有效的管理与控制,可能会对企业的品牌和信誉造成影响。

(3) 适用面不宽,除了在餐饮、少数零售商业获得成功,在其他行业效果不明显。

(四) 合同制造(契约制造)

与授权协议之下授权方可能将其在一国制造和行销其产品的权利转让给接受方不一样,在合同制造中,企业与国外的企业签订合同,让对方按某种要求或标准生产产品,而本企业依然保留这些产品的销售权。它实际上是把生产厂设置在目标国,本地制造,本地销售。外国企业的来料加工、来件装配或来图制造即属此类。合同制造一般适用于目标国市场容量不大,不宜直接投资的情况。

合同制造的优点在于:

(1) 可以充分利用当地的资源和生产能力。

(2) 可以迅速组织生产和销售,赢得商机和市场。

(3) 相比其他跨国经营方式而言,风险较小。

(4) 由于是本地制造,本地销售,避免了进入国际市场的贸易壁垒。

合同制造的缺点在于:

(1) 为了维护企业品牌和信誉,确保产品符合质量要求,企业需提供技术和管理支持。

（2）有可能培养了潜在的市场竞争对手。

（五）管理合同

管理合同是企业通过合同的形式在一些或全部管理职能的领域，向另一个企业提供管理诀窍，并按照销售额的一定比率（通常是 2‰～5‰）收取费用的劳务活动。这种活动的开展往往需要人员的参与，如提供服务的公司往往需要派出一定的人员到需要服务的企业中去，通过具体的管理工作，向需求方提供管理的经验和诀窍。这种活动不需要资金投入，基本无风险，缺点在于获利较少，还有可能培植竞争对手。

（六）交钥匙项目合同

交钥匙项目合同是指企业与东道国有关方面签订合同，由企业为东道国建造一个完整的工程项目，承担从设计、施工、安装、调试到验收的全部建设内容，试车成功后，将该工程项目的所有权和管理权的"钥匙"依照合同移交给东道国有关方面管理。交钥匙项目合同对资金、技术、施工管理等方面要求较高，作为承包商的企业必须具备较强的实力才能获得这种合同。这种合同利润丰厚，而且有利于带动成套设备的出口，其主要缺点是在合同执行过程中遇到东道国的干涉和阻力较多。

三、投资型经营方式

投资型经营方式是指企业通过直接投资的方式进入目标市场所在国家或地区，即企业将资金连同本企业的技术、经验、营销等转移到目标市场所在国家或地区建立本企业控制的分公司或子公司。一般有独资经营和合资经营两种方式。

（一）独资经营

第二次世界大战后，西方发达国家为实现资本转移自由化，允许外国资本进入本国投资设厂，包括兴办各种类型的外商独资经营企业，由外国投资者独立经营。如美国、日本、欧洲的一些国家都允许在大部分行业兴办外商独资经营企业。现在许多发展中国家也纷纷允许外商到本国独资兴办企业，中国政府也允许在规定的行业兴办外商独资经营企业。另外，中国少数有实力的企业到国外去成立独资海外分支机构的事业也已经开始起步，并在逐步加快步伐。

独资经营是指由一个国家的一个企业在他国建立子公司，其财产和经营管理权完全由母公司所拥有，母公司承担全部经营风险，独享全部经营利润。在实践过程中，一个企业 95% 以上的股权为另一个企业拥有时，也被视为是后者的独资子公司。独资经营意味着企业在国外市场上单独控制着一个企业的生产和营销。独资经营可以使企业获得百分之百的所有权，全部利润归其所有。由于它拥有对子公司经营活动的全部决策权和控制权，有利于贯彻母公司的全球发展战略，有利于技术与经营方针的保密，保证产品质量和信誉，有利于更直接、更全面地积累国际营销经验。独资经营的缺点是企业投入的资金最多，风险也最大，且往往不受东道国政府和公众的欢迎。一般当公司拥有技术优势时或在当地难以找到理想的合作伙伴时采用独资经营的较多。

(二) 合资经营

少数发达国家靠独资经营方式在发展中国家保持技术秘密,不受管理和控制,获取最大利润并维持其垄断地位,这种情况在东道国政府和公众的反感下已难以为继,这样就出现了合资经营。

合资经营是指企业与东道国企业在东道国(或在第三国)法律管辖范围内共同投资组建的企业、公司或其他经济组织,合资各方共同经营、共担风险、共负盈亏的经营方式。它具有以下一些特征:

(1) 企业的投资者来自不同的国家或地区。

(2) 组建的合资企业具有东道国国籍的法人地位,是一个独立的经济实体。

(3) 合资各方提供资金、设备和知识产权以建立合资经营企业的独立资产。各方提供的任何资产都折算成一定股份,并按股权份额分享利润、分担亏损。

(4) 根据协议、合同、章程,建立合资经营企业的管理组织机构,共同管理企业。

企业合资经营具有以下优点:

(1) 相对于独资经营,更易进入东道国,能减少或避免政治风险。

(2) 合资经营企业除享受对外资的优惠待遇外,还可以同时获得东道国对本国企业的同等待遇。

(3) 可以利用东道国当地合伙者与政府及社会各界的公共关系,取得企业生产经营所需的各种资源,顺利开展各项经营活动。

(4) 对于拥有技术优势的跨国公司来说,用工业产权和知识产权折股投资,实际上没有或很少投入资金。

(5) 合资企业生产的产品往往是东道国进口替代的产品和紧缺的产品,具有稳定的市场,能给投资者带来长期、稳定的收益。

对东道国来说,合资经营可以帮助它们利用外资,引进先进的技术和管理方法,开拓国际市场,培训跨国经营人才。

由于对合资各方都有较多好处,合资经营是当前国际投资较普遍采用的形式。要使上述优点充分体现,关键在于以下两条:一是各方的利益目标要尽可能协调,如果利益目标相对对立,就难免日后产生许多障碍和分歧,使合资企业无法顺利经营;二是要选好符合条件的合资伙伴,防止上当受骗或造成合资企业先天不足,无法享有上述优点。

【阅读专栏】

迪士尼乐园注意服务的每个细节

世界名牌服务企业的员工一般都具有高度的敬业精神、优良过硬的技术水平、良好的礼貌和服务态度。这些企业都制定了明确的服务标准,一切为顾客设想的服务方式,添置了舒适的服务设施,重视提高员工的服务素质,努力为顾客提供细致入微、超越顾客期望的服务。

如迪士尼乐园注意服务的每个细节:在等候游玩的地方,种上可以遮阴的树木,并在多处安置装在木箱里不为人注意的电风扇,为等候的游客扇凉。隔离队伍的栅栏也模仿成天然树枝模样,空间则飘荡着悦耳的音乐,使得等候的游客不会感到寂寞无聊。在入口附近,设立了一个儿童乐园,让孩子们在等候游玩的时候能够在这儿尽兴地玩耍。如果想同米老鼠合影,而又为没有人为你按快门发愁的时候,在附近扫地的员工会微笑着站在你面前,问你要不要帮忙。为实现"让每个人都感受到欢乐"的目标,还明确提出了服务标准:安全性、礼仪性、表演性、效率性,这四条要求的顺序是绝对不会颠倒的。要求所有员工都要彻底领会,遇到发生难以预料的突发事件时亦按照这个标准采取应对措施。

学习任务三　跨国公司的组织与控制

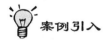案例引入

联想全球化的攻守之道

1984年,联想在北京成立。仅仅20年不到的时间,2004年12月8日,联想宣布收购IBM全球PC业务。

这一年早期时候,在中国生活了7年的贝利兹语言培训中心的美国教师马跃(Matt McGuire),获得了单独为一个中国学生授课的机会。他是谁?杨元庆,联想电脑的董事长。与此同时,IBM的高级副总裁沃德(Stephen M. Ward)也在美国开始学习汉语。后来,沃德果然获得机会出任收购IBM PC后的新联想的第一任CEO。

当年营业额只有30亿美元的联想,收购一家营业额为130亿美元的大公司,挑战是双方的,只是我们容易忽视另一方的压力。

收购IBM PC后的新联想管理者,不再是"柳(传志)杨(元庆)配",而是"杨(元庆)沃(德)配",由董事长杨元庆领导比他年长许多的CEO沃德来驾驭新公司。这是一个极其关键的搭配结构。媒体以及相当多的联想人对此的解读是:柳传志的退出,显示出其人性深处对权力意识的超越。柳传志在回答记者提问时,甚至看不出他曾经从这个"虚"的方面来想过这个问题:"在2000年时,我就开始把自己放在一个弱势董事会的董事长位置,杨元庆接班。在新联想里,我也就是一个董事。这很正常。"

在收购IBM PC之前,联想的高级管理团队已经将所有困难与挑战全部清晰梳理过一遍,柳传志将其归纳为三方面挑战:

第一,品牌的风险与市场流失的风险。IBM的产品Think Pad到了一个中国股

学习单元七　企业跨国经营

东手里,原来的客户还认不认?还会不会买?这是一个大风险。

第二,员工流失的风险。买回来的东西不是固定资产,主要是买回来的管理架构,原来的员工会不会承认新的股东,或者新的管理层、新的董事局?

第三,最难做的,到今天依然需要努力解决的就是文化磨合问题。

有如此清醒的问题意识,再来理解新联想的领导者搭配,答案自然明确。品牌与市场流失风险,以及员工流失风险,显然也在此结构性的安排下被迅速而成功地化解。那么,文化磨合问题呢?比如新联想的工作语言究竟是汉语,还是英语?那些无数未必被局外人所理解的细节,却是构成文化磨合中最主要的部分。

但是,如果仅仅将联想视为国际性公司中外文化磨合的经验供给者——将一个公司的副产品当成重点,我们也未必能够真正理解这家期待自己"伟大"的公司,联想拓展自己的疆域,其自身的核心动力非常简单:赢!

赢,作为一家公司的气质内核,其实未必那么容易被注意。媒体和公众,或许更容易记忆的却是联想的亏:2008—2009财年,联想全年净亏2.26亿美元。非常有意思的是,这一年度数据,依惯例是每年5月底发布,但在2009年初,联想应对之策已经完成:柳传志重任联想集团的董事长,而杨元庆则出任CEO。一般的媒体解释是:柳传志再次出任董事长,是对联想集团稳定信心的重要保证。同样出乎意料,当本刊记者就此询问柳传志时,他对自己重任董事长价值的解释,重点并非信心,而是:"终于让杨元庆成为集团的CEO了!"柳传志清醒而明确:稳定的信心,最多是对中国员工而已。

如何理解柳传志真诚的认定?

在迅速而妥善地解决了诸如品牌与市场流失、员工流失种种可以预见的风险之后,已经国际化的联想集团,更迫切的挑战是什么呢?5年国际化,联想集团最重要的领导人与经历者杨元庆告诉本刊记者:"更难的挑战,还是中国的管理层怎么能够真正成为全球业务的领导人。怎么按照自己的业务模式,来推进战略、推进公司的发展,把自己的核心竞争力充分地复制到全球去。"

如果这才是国际化联想真正的挑战,那么2008—2009财年的亏损,在这个逻辑之下,有了新价值。杨元庆说:"中国管理层成为全球业务的领导人,这一目标以及挑战,直到这个时候,我们才真正有机会去进行更加全面的实践。"大公司战略的制定与推进,CEO至关紧要。柳传志重任董事长的价值——杨元庆终成集团CEO,因此背景,方可被理解。从一定的意义上看,新联想的国际征程,此刻真正开始。

美国北卡罗来纳的罗利,联想美国总部1号楼5A1办公室——联想COO罗瑞德(Rory Read)坐在自己的书桌前,一边玩耍着篮球一边接受记者采访。罗瑞德的姿态轻松,话题却严肃:"我在IBM工作了23年,我父亲在IBM工作了38年。我们共同的经验是:西方人东方人,相同点永远大于他们之间的不同。"对于任何一家国际性公司,文化磨合永远是持续而漫长的挑战,但接受我们采访的几乎所有联想的外方高级管理者,共同的倾向是:"相同大于不同。"

这或许才是联想5年国际化非常重要的收获之一。那么,超越文化差异之上的

"相同",对于一家大公司而言,究竟是什么呢?罗瑞德的答案是:公司的愿景、规则以及文化……换言之,在全球化的商业规则之下,联想有无自己超越性的创造力,方为要旨所在。

显然,这是我们观察联想集团5年国际化最重要的基石,也是联想最值得被分享的经验。

【案例思考】 请简要概述联想公司全球化经营之道。

为了有效地进行国际化经营,保证企业战略目标的实现,跨国经营企业必须建立一套相应的组织与控制系统,并不断提高其管理水平和能力。选择适宜的组织机构,并进行适当的控制管理是企业所面临的重要问题。

一、跨国公司的组织结构

跨国经营企业的组织结构不是一成不变的,它与企业的国际化程度密切相关,并随着企业内部和外部环境的变化而在不断地调整。从其发展的历程来看,在企业跨国经营的初始阶段,企业为了出口产品的需要,可设立产品出口部(或类似的部门)这样的职能部门。当公司的跨国经营业务获得进一步的发展,除了出口产品外,还在从事一些技术合作与投资项目并在国外设立了一些子公司时,就需要设立一个与国内经营部门地位相当的国际业务部来管理,以协调产品出口、技术合作、对外直接投资及其他一些跨国经营活动。当公司的海外销售额和利润额已经占到整个公司总额的1/3或更多时,就应将国内经营和国际经营融为一体,采用全球性组织结构。跨国公司也可与其他企业形成战略伙伴关系,以某个核心企业来构建供应链,这样的结构形式把公司内部的组织延伸到公司之间,形成一条供需链、增值链。因此跨国经营企业的组织结构相应的有出口部组织结构、海外子公司组织结构、国际业务部组织结构、全球性组织结构以及供应链组织结构等形式,跨国经营企业可根据企业跨国经营战略、规模和地区分布等因素来选择合适的组织结构。

(一)出口部组织结构

大多数企业在跨国经营初期,都会以出口导向为其经营战略的核心。由于对国际环境不了解,企业一般也不敢贸然加大资金投入力度,通常采用委托贸易公司代理其产品出口业务。在运行一段时间以后,随着企业产品出口业务量的增大,以及对国际贸易环境的逐渐了解,大多数企业都会设立一个独立的部门,专门负责企业的产品出口业务。

出口部组织结构是企业在原有组织结构的基础上,在营销部门之下设立一个独立的出口部,也有很多企业单独设立一个与营销部门平行的出口部,出口部全面负责企业的产品出口业务。出口部组织结构图如图7-3所示。

出口部组织结构的优点在于企业能够接触到国外的消费者,能及时获得国际市场的信息和消费者对产品的需求信息,有利于企业提升出口产品的国际竞争能力。

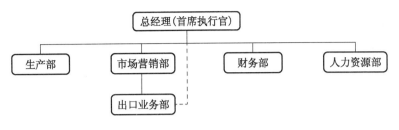

图 7-3　出口部组织结构图

随着企业跨国经营业务的发展,这种组织结构的缺点也逐渐暴露出来。由于企业单纯依靠产品出口有很大的局限性,东道国的关税、出口限额以及其他一些贸易壁垒会大大限制企业的产品出口业务的发展。为了寻求合理避开贸易壁垒的渠道,企业往往会采用许可证贸易甚至直接在国外组织生产。随着国外生产份额的提高,会大大影响企业出口产品销售的份额,出口部与其他业务部门的利益冲突就会日益尖锐。

(二) 海外子公司组织结构

为了避开目标市场所在国贸易壁垒的限制,企业会在海外成立子公司,直接在海外从事产品的生产和销售。企业控股海外子公司,对海外子公司的经营不过分干涉,海外子公司拥有相对独立的经营自主权。子公司的法人向企业的总经理(首席执行官)负责。海外子公司组织结构图如图7-4所示。

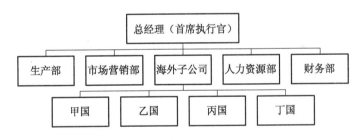

图 7-4　海外子公司组织结构图

海外子公司组织结构的优点有:一是海外子公司通常具有东道国的法人地位,拥有相对独立的经营自主权,便于子公司根据东道国的市场信息做出及时准确的决策,灵活经营。二是企业控股海外子公司,按股权获取相应的经营收益,承担相应的责任份额,负担小,经营风险低。

海外子公司组织结构的缺点有:一是子公司的法人只向企业的总经理(首席执行官)负责,当企业的规模很庞大时,仅依靠个人的能力是很难及时、有效地对子公司控制和管理。二是子公司难以得到企业的资源和技术上的支持和帮助。三是子公司的最优决策是根据东道国的经营环境所做出,但对整个企业而言不一定是最优的决策。

(三) 国际业务部组织结构

随着企业国际经营规模的扩大,海外子公司数量的不断增加,业务量不断上升,其地位和重要性在企业日渐突出,这时就要求企业成立一个独立的部门,专门负责拓展国际经营业务,处理和协调企业和各子公司之间的问题。在这种情况下,企业一般都会选择设立一个职能完整的国际业务部,它是在企业的国内组织结构中增设一个"国际业务部",由国际经营管理方面的专家或有经验的人员组成,通常由一名副总经理领导,代表总部管理、协调本公司所有的国际业务,并直接对总经理负责。国际业务部组织结构图如图 7-5 所示。

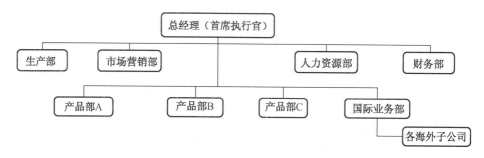

图 7-5　国际业务部组织结构图

国际业务部组织结构的优点:一是协调各海外子公司的活动,使各子公司的总体业绩提高;二是由国际业务部为各子公司统一筹措资金,可以减少利息负担;三是可以使各产品部不局限于国内市场,并以全球产品策略的观点来规划生产。

国际业务部组织结构的缺点:一是国际业务部与各产品部之间常发生目标冲突有碍互相配合;二是由于在业务上依赖国内生产部门,国际业务部协调、支持国外经营活动的能力有限。

(四) 全球性组织结构

随着国外业务的不断扩大,企业的国际化经营进入了快速发展的阶段。此时国际业务部组织结构已不能满足企业的国际业务发展要求,到 20 世纪 60 年代中期,全球性组织结构渐渐取代了国际业务部组织结构。

全球性组织结构是在国际业务部组织结构的基础上,把企业国内组织部门的职能拓展到全球范围,从全球的范围来规划、协调企业的生产和营销,统筹安排资金和利益分配。

全球性组织结构又可细分为全球性职能组织结构、全球性产品组织结构、全球性地区组织结构、全球性混合组织结构和全球性矩阵式组织结构,前三种属传统的单一组织形式,后两种是新型的综合组织形式。

1. 全球性职能组织结构

是按照生产、财务、市场营销等职能分设部门的全球性组织结构。全球性职能组织结构图如图 7-6 所示。

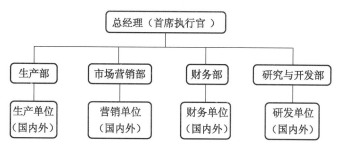

图 7-6　全球性职能组织结构图

全球性组织结构的优点是：有利于提高职能部门工作的专业化水平；减少管理层次，避免机构与人员重复设置；有利于公司的统一成本核算和利润考核。

其缺点是：各职能部门分别对子公司发号施令，可能造成对子公司的多头领导；各部门之间横向协调性差；各部门的业务与背景不同，易滋生本位主义，不利于公司战略全面实施；也不利于地区间的合作和多样化生产经营。

2. 全球性产品组织结构

是以公司主要产品的种类及其相关服务的特征为基础，设立若干产品部。每个产品部都是一个利润中心，拥有一套完整的职能机构，由一名副总经理负责该产品或产品线在全球范围内的开发生产、营销等全部职能活动。全球性产品组织结构如图 7-7 所示。

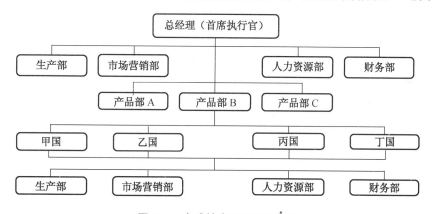

图 7-7　全球性产品组织结构图

全球性产品组织结构的优点是：强调产品生产和销售的统一规划；有利于按顾客需求和产品生命周期不同阶段改造和开发新产品；恰当的分权制使各部门领导人提高了主动性，并参与根据销售利润来比较各个产品部对公司的贡献；有利于培养和锻炼部门负责人的综合管理能力。其缺点是：不利于公司对长期投资、市场开发、资源配置、利润分配等全局性问题进行集中统一计划和决策；加重了公司内部协调工作的困难；还会因各部门自成体系而造成人、财、物的浪费。

3. 全球性区域组织结构

是以公司在世界各地生产经营活动的区域分布为基础，设立若干区域部，负责管理该区域范围内的全部经营业务。每个区域部由一名副总经理领导，负责该区域范围内的全部业务活动。全球性区域组织结构如图7-8所示。

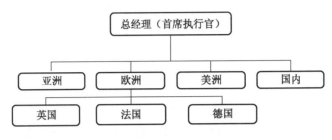

图 7-8　全球性区域组织结构图

全球性区域组织结构的优点是：加强区域内各职能部门和子公司的联系，减少公司总部协调和管理全球性生产经营的工作量；能更好地针对区域内经营环境的变化，改变产品生产和销售方式；有利于利用区域内国家的丰富资源和优惠条件。其缺点是：容易助长地区本位主义，忽视公司的全球战略目标；不利于公司产品、技术、资金等要素在区域内调配流动；增加了管理层次，会造成机构重叠。

4. 全球性混合组织结构

是将两种或三种组织结构结合起来设置分部而形成的组织结构。当跨国公司是由两家组织结构不同的公司合并而成时，往往也会采用这种组织结构。全球性混合组织结构如图7-9所示。

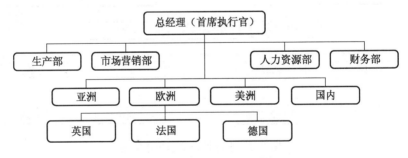

图 7-9　全球性混合组织结构图

全球性混合组织结构的优点是：有利于企业根据特殊需要和业务重点选择采用不同的组织结构，灵活性强，且可以根据外部环境和业务活动的变化及时进行调整；其缺点是组织结构不规范，容易造成管理上的混乱；所设各部门之间差异很大，不利于协调与合作，也不利于在全球树立完整的公司形象。

5. 全球性矩阵式组织结构

矩阵式组织结构给予职能部门、地理区域和产品组合三维因素中的两维或三维的同等的权力，公司对全部业务进行纵横交叉甚至立体式的控制与管理。公司可以把产品、区域和职能部门的经理专家组织起来，共同进行管理。全球性矩阵式组织结构如图 7-10 所示。

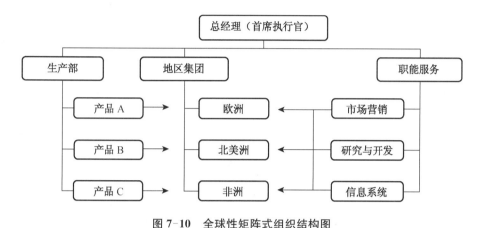

图 7-10　全球性矩阵式组织结构图

矩阵式组织结构的优点是：有利于促进各部门、各层次经理之间的合作与协调；有利于把产品的生产、销售与各地区的经营环境因素综合起来考虑；有较强的系统应变能力和较大的稳定性。其缺点是：每个子公司都同时接受来自两个或三个部门的领导，不仅容易降低工作效率，一旦协调不当，就可能使经理们之间产生矛盾和分歧，影响公司的总体战略，造成了机构庞大，运行成本高。

（五）供应链组织结构

经济全球化使企业经营无国界化的趋势愈来愈明显，整个市场竞争呈现出明显的国际化和一体化。与此同时，用户需求愈加突出个性化，导致不确定性不断增加。这种变化使得各种技术和管理问题日益复杂化和多维化，促使人们认识问题和解决问题的思维方法也发生了变化，逐渐从点的和线性空间的思考向面的和多维空间思考转化，管理思想也从纵向思维朝着横向思维方式转化。与这种横向思维相适应的供应链组织结构应运而生，一种全新的供应链管理理念也日益被人们所认识和接受。

所谓供应链是围绕核心企业，通过对信息流、物流、资金流的控制，从采购原材料开始，制成中间产品以及最终产品，最后由销售网络把产品送到消费者手中的将供应商、制造商、分销商、零售商、直到最终用户连成一个整体的功能网链结构模式。它是一个范围更广的企业组织结构模式，它包含所有加盟的节点企业，从原材料的供应开始，经过链中不同企业的制造加工、组装、分销等过程直到最终用户。它不仅是一条联接供应商到用户的物料链、信息链、资金链，而且是一条增值链，物料在供应链上因加工、包装、运输等过程而增加其价值，给相关企业都带来收益。供应链组织结构如图 7-11 所示。

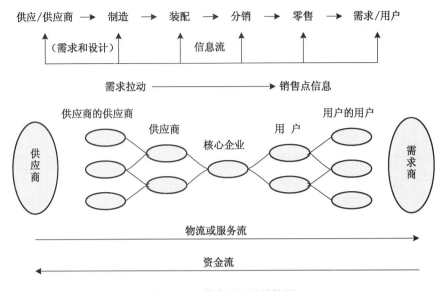

图 7-11 供应链组织结构图

从供应链的组织结构模型可以看出,供应链是一个网链结构,由围绕核心企业的供应商、供应商的供应商和用户、用户的用户组成。一个企业是一个节点,节点企业和节点企业之间是一种需求与供应关系。供应链主要具有以下特征:

(1) 复杂性。因为供应链节点企业组成的跨度(层次)不同,供应链往往由多个、多类型甚至多国企业构成,所以供应链组织结构模式比其他组织结构模式更为复杂。

(2) 动态性。供应链管理因企业战略和适应市场需求变化的需要,其中节点企业需要动态地更新,这就使得供应链组织结构具有明显的动态性。

(3) 面向用户需求。供应链的形成、存在、重构,都是基于一定的市场需求而发生,并且在供应链的运作过程中,用户的需求是拉动供应链中信息流、产品/服务流、资金流运作的驱动源。

(4) 交叉性。节点企业可以是这个供应链的成员,同时又是另一个供应链的成员,众多的供应链形成交叉结构,增加了协调管理的难度。

二、跨国经营企业的控制模式与系统

企业跨国经营无论采用哪一种组织结构形式,在内部管理机制上都会涉及如何处理企业总部和各个子公司之间的关系,根据总部与各子公司间在集权与分权程度上的不同,主要有以下三种组织控制模式。

(一) 母公司为中心的组织控制模式

所谓"母公司为中心的组织控制模式",是指母公司对海外子公司的管理采用集权式的组织管理体制。企业跨国经营的初期,一般都是以母公司为中心,一切跨国经营的决策权力包括生产权、销售权、人事权、财务权都由企业总部统一控制,国外的子公司必须在母公司的统一控制下运作,必须服从母公司的整体利益,共担风险、共享利润。

这种管理体制强调的是企业整体目标的一致性,能充分发挥母公司的集中调度和控制能力,有利于节约资源、提高效率和效益。但该模式过于集权不利于子公司的自主经营,不能调动子公司的积极性,而且容易引发母公司和子公司一系列的矛盾。

(二) 多元中心组织控制模式

所谓"多元中心组织控制模式",是指企业对子公司的管理采用分权式的组织管理体制。如果说以母公司为中心的管理机制反映了母公司的意愿,那么多元中心的管理机制则是子公司要求的反映。在这种管理体制下,母公司允许子公司根据东道国的具体情况,独立地制定经营目标与长期发展规划,各个海外子公司独立核算,在产品设计、原材料采购、成本控制、生产和销售、市场开发等业务方面拥有自主的决策权。母公司除了负责制定总体战略、发展规划和高层管理人员的任免之外,其余绝大部分的经营权都下放到各个子公司。子公司的组织随着经营规模的扩大而逐渐完善,但各子公司的组织复杂程度并不完全一致。子公司也可根据经营环境的变化制定自己的制度,业绩也用国外的标准衡量,用子公司所在国的货币评价。子公司的高层管理人员仍由母公司聘任,但以当地人为主。

这种管理体制强调管理的灵活性和适应性。其优点是:能充分发挥各子公司的积极性与责任感,易受东道国的欢迎。不足的是:母公司难以统一调配资源;各子公司失去利用公司内部网络发展的机会。

(三) 全球中心组织控制模式

所谓"全球中心组织控制模式",是指将集权管理和分权管理相结合的组织管理体制。由于集权管理和分权管理都有各自的缺陷,因此把集权和分权两种管理体制结合起来,即在保证母公司有效控制的前提下给予子公司较大的经营自主权,以调动其积极性。公司的战略决策及关键性的经营活动集中统一于母公司,海外子公司可以在母公司的总体经营战略下,自行制定具体的实施计划,调配和使用资源。在这种管理体制下,母公司在制定公司的总体战略规划时,既充分考虑到母公司的利益,又能充分考虑海外子公司的需要;母公司和子公司之间、子公司和子公司之间信息交流增加,相互依赖性增强;选择合适的人士担任高层管理人员,而不需要考虑其是否是当地人士还是第三国人士。

三种组织控制模式的比较,如表 7-1 所示。

表 7-1 三种组织控制模式的比较

组织控制内容	母公司为中心	多元中心	全球中心
组织的复杂性	母公司组织复杂,海外子公司组织简单	海外子公司各自为政,复杂程度不一	组织逐渐复杂,并增加了相互依赖性

续表

组织控制内容	母公司为中心	多元中心	全球中心
决策的权力	高度集中于母公司	母公司拥有的决策权较少	母公司和各子公司通力合作,视需要而授权予各海外子公司
评估与控制	母公司的标准用于海外子公司人事、组织管理工作	子公司依当地情况自定	寻求既能在世界各地通用,又能考虑到地区性的标准
信息沟通	由母公司大量向海外子公司输送信息、指令	来自母公司的信息少,各海外子公司间也较少有信息沟通	整个公司内有纵横交错的信息沟通网络
资源配置	由母公司决定	海外子公司独立配置,各海外子公司间较少共享资源	资源配置由母公司和各外子公司沟通决定
报酬与奖惩	按母公司的标准	视当地情况制定	视完成当地及全球性目标与否而定
人员的招聘与任用	子公司的要职均由母公司人士担任	任用当地人士担任海外子公司的要职	在全球范围内招聘合适的人士担任母公司和子公司的要职
经营战略的制订	自上而下地制订	自下而上地制订	母公司和子公司协商制订

资料来源:张海东.国际商务管理.上海:上海财经大学出版社,2005:219.

跨国公司如何建立有效的控制系统?

当组织控制模式确定之后,对海外子公司实行有效的控制就成为跨国经营成败的关键问题了。

(一) 有效控制的要素

控制是一个过程。在这个过程中,母公司的最高管理层运用各种规划、标准和手段,经常性地检查各部门、各海外子公司的计划完成情况,对偏离计划目标的现象予以制止和纠正,使组织的战略目标与实施的活动得以保持一致。

建立有效的控制系统,取决于四个要素:

1. 正确处理集权与分权的关系

企业跨国经营会面对产品多、分布广、经营环境纷繁复杂等问题,公司管理权限的设置往往面临两难境地。一方面,从企业全局出发,希望加强对企业各部门和各子公司的协调控制,实行集中管理;另一方面,各部门和各海外子公司又迫切希望根据自己的经营环境和目标市场因地制宜进行决策和制定战略,希望实施分散管理。这种集中管理与分散管理的矛盾如果处置不当,就会影响控制系统的有效性。

2. 建立规范有效率的控制系统

要使控制过程规范有效,企业就需要建立自己的控制系统。这个系统通常包括规章制度、战略规划、经营计划、各种预算和报告制度,而且要有相对的稳定性。企业通过控制系统,可以发现生产经营中违反规章条例、背离计划和预算等问题,及时采取相应的对策,以维持企业的整体性和保证企业战略目标的顺利实现。

3. 建立现代化的信息系统

有效的控制在很大程度上取决于企业从事跨国经营的各部门、各海外子公司之间以及它们与企业总部之间信息沟通渠道的畅通。由于分处不同的经营环境,社会、文化、政治、经济等环境因素的差异,增加了企业内部信息沟通的难度。随着信息技术和网络技术的发展,构建一个内部管理信息系统进行科学的决策和控制是非常必要的。现代化的管理信息系统能使企业跨越时间和空间的间隔,迅速地针对信息做出决策,及时捕捉住市场机会。

4. 节约时间和费用

任何控制系统的建立,都会发生大量投资和运行费用。如果控制系统效率低、成本高,不但会挤占企业的宝贵资源,而且因投入、产出比例不当也会增加财务负担,对企业的发展不利。同时,控制过程过长,手续繁杂,还可能延长信息传递与反馈时间,使企业贻误战机,在国际市场竞争中处于被动的境地。没有时间和成本的节约,就没有控制系统的有效性和经济性。

(二) 控制的对象与内容

控制主要是针对结果和行为两个方面进行的。

对结果的控制是指企业根据战略规划和经营计划,对从事跨国经营的各部门和海外子公司的投入产出,如产品开发费用、生产成本、销售额、利润水平等经营实绩进行考核与评价,从中发现问题,采取对策。

对行为的控制是指对从事跨国经营的各部门和海外子公司的经营活动,如决策活动、投资活动、生产活动和销售活动等施加影响,以保证这些活动有利于实现企业的经营战略和经营目标。

对象的控制通过内容的控制而体现出来。企业跨国经营所需控制的内容较之单纯的国内经营活动要广泛复杂得多。

1. 财务控制

财务控制着重于利润增长水平和预算执行情况的控制。这对战略规划和经营计划的顺利实现是至关重要的。跨国经营的企业一般都采用标准的年、季、月利润报表,要求各部门和海外子公司按期编制上报。对经营计划中各种预算实行控制,是财务控制的重要内容。

2. 营销控制

企业总部对海外子公司提交的销售报告进行审查,对产品的销售数量、市场占有率、销售额增长率、销售成本的比例等数据与战略规划和经营计划中的具体目标进行比较,找出差距,及时发现并制定缩小差距的措施。

3. 生产控制

企业以计划规定为标准,对有关报表和数据进行分析、考核、评价海外子公司的产品品种、数量、生产成本、劳动生产率、库存原材料、库存产品,以及质量控制等方面的情况,以发现问题,给予指导。

4. 对投资项目进展情况的控制

投资项目决策后进行是否顺利在很大程度上决定着企业跨国经营的发展前景。控制系统应提供关于投资项目进展情况的季度和年度报告。在投资项目完成后,企业还要定期检查项目的运营成本、生产能力、销售额和盈利水平,判断其是否达到了预期的目标和设计的要求。

5. 人事控制

通过定期的人事报告制度,要求各部门和海外子公司向总部报告人员聘用、变更、培训以及职务升迁等方面的情况。其重点应放在海外子公司的人事安排上。如由谁担任海外子公司的经理及技术、生产、营销、财务等职能部门的负责人。还要报告额外用工数量、工资水平、福利待遇、劳动关系等。

【阅读专栏】

"埃德塞尔"牌汽车:福特汽车公司的败笔

早在1957年9月,埃德塞尔汽车——福特汽车公司打入中等价格市场的唯一项目,就作为1958年的新型汽车公开亮相了。这使那些按照传统在10月和11月推出下年度新型汽车的竞争者大吃一惊。福特汽车公司委员会主席欧内斯特·里奇为埃德塞尔分部摊派的1958年的生产任务占该公司全部汽汽车市场的3.3%~3.5%,大约20万辆(当时的年产量为600万辆)。然而公司董事们仍然认为这是非常保守的策略,期望胆子更大一些。埃德塞尔汽车的准备、计划和研究工作长达10年之久,看来福特汽车公司一定要生产这种汽车了。在引进该车之前和引进过程之中,就耗费了公司大约5 000万美元。到1957年夏末,这种冒险似乎已稳操胜券。公司计划直到第三年才收回2.5亿美元的开发费用,但估计这种汽车在1958年就会在业务上有利可图。制造埃德塞尔汽车的理论根据似乎是无懈可击的。因为数年以来,汽车市场上日益增长着一股偏好中档汽车的倾向。像庞蒂亚克、奥尔兹莫比勒、比克、道奇、迪索托和默库里这样的中档汽车,到50年代中期,已占全部汽车销售量的1/3,而从前它们只占1/5。

为了激起公众对新汽车的爱好,在"埃德塞尔"实际问世前一年就大肆进行了广告宣传。根据福特公司一位高级经理所说,在第一年中,计划是生产20万辆。但在两年后,也就是在实际生产了11万辆"埃德塞尔"之后,福特公司无可奈何地宣布,它犯了一个代价昂贵的错误。在花了几乎2.5亿美元进入市场之后,"埃德塞尔"在问世两年内估计还亏损了2亿多美元。福特公司的战略是想利用"埃德塞尔"同通用汽车公司和克莱斯勒汽车公司在较高价格的汽车市场进行竞争。在制造分别适合美国社会的各种经济水平的不同类型的汽车方面,通用公司一直是非常成功的。在福特公司决定从大众化"福特"牌车型转向生产比较昂贵的汽车时,福特公司实际上已经失去了很大一部分市场。

学习单元七 企业跨国经营

【经营启示】

"埃德塞尔"未能实现计划目标,其原因是多方面的:其一是"埃德塞尔"在经济衰退时期较高价格汽车市场收缩的情况下进入市场的,其二当时国外经济型小汽车正开始赢得顾客的赞许,其三是"埃德塞尔"的车型和性能没有达到其他同样价格汽车的标准。本案说明,公司在重大产品开发和进入特定的目标市场之前,必须充分调研市场需求、消费者偏好和竞争对手及产品的薄弱之处,使产品具有适应性和针对性,加上有力的市场推广和促销手段配合,就会取得成功。

单 元 实 训

学生:跨国经营的含义是什么?

老师:跨国经营是指企业所进行的资源转化活动超越了一国主权范围,以国际市场为经营场所,这些活动包括商品、劳务、资本、服务等多种形式的经济资源的国际传递与转化。

学生:跨国经营具有哪些特征?

老师:①跨国经营是国内经营的必然发展;②跨国经营的环境日趋复杂化;③国际市场竞争日趋激烈。

学生:跨国经营经历了哪几个发展阶段?

老师:跨国经营的发展大致经历了四个发展阶段:①产品出口阶段;②国外销售阶段;③国外投资阶段;④跨国公司阶段。

学生:企业为何从事跨国经营?

老师:不外乎以下三点基本动机:①扩大销售;②获取资源;③经营战略上的安排。

学生:有哪些跨国经营的基本理论?

老师:跨国经营理论有三类:①基于贸易的跨国经营理论(包括:贸易结构优化理论,产品周期理论,边际产业理论);②基于对外直接投资的跨国经营理论(包括:垄断竞争理论,内部化理论,国际生产折中理论);③基于发展中国家和地区的跨国经营理论(包括:投资发展周期理论,技术创新产业升级理论)。

学生:跨国经营有什么意义?

老师:跨国经营的意义在于:①有利于顺应世界经济发展的潮流;②有利于保护外销市场和保证原材料的供应;③有利于引进先进技术和利用外资;④有利于促进企业提高生产技术和经营管理水平。

学生:跨国经营分为哪些方式?

老师：跨国经营的方式主要有出口型、契约型和投资型三类经营方式。企业可以根据自己的经营目标、选定的目标市场、拥有的资源和经营的环境，选择恰当的经营方式开展经营活动。

所谓出口型经营方式，就是向目标市场所在国家或地区出口商品。这也是中小型企业经营国际化开始阶段最常用的一种跨国经营方式。这种方式所需的费用和风险较低，但获取利润的速度较快，也比较直接。出口型经营方式主要包括间接出口与直接出口。

契约型经营方式是指企业与目标市场所在国家或地区的法人之间订立长期的非投资性的合作协议，这种合作协议可以是转让无形资产——包括各种工业产权（如专利、商标、技术秘诀、管理技能、营销技能等）和版权，也可以是劳务出口或工程承包等。与贸易型经营方式相比，通过契约型经营方式企业输出的是技术、技能等无形资产，而不是直接输出有形的产品，虽然它也可能带来出口的机会。契约型经营方式一般包括国际合作经营、许可证贸易、特许经营、合同制造、管理合同、交钥匙项目合同等。

投资型经营方式是指企业通过直接投资的方式进入目标市场所在国家或地区，即企业将资金连同本企业的技术、经验、营销等转移到目标市场所在国家或地区建立本企业控制的分公司或子公司。一般有独资经营和合资经营两种方式。

学生：老师，请你总结一下跨国经营企业的组织结构。谢谢！

老师：跨国经营企业的组织结构不是一成不变的，它与企业的国际化程度密切相关，并随着企业内部和外部环境的变化而在不断地调整。

从发展历程来看，在跨国经营的初始阶段，企业为了出口产品的需要，可设立产品出口部（或类似部门）。当公司的跨国经营业务获得进一步的发展，除了出口产品外，还在从事一些技术合作与投资项目，并在国外设立了一些子公司时，就需要设立一个与国内经营部门地位相当的国际业务部来管理，以协调产品出口、技术合作、对外直接投资及其他一些跨国经营活动。当公司的海外销售额和利润额已经占到整个公司总额的1/3或更多时，就应将国内经营和国际经营融为一体，采用全球性组织结构。跨国公司也可与其他企业形成战略伙伴关系，以某个核心企业来构建供应链，这样的结构形式把公司内部的组织延伸到公司之间。

因此跨国经营企业的组织结构相应地有出口部组织结构、海外子公司组织结构、国际业务部组织结构、全球性组织结构以及供应链组织结构等形式，跨国经营企业可根据企业跨国经营战略、规模和地区分布等因素来选择合适的组织结构。

学生：跨国经营企业可以采取哪几种控制模式？

老师：企业跨国经营无论采用哪一种组织结构形式，在内部管理机制上都会涉及如何处理企业总部和各个子公司之间的关系，根据总部与各子公司间在集权与分权程度上的不同，主要有以下三种组织控制模式：①母公司为中心的组织控制模式；②多元中心组织控制模式；③全球中心组织控制模式。

读一读

联想杨元庆：中国企业应通过创新进军国际化

2016亚布力中国企业家论坛夏季高峰会，已于8月24日—26日在西安举行。本次峰会的主题是"大历史下的中国经济"，联想集团董事长兼CEO杨元庆作为本届论坛轮值主席，做了题为《中国有实力引领新一轮全球化》的开幕致辞。

此次演讲的主要内容是，中国作为全球第二大经济体，目前已发展到了十字路口，粗放型经济模式即将到头，产业结构转型势在必行。而国内外大环境的变化，使得中国有条件，也有实力引领新一轮的全球化，中国制造将升级为中国智造、中国创造，向全球出口更多高附加值产品，从而完成转型升级。

联想是有资格号召中国企业开启国际化进程的，因为联想是中国企业国际化的先行者，十几年前联想就已将业务开展至海外，在160多个国家进行了业务布局，至今为止已有PC、移动、企业级等三大业务居于世界前列，70%营业收入来自海外。联想能从一家普通公司做到如今的规模，并跻身世界500强行列，与其国际化战略密不可分，在这个问题上，杨元庆具备充足的发言权。

如今国家正在鼓励企业出海，并为此提供了充足的条件，提出了"一带一路"战略，为企业出海画出了清晰的路线图。而在十几年前联想开启国际化征程时，条件还远远没有像今天这样优越。在当时的条件下，把原本属于美国人的IBM PC拿到手中，进行成功整合后使其发扬光大，在全球大部分市场取得数一数二的主导地位，这中间所历经的艰难险阻、蜿蜒曲折，是现在很难想象的。

十几年国际化一路走下来，联想成功地闯过一道道难关，在国际市场占有了一个相当显著的位置。联想的品牌形象已在海外消费者心目中深深扎下了根，海外消费者就像接受自家品牌一样接受联想，并愿意接受更多联想所提供的产品。联想国际化开创的局面，凝结了联想的企业智慧，足以为后来者提供成功范例。

作为国际化先行者，联想依据自己十几年来国际化积累下来的经验与教训，已深刻认识到当前正是中国企业国际化的最好时机，因此才有了杨元庆在亚布力夏季峰会开幕致辞中的演讲。国家提出的"一带一路"倡议，涉及65个国家，约占全球人口总数63%，全球经济总量的29%，对中国企业来说这是一个巨大的市场，也是一个巨大的历史机遇。

中国企业国际化的问题不在于要不要，而在于怎么做。每个国家都有不同的文化和风俗，不同的发展程度和经济实力，中国走出去的企业除了本身要有核心实力外，还要有灵活的业务模式、优良的信誉记录、持续的创新能力，以及在不同地区实施本土化的愿望和能力。联想在这些方面十几年的经营，已积累下丰富经验，足以成为中国企业国际化的标杆和样本。

联想目前的管理团队，是中国企业在多元化方面做得最好的，很多高管来自世界各国，一些中层管理人员甚至普通员工也都来自四面八方。大家都是在为一家国际化公司服务,淡化了国籍、种族、意识形态色彩,由公司和品牌作为纽带,把大家紧紧连在一起。

中国人一个根深蒂固的概念是,中国是世界上最大市场,但海外市场的空间,同样也大得惊人。以"一带一路"为例,多为新兴市场的 65 个国家,人口总数为 44 亿,经济规模总和为 21 万亿美元,随着亚投行等配套设施的完善,中国企业在这片市场上将有更大的发挥空间。国际化大潮对联想本身也是好事,联想目前已掌控了全球 PC 市场,但在移动和企业级领域,仍有极大的空间可开拓,一旦中国企业国际化潮起,联想将凭借先行一步的优势地位,从中获取极大的收益。

国际化的必备条件是创新能力、实力和意愿。联想在国际上获得的成功,证明这是一家具备创新能力的企业。事实上,创新是联想这家企业的基因。联想正从设备生产商向设备+云服务提供商方向转变,从之前的以产品为中心转向以用户为中心。把全球十大 PC 巨头的榜单列出来,能够找到这条转变之路的唯有联想,成为一家受人尊敬的国际化企业的志向,激励着联想实现这种转变,继续挺立在浪潮之巅。

过去中国向国际输出的是文化、中医药、美食、戏剧,后来输出的是包括玩具、服装、鞋袜等在内的商品,在粗放型发展道路行将到头,全球经济模式发生结构性转变之际,输出文化和产品已不能满足中国企业发展需求,到海外去,将工厂建在当地,用当地的人才,占领当地的市场,才能让中国的国际形象和影响力得到广泛传播,联想用亲身行动起了个好头,还需更多联想这样的企业走出去,让中国经济与国际经济结合得更加紧密,你中有我,我中有你。

中国企业在全球 500 强排名中有 110 家,仅次于美国,这 110 家企业多数虽颇有实力,但像联想这样的国际化企业寥寥可数。中国经济要想持续发展,有条件的企业进军国际化是唯一道路,这也是为何杨元庆在本届亚布力夏季峰会上,大力推动中国企业利用创新进军国际化的主要原因,杨元庆是在用联想十几年来积累下来的经验,为中国企业指出了一条坦途。

我国企业开展跨国经营的意义

我国企业的跨国经营开始于 1979 年,起步较晚,但发展迅速。根据海关统计数据,2016 年,我国货物贸易进出口总值 24.33 万亿元人民币,比 2015 年(下同)下降 0.9%。其中,出口 13.84 万亿元,下降 2%;进口 10.49 万亿元,增长 0.6%;贸易顺差 3.35 万亿元,下降 9.1%。商务部数据显示,中国企业 2016 年对外投资累计净额达 1 701 亿美元(合 11 299.2 亿元人民币)。近年,我国政府不断完善境外投资促进和服务体系,积极推进对外投资便利化进程,鼓励和支持有比较优势的各种所有制企业"走出去",对外投资进入快速发展期。我国企业对外投资已从建点、开办"窗口"等简单方式发展到投资建厂、收购兼并、股权置换、境外上市和建立战略合作联盟等国际通行的跨国投资方式。跨国经营对国家建设和企业发展都起着重要的促进作用。

（一）有利于顺应世界经济发展的潮流

由于科学技术的发展，任何国家的社会化生产都不可能只局限于国内，而必须参与国际分工。加上国际政治形势趋于缓和，企业生产经营的全球化已成为一种世界经济发展的潮流。有些行业的产品在国内市场上已相对饱和，企业可在国外找到出路。在国外还可找到更为有利的生产同样产品的条件，如某国人工费用低、居民购买力强、技术人才多、投资条件优惠等，外国公司当然愿意到该国去投资办厂。有的跨国公司甚至提出应从世界范围来考虑解决问题，要在成本最低的地方生产，而在价格最高的地方出售。它们的目标是在全球的基础上谋取或扩大收益和市场份额，而不是在狭隘的地区市场或国内市场上追求最高价格和利润。我国企业开展跨国经营，就是要以全球化经营的战略眼光寻求市场、寻求资源配置的最优化和最适宜地点。这样才能顺应这种世界经济发展的潮流。

（二）有利于保护外销市场和保证原材料的供应

一些实行贸易保护主义的国家会对进出口产品实行高关税或紧缩进口限额，这样再往那里出口产品已困难重重，不如改在当地设厂，生产和销售原产品，以保护和扩大原有的外销市场。也有的企业去国外投资办厂，不是为了销售其产品，而是为了确保重要原材料的供应，如，在马来西亚投资是为了得到橡胶的可靠来源。

（三）有利于引进先进技术和利用外资

通过出口产品、对外直接投资等换回外汇，就可用于支付从国外引进先进技术所需的款项。利用外资可加速国内经济建设并促进各项跨国经营活动。但利用外资需要用外汇来支付利息和归还本金，这种外汇供应主要靠开展跨国经营来取得。

（四）有利于促进企业提高生产技术和经营管理水平

国际市场上强手林立，不少都是跨国公司。企业产品要打入国际市场，就得要采用国际标准，使产品的品牌、质量、包装、服务等都能达到国际水平。企业到国外去投资办厂，还得派出一批高素质的管理人员。这些都要求企业不断提高其生产技术和经营管理水平。

总之，跨国公司是国家综合实力的标志。发展跨国经营不应被视为克服目前国内市场不振的权宜之计，而应被看成为事关企业生存和发展的一种战略上的转变。

2016 年中国对外直接投资 1 701 亿美元，同比增长 44.1%

中新网 1 月 16 日电 据商务部网站消息，2016 年，中国境内投资者全年共对全球 164 个国家和地区的 7 961 家境外企业进行了非金融类直接投资，累计实现投资 11 299.2 亿元人民币(折合 1 701.1 亿美元，同比增长 44.1%)；12 月当月对外直接投资 558.6 亿元人民币(折合 84.1 亿美元，同比下降 39.4%)。

对外承包工程全年完成营业额 10 589.2 亿元人民币(折合 1 594.2 亿美元，同比增长 3.5%)，新签合同额 16 207.9 亿元人民币(折合 2 440.1 亿美元，同比增长 16.2%)。2016 年末中国在外各类劳务人员约 97 万人，同比微降 5.6%。

商务部合作司负责人指出,2016年全年,中国对外投资合作呈现以下特点:

一是对外投资合作健康有序发展,与"一带一路"沿线国家合作成为亮点。2016年全年,中国企业对"一带一路"沿线国家直接投资145.3亿美元;对外承包工程新签合同额1 260.3亿美元,占同期中国对外承包工程新签合同额的51.6%;完成营业额759.7亿美元,占同期总额的47.7%。截至2016年底,中国企业在"一带一路"沿线国家建立初具规模的合作区56家,累计投资185.5亿美元,入区企业1 082家,总产值506.9亿美元,上缴东道国税费10.7亿美元,为当地创造就业岗位17.7万个。

二是对外投资行业结构进一步优化,实体经济和新兴产业受到重点关注。2016年全年,中国企业对制造业、信息传输、软件和信息技术服务业,以及科学研究和技术服务业的投资分别为310.6亿美元、203.6亿美元和49.5亿美元。其中对制造业投资占对外投资总额的比重从2015年的12.1%上升为18.3%;对信息传输、软件和信息技术服务业投资占对外投资总额的比重从2015年的4.9%上升为12.0%。

三是并购的地位和作用凸显,支持结构调整和转型升级的领域成为热点。2016年全年,中国企业共实施对外投资并购项目742起,实际交易金额1 072亿美元,涉及73个国家和地区的18个行业大类。其中对制造业、信息传输、软件和信息技术服务业分别实施并购项目197起和109起,占中国境外并购总数的26.6%和14.7%。海尔全资收购美国通用电器公司家电业务等一批有代表性的并购项目对推动中国相关产业转型升级、全球价值链布局起到积极促进作用。

四是地方企业占据对外投资主导地位,长江经济带沿线省市表现活跃。2016年全年,地方企业对外直接投资1 487.2亿美元,占同期对外直接投资总额的比重从2015年的66.7%增至87.4%。其中长江经济带沿线省市对外直接投资604.6亿美元,占全国对外直接投资总额的35.5%。上海市、浙江省和江苏省对外直接投资分别为251.3亿美元、131.6亿美元和109.4亿美元,列各省区市对外投资的第一、第五和第七位。

五是对外承包工程新签大项目多,带动出口作用明显。2016年全年,中国对外承包工程新签合同额在5 000万美元以上的项目815个,较上年同期增加91个,累计合同额2 066.9亿美元,占新签合同总额的84.7%。亚吉铁路、中巴经济走廊等一批国际产能合作和基础设施互联互通项目成功实施。2016全年对外承包工程项目带动设备材料出口133亿美元。

【案例】   **华为的跨国经营战略**

华为技术有限公司1988年成立于中国深圳,是一家总部位于中国深圳的高科技公司,也是跨国通信巨头。华为主要从事通信业务,为电信企业提供产品及服务,近年来在消费者电子产品方面也取得长足进步。华为可以说是迄今为止跨国经营方面最成功的中国公司之一。华为的高速发展很大程度上与该公司成功开展跨国经营是分不开的。那么我们从华为可以得到哪些启迪呢?

华为进入国际市场的顺序

香港—俄罗斯,南美—东南亚/中东/非洲—欧美。可以看出华为基本上是沿着"心理距离"由近到远选择国际市场。心理距离指"阻碍或扰乱企业与市场之间信息流动的因素,包括语言、文化、政治体制、教育水平、产业发展水平等"。

渐进式的国际化

华为"农村包围城市"的战略决定了华为的渐进式国际化。渐进式——以打开国际市场为撬点,采用间接出口和直接出口逐渐积累国际化经营的经验,从而进行海外市场的扩张,最终达成占有一定国际市场份额的目标。在保持贸易式进入的基础上,企业可以根据客观需要和主观可能具体策划如何逐步地、渐进地向更高的层次过渡,有目的、有计划地开展跨国经营,把握时机,步步为营。

通过贸易方式进入国际市场

华为采取贸易进入的方式进入国际市场,即先通过贸易作为试探,积累经验,在国内外建立起流通渠道和业务关系,以便为进一步的跨国经营活动铺平道路。从出口到合资再到创立销售/研发机构,随着华为试验性活动的增加和对当前经营活动的掌握。其对国外市场越来越有信心,也愿意投入更多的资源,同时,华为通过开展跨国经营来了解国际市场,在经营活动中获得外国市场的实践经验。可以说,华为国际化过程是一个动态的学习和反馈过程。

"全盘西化"跨国发展战略

华为大力开展与上下游企业的合作,在海外建立多个科技研发机构,坚持走"自主核心技术路线"。简单地说,华为走出了一条"用制度带动文化和人向西漂移"的道路,按照任正非的说法,从流程和财务制度这些最标准化甚至不需质疑的"硬件"开始,从局部到整体,从制度管理到运营管理逐步"西化",潜移默化地推动"软件"的国际化。

开拓国际市场的原则

华为的成功正是因为注重对国际市场的开拓,在开拓国际市场方面华为形成了一整套自己的独特战略,主要有以下五点:

(1)国际市场的开拓坚持锲而不舍的精神,能够经得起屡战屡败、屡败屡战的考验和折磨。

(2)国际市场的开拓遵循市场梯度规律,也就是先由易于进入的不发达国家和地区切入,然后逐渐进入发达国家和地区。

(3)国际市场的开拓要讲求比较优势。华为可以说充分发挥了自己的优势,例如华为利用欧洲厂商对客户的要求反应比较慢的特点,充分发挥自己快速反应能力的比较优势。

(4) 国际市场的开拓需要讲究策略。要将客户开拓工作做得细致而深入。华为非常注重这一点,比如说华为通过各种渠道把客户请到国内,向客户展示中国改革开放后的巨大变化,展示华为的规模和实力,改变客户认为中国只能生产廉价产品的观念,通过向客户推销中国达到推销企业的目的。

(5) 国际市场的开拓遵循诚信原则。

【案例思考】
请你谈谈华为的跨国经营对我们有什么启发和借鉴?

一、单选题

1. 跨国经营是指企业所进行的资源转化活动超越了一国主权范围,以(　　)为经营场所,这些活动包括商品、劳务、资本、服务等多种形式的经济资源的国际传递与转化。
   A. 国内市场　　　　　　　　B. 国际市场
   C. 内部市场　　　　　　　　D. 外部市场

2. 跨国经营是在机器大工业在西方发达国家确立以后逐渐发展起来的。大致经历了产品出口阶段、国外销售阶段、国外投资阶段、(　　)阶段。
   A. 贸易公司　　B. 国际贸易　　C. 跨国公司　　D. 经济全球化

3. 跨国经营的基本动机,不外乎是扩大销售、(　　)、经营战略上的安排。
   A. 获取巨额利润　　　　　　B. 获取技术
   C. 获取资源　　　　　　　　D. 获取市场

4. 基于贸易的跨国经营理论有贸易结构优化理论、(　　)、边际产业理论。
   A. 垄断竞争理论　　　　　　B. 内部化理论
   C. 国际生产折中理论　　　　D. 产品周期理论

5. 契约型经营方式包括国际合作经营、(　　)、特许经营、合同制造、管理合同、交钥匙项目合同。
   A. 产品出口　　B. 许可证贸易　C. 独资经营　　D. 合资经营

6. 跨国公司的组织结构形式包括出口部组织结构、海外子公司组织结构、国际业务部组织结构、全球性组织结构以及(　　)等形式。
   A. 直线型组织结构　　　　　B. 直线职能型组织结构
   C. 供应链组织结构　　　　　D. 事业部型组织结构

7. 跨国经营企业的控制模式包括母公司为中心、(　　)、全球中心的组织控制模式。
   A. 一元中心　　B. 多元中心　　C. 联合经营　　D. 中外合作

8. 企业跨国经营所需控制的内容包括财务控制、(　　)、生产控制、投资项目控制、人事控制。

    A. 市场控制　　　B. 库存控制　　　C. 计划控制　　　D. 营销控制

二、名词解释

1. 跨国经营
2. 契约型经营方式
3. 许可证贸易
4. 供应链
5. 多元中心组织控制模式

三、问答题

1. 跨国经营的特征是什么？
2. 基于贸易的跨国经营理论有哪些？请简要说明。
3. 基于对外直接投资的跨国经营理论有哪些？请简要说明。
4. 简述跨国经营的方式及其含义。
5. 跨国公司有哪些组织结构形式？
6. 简述跨国经营企业的控制模式。

做一做

经营方案策划

假设你进入一家中小型企业担任销售主管。该企业产品国内市场需求面临饱和，竞争日趋激烈，但产品海外市场还有相当大的发展空间。请你制订一个开拓海外市场的初步方案，供企业董事会决策讨论。方案应包括主要产品或业务概述，主要目标市场，5年以内分阶段的跨国经营目标，跨国经营的方式、组织结构设置等内容。

学习单元八

CI 与企业文化

 学习任务与目标

CI 与企业文化作为现代企业管理的重要内容既相互联系、相互促进又各有侧重。CI 设计通过塑造独特的企业形象,一方面使企业文化得以直观的、广泛的传播,另一方面使企业文化得以深化和发展,而企业文化的深化和发展又为 CI 提供了新的方向和内涵,二者在不断相互促进和发展的过程中为企业的腾飞创造了源源不断的动力。通过本单元的学习,希望学生了解企业文化与 CI 设计之间的关系,在现实生活中可以更好地理解企业文化。同时企业在进行企业文化的创建中也要注重如何将 CI 设计与企业文化内涵建设有效结合,从而更好地对企业形象进行塑造。

 学习目标

一、知识目标
1. 掌握 CI 的概念、功能和特征
2. 掌握企业文化的内涵及特征
3. 了解企业文化与 CI 的关系
4. 熟悉 CI 的策划与实施的主要内容

二、能力目标
1. 能够运用 CI 理论对典型的企业文化现象进行粗浅的分析和评价
2. 能够运用相关知识对 CI 的策划与实施制订简单的方案

三、素质目标
培养学生树立爱岗敬业,融入企业文化,维护企业形象的意识

学习单元八 CI与企业文化

学习任务一 CI及功能

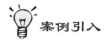案例引入

苹果公司LOGO的变迁

苹果公司为全球知名科技公司之一。苹果最早使用的标志是:科学家牛顿坐在苹果树下读书的图案。据说该图案隐藏的意思是,牛顿在苹果树下进行思考而发现了万有引力定律,苹果也要效仿牛顿致力于科技创新。但是,苹果的这个LOGO图形复杂并且不容易被记忆,所以很快被苹果所抛弃。

1976年乔布斯需要发布他的Apple Ⅱ新产品,需要一个能够具备简单应用、风格独特的品牌标志,从而帮助消费者记忆,提高辨认度。乔布斯决定重新设计LOGO,本次LOGO确定为被咬掉一口的彩色苹果,这个造型很特别,彩色条纹充满了人性,充满了亲和力,给人以活力的朝气,而咬掉的缺口唤起人们的好奇、疑问。"咬一口"的英文是take a bite,而bite又与byte(字节)发音相同,因此这一"咬"同样也包含了科技创新的寓意。就这样我们所熟知的彩色苹果标志诞生了。

第二代LOGO一直使用到1998年。1998年乔布斯重返Apple后重整公司,将品牌定位成简单、整洁、明确。IMac发布后,被替换为半透明的粉蓝色LOGO,然而这款粉蓝色的LOGO没有持续太久。同一年,它被更换为纯黑的,后者使用3年后再度被苹果抛弃。

2001年,苹果标志变为透明的,主要目的是为了配合首次被推出市场的Mac OS X系统而改变的。这次苹果的品牌核心价值从电脑转变为电脑系统,苹果标志也跟随了系统的界面风格变化,采用透明质感。

6年后,苹果推出iPhone手机时,也正式地将公司名从苹果电脑公司改为苹果公司。苹果采用玻璃质感的标志,为了配合iPhone创新,引入了Multi-touch触摸屏幕技术,这是带着一种全新的用户体验而设计的。

2013年,苹果LOGO又发生了变化,立体元素被去除,呈现出简洁纯粹的扁平效果。

苹果公司每一次标志的变化都是核心产品的变革,苹果并不是放弃简约主义,而是品牌的核心价值变化。苹果公司的成功不仅包括令人印象深刻的咬了一口的苹果标志,备受人们追捧的电子科技产品背后还有我们看不到的企业背景、经营理念、企业文化内涵等各个方面。

【案例思考】

通过了解苹果公司标志变迁的历程,谈谈企业标志设计对于企业发展的意义。

一、CI 的定义、构成及特征

(一) CI 的定义

二次世界大战后,世界经济开始复苏,各行各业又进入蓬勃发展时期。由于营运范围日益拓展,企业经营开始迈向多元化、国际化的大市场,企业形象问题受到欧美先进企业的重视。因此,从 20 世纪 50 年代开始,欧美一些大型企业纷纷导入统一企业形象经营战略。但是,直到 60 年代中期,对于这种崭新的战略在名称上、概念上都还没有形成共识,有的把它称为产业规划(Industrial Design),有的把它叫做企业设计(Corporate Design),或者把它叫做企业形貌(Corporate Look)、特殊规划(Specific Design)、设计政策(Design Policy)等。到后来才有了统一的名称:Corporate Identity,即 CI。Corporate 是指一个公司、一个团体、一个企业,Identity 是指身份、标志等。因此,CI 最初的基本释义为企业识别。所谓企业识别,就是一个企业借助于直观的标志符号和内在的理念等,证明自身性与内在同一性的传播活动,回答"我是谁"的问题。CI 又称 CIS,即英文 Corporate Identity System 的缩写,一般译为企业识别系统或企业形象战略。

CI 理论自诞生至今,已近半个世纪,由于专家学者对其理解不同、研究的侧重点不同,因而对 CI 的定义也不尽相同。CI 的理念源于欧洲,而日本在引进欧美的 CI 时,并没有完全照搬,而是将民族理念与民族文化融入其中,对 CI 进行了结构上的革命与完善。日本 CI 专家山田理英指出,美国的 CI 定义与日本 CI 的定义是大相径庭的。前者认为:CI 是以标准字体和商标作为沟通企业理念与企业文化的工具。后者则认为:CI 是一种明确地认知企业理念与企业文化的活动。可见,CI 不是一个不变的概念,其内涵在随着时代的变革、企业的发展而不断创新与变革,同时其概念内涵也随着不同民族文化而更新。

但是,CI 无论怎样发展与变革,它始终围绕着一个理念核心在运动,这就是为企业解决问题,更明确地说是解决企业与社会、自然的关系问题,它所使用的工具就是塑造企业形象,它解决问题的方式就是不断变革,创造新的企业形象以改善和推进企业与社会、自然的关系状况,并以此推动社会发展,维护企业、社会、自然的动态平衡。因此,CI 战略的根基始终是放在企业自身形象的设计与开发上,为企业的经营发展而服务的。因此我们认为 CI 是将企业理念与精神文化,运用整体传达系统(特别是视觉传达设计),传达给企业周围的关系者或团体(包括企业内部与社会公众),并掌握使其对企业产生一致的认同感与价值观。CI 是将企业的经营理念和个性特征,通过统一的视觉识别和行为规范系统,加以整合传达,使社会公众产生一致的认同感与价值观,从而达成建立鲜明的企业形象和品牌形象,提高产品市场竞争力,创造企业最佳经营环境的一种现代企业经营战略。

(二) CI 的构成

CI 从其构成上来看可以分为三个部分,即企业理念识别、企业行为识别和企业视觉识别。这三个方面相互联系,相互作用,构成一个整体,理念识别可以比作企业的"心",行为识别可以比作企业的"手",视觉识别可以比作企业的"脸"。

1. 企业理念识别(Mind Identity,简称 MI)

属于思想范畴,是企业经营管理的指导思想,在企业经营活动中起着灵魂作用,并成为企业 CI 的核心内容。它决定着企业经营活动的发展方向、发展速度、发展空间和运行机制及运行状况。从世界上成功企业的经验来看,它们之所以能成为优秀的企业,其共同点是都有自己执着追求的理念。实际操作中,这些看不见的理念,具体化为一句简明、醒目、亲切、很有号召力的口号,或叫座右铭,如,菲利普:让我们做得更好;诺基亚:科技以人为本;新天利:用科技制造微笑。正是这些理论的形成,指导了企业在竞争中不断取得优势。

2. 企业行为识别(Behavior Identity,简称 BI)

BI 是指企业理念确定后,付诸实施过程中,所有具体执行行为的规范化、协调化、统一化。从企业行为具体执行的过程中建立起反映企业特色的形象。企业行为识别贯穿于企业经营活动的全过程之中,并通过企业对内对外的行为表现出来。对内活动主要是对全体员工的规范化组织管理和严格岗位培训,以及创造良好的内部工作环境,以保证提供优质产品和优质服务。以员工为活动对象,中心目的是造就企业良好的素质。对外活动主要包括促销活动、公益性活动、公共关系活动、广告活动、宣传活动、展示活动等,中心目的是向社会充分展示企业的实力和形象。

3. 企业视觉识别(Visual Identity,简称 VI)

VI 指视觉信息传递的各种形式的统一化,亦称具体化、视觉化的传达形式,是企业根据经营理念、传播意志、设计创意等因素来进行设计的。在整个 CI 系统中,VI 的队伍最庞大,面积最广,效果最直接,是最先映入眼帘的识别系统。主要包括:企业名称、企业品牌标志、企业标准字、标准色、象征图案、办公用品、车辆、广告、产品包装、员工制服等等,这些视觉识别都是非常重要的外部表征,公众对其认识程度和理解程度,决定了企业在公众心目中的地位。

(三) CI 的主要特征

1. 战略性

首先,CI 必须从企业全局和发展的长远目标上考虑,应站在时代的尖端,从企业的方方面面,具有创意地表现出一定的超前性。其次,当企业的战略目标与近期利益或眼前利益发生冲突时,企业应当着重长远利益,甚至为长远利益牺牲或者舍去眼前利益,最终获得长远的市场效益。最后,当企业形象价值与企业经济效益发生矛盾冲突时,应当把企业形象价值摆在第一位。

企业导入 CI 的系统作业,一般需 1 年至 5 年不等,同时,CI 也有一定的周期性。一项 CI 作业历经若干年后,随着社会的发展和市场的变化很可能陈旧落伍,这时应及时修正、调整、完善,这就要求企业把 CI 置于战略性的高度去考虑和规划。

2. 系统性

CI 是软件系统(MI、BI)和硬件系统(VI)的集合,是基本系统和应用系统的集合。所以，CI工程各个部分都必须在企业统一的目标、宗旨、精神、文化等指导下规范化、标准化地表达出一个系统、整齐划一的形象，这是CI工程的精神所在。CI的成功开发和实施实际上是与企业的内在结构、运行机制和精神文化紧密相关的，因此，CI的策划必须做好视觉系统与其他因素之间的沟通工作。

3. 差异性

差异性又叫个性，这是CI最本质的特征。企业导入CI的根本目的是全方位塑造个性鲜明的企业形象，因此，CI归根结底是一种差异化战略。企业在实施CI策划时，不论是企业风格、管理理念、经营策略，还是企业名称、品牌、标志、广告、口号等，都要有自己的特色，体现出鲜明的个性。只有个性化，才有区别度，区别度越大，识别性越强。CI的差异化首先是指行业差别，体现本企业所在的行业区别于其他行业的基本形象特征；其次是指企业或品牌的差异化。同类行业不同的企业或品牌应有不同的个性或不同的视觉形象。

4. 竞争性

CI战略的竞争性，是指成功地导入CI的企业，将会在强手如林的竞争对手中立于不败之地。因为CI为企业竞争奠定了坚实的基础，使企业更能适应复杂多变、竞争日趋激烈的市场经济环境。所以，CI堪称是当今企业在竞争中获胜的法宝，国际行家称之为"赢的策略"、"长期开拓市场的利器"。CI的竞争性主要表现在它的设计开发以市场为导向，以竞争制胜为目标，以竞争对手为对象。因此，CI的开发设计具有很强的针对性、比较性和保密性。

二、CI的功能与模式

(一) CI的功能

1. 识别功能

CI最基本的功能就是识别，促使企业产品与其他同类产品区别开来。例如，当我们看到"红塔山"、"可口可乐"两个标志时，我们很快会想到前者是香烟，后者是饮料。CI识别的优势，在于它把企业作为行销对象，将企业的理念、文化、行为、产品等形成统一的形象概念，借助视觉符号表现出来，全方位地传播，可以让社会公众多视角、多层面地对企业加以鉴别，决定取舍，而不管从哪个角度、哪个方面，所得到的信息是一致的，所得出的结论也必将是一致的。CI有三个基本的识别要素。

(1) 语言识别。语言识别是企业用象征本企业特征的语言，包括企业精神口号、企业产品广告语、企业宣传标语等，达到识别的目的。例如海尔的真诚到永远。

(2) 图像识别。图像识别是指企业用象征本企业特色的图形，如标志、标准字体等图案、形象达到识别的目的。比如麦当劳的大写"M"标志。

(3) 色彩识别。色彩识别指企业用象征自己特征的色彩（即企业标准色）达成识别。色彩能造成差别，色彩能引发联想，色彩能渲染环境。例如，海尔集团用海尔蓝作为标准色，体现空调、冰箱、彩电等家电产品的功能特征和产品形象。

2. 管理功能

企业CI手册的主要功能就是完善企业内部管理系统,企业推广CI是加强企业内部和外部管理的一个有力工具。CI的管理功能还体现在当企业有了明确的CI体系后,管理者们会始终使企业朝着既定的目标努力,CI就好像给管理者一个思维的目录单,它提供一整套处理纷繁杂务的既定原则,使管理人员迅速果断地做出正确的决定。

3. 传播功能

CI在传播功能这方面具有无比的优越性。在公众的信息渠道中,以VI系统的传播最为直接、效果最明显。首先,人们从视觉获得的信息量最多,因为经过视觉器官所搜集的信息,在人类记忆库中具有较高的回忆价值。其次,CI传播的企业信息整齐划一,CI经过系统化、一体化、集中化的处理方法来传达企业信息,可造成差别化和强烈的冲击力,容易在公众心目中形成深刻的印象。第三,CI传播的信息富有情感,易于为社会公众所感染、所接受。此外,在CI识别系统运作过程中,统一性与系统性的视觉要素设计,可加强信息传播的频率和强度,并节省宣传费用,产生事半功倍的传播效果。

4. 协调功能

企业导入CI,有助于信息传递的可信性、真实性和统一性,使企业的公共关系活动得到顺利发展。企业的公关关系,通过传递企业的有关信息,协调好与社会公众的各种关系,直接为企业的经营发展服务。

(1) 与政府的关系。企业导入CI后,有利于企业和政府进行信息沟通,加深政府对企业的印象和建立牢固的关系,扩大企业在政府部门中的信誉和影响,使企业获得政府的支持与扶持。

(2) 与社区的关系。通过CI,企业的外观形象焕然一新,可以为社区的建筑群添加美感;企业职工在共有的行为规范下讲究礼仪,与社区居民和睦相处,企业承担起社区的必要社会义务,改善社区关系等。

(3) 与大众传媒的关系。企业推行CI后,使传播的信息统一易于识别,便于大众传播媒介的新闻挖掘,优良的企业形象也使传媒乐于报道。

(二) CI的模式

CI最先兴于欧美,日本随后也引进了CI,并对CI做了一些变动。近些年CI在中国也有了较快的发展。现在大体上可分为三种模式的CI:欧美式CI、日本式CI和中国式CI。

1. 欧美式CI

欧美式CI自创立起,就一直把它定义为:"是以标准字体和商标作为沟通企业理念与企业文化的工具。"从实际操作而言,欧美的CI设计侧重于VI部分,强调视觉传达设计的标准化,力求设计要素与传达媒体的统一性,使得企业标志、标准字体、标准色能充分运用在整个企业中,使美的视觉形象传达企业的整体信息。

2. 日本式CI

日本企业界和设计界共同对CI的指导思想进行了创造性的补充和完善,即把欧美式的CI演变成日本式的CI,创造出富有本民族文化特色的CI理论。这一文化性的变革,完成了从CI到CIS的升华,即"CIS战略"。

与欧美式CI相比,日本式CI是一种明确认知企业理念与企业文化的活动。它侧重于改革企业理念与经营方针,整个CI策划是以企业理念为核心开发的。在注重视觉美感的同时,还着重于从企业理念、企业行为等方面对企业进行综合性的重新检讨、整理企业各项问题,从整体的经营思想、企业定位、价值取向、企业道德入手来规范员工行为,带动生产,创造利润。

3. 中国式CI

中国式CI是"欧美式CI"和"日本式CI"的延伸与发展。"中国式CI"的共同点在于:博大精深的中华民族与国际现代经营战略的合二为一。在对CI的认识上,"中国式CI"强调企业文化、企业理念的灵魂作用;在运作方式上,比较认同三大识别构筑系统工程的CI观;在外观表征上,"中国式CI"更接近于"日本式CI",这也许与它们同属于东方民族文化体系有关。但"中国式CI"的中国色、民族味,是绝不同于日本式CI的。"中国式CI"植根于上下五千年深厚的文化根基,由于博大的国度,更由于它正处于改革开放,经济迅猛发展的旺盛时期,由林林总总各类型中国企业所衍生出来"中国式CI"运动,是更丰富、更完善、更具个性化特征的CI战略体系。

【阅读专栏】

企业文化的竞争

竞争是资源的竞争、制度的竞争,最终落到企业文化的竞争上。企业的道德价值取向,决定了企业文化的道德倾向,从而企业道德成为企业竞争力。企业道德与企业的经营管理两者之间存在着重要的关系问题。

对于企业的竞争力经常会谈到,核心技术、内部管理、营销能力、企业文化等等,这些指的是企业的外在竞争力。支撑这些外在竞争力的是企业道德。企业道德是企业和员工在企业经营过程中所遵循的一些行为规范的总和。企业道德和企业经营之间的关系主要在两个部分,一部分是外部的部分,提高客户的满意度和企业的诚信度;另一部分是形成企业内部的员工和企业之间的互信、相互尊重的氛围。

道德能够维护正常和谐的经济秩序,促进经济发展,这是显而易见的。但是具体每个企业的实践,遵循道德的企业无形中对自己有所限制,那么岂不是处于很不利的地位?

企业竞争实质上是争夺消费者。消费者不仅对他们所购买的产品和服务感兴趣,而且对提供这些产品和服务的公司感兴趣,他们更愿意购买那些诚实经营、有社

学习单元八　CI与企业文化

会责任感企业的产品和服务。企业员工在充满信任、责任和抱负的环境中能够取得最出色、最富创造性的成果,而这种环境只有在诚实、信赖、公平和尊重等价值观念的基础上才能建成。这样企业道德就成了企业的竞争力。

做企业就像做人,通过言谈举止每个人在别人那里都有一个印象,时间久了,接触多了,那么对他的品行就会有一个大概的判断。企业呢,也一样,通过跟它的交往,也会有一个形象问题,平常人都喜欢和诚实有信用的人打交道,也乐意和各方面让自己放心的企业合作。有的企业有较好的口碑,很多客户在购买之前,要向那些曾经使用过企业产品的客户进行咨询,企业的道德和口碑是发展的助推器。

道德,其背后就是一个人的价值观和世界观。道德受传统文化的影响,企业道德可实现企业弘扬美德和社会利益的双赢。企业各类决策都会影响到企业与其客户、员工、投资人、供应商、竞争对手等利益相关者。

企业的道德体现在企业的管理之中。泰兴数据在企业管理过程当中强调一个最基本的要求——协作精神,对于各级管理人员的要求是想方设法调动员工主动性,发挥员工的潜力,给员工最大的表达思想的空间。通过一些具体的做法,公司营造了一种和谐的工作气氛。

企业道德跟传统意义上的无私奉献是有区别的,道德在企业行为当中更多地体现为一种责任感,在企业遵循自己的道德准则,去面对客户和社会的时候,可能会付出一些暂时性的高成本,但是今天的付出是为了购买企业的未来。

学习任务二　CI与企业文化

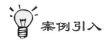案例引入

华为公司企业新标志所蕴含的企业文化

华为技术有限公司是一家生产销售通信设备的民营通信科技公司,总部位于中国广东省深圳市龙岗区坂田华为基地。华为的产品主要涉及通信网络中的交换网络、传输网络、无线及有线固定接入网络和数据通信网络及无线终端产品,为世界各地通信运营商及专业网络拥有者提供硬件设备、软件、服务和解决方案。华为于1987年在中国深圳正式注册成立。当前华为的产品和解决方案已经应用于全球170多个国家,服务全球运营商50强中的45家及全球1/3的人口。根据资料显示:华为在2010年以218.21亿美元营业收入首次杀入《财富》世界500强榜单,排名为第397位。2013年,华为首超全球第一大电信设备商爱立信,排名第315位。2014年,华为排名由上一年的第315位上升至285位。2015年华为排名相较2014年又有大幅提升,上升57位至228位。2016年,华为又提升了将近百名,位居第129位。

华为创立之初,没有可以依赖的技术、人才、资源,全体华为人始终以客户第一、积极进取、创新求实的信念,依靠艰苦奋斗、不屈不挠的精神,度过了发展中所面临的超乎想象的困难和挑战,赢得了全球越来越多的客户和合作伙伴的信赖。2006年,为进一步凸显其国际形象,华为重新思考了公司的品牌核心价值,任正非和他的高管团队弃用了使用了18年的华为标志,新标志依然沿袭了旧标志红黑两色的主要色调,只是在图案以及文字上有所不同,并增加了渐变的效果,更具特色。新的企业标志在保持原有标志蓬勃向上、积极进取的基础上,更加聚焦、创新、稳健、和谐。新标志是公司核心理念的延伸。

聚焦:新标志更加聚焦底部的核心,体现出华为坚持以客户需求为导向,持续为客户创造长期价值的核心理念。

创新:新标志灵动活泼,更加具有时代感,表明华为将继续以积极进取的心态,持续围绕客户需求进行创新,为客户提供有竞争力的产品与解决方案,共同面对未来的机遇与挑战。

稳健:新标志饱满大方,表达了华为将更稳健地发展,更加国际化、职业化。

和谐:新标志在保持整体对称的同时,加入了光影元素,显得更为和谐,表明华为将坚持开放合作,构建和谐商业环境,实现自身健康成长。

华为新的企业标志充分体现了华为将继续保持积极进取的精神,通过持续的创新,支持客户实现网络转型并不断推出有竞争力的业务;华为将更加国际化、职业化,更加聚焦客户,和客户及合作伙伴一道,创造一种和谐的商业环境,实现自身的稳健成长。

【案例思考】 通过对华为公司企业标志和企业文化的了解,谈谈CI设计与企业文化之间的关系。

随着市场竞争的加剧,企业由产品竞争进入品牌竞争、文化竞争的深层次角逐,文化经营、文化管理、文化力的作用,日益为企业家们所重视。他们逐渐意识到企业最持久的生命力和竞争力,仍在于深厚的文化力之中。CI战略与企业文化建设密切相关。形象是文化的外显,CI战略其内涵就是文化战略。规划企业文化建设、创新和培育独特企业文化,成为企业家们导入CI最重要的理由。

一、企业文化的含义与特征

(一) 企业文化的含义

广义上说,文化是人类社会历史实践过程中所创造的物质财富与精神财富的总和;狭义上说,文化是社会的意识形态以及与之相适应的组织机构与制度。而企业文化则是企业在生产经营实践中逐步形成的,为全体员工所认同并遵守的、带有本组织特点的使命、愿景、宗旨、精神、价值观和经营理念,以及这些理念在生产经营实践、管理制度、员工行为方式与企业对外形象的体现的总和。

企业文化是企业的灵魂,是推动企业发展的不竭动力。它包含着非常丰富的内容,是一个具有递进性特征的层次结构文化。它分为三个层次,即器物文化、制度文化、心态文化。器物文化又称为行为文化,是表层文化,它是企业文化的载体与外在化,是一种外显文化。它是企业文化的最终表现形式。器物文化主要包括企业特有的环境、建筑风格、形象以及声誉、产品与服务质量、公共关系等一切表征现象。制度文化,也称规范文化,是中间层文化。它包括组织管理风格宗旨、目标、礼仪制度、行为习惯、传统、作风等,它规定着企业每一个员工的行为规范。心态文化是核心层文化,它是企业文化的核心。它包括潜藏在管理者和员工内心深处及组织体中的某些思想、意识、信仰、价值观念等。企业文化的三个层次是相互渗透、相互影响的,在不断地运动和升华过程中逐渐形成了具有特色的整体企业文化。三个层次的文化中,器物文化与制度文化较易变化,心态文化则相对稳定。在企业文化建设和CI的策划中更应注重的是心态文化的建设和调整。

(二) 企业文化的特征

1. 民族性

任何企业文化都深深地打着民族传统文化的烙印。日本企业文化具有浓厚的团队精神色彩,注重集体力量;美国企业文化带有浓厚的个人主义色彩,注重个人价值实现;而中国的企业文化具有诚实、肯干、平等互助等浓厚的民族传统文化的色彩。

2. 历史性

历史性是一切社会事物的最基本属性之一。企业在一定的时空条件下产生、生存与发展,企业的现象本身就是当时社会政治、经济、文化的折射,企业本身就是创造历史的载体,企业的经营与政治活动、文化现象的联系千丝万缕。可以说,企业文化是历史的产物,必定带有历史的烙印,折射出大到一个时代、一个国家的一定时期,或者一个民族、一个地域,小到一个地方区域的经济与文化特征。反过来,企业文化一旦形成,也在改造着企业所处的环境。

3. 人本性

企业文化关注的中心,在于对企业中人的因素的管理与激发。当衣、食等最基本的生存需求得到满足后,人们需要满足交流的需要、给予的需要、被尊重的需要、个人价值实现的需要等等。一个人一生中最宝贵、历时最长的时间与空间都是用于职业生涯的,所以,企业的成长与发展需求与个人的成长与发展需求在企业文化这个层面达到了完美的契合。企业文化是一种以人为本的文化,着力于以文化因素去挖掘企业的潜力,尊重和重视人的因素在企业发展中的作用。

4. 个异性

每个企业都在特定的环境中生存与发展,所面临的历史阶段、发展程度,以及本身固有的文化积淀都不相同,这就决定了每个企业都会形成不同的价值观,从而形成有较强个性的企业文化。成功是不能复制的,企业文化也同样不能拷贝。把别人成功的企业文化照搬照抄教条行事,或者如纸上谈兵一样将优秀的企业文化奉为金科玉律,试图找到放之四海而皆准的真理,最终只会害了企业。

5. 动态性

一个企业的企业文化一旦形成,就具有在一定时期之内的相对稳定性。但随着企业的发展以及企业生存环境的变化,企业文化也随之发生改变。一个优秀的企业的文化体系建成之后,就会显示其对外部因素以及新生文化因子强大的吸收力、包容力与消化力,形成动态开放的系统。

二、企业文化与 CI 的关系

CI 的实施是需要企业文化为基础的,其实质和核心是与企业文化有密切联系的,CI 策划的成败与绩效在很大程度上取决于企业文化,取决于是否将企业文化与 CI 策划联系起来。

(一) CI 策划与企业文化建设有着密不可分的关系

CI 的实施是一个动态的发展过程,其实施和推进必须从企业文化中吸取营养才有旺盛的生命力。可以说,企业文化是 CI 的深层土壤,CI 是企业文化体系的表达,同时又是企业文化体系的支撑,两者存在相互依存的关系。

1. CI 的实施与企业文化有着积极的相互推动的效应

CI 与企业文化有着不可分割的关系,它们有许多相同性和一致性。从内容上看,CI 可分为企业理念识别、企业行为识别和企业视觉识别三个部分,企业文化分为器物文化、制度文化和心态文化,它们之间一一对应。首先,企业理念与企业心态文化密不可分,企业理念是企业心态文化中的一个组成部分,主要以企业精神的形式反映出来,同时,企业理念也是心态文化的凝结和提炼。其次,企业行为识别系统靠企业制度文化作支持,如不注重企业制度文化的建设,就不可能有良好的企业行为识别系统,CI 的实施必须有完备的行为准则、企业管理制度做支持,任何一个实施 CI 的企业都是这样,如 IBM 公司就把企业职工的行为规范要求编成《企业指导手册》发给每个职工,要求员工认真执行。最后,企业的视觉识别系统与企业的器物文化有着多方面的联系,一方面企业的产品与服务与企业的标志等密切相连,另一方面企业的容貌既是企业文化的特征又是器物文化的一部分,又是视觉识别的内容,两者相互支持。

2. CI 的实施以企业价值观为指导

企业价值观是企业中占主导地位的管理意识,对企业的命运有决定作用。这种意识通过潜移默化渗透到企业的经营管理中去,成为全体员工的共识,对企业具有持久的精神支撑力,是企业生存的思想基础,也是企业发展的精神指南,企业价值观是企业文化的核心。企业实施 CI 的本质是建立和显示自己区别于其他企业的独特个性。而一个企业区别于另一个企业的最主要方面是企业的价值观。企业价值观从本质上反映了企业的特点与个性,使企业以独特的思维方式和行为方式,因而显示出自己独特的风格和面貌。它既为企业实施 CI 建立了哲学基础,又为企业理念提供了原动力。

(二) 注重企业文化建设,推进企业 CI 的发展

CI 是企业文化体系具体、规范的表达,同时又是文化体系的支撑。实施 CI 战略

最重要的基点就是建立和完善企业内部的文化体系和文化经营战略。否则，CI战略的实施只能是无本之木、无源之水。

1. 企业文化建设是导入CI的基础

CI的核心和精神动力是企业的理念识别，而企业理念的真正确立并非靠一两句口号，而是要靠全体员工的认同，并用行动体现出来。要做到这一点，就必须依靠企业文化建设，通过各种文化手段致力于企业员工共同价值观的培育。一旦企业的价值观被员工接受，并视为自己的价值观后，他们就不仅会热爱自己的岗位、热爱自己的企业，自信自强，而且会自觉地把企业的目标作为自己的奋斗目标去追求。

2. 企业文化建设为CI的导入营造氛围

积极的企业文化能为CI的导入营造一个团结和谐的良好氛围，员工会产生与企业同命运的巨大动力，这种融洽的人际关系和和谐的环境气氛，不仅有利于凝聚企业的向心力，还可以产生强大的群体力量，为企业的发展和CI的实施提供有利的内部保障。

3. 企业文化建设是推进CI发展的可靠保证

CI是一个不断发展的过程，要使CI不断前进，企业必须建立符合时代潮流的企业理念和管理模式，进行企业文化建设，只有这样，企业的发展才有可能获得永不枯竭的源泉，CI的推进才有深层的土壤和可靠的保证。

三、CI的策划与实施

企业导入CI，是一项涉及企业的经营理念、制度规范和信息传达的系统工程，必须有准备、有计划、有步骤地进行，并且将它放到企业发展战略的高度去谋划，方能达到预期目标。

（一）导入CI的前期工作

企业导入CI，首要的作业是做好前期准备工作，主要包括CI目标的设定和明确CI导入的动机。

1. 设定CI目标

一般而言，CI目标的设定直接影响CI导入计划的制订。在CI目标设定时，一般遵循如下四个步骤去具体地发现问题，确认目标。

（1）现状整合和设计标准化，即不改变原本象征其企业的设计基本要素，而是以整合现状及导入标准化系统为目的的CI开发。中国国际航空公司和中国北方航空公司导入CI属于这一类型。

（2）对目前使用中的企业标志或标准字体等基本设计要素，在认为不适当的情况下，大胆细致地进行革新设计，以适合新条件的需要。目前著名企业的CI导入，大都属于这种类型。比如长虹的原有标志均显陈旧、落后，则需用革新的方式导入CI。

（3）导入企业信息传达系统。在这一阶段，CI导入的主旨是从企业的全局出发，注重企业信息传达战略、标志战略或前卫性设计等，也就是通过CI导入，有组织地创造企业适应高度发达的信息化时代的"企业信息价值"。

(4) 导入文化战略程序。将企业视为一种文化组织,以创造性的战略,为企业设定产生更高层次文化的目标,即从"经营市场"走向"文化市场"。

以上几个步骤,是从 CI 理论的角度设定的一般原则,而每一个企业在导入 CI 时应从实际出发。比如,新兴的企业可以从创业之初就导入 CI,以全新的形象出现,令人耳目一新,很快建立起企业形象与品牌。而老的国有大中型企业,则适宜于革新调整的方式导入形象战略目标。

2. 明确 CI 导入的动机

企业导入 CI 的目的和原因很多,但一般情况下都要针对企业面临的实际需要,有针对性地设定 CI 导入目标,实施 CI 战略。企业导入 CI 的动机大致有如下几个方面:

(1) 改变企业经营不振的现状、克服经营困难,活化企业组织,振奋企业精神。

(2) 改变陈旧、落后的企业形象,树立崭新的企业形象。

(3) 变更企业名称,扩大经营范围,实现多角化经营。

(4) 转变企业经营方针,重整企业理念,适应"二次创业"需求。

(5) 顺应"国际化"潮流,改变不能同国际市场接轨的形象识别系统,适应国际竞争需要。

(6) 导入新的市场战略,开发新产品上市,借助 CI 导入迅速打开市场。

(7) 强化企业的对外宣传、公共关系和促销活动,改变企业实力强大,但形象传播力弱的现状,提升企业实力形象。

(8) 实现企业的改组、整顿,提高管理效率。

(9) 消除负面影响,克服不利因素,创新企业形象。

(二) CI 的策划与实施

1. 企业理念识别系统策划与实施

理念识别系统是企业的经营理念,也是 CI 的基本精神所在。理念是企业形象战略的最高决策层次,也是 CI 识别系统运作的原动力和基石。因此,理念识别系统的策划与实施在 CI 中居头等重要地位。企业理念作为一个系统,它的内容是很丰富的。企业理念识别系统的策划主要内容包括:

(1) 设定企业愿景。企业愿景是企业未来的目标、存在意义,也是企业之根本所在。它回答的是企业为什么要存在,对社会有何贡献,它未来的发展是个什么样子等根本性的问题。因此,只有设定了良好的企业愿景,企业才能产生良好的理念识别,才能成为企业革新的指标。如美的集团以"创造完美"作为美的 CI 的核心,按照这一经营哲学,公司要求每一个员工在自己的岗位上,要以高度的责任感和一丝不苟的工作精神,创造出外表美观内在品质日臻完美,实用价值与欣赏价值完美结合的"美的"产品。美的 CI 战略以"创造完美"为指导,实现了"让美渗透一切空间"的目标。又如日本松下电器公司提出的企业使命是"为社会生活的改善、世界文化的进步尽产业人的职责"。

(2) 企业的经营宗旨。经营宗旨就是企业的经营哲学,或者说经营观。经营宗旨事实上就是企业自我社会定位。设计的好坏,决定着企业与社会的关系性质及未

学习单元八 CI与企业文化

来的发展前景,关系企业社会地位的高低。海尔家电之所以能在国内外市场上,在激烈的市场竞争中独占鳌头,最根本的原因就在于他们在树立企业理念时起点高,提出了具有超前意识的目标,最初以我国唯一的四星级电冰箱率先打入市场,从而在国内市场上站稳了脚跟。随着生产力的发展,同类商品间的技术差距越来越小,在这种情况下,企业形象的优劣就成为企业之间竞争成败的关键,是企业保持竞争优势的重要手段。

(3) 经营方针。经营方针是企业运行的基本准则,不同的企业有不同的经营方针。从社会的角度来看,不同的行业在经营方针上的选择有一定的倾向性,而这种倾向性往往是由企业关系者,或者说由企业生存发展环境决定的。例如,国航经营方针:"安全第一、正常飞行、优质服务、提高效益。"

(4) 经营价值观。企业的经营价值观反映企业的文化建设水准,是企业文明程度的标志。它的基本内容包括目的观、竞争观、道德观、服务观、质量观、人才观六个方面。

(5) 企业精神的表达与提炼。企业精神是企业理念的浓缩,是企业灵魂的集中体现,是企业在生产经营活动中,为谋求自身的生存发展而长期形成并为员工所认同的一种健康向上的群体意识。它统一于整体的价值观,是企业文化的重要表现形式。企业精神要充分显示出企业的自身特色,如大庆的"铁人精神"、国航的"敬业报国,追求卓越"等。

企业理念识别系统策划的实施步骤可以分为三个阶段:理念识别系统的建立;理念共识;理念灌输。

2. 企业行为识别系统策划与实施

企业行为识别系统是落实企业理念,树立企业整体形象的重要方式和手段。主要内容包括对内和对外行为活动识别系统的策划。

(1) 企业对内部活动识别系统的策划。主要指企业通过有目的有秩序的组织管理模式调整和对员工教育等活动,促进员工对企业理念的认同。

① 企业内部组织管理模式的调整。通过对企业组织管理模式的调整和设计,理顺企业内部管理组织体系中不合理的关系,设计适合企业发展的新形式。

② 对企业员工的教育和培训。员工的举止言谈、工作态度、工作作风等都会关系到企业形象的塑造。所以必须对全体员工进行行为规范教育和培训。

③ 对员工进行情感培育。通过厂歌厂训和统一标志来统一员工的行为,建立员工的归属感和认同感,使他们时时刻刻都自觉规范自我行为。

(2) 企业外部活动识别策划。对外部活动识别主要是通过企业产品、企业营销行为和企业形象广告来表现的。

① 企业产品识别。社会公众对于企业形象最基本最重要的认识就是对企业产品的认识。企业在对外活动识别策划时,首先要从产品入手。

② 企业营销行为识别。企业营销行为,是体现企业形象最频繁和最直接的方式。企业营销策略的制订、促销方式的选择、营销队伍的素质水平和营销人员的举止

行为,都代表了企业的整体形象。

③ 企业形象广告识别。企业形象广告从主题、内容到表现形式等各方面均不同于一般的促销广告。它更注重向社会公众表明企业所愿承担的社会义务和责任,从而使人们对企业产生好感和认同,并在公众的内心深处树立企业良好形象。

企业行为识别系统策划的实施内容,主要有 CI 执行教育训练、CI 对内发布会、CI 对外发布会。其中较为复杂和工作量较大的是行为规范的制订、宣传和教育等方面。

3. 企业视觉识别系统策划与实施

视觉识别的传播与感染力最具体、最直观、最强烈。透过视觉识别,能够充分表现企业的经营理念和企业精神、个性特征,使社会公众能够一目了然地了解企业传达的讯息,从而达成识别企业,并建立企业形象的目的。企业导入 CI 所做的调查、企划,最后若不能以视觉开发设计的方式去表现,将会失去意义。

就视觉识别策划的内容而言,主要是基本要素和应用要素两大类。基本要素主要包括:企业品牌标志、标准字、标准色、精神标语、企业造型、象征图案及基本要素的组合设计。应用要素包括基本要素在办公事务用品、广告规范、招牌旗帜、服装、产品包装、建筑物外观、室内设计、交通运输工具等媒体上的展开应用设计,并最后完成 CIS 手册,即企业识别系统手册。

(1) 企业标志策划。企业标志是通过造型简单、意义明确的统一标准的视觉符号,将经营理念、企业文化、经营内容、企业规模、产品特性等要素,传递给社会公众,使之识别和认同企业的图案和文字。

(2) 标准字体策划。标准字体是指经过设计的专门用以表现企业名称或品牌的字体。如 COCACOLA 公司为了打入中国市场,在中国市场的标准字选择上做了大量的工作,最后选择了"可口可乐"这一标准字,并选用特定的字形加以表现,给消费者以独特的视觉识别。

(3) 企业标准色的策划。标准色是用来象征公司或产品特性的指定颜色,是标志、标准字体及宣传媒体专用的色彩。在企业信息传递的整体色彩计划中,具有明确的视觉识别效应,因而具有在市场竞争中制胜的感情魅力。

(4) 特形图案策划。特性图案是象征企业经营理念、产品品质和服务精神的富有地方特色的或具有纪念意义的具象化图案。这个图案可以是图案化的人物、动物或植物,选择一个富有意义的形象物,经过设计,赋予具象物人格精神以强化企业性格,诉求产品品质,如麦当劳门前的"麦当劳叔叔"、肯德基门前的老爷爷。

(5) 象征图案设计。象征图案又称装饰花边,是视觉识别设计要素的延伸和发展,与标志、标准字体、标准色保持宾主、互补、衬托的关系,是设计要素中的辅助符号,主要适应于各种宣传媒体装饰画,加强企业形象的诉求力,使视觉识别设计的意义更丰富,更具完整性和识别性。

企业视觉识别系统的实施主要包括视觉识别系统的设计与整合,视觉识别标志的评估与认同,应用系统的整合,环境识别工程等方面的内容。

【阅读专栏】

日立哲学"和、诚、开拓精神"

日本日立制作所的经营哲学就是"和、诚、开拓精神"三位一体的日立精神。

所谓"和",指在自由坦率地讨论基础上,全体员工朝着一个目标迈进。日立记者曾风趣地说:"你想知道日立是怎么获得成功的吗?那么去看看他们的会议桌吧。"日立的会议桌确实深藏奥秘——它是圆形的,这就使参加会议者人人平等,无论你坐在哪儿,都不会感到低人一等。

日立"和之精神"还体现在非正式讨论在公司形成了风气,据日本提建议活动协会一年对全国464家企业的调查,职工对本企业提出的各种建议总计433万项,其中建议最多的日立共提221万项,位居第一。这些建议无疑是对日立的成功和发展起了重要作用。

所谓"诚之精神",是指向用户提供可靠性高的产品,实行保修,万一发生故障和问题,即刻竭诚帮助解决。从而使"日立产品故障少,坚固耐用"这种评价在用户中间扎根,日立的牌子越叫越响。

所谓"开拓精神",就是勇于创新,争取更大成果的旺盛的企业精神。

日立有句口号:"向新领域挑战要百折不挠,积极地努力,即使失败了,也要打气鼓励。"结果在这一口号鼓舞下,人人开动脑筋为公司做贡献。

单 元 实 训

学生:CI是如何产生的?

老师:第二次世界大战后,世界经济开始复苏,各行各业又进入蓬勃发展时期。由于营运范围日益拓展,企业经营开始迈向多元化、国际化的大市场,企业形象问题受到欧美先进企业的重视。因此,从20世纪50年代开始,欧美一些大型企业纷纷导入统一企业形象经营战略。但是,直到60年代中期,对于这种崭新的战略在名称上、概念上都还没有形成共识,有的把它称为产业规划(Industrial Design),有的把它叫做企业设计(Corporate Design),或者把它叫做企业形貌(Corporate Look),特殊规划(Specific Design),设计政策(Design Policy)等。到后来才有了统一的名称:Corporate Identity,即 CI。

学生:CIS作为企业形象识别系统有哪三大组成部分?

老师： 企业理念识别（Mind Identity，简称 MI）、企业行为识别（Behavior Identity，简称 BI）和企业视觉识别（Visual Identity，简称 VI）。这三个方面相互联系，相互作用，构成一个整体，理念识别可以比作企业的"心"，行为识别可以比作企业的"手"，视觉识别可以比作企业的"脸"。

学生： 为什么要树立企业形象？

老师： 市场经济的发展，企业竞争越来越激烈，而且这种竞争是围绕着技术、管理、人才、产品、价格、资源和企业形象的全面竞争。在所有这些提供企业生存能力、竞争能力和发展潜力的竞争手段中，企业形象的竞争越来越显示其重要的地位和作用。特别是随着人们生活水平的提高和消费者需求趋于多样化、个性化，企业形象和产品形象对消费者的购买起到重要影响。在一个富足的社会里，人们已不太计较价格，而产品的相似之处又多于不同之处。因此，商标和企业形象变得比价格和产品更为重要。所以从顾客的角度来讲，企业树立良好的形象变得越来越重要。

学生： 企业文化层次如何划分？

老师： 它分为三个层次，即器物文化、制度文化、心态文化。器物文化又称为行为文化，是表层文化，它是企业文化的载体与外在化，是一种外显文化，主要包括企业特有的环境、建筑风格、形象以及声誉、产品与服务质量、公共关系等一切表征现象。制度文化，也称规范文化，是中间层文化，主要包括组织管理风格宗旨、目标、礼仪制度、行为习惯、传统、作风等，它规定着企业每一个员工的行为规范。心态文化是核心层文化，它是企业文化的核心，主要包括潜藏在管理者和员工内心深处及组织体中的某些思想、意识、信仰、价值观念等。

学生： 企业文化与 CI 两者存在什么关系？

老师： CI 与企业文化两者存在着相互依存的关系。首先，CI 策划与企业文化建设有着密不可分的关系，这主要表现在：①CI 的实施与企业文化有着积极的相互推动的效应；②CI 的实施以企业价值观为指导的。其次，注重企业文化建设是推进企业 CI 的发展的重要手段，这主要表现在：①企业文化建设是导入 CI 的基础；②企业文化建设为 CI 的导入营造氛围；③企业文化建设是推进 CI 发展的可靠保证。

学生： 企业理念识别系统的策划主要包括哪些内容？

老师： 设定企业远景、经营宗旨、经营方针、经营价值观和企业精神的表达与提炼。

一、创造冒险的文化

微软公司愿意聘用那些曾经犯过错误而又能吸取经验教训的人。微软的执行副总裁迈克尔·迈普斯（Michael Mapes）说："我们寻找那些能够从错误中学会某些东西、主动适应的人。在录用过程中，我们总是问应聘者：'你遇到的最大失败是什么？

你从中学到了什么?'"

以格里格·曼蒂(Craig Mundie)为例。他与别人一起在1982年共同创立了爱林特计算机系统公司(Alliant Computer Systems)。10年后,由于公司入不敷出而倒闭。而微软在1992年12月聘用了曼蒂,任命他为部门主管,负责筹划如何把新技术用来制造消费产品。微软从曼蒂身上发现的不仅是他的技术和管理经验,而且是一个敢用远见打赌的人——即使这种远见付诸东流。微软的人会告诉你:用远见打赌是公司存在的全部。许多远见最终以失败告终,但这并不重要,重要的是他们曾尝试过。

在寻求有远见的冒险者时,微软喜欢尝试那些成功地处理过失败和错误的。一位高层管理人员说:"公司接受了很多内部的失败。你不能让员工觉得如果做不成,他们就可能被解雇。如果那样,没有人愿意承担这些工作。"

在微软公司,最好是去尝试机会,即使失败,也比不尝试任何机会好得多。

二、著名企业LOGO中隐藏的含义

序号	企业名称	企业LOGO	隐藏的含义
1	Fedex/联邦快递	FedEx	隐藏的箭头代表了速度和精准。
2	Amazon/亚马逊	amazon.com	从a到z,意味着亚马逊东西齐全,并且微笑服务。
3	Hyundai/现代	HYUNDAI	H代表握手,是客户信任和满意度的象征。
4	UNILEVER/联合利华	Unilever	图标代表了可持续生活的不同方面。
5	Cisco/思科	CISCO	Cisco标志上面像是信号一样的图样取自旧金山金门大桥的造型。Cisco也是取自San Francisco。
6	Levi's/里维斯	Levi's	LOGO中蝙蝠的形状类似里维斯裤子的口袋。

【案例一】　　　　　　CI成功典范——可口可乐

可口可乐被誉为"世界第一饮料",它不仅垄断美国汽水饮料市场的1/3之多,而且漂洋过海,在世界150多个国家和地区畅销不衰,可口可乐每天销量可达到18亿瓶,平均每天地球上每5个人中就有一个买了一瓶。早在30多年前,有人就做过这样一个有趣的统计,把全球销售的可口可乐瓶子直立并排,等于地球到月球来回115次,或建成宽7.5米,绕地球赤道15圈的高速公路。不可否认,可口可乐在世界上的知名度是非常高的。

可口可乐自打入中国市场知名度一直很高,20世纪90年代来自上海的一项调查表明:100%的被调查者知道可口可乐,95.9%的被调查者在三五年前就见过或喝过这种饮料。有资料显示,在不同肤色人群聚集的场所,可口可乐已成为"世界通用语言"。

可口可乐公司的名气缘何而来?为什么能成为国际饮料业最大的"日不落王国"?这可以归结为它的历史悠久、质优款新,也可以归结为它的口味独特、富于刺激。然而最重要的,则是取决于那块最初价值只有224美元的牌子,可口可乐通过导入CI塑造了一流的企业形象。

可口可乐独特的红白两色标志以及它的经营宗旨,历经百年,基本上没有变化,通过庞大的广告宣传和公关活动,已深深地印入消费者的心中。在国际运动会场地,在马路旁的招牌上,在琳琅满目的货架上,人们只要看见这样一个标志:大面积的红色底子,中间配有Coca-Cola书写体的白色标准字,字体下面有一条像缎带的白色波纹线,就会很快地辨认出这是可口可乐,紧接着马上就产生一种购买的强烈欲望。在美国,可口可乐独特的辣味的感觉和体验,实际上已成为人们生活方式的一部分。在世界各地,人们也许没有如此强烈的感受和体验,但也是作为一种生活地位的表征,一种对品牌产品和品牌企业信赖感的体现,即使喝不惯这种"洋水"的味道,也会聊以自慰地说:"要的就是这种怪味!"

【案例思考】
分析可口可乐CI策划成功的原因是什么?此例对我国的企业有何启示?

【案例二】　　　　　联想集团与海王集团的CI战略

联想集团:科技为本型CI战略

联想集团是中国最大IT企业,多元化发展的产业集团。联想集团的CIS在北京乃至全国都是有先导性、完整性。联想的标志十分简洁,且有行业特征。联想提出"科技为本"与世界级大公司诺基亚的"科技以人为本"有异曲同工之妙。联想集团的企业理念是"企业不是简单制造商品的生产组织,而是满足社会需求的服务组织",其效益观念是"客户效益第一,联想效益第二"。联想的现代型、科技化前卫性企业形象、品牌形象和产品形象,使人能够明显地感受到"名牌后面是文化、名牌后面有CI"的作用力。联想的CI具有典型性和示范意义。

海王集团:人本理念型CI战略

海王集团是一个以生物药业为主导的集团化企业。海王的CI具有深圳特区的前卫性、现代化特征。海王的企业标志"三叉神戟"源于古罗马神话中海王的神器,代表慷慨、力量和爱心,表现海王的个性。同时,代表海王集团的三个经营理念:以人为本,科学效率,创意为魂。表现出企业深刻的CI内涵。

海王集团的基本色——蓝色,是生命与死亡的基本色,代表大洋深邃,代表宇宙无极。

【案例思考】

根据联想与海王的CI战略,分析CI战略主要包括哪些内容,在CI策划的过程中有哪些需要注意的问题?

练一练

一、单选题

1. 企业的理念识别是指企业的(　　)。
   A. 指导思想　　B. 行为准则　　C. 管理制度　　D. 图像设计
2. CI有三个基本的识别要素不包括以下哪一种?(　　)
   A. 语言识别　　B. 行为识别　　C. 图像识别　　D. 色彩识别
3. 下面哪种关系不属于CI协调的对象(　　)。
   A. 与政府的关系　　　　　　B. 与社区的关系
   C. 与大众传媒的关系　　　　D. 与员工的关系
4. CI战略其内涵实质上是一种是(　　)战略。
   A. 文化　　　　B. 市场竞争　　C. 管理　　　　D. 发展
5. 企业文化是企业的灵魂,是推动企业发展的不竭动力。它包含着非常丰富的内容,是一个具有递进性特征的层次结构文化,其中(　　)是核心层文化,它是企业文化的核心。
   A. 心态文化　　B. 器物文化　　C. 行为文化　　D. 制度文化
6. CI与企业文化有着不可分割的关系,它们有许多相同性和一致性,从内容上看,(　　)与企业心态文化密不可分。
   A. 企业理念　　　　　　　　B. 企业经营策略
   C. 企业形象设计　　　　　　D. 企业管理制度
7. 企业文化的特征有民族性、历史性、人本性、个异性和(　　)。
   A. 战略性　　　B. 系统性　　　C. 动态性　　　D. 竞争性

8. CI的差异化主要是指企业的行业差别和(　　)。
   A. 产品差别　　　　　　　　　　B. 理念差别
   C. 定位差别　　　　　　　　　　D. 企业或品牌的差异化
9. 企业理念识别系统的策划主要内容包括设定企业远景、经营价值观、企业精神的表达与提炼和(　　)。
   A. 品牌策略　　B. 竞争模式　　C. 价格手段　　D. 经营方针
10. 企业导入CI,首要的作业是做好前期准备工作,主要包括CI目标的设定和(　　)。
    A. 明确CI导入的动机　　　　　B. 制定CI导入的程序
    C. 确定CI导入的方法　　　　　D. 确定CI导入的模式

二、名词解释

1. CI
2. 企业文化
3. 企业理念识别
4. 心态文化
5. 企业视觉识别
6. 日本式CI

三、问答题

1. 简述CI的功能和特征。
2. 企业文化的特征有哪些?
3. CI的策划与实施的主要内容是什么?
4. CI导入的动机是什么?
5. CI的模式分类有哪些?

挑选你经常接触(作为其员工或顾客)的两个企业,通过考察以下方面来评估它们的企业文化,并对企业文化的内涵进行归纳提炼。

1. 物理设计(建筑物、装潢、停车位、办公室或店铺的设计):它们位于什么地方?为什么?顾客和员工在哪里停车?办公室/店铺的布局是什么样的?这种布局会鼓励或不鼓励什么行为?所有这些事情传达出该企业重视的是什么?

2. 符号(标识、着装规定、口号、对公司哲学的陈述):强调什么价值观?企业的标识位于哪里?谁的需求受到强调?什么概念受到强调?什么行为是禁止的?什么行为是鼓励的?所有这些事情传达出该企业重视的是什么?

3. 言语(故事、语言、工作头衔):什么故事被反复讲述?员工是如何讲话的?工作头衔能够传递关于该企业的什么信息?在交谈中是否使用玩笑/趣闻?所有这些事情传达出该企业重视的是什么?

4. 政策和行为(仪式、庆典、物质奖励、关于如何对待顾客或员工的政策):什么行为会受到奖励?什么行为会被忽视?什么类型的人会成功?什么类型的人会失败?什么仪式是重要的?为什么?什么事情获得庆祝?为什么?所有这些事情传达出该企业重视的是什么?

学习单元九

经营活动指标及应用

 学习任务与目标

企业经营活动分析的核心在于对企业经营活动和经营效益的指标进行分析评价。本单元主要介绍常用的经营活动基本指标、经营活动效益评价指标。通过本单元学习,学生应掌握企业经营活动和经营效益评价的主要指标及其运用。

 学习目标

一、知识目标

1. 理解企业经营活动和经营效益指标的含义
2. 掌握经营指标的分析方法
3. 掌握经营活动分析的基本指标及运用
4. 掌握企业获利能力、资产运用效率、偿债能力的评价指标及运用

二、能力目标

1. 能够运用经营活动基本指标分析企业经营活动情况
2. 能够运用经营效益指标初步分析企业经营效益情况

三、素质目标

1. 树立基于指标分析发现问题的理念
2. 形成运用正确方法进行指标分析的职业习惯

学习单元九　经营活动指标及应用

学习任务一　常用的经营活动的基本指标及应用

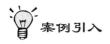

明星公司营业额缘何下降

在明星公司的业务检讨会上，总经理陈天利痛陈公司营业衰退情形，他说："今年以来公司营业情况真叫人心寒，第一季的营业额居然降到一亿元边缘，比去年同期衰退了将近五成，仅达成今年营业额年度目标的 8.3%，希望在座的能彻底探究营业衰退原因，提出应对之策，否则长此以往，公司营运情况必定不堪设想。"

营业部经理廖有元表示："今年第一季营业额确实下降很多，但有几项事实不容忽视：今年第一季是淡季，历年第一季的营业额通常也只占全年营业额的 15% 左右；今年第一季春节假期较往年为长，本公司的营业当然大受影响；去年上半年正值景气繁荣阶段，今年经济状况普遍低迷，企划部门所做的营业目标却依然依据成长的乐观估计所订；本公司产品的式样业已过时，虽然营业人员使劲九牛二虎之力，也难以拓展市场。"

研究发展部经理胡高提出他的看法："本公司的研究发展一向不落人后，新产品推出速度也比同业领先，以去年来说，本公司即有五种新产品问世。"

财务部经理王元博说："去年推出五种新产品，有两种是失败产品，造成不少亏损，可见推出新产品不一定符合成本效益原则；而且新产品的推出多集中在五、六月份，时效上落后了很多。个人认为本公司应该努力于现有产品的促销，更重要的是预测与计划工作必须加强，以免浪费大量资源于没有潜力的产品上。"

企划部经理刘希林抗议说："企划部门所做的一切预测工作及营业计划按照营业目标，并非特别高，何况同业中也有少数公司营运仍持续成长着。另外，请别忽略了企划部全体人员只有三名的事实，我们人少事繁，又要承担公司成败之责，似乎不公平，本人认为如要促使公司业绩成长，重点仍在营业部。"

资料来源：http://wenku.baidu.com

【案例思考】

（1）企业营业额下降与营业衰退的关系。

（2）你知道还有哪些指标可以说明企业营业是否衰退吗？

随着市场经济条件下企业竞争的日趋激烈，建立一套企业经营活动的分析评价指标体系，寻求企业经营目标与内外部因素之间的协调，对于改善企业经营管理水平、提高企业经营效率具有十分重要的现实意义。

一、企业经营活动分析的前期准备

企业经营活动分析的实质是在企业经营活动过程中,组织有经验的管理专家和有关人员,对企业经营活动进行分析和诊断,对企业经营活动个别环节出现的偏差予以纠正,以确保经营目标得以实现。为此,企业首先应对企业经营活动进行资料的搜集,主要包括企业内部资料和企业外部资料。

(一)企业内部资料

企业内部资料主要包括:企业生产的品种、产量、主要产品的销售额及市场分布状况、主要产品的销售费用、市场竞争现状等资料;市场销售计划资料、销售渠道资料、国际营销业务资料,还包括主要产品价格变化及售后服务等资料。

(二)企业外部资料

企业外部资料主要包括:政治、经济、文化、社会环境对企业的影响;与企业有关的新科学、新技术、新材料、新工艺等方面的资料;同时还应注重搜集各级政府近年来的工作报告和有关的统计资料、行业发展状况资料、科研单位的科研报告、国民经济发展计划和水平等相关资料。

二、企业经营活动指标分析方法

(一)因素分析法

因素分析法是通过顺序变换各个因素的数量,来计算各个因素的变动对总的经济指标的影响程度的一种方法。

【例 9-1】 假设某公司 2015 年的主营业务收入额为 485 896 万元,营业利润额为 75 800 万元,2016 年主营业务收入额为 509 111 万元,营业利润额为 79 763 万元。试对该公司 2015 年和 2016 年的营业利润率进行计算并简要分析其变动原因。

$$2015 年营业利润率 = \frac{75\ 800}{485\ 896} = 15.60\%$$

$$2016 年营业利润率 = \frac{79\ 763}{509\ 111} = 15.67\%$$

2016 年营业利润率比 2015 年提高了 0.07%。运用因素分析法分析其原因如下:

由于 2016 年营业利润额的增加对营业利润率的影响为:

$$\frac{79\ 763 - 75\ 800}{485\ 896} = 0.82\%$$

由于 2016 年主营业务收入的增加对营业利润率的影响为:

$$\frac{79\ 763}{509\ 111} - \frac{79\ 763}{485\ 896} = -0.75\%$$

可见，2016年营业利润的增加，使营业利润率提高了0.82%，但该年主营业务收入的增加，又使得营业利润率降低了0.75%，两个因素共同影响的结果，使2016年营业利润率比2015年提高了0.07%。这说明，该公司2016年营业利润率的提高，主要是由于营业利润的增长幅度大于主营业务收入的增长幅度，这是经济杠杆作用的结果。

（二）比率分析法

比率分析法是指利用指标间的相互关系，通过计算比率来考察、计算和评价企业财务状况的一种方法，包括结构比率分析和相关比率分析。结构比率分析是计算某项财务指标占总体的百分比。相关比率分析是根据经济活动客观存在的相互依存、相互联系的关系，将两个性质不同但又相关的指标进行对比，求出比率，从而认识企业经营情况。

【例9-2】甲公司2015年和2016年营业利润的数额如表9-1所示。

表9-1　　　　　　　　　　　　　　　　　　　　单位：万元

项　目	2015年	2016年
一、主营业务收入	485 896	509 111
减：主营业务成本	402 027	423 666
主营业务税金及附加	1 189	2 995
二、主营业务利润	82 680	82 450
加：其他业务利润	2 662	2 554
减：资产减值准备	0	1 001
营业费用	152	168
管理费用	6 493	2 025
财务费用	2 897	2 047
三、营业利润	75 800	79 763

试对该公司营业利润率的变动状况进行具体分析。

首先，用结构比率分析法重新计算该公司两年的营业利润状况如表9-2所示。

表9-2

项　目	2015年(%)	2016年(%)	差异(%)
一、主营业务收入	100.000	100.000	—
减：主营业务成本	82.739	83.217	0.478
主营业务税金及附加	0.245	0.588	0.343
二、主营业务利润	17.016	16.195	−0.821
加：其他业务利润	0.547	0.500	−0.047
减：资产减值准备	—	0.197	0.197

续表

项　目	2015年(%)	2016年(%)	差异(%)
营业费用	0.031	0.033	0.002
管理费用	1.336	0.398	−0.938
财务费用	0.596	0.400	−0.196
三、营业利润	15.600	15.667	0.067

由表可见：该公司2016年营业利润率与2015年基本持平，但从项目构成上却存在较大差异，其原因有主、客观两方面。从主观方面分析，2016年的主营业务成本率比2015年有较大上升，达0.478%，从而导致2016年主营业务利润比2015年降低，好在2016年管理费用率、财务费用率比2015年有较大的降低，才使2016年的营业利润率最终未降反而略有上升。客观原因则是2016年主营业务税金及附加比率的提高，使主营业务利润降低了0.343%；资产减值准备的计提，又使2016年的营业利润率降低了0.197%。因此，该公司能从降低费用水平入手，提高营业利润率，改善获利能力，是值得我们借鉴的。如果该公司能进一步重视其主营业务成本的改善，则其获利能力将更加理想。

（三）比较分析法

比较分析法是通过指标值变化的对比，确定出差异，分析和判断企业经营状况的一种方法。根据不同的分析目的，选择不同的比较基准。

常用的比较基准有：经验基准、目标基准、历史基准和行业基准。经验基准是依据大量的长期的观察和实践形成的基准，如国际通用的流动比率为2和速动比率为1，与经验基准比较可以反映本企业实际水平与经验基准之间的差异，初步判断本企业各项指标的合理性。目标基准是企业根据历史数据和现实状况提出的理想标准，与目标基准比较可以反映本企业实际水平与目标指标评价标准之间的差异，判断是否达到目标，进而分析差异存在的原因。历史基准是企业在过去某段时期的实际值，与历史基准比较了解企业某项指标的发展趋势及存在的差距。行业基准是行业内所有企业某指标的平均水平或者是行业先进企业的水平。与行业基准比较可以了解企业在本行业所处的相对水平，或者发现本企业与先进企业之间的差异及形成原因。

【例9-3】 假设甲公司所在行业中某规模相当的先进企业XY的2016年营业利润金额及其构成如表9-3所示：

表9-3

项　目	金额(万元)	比重
一、主营业务收入	585 478	100.000
减：主营业务成本	465 853	79.568
主营业务税金及附加	3 442	0.588

续表

项　目	金额(万元)	比重
二、主营业务利润	116 183	19.844
加：其他业务利润	2 740	0.468
减：资产增值准备	1 201	0.205
营业费用	195	0.033
管理费用	2 112	0.361
财务费用	2 142	0.366
三、营业利润	113 273	19.347

甲公司的资料如表9-1和表9-2所示。试对甲公司的营业利润率进行同业比较分析。

我们将两个公司的营业利润构成及其差异汇编成表9-4：

表9-4

项　目	甲公司(%)	XY公司(%)	差异(%)
一、主营业务收入	100.000	100.000	—
减：主营业务成本	83.217	79.568	3.649
主营业务税金及附加	0.588	0.588	—
二、主营业务利润	16.195	19.844	−3.649
加：主营业务利润	0.500	0.468	0.032
减：资产减值准备	0.197	0.205	−0.008
营业费用	0.033	0.033	—
管理费用	0.398	0.361	0.037
财务费用	0.400	0.366	0.034
三、营业利润	15.667	19.347	−3.680

可见，与同业先进水平相比较，甲公司营业利润率存在较大差异，其主要原因仍然是甲公司的主营业务成本率过高所致，其他各因素虽有差异，但差异较小，影响不大。

经过各方面的比较分析可知：甲公司2016年营业利润率状况不太理想，其主要原因是主营业务成本较高。因此，改善甲公司获利能力的关键就在于加强成本管理，降低主营业务成本率。

三、经营活动基本指标概述

企业经营活动分析是指在充分搜集有关资料和数据的基础上，对企业经营的有关方面进行调研和评价，通过对关键因素的分析与监控，揭示企业经营活动中存在的问题,在分析产生问题原因的基础上,提出改进方案和措施。

企业经营活动的基本指标主要包括市场占有率、市场覆盖率、产品市场销售增长率、主要商品市场畅(滞)销率等,这些指标从不同的角度揭示了企业的经营状况,企业应在对单项指标分析和评价的基础上,综合企业的内外部环境,对企业的市场竞争力及经营情况进行全面分析和评价。

四、经营活动基本指标的分析与应用

（一）市场占有率

市场占有率指某一时期本企业的产品销售额与市场上同类产品销售额的比率。一般情况下,企业销售额的增加可能是由于企业所处的经济环境的变化,因此它本身并不能作为衡量企业竞争能力的唯一依据。而市场占有率是反映企业市场竞争能力和地位的一项重要指标。它具体反映了企业产品的生命力、竞争力和信誉的高低。市场占有率越高,说明企业市场竞争实力越强,反之说明竞争实力处于劣势。

市场占有率具体又可分为不同的指标,其主要指标有:

1. 全部市场占有率

$$全部市场占有率 = \frac{本企业产品销售额}{市场上同类产品销售额} \times 100\%$$

全部市场占有率以本企业的销售额占全行业销售额的百分比来表示。该指标总括地反映了本企业的产品在市场中所处的竞争地位。如果企业某个时期的全部市场占有率升高,表明它较其竞争者的情况更好;如果下降,则说明相对于竞争者其绩效较差。使用该方法的关键在于获得本单位销售额(或销售量)及行业相关产品和市场销售情况准确的资料。

2. 相对市场占有率

该指标主要衡量企业是否为市场领导者。

$$相对市场占有率 = \frac{本企业销售额}{最大的三个竞争者的销售额总和} \times 100\%$$

【例9-4】 某企业全部市场占有率为30%,其最大的三个竞争者的全部市场占有率分别为20%、10%、10%。则

$$该企业的相对市场占有率 = \frac{30}{40} \times 100\% = 75\%$$

一般情况下,相对市场占有率高于33%即被认为是行业中具有竞争力的企业;相对市场占有率超过100%,表明该企业是市场领导者;相对市场占有率等于100%,表明该企业与市场领导竞争者同为市场领导者。本例中,依据计算结果我们可以认为该公司是行业中具有竞争力的企业。

(二) 市场覆盖率

市场覆盖率指本企业产品投放地区数与整个市场包含的地区总数的比率,其中的地区可以以省、市、县等为单位。它表明企业产品在一定市场范围内的辐射能力。计算公式是:

$$市场覆盖率 = \frac{本企业产品投放地区数}{全市场应销售地区数} \times 100\%$$

【例9-5】 江苏省市场分为10个大区域,某企业产品覆盖9个区域。则该公司在江苏省市场的覆盖率为90%。

该指标主要反映的是企业开拓市场的能力,一般情况下,市场覆盖率高,说明企业产品在各地区的竞争力较强,市场风险较小;反之则说明企业产品的竞争能力和市场开拓能力较差,市场风险大。

值得注意的是,某些产品市场覆盖率低并不能说明该企业市场开拓能力差,可能是由于受到企业所属行业和产品特点的限制,因此,在对企业经营活动进行具体分析时,应充分考虑企业和产品的具体情况。

(三) 产品市场销售增长率

产品市场销售增长率是反映企业在市场营销中扩张能力的指标,计算公式是:

$$产品市场销售增长率 = \frac{本期销售额 - 上期销售额}{上期销售额} \times 100\%$$

该指标一定程度上可以反映企业产品所处产品生命周期的主要阶段,一项产品从投入市场开始到被市场淘汰为止所经历的产品生命周期,是每一个产品的生产者所必须关注的。一般情况下,产品处于投入期该指标不够稳定,成长期该指标维持在10%以上,成熟期该指标一般在1%~10%之间,衰退期则为负数。同时应注意还应结合市场需求增长状况对该指标进行分析。

(四) 主要商品市场畅(滞)销率

该指标主要反映企业的商品是否适销对路,其公式为:

$$主要商品市场畅销率 = \frac{主要商品市场已销售}{该商品全年市场供应量} \times 100\%$$

$$主要商品市场滞销率 = \frac{已供给市场未销售的主要商品量}{该商品全年市场供应量} \times 100\%$$

该指标有利于企业找出企业产品销售中存在的问题并提出解决方案。

【阅读专栏】

韩国中小企业的经营诊断

近年来,韩国为解决中小企业经营管理不善、素质低下等问题,在采取增加投资,更新设备和引进技术等措施的同时,重视加强对中小企业经营状况的诊断和指导。

企业诊断的目标是:对企业从生产到销售的全过程进行系统地考察、研究,找出影响企业发展的症结所在,并针对企业在资金、技术、设备、财务等经营管理上的问题,提出有效对策,从而促进企业恢复赢利机能,走上健康发展的轨道。

韩国的企业诊断主要采取下列作法:

(1) 建立企业诊断体制,明确分工。现行诊断体制分政府和民间两个系统,前者以"中小企业振兴公团"为主,以"中小企业协同组合中央会"、"信用保证基金"及中小企业银行为辅,共同承担诊断业务。民间系统是由民营研究所挂牌接受委托诊断。

(2) 配备落实专职企业诊断人员。按规定,企业经营指导人员必须经过政府考试并取得相应的证书,才有资格从事该项工作。按诊断业务的需要,这些人员按一定比例组成,其中三分之二是经营管理专家,三分之一是技术专家。对难度大,难以独立完成的诊断项目,则聘请外国专家会诊或完全委托其诊断。

(3) 采用多种方式进行诊断。一般由诊断指导专家会同有关研究所的诊断人员,组成各种诊断小组,每组配备管理的技术专家各三、四名,分赴提出诊断申请的中小企业生产现场。诊断时间因难易而不同,为期一周到数周不等。诊断结束时必须提出有分析、有对策的诊断报告,供企业检查和具体实施。另外还设置诊断洽谈室,为企业排难解疑,进行咨询服务,并举办讲习会,研修班和进行函授指导。

(4) 运用经济手段,注重实效。企业诊断一般采取有偿合同,接受诊断的企业要缴一定的费用。为鼓励企业通过诊断尽快改善经营管理,因此收费较低,或采取无偿义务诊断。如"中小企业振兴公团"进行诊断时,由公团负担80%左右的费用,企业最多负担20%。"信用保证基金"因有专项预算,故完全实行免费服务。这样,要求接受诊断的中小企业比较踊跃,收效也较显著。

学习任务二 经营活动的效益指标及分析

蓝田股份与刘姝威

蓝田股份曾经创造了中国股市长盛不衰的绩优神话。这家以养殖、旅游和饮料为主的上市公司,一亮相就颠覆了行业规律和市场法则,创造了中国农业企业罕见的"蓝田神话"。

2001年10月9日起,刘姝威(中央财经大学财经研究所研究员,中国企业研究中心主任)运用国际通用的分析方法分析了蓝田股份的招股说明书和截至2001年中期报告的全部财务报告以及其他公开资料。根据分析结果,她撰写了一篇600多字的短文《应立即停止对蓝田股份发放贷款》给《金融内参》。刘姝威通过北京青年报公开发表的蓝田股份会计报表研究推理摘要显示,她引用了大量的指标从四个方面对蓝田股份展开分析。

(1) 蓝田股份的偿债能力分析

2000年蓝田股份的流动比率是0.77。这说明蓝田股份短期可转换成现金的流动资产不足以偿还到期流动负债,偿还短期债务能力弱。2000年蓝田股份的速动比率是0.35。这说明,扣除存货后,蓝田股份的流动资产只能偿还35%的到期流动负债。2000年蓝田股份的净营运资金是－1.3亿元。这说明蓝田股份将不能按时偿还1.3亿元的到期流动负债。从1997年至2000年蓝田股份的固定资产周转率和流动比率逐年下降,到2000年二者均小于1。这说明蓝田股份的偿还短期债务能力越来越弱。2000年蓝田股份的主营产品是农副水产品和饮料。2000年蓝田股份"货币资金"和"现金及现金等价物净增加额",以及流动比率、速动比率、净营运资金和现金流动负债比率均位于"A07渔业"上市公司的同业最低水平,其中,流动比率和速动比率分别低于"A07渔业"上市公司的同业平均值大约5倍和11倍。这说明,在"A07渔业"上市公司中,蓝田股份的现金流量是最短缺的,短期偿债能力是最低的。2000年蓝田股份的流动比率、速动比率和现金流动负债比率均处于"C0食品、饮料"上市公司的同业最低水平,分别低于同业平均值的2倍、5倍和3倍。这说明,在"C0食品、饮料"行业上市公司中,蓝田股份的现金流量是最短缺的,偿还短期债务能力是最低的。

(2) 蓝田股份的农副产品销售收入分析

2000年蓝田股份的农副水产品收入占主营业务收入的69%,饮料收入占主营业务收入的29%,二者合计占主营业务收入的98%。2001年8月29日蓝田股份发布公告称:由于公司基地地处洪湖市瞿家湾镇,占公司产品70%的水产品在养殖基地现场成交,上门提货的客户中个体比重大,因此"钱货两清"成为惯例,应收款占主营业务收入比重较低。2000年蓝田股份的水产品收入位于"A07渔业"上市公司的同业最高水平,高于同业平均值3倍。2000年蓝田股份的应收款回收期位于"A07渔业"上市公司的同业最低水平,低于同业平均值大约31倍。这说明,在"A07渔业"上市公司中,蓝田股份给予买主的赊销期是最短的、销售条件是最严格的。作为海洋渔业生产企业,华龙集团以应收款回收期7天(相当于给予客户7天赊销期)的销售方式,只销售价值相当于蓝田股份水产品收入5%的水产品。中水渔业以应收款回收期187天(相当于给予客户187天赊销期,比蓝田股份"钱货两清"销售方式更优惠、对客户更有吸引力)的销售方式,只销售价值相当于蓝田股份水产品收入26%的水产品。蓝田股份的农副水产品生产基地位于湖北洪湖市,公司生产区是一个几十万亩的天然水产种养场。武昌鱼公司位于湖北鄂州市,距洪湖的直线距离200公里左右,其主营业务是淡水鱼类及其他水产品养殖,其应收款回收期是577天,比蓝田股份应收款回收期长95倍;但是其水产品收入只是蓝田股份水产品收入的8%。洞庭水殖位于湖南常德市,距洪湖的直线距离200公里左右,其主营产品是淡水鱼及特种水产品,其产销量在湖南省位于前列,其应收款回收期是178天,比蓝田股份应收款回收期长30倍,这相当于给予客户178天赊销期;但是其水产品收入只是蓝田股份的4%。在方圆200公里以内,武昌鱼和洞庭水殖与蓝田股份的淡水产品收入出现了巨大的差距。武昌鱼和洞庭水殖与蓝田股份都生产淡水产品,产品的差异性很小,人们不会只喜欢洪湖里的鱼,而不喜欢武昌鱼或洞庭湖里的鱼。蓝田股份采取"钱货两清"和客户上门提货的销售方式,这与过去渔民在湖边卖鱼的传统销售方式是相同的。蓝田股份的传统销售方式不能支持其水产品收入异常高于同业企业。除非蓝田股份大幅度降低产品价格,巨大的价格差异才能对客户产生特殊的吸引力。但是,蓝田股份与武昌鱼和洞庭水殖位于同一地区,自然地理和人文条件相同,生产成本不会存在巨大的差异,若蓝田股份大幅度降低产品价格,它将面临亏损。根据以上分析,我研究推理:蓝田股份不可能以"钱货两清"和客户上门提货的销售方式,一年销售12.7亿元水产品。

(3) 蓝田股份的现金流量分析

2000年蓝田股份的"销售商品、提供劳务收到的现金"超过了"主营业务收入",但是其短期偿债能力却位于同业最低水平。这种矛盾来源于"购建固定资产、无形资产和其他长期资产所支付的现金"是"经营活动产生的现金流量净额"的92%。2000年蓝田股份的在建工程增加投资7.1亿元,其中"生态基地"、"鱼塘升级改造"和"大湖开发项目"三个项目占75%,在建工程增加投资的资金来源是自有资金。这意味着2000年蓝田股份经营活动产生的净现金流量大部分转化成在建工程本期增加投资。根据2001年8月29日蓝田股份发布的公告,2000年蓝田股份的农副水产品收入12.7亿元应该是现金收入。我从事商业银行研究,了解我国的商业银行。如果蓝田股份水产品基地瞿家湾每年有12.7亿元销售水产品收到的现金,各家银行会争先恐后地在瞿家湾设立分支机构,会为争取这"12.7亿元销售水产品收到的现金"业务而展开激烈的竞争。银行会专门为方便个体户到瞿家湾购买水产品而设计银行业务和工具,促进个体户与蓝田股份的水产品交易。银行会采取各种措施,绝不会让"12.7亿元销售水产品收到的现金"游离于银行系统之外。与发达国家的银行相比,我国商业银行确实存在差距,但是,我国的商业银行还没有迟钝到"瞿家湾每年有12.7亿元销售水产品收到的现金"而无动于衷。根据以上分析,我研究推理:2000年蓝田股份的农副水产品收入12.7亿元的数据是虚假的。

(4) 蓝田股份的资产结构分析

蓝田股份的流动资产逐年下降,应收款逐年下降,到2000年流动资产主要由存货和货币资金构成,到2000年在产品占存货的82%;蓝田股份的资产逐年上升主要由于固定资产逐年上升,到2000年资产主要由固定资产构成。2000年蓝田股份的流动资产占资产百分比位于"A07渔业"上市公司的同业最低水平,低于同业平均值约3倍;而存货占流动资产百分比位于"A07渔业"上市公司的同业最高水平,高于同业平均值约3倍。2000年蓝田股份的固定资产占资产百分比位于"A07渔业"上市

学习单元九 经营活动指标及应用

公司的同业最高水平,高于同业平均值1倍多。2000年蓝田股份的在产品占存货百分比位于"A07渔业"上市公司的同业最高水平,高于同业平均值1倍;在产品绝对值位于同业最高水平,高于同业平均值3倍。2000年蓝田股份的存货占流动资产百分比位于"C0食品、饮料"上市公司的同业最高水平,高于同业平均值1倍。2000年蓝田股份的在产品占存货百分比位于"C0食品、饮料"上市公司的同业最高水平,高于同业平均值约3倍。根据以上分析,我研究推理:蓝田股份的在产品占存货百分比和固定资产占资产百分比异常高于同业平均水平,蓝田股份的在产品和固定资产的数据是虚假的。

最后的结论是:蓝田股份的偿债能力越来越恶化;扣除各项成本和费用后,蓝田股份没有净收入来源;蓝田股份不能创造足够的现金流量以便维持正常经营活动和保证按时偿还银行贷款的本金和利息;银行应该立即停止对蓝田股份发放贷款。

资料来源:经刘姝威经典文章《蓝田之谜》(http://www.zhixuan.com)整理得到

【案例思考】

阅读资料,谈谈刘姝威分别用哪些指标分析了蓝田股份的哪些方面?刘姝威使用了哪些分析方法?

一、经营活动的效益指标概述

经营活动效益评价是指通过对有关经济技术指标和资金运动等情况的分析,对企业的财务状况和经营成果进行准确判断,结合企业实际情况寻求提高企业经营活动效益的主要措施和方法。

企业经营活动效益评价指标主要包括企业获利能力、资产运用效率、企业偿债能力等方面,其中获利能力衡量标准主要有销售毛利率、营业利润率、总资产收益率等指标,这些指标有利于企业从不同的角度分析评价企业赚取利润的能力;资产运用效率指标是指资产利用的有效性和充分性,主要包括总资产周转率,分类资产周转率(流动资产周转率和固定资产周转率)和单项资产周转率(应收账款周转率和存货周转率)三类;企业偿债能力则包括短期偿债能力和长期偿债能力两方面。短期偿债能力指标主要有流动比率和速动比率,长期偿债能力指标主要包括资产负债率和产权比率。通过对企业经营活动效益评价指标的分析,可以对企业的资金增值能力、抗风险能力进行全方位分析评价,同时,结合企业的财务状况和经营业绩进行分析,可以为企业制订切实可行的发展方案提供决策依据。

二、经营活动的效益指标分析及应用

(一)获利能力评价指标

获利能力是指企业赚取利润的能力,主要通过利润与销售收入的比例关系进行反映。利润一般是指收入扣除费用后的剩余。利润计算时扣除的费用项目范围不同,会得出不同含义的利润。主要指标有:

1. 销售毛利率

$$销售毛利率 = \frac{销售毛利额}{主营业务收入} \times 100\%$$

其中,销售毛利额＝主营业务收入－主营业务成本。

销售毛利率是评价企业获利能力大小的主要指标之一,该指标说明企业获得收益的水平。影响销售毛利率的因素可分为外部因素和内部因素两大方面,外部因素主要是指市场供求变动而导致的销售数量和销售价格的升降以及购买价格的升降;内部因素则主要包括开拓市场的意识和能力、成本管理水平等方面。同时还应注意,销售毛利率指标具有明显的行业特点。一般说来,营业周期短、固定费用低的行业的毛利率水平比较低,比如商品零售行业;营业周期长、固定费用高的行业,要求有较高的毛利率,以弥补其巨大的固定成本,比如重工企业。

2. 营业利润率

营业利润率是指企业营业利润与主营业务收入的比率,该指标用于衡量企业主营业务收入的净获利能力。其计算公式为:

$$营业利润率 = \frac{营业利润}{主营业务收入}$$

其中,营业利润＝主营业务利润＋其他业务利润－营业费用－管理费用－财务费用。

【例 9-6】 由某公司的利润表中可知,该公司的主营业务收入额为 509 111 万元,主营业务成本为 423 666 万元,主营业务税金及附加为 2 995 万元,其他业务收入为 6 560 万元,其他业务支出为 4 006 万元,营业费用为 168 万元,管理费用为 3 021 万元,财务费用为 2 047 万元,试计算该公司营业利润率。

$$营业利润率 = \frac{79\,763}{509\,111} = 15.67\%$$

营业利润率指标反映了每百元主营业务收入中所赚取的营业利润的数额。营业利润是企业利润总额中最基本、最经常同时也是最稳定的组成部分,营业利润占利润总额比重的多少,是说明企业获利能力强弱的重要依据。同时,营业利润作为一种净获利额,比销售毛利更好地说明了企业销售收入的净获利情况,从而能更全面、完整地体现收入的获利能力。显然,营业利润率越高,说明企业主营业务的获利能力越强;反之,则获利能力减弱。

营业利润和主营业务收入是影响营业利润率的两大因素,其中,营业利润同方向影响营业利润率,主营业务收入则从反方向影响营业利润率。

3. 总资产收益率

总资产收益率也称总资产报酬率,是企业一定时期内实现的收益额与该时期企

业平均资产总额的比率。它是反映企业资产综合利用效果的指标,也是衡量企业总资产获利能力的重要指标。其计算公式如下:

$$总资产收益率 = \frac{收入总额}{平均资产总额} \times 100\%$$

其中,收入总额=税后利润+利息+所得税。

$$平均资产总额 = \frac{期初资产总额 + 期末资产总额}{2}$$

总资产收益率指标集中体现了资产运用效率和资金利用效果之间的关系。在企业资产总额一定的情况下,利用总资产收益率指标可以分析企业盈利的稳定性和持久性,确定企业所面临的风险。同时还可以反映企业综合经营管理水平的高低。

影响总资产收益率的因素包括两类:息税前利润额及资产平均占用额。

(1)息税前利润额。息税前利润额是总资产收益率的正影响因素。在息税前利润总额中,其构成因素包含营业利润总额、投资收益额和营业外收支净额三部分,其中起决定性影响作用的无疑是营业利润总额。

(2)资产平均占用总额。资产平均占用总额是总资产收益率的负影响因素。在分析资产占用额对总资产收益率的影响时,不仅应注意尽可能降低资产占用额,提高资产运用效率,还应该重视资产结构的影响,合理安排资产构成,优化资产结构。

值得注意的是:仅仅分析企业某一个年度的总资产收益率不足以对企业的资产管理状况做出全面的评价,因为利润总额中可能包含着非经常或非正常的因素,因此,我们通常应进行连续几年(如5年)的总资产收益率的比较分析,对其变动趋势进行判断,才能取得相对准确的信息。在此基础上再进行同业比较分析,有利于提高分析结论的准确性。

(二)资产运用效率指标

资产运用效率,是指资产利用的有效性和充分性。资产运用效率评价的财务比率是资产周转率,其一般公式为:

$$资产周转率 = \frac{周转额}{资产}$$

资产周转率可以分为总资产周转率,分类资产周转率(流动资产周转率和固定资产周转率)和单项资产周转率(应收账款周转率和存货周转率等)三类。

1. 总资产周转率

总资产周转率是指企业一定时期的主营业务收入与总资产平均余额的比率,它说明企业的总资产在一定时期内(通常为一年)周转的次数。其计算公式如下:

$$总资产周转率 = \frac{主营业务收入}{总资产平均余额}$$

其中,总资产平均余额=$\dfrac{\text{期初总资产}+\text{期末总资产}}{2}$。

总资产周转率反映了企业的总资产在一定时期内实现的主营业务收入的多少。总资产周转率越高,周转次数越多,表明总资产运用效率越好,其结果将使企业的偿债能力和盈利能力增强。反之,则表明企业利用全部资产进行经营活动的能力差,效率低,最终还将影响企业的盈利能力。如果企业总资产周转率长期处于较低的状态,企业则应采取适当措施提高各项资产的利用程度,对那些确实无法提高利用率的多余、闲置资产应及时进行处理,提高总资产周转率。

总资产周转率也可用周转天数表示,其计算公式为:

$$\text{总资产周转天数} = \dfrac{\text{计算期天数}}{\text{总资产周转率}}$$

【例 9-7】 某公司 2016 年的主营业务收入为 509 111 万元,其年初资产总额为 680 000 万元,年末资产总额为 618 000 万元,该公司总资产周转率计算如下:

$$\text{总资产周转率} = \dfrac{509\,111}{(680\,000 + 618\,000) \div 2} = 0.784\,4$$

$$\text{总资产周转天数} = \dfrac{360}{0.784\,4} = 459(\text{天})$$

该公司的总资产周转率为 0.784 4 次,平均约 459 天周转一次。该指标数值意味着什么,还应结合该公司指标值的变动情况,或与行业平均水平相比较,才能加以说明。如果该行业的平均周转次数为 2 次,则该公司的状况令人堪忧;反之,若行业平均的资产周转率为 0.5 次,该公司的总资产周转率就是一个很好的数字,它表明该公司总资产的运用效果不错。

2. 分类资产周转率

(1) 流动资产周转率

流动资产周转率是指企业一定时期的主营业务收入与流动资产平均余额的比率,即企业流动资产在一定时期内(通常为一年)周转的次数。流动资产周转率是反映企业流动资产运用效率的指标。其计算公式如下:

$$\text{流动资产周转率} = \dfrac{\text{主营业务收入}}{\text{流动资产平均余额}}$$

其中,流动资产平均余额=$\dfrac{\text{期初流动资产}+\text{期末流动资产}}{2}$。

流动资产周转率指标不仅反映流动资产运用效率,同时也影响着企业的盈利水平。企业流动资产周转率越快,周转次数越多,表明企业以相同的流动资产占用实现的主营业务收入越多,说明企业流动资产的运用效率越好,进而使企业的偿债能力和盈利能力均得以增强。

(2) 固定资产周转率

固定资产周转率是指企业一定时期的主营业务收入与固定资产平均余额的比率。它是反映企业固定资产周转状况,衡量固定资产运用效率的指标。其计算公式为：

$$固定资产周转率 = \frac{主营业务收入}{固定资产平均余额}$$

其中,$固定资产平均余额 = \frac{期初固定资产 + 期末固定资产}{2}$。

固定资产周转率越高,表明企业固定资产利用越充分,说明企业固定资产投资得当,固定资产结构分布合理,能够较充分地发挥固定资产的使用效率,使企业的经营活动越有效。

3. 单项资产周转率

单项资产的周转率是指根据资产负债表左方项目分别计算的资产周转率。其中最重要和最常用的是应收账款周转率和存货周转率。

(1) 应收账款周转率

应收账款周转率是指企业一定时期的主营业务收入与应收账款平均余额的比值,它意味着企业的应收账款在一定时期内(通常为一年)周转的次数。应收账款周转率是反映企业的应收账款运用效率的指标。其计算公式如下：

$$应收账款周转率(次数) = \frac{主营业务收入}{应收账款平均余额}$$

其中,$应收账款平均余额 = \frac{期初应收账款 + 期末应收账款}{2}$。

一定时期内,企业的应收账款周转率越高,周转次数越多,表明企业应收账款回收速度越快,企业应收账款的管理效率越高,资产流动性越强,短期偿债能力越强。

(2) 存货周转率 存货周转率一般以成本为基础进行计算。计算公式为：

$$存货周转率(次数) = \frac{主营业务成本}{存货平均净额}$$

其中,$存货平均净额 = \frac{期初存货净额 + 期末存货净额}{2}$。

以成本为基础的存货周转率,可以更切合实际地表现存货的周转状况。

值得注意的是,不同报表使用者对于资产运用效率的使用目的各不相同。股东通过资产运用效率分析,有助于判断企业财务安全性及资产的收益能力,以进行相应的投资决策;债权人通过资产运用效率分析,有助于判明其债权的物质保障程度或其安全性,从而进行相应的信用决策;管理者通过资产运用效率的分析,可以发现闲置资产和利用不充分的资产,从而处理闲置资产以节约资金,或提高资产利用效率以改善经营业绩。

三、企业偿债能力指标可从短期偿债能力和长期偿债能力两方面进行分析

(一) 短期偿债能力的指标

短期偿债能力是指企业用流动资产偿还流动负债的现金保障程度。一个企业的短期偿债能力大小,要看流动资产和流动负债的多少和质量状况。主要指标有:

1. 流动比率

流动比率是流动资产与流动负债的比值,反映企业短期偿债能力的强弱。流动比率越高,企业的偿债能力越强,债权人利益的安全程度也越高。计算公式为:

$$流动比率 = \frac{流动资产}{流动负债}$$

【例 9-8】 某公司 2016 年年末的流动资产为 177 995 万元,流动负债为 111 439 万元,则:

$$2016 年年末流动比率 = \frac{177\ 995}{111\ 439} = 1.60$$

计算结果表明,该公司每一元流动负债有 1.60 元的流动资产作保障。这个计算结果低于公认的流动比率的标准值 2。这是否说明该公司的短期偿债能力很差,我们还不能过早地下结论。应结合该行业的平均值及该公司指标值的变动情况进行比较,才能加以说明。如果该行业的流动比率平均值为 1.8,说明该公司的短期偿债能力较差;反之,如果该行业的流动比率平均值为 1.5,说明该公司的短期偿债能力较好。

一般认为,流动比率若达到 2 时,是最令人满意的。若流动比率过低,企业可能面临着到期偿还不了债务的困难;若流动比率过高,又意味着企业持有较多的不能赢利的闲置流动资产。流动比率虽然能较好地反映短期偿债能力,但其局限性不可忽视,一方面,由于流动比率是一个静态指标,只表明在某一时点每一元流动负债的保障程度,因此只有债务的出现与资产的周转完全均匀发生时,流动比率才能正确反映偿债能力;另一方面,流动资产的变现能力与其周转性有关,因此对流动比率的评价应与流动资产的周转情况相结合。企业使用这一指标评价企业流动指标时,应同时结合企业的具体情况进行分析。

2. 速动比率

速动比率是速动资产与流动负债的比值。所谓速动资产是流动资产扣除存货后的数额,速动比率的内涵是每一元流动负债有多少元速动资产作保障。该指标越高,表明企业偿还流动负债的能力越强。速动比率的计算公式为:

$$速动比率 = \frac{流动资产 - 存货}{流动负债} \times 100\%$$

【例 9-9】 如某公司报表所示:2016 年年末的流动资产为 177 995 万元,其中存货为 60 013 万元,流动负债为 111 439 万元。该公司速动比率的计算如下:

$$速动比率 = \frac{177\ 995 - 60\ 013}{111\ 439} \times 100\% = 106\%$$

一般认为,速动比率为 50% 比较合适。对于过高的速动比率,还应做具体的分析,主要有两种情况:一是企业应收债权中存在着无法回收的不良债权,这时企业高速动比率就是一种虚假现象;二是如果速动比率过高,也可能说明企业生产过程的资金周转不力。

计算速动比率时,要特别注意的是,由于资产中包含了流动性较差的应收账款,使速动比率所反映的偿债能力受到怀疑。特别是当速动资产中含有大量不良应收账款时,必然会减弱企业的短期偿债能力。

3. 保守的速动比率

在计算速动比率时,扣除存货以外,还可以从流动资产中去掉其他一些可能与当期现金流量无关的项目(如待摊费用等)再计算更进一步的变现能力。如采用国际上较为流行的保守速动比率,所谓保守速动比率是指保守速动资产与流动负债的比值,保守速动资产一般是指货币资金、短期证券投资净额和应收账款净额的总和。其计算公式如下:

$$保守速动比率 = \frac{货币资金 + 短期证券投资净额 + 应收账款净额}{流动负债}$$

【例 9-10】 如某公司 2016 年度报表所示:年末货币资金为 27 558 万元,短期证券投资净额为 2 万元,应收账款净额为 70 976 万元,流动负债为 111 439 万元,该公司保守速动比率为:

$$保守速动比率 = \frac{27\ 558 + 2 + 70\ 976}{111\ 439} = 0.88$$

该企业保守速动比率是高是低,要结合该企业的历史资料和行业平均水平来判断。当然,各行业可以根据自身的经营特点,确定计算保守速动比率中包括的具体项目,只要能说明问题并反映实际情况,就可以作为反映行业特点的内部评价指标。

(二) 长期偿债能力的指标

长期偿债能力是企业偿还长期债务的现金保障程度。企业的长期债务是指偿还期在 1 年或者超过 1 年的一个营业周期以上的负债。其主要指标有:

1. 资产负债率

资产负债率是全部负债总额除以全部资产总额的百分比,也就是负债总额与资

产总额的比例关系,也称之为债务比率。资产负债率是衡量企业负债水平及风险程度的重要标志。资产负债率的计算公式如下:

$$资产负债率 = \frac{负债总额}{资产总额} \times 100\%$$

一般认为,资产负债率的适宜水平是40%~60%。对于经营风险比较高的企业,为减少财务风险应选择比较低的资产负债率;对于经营风险低的企业,为增加股东收益应选择比较高的资产负债率。

2. 产权比率

产权比率是负债总额与股东权益总额之间的比率,也称之为债务股权比率。它也是衡量企业长期偿债能力的指标之一。其计算公式如下:

$$产权比率 = \frac{负债总额}{所有者权益总额} \times 100\%$$

公式中的"所有者权益"在股份有限公司是指"股东权益"。

产权比率与资产负债率都是用于衡量长期偿债能力的,具有相同的经济意义。产权比率只是资产负债率的另一种表示方法,产权比率的分析方法与资产负债率分析类似。资产负债率分析中应注意的问题,在产权比率分析中也应引起注意。

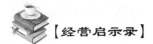

【经营启示录】

一套传奇的西服

在城里,提起"福记西服",是无人不知、无人不晓。

20多年来,"福记"始终是那块老招牌。朱老板也总是那个笑容,挺着啤酒肚,站在店门口盯着每个过客的西装,上下打量。

看到剪裁高明的,朱老板一定主动赞美:"这位先生,你的西服在哪儿做的?真高明!"

遇到水平一般的剪裁,朱老板也很厚道,即使对方请他品评,他也只是笑笑:"还不错!还不错!"

不知是否就因为朱老板会做人,所以生意兴隆,20年不坠。

有人眼红,在旁边也开了几家缝纫店,都抢不过朱老板。

其实,"福记西服"的价钱并不便宜,式样也不算新潮,甚至可以说朱老板虽然和蔼,做生意却有点怪。

譬如有人自己拿布料上门,请朱老板剪裁,料子太差的,朱老板一定拒收;顾客要求特别的花样,朱老板也难得接受。算算,这推出去的生意还真不少。妙的是,每个"福记西服"的员工,都跟朱老板有同样的坚持,甚至出去开了分店,仍然秉持朱老板的原则。据说他们都是在看到朱老板的一件法宝之后,就成了忠实的信徒。

那"法宝"是一件西服上装。

"这是我早年在上海开业时做的。"朱老板总是指着那套衣服说,"有一天来了位顾客,拿着料子,要我为他剪裁,我一看布料,说:'这料子太差了,只怕不值得吧?'顾客回答:'你只管赚工钱就成了,管什么料子?'我心想也对,就接了。"朱老板解开那件衣服的扣子,叹口气,"接着,那顾客又要我把扣子和扣眼缝成不一样高。我笑说,那不是太滑稽了吗?顾客还是那句话:'你照做,只管赚工钱就成了!'我再想,只要他给钱,有什么问题?就答应了。"

朱老板眼睛一瞪,目射寒光,"没多久,对门开了一家西服店把我的生意全抢了。只要有客人去,那店老板就会拿出一套衣服给他看,让对方摸摸布料,看看扣子,再翻翻领子里钉的商标,那是我的商标啊!"

停了半晌,朱老板举起手上的西装:"我不得不关门大吉了。临走,我到对面那家店,拜访了他们老板,正是来我这儿做西装的那个客人。我说:'我要走了,再也不回上海混,唯一的请求是,能不能让我买回自己做的那套西服?'他给了,就是我现在手里这套。末了,他对我说:'年轻人,钱固然重要,原则却更重要啊!'"

几十年来,这套衣服一直挂在"福记"的柜子里,每个店员打开柜门拿东西时都能看到。

【经营启示】

失败的营销往往就输在蝇头小利了,但事实上,与信誉相比,眼前的、短期的利益显得非常次要。

单 元 实 训

学生: 赢利企业会破产吗?

老师: 所谓赢利,一般是指所计算出的利润指标显示为正。但从财务损益核算的角度来讲,只要产品卖出去了,收入就形成了;只要机器开动,支出就发生了,而不管实际上是否有无现金流入或流出。因此,会计报表上的销售收入不一定是现金收入,支出不一定是现金支出,利润数额也就不一定是实际的现金净流入。因而,会出现账面上赢利,企业没有现金可用,或无钱支付到期款项,情况严重时,会导致企业破产倒闭,即"赢利破产"。可见,由于损益核算指标与现金实际收付不一致的缘故,赢利企业也可能破产。

学生: 良好的指标分析是否可以取代经理层?

老师: 指标分析可以反映各项经营活动的执行情况,发现问题,却不能告诉人们如何解决这些问题,这些工作需要经理人员来完成。如 Lord Weinstock 是一位颇有影响的实业家,他长期管理着英国通用电气公司(GEC PLC),很看重用财务比率来评价公司业绩,进而管理公司,特别重视与营业成本、应收账款、利润和存货有关的比率指标。但在 Lord Weinstock 为英国通用电气公司(GEC PLC)经理人员所写的备忘录中指出:财务比率只能帮助而不能替代优秀的管理层。因此,良好的指标分析并不能取代经理层。

学生:企业经营活动的效益指标分析从哪些方面展开?

老师:企业经营活动的效益指标分析可以从不同的方面展开分析,主要包含三个方面:一是企业盈利能力,二是资产使用效率,三是偿债能力。这三个方面分别使用不同的指标来评价企业相应的效益能力。

学生:速动比率的计算公式中为什么要将存货从流动资产中扣除?

老师:计算速动比率时,从流动资产中扣除存货,是因为速动比率是用来进一步揭示企业短期偿债能力的,而存货在流动资产中变现速度较慢,有些存货可能滞销,无法变现。

读一读

财务分析之"七忌"

财务分析要达到重点突出、说明清楚、报送及时、预测准确、措施得力的目的,进入财务工作"灵魂"之境界,充分发挥其诊断企业的"听诊器";观察企业运行状况的"显微镜"之功能,必须"七忌"。

一忌面面俱到,泛泛而谈

财务分析重在揭露问题,查找原因,提出建议。所以分析内容应当突出当期财务情况的重点,抓住问题的本质,找出影响当期指标变动的主要因素,重点剖析变化较大指标的主、客观原因。这样才能客观、正确地评价、分析企业的当期财务情况,预测企业发展走势,针对性地提出整改建议和措施。那种面面俱到,胡子眉毛一把抓的做法势必是"盲人骑瞎马",写出的财务分析要么是笔墨不痛不痒;要么是罗列现象不知所云的流水账;充其量也只能是浮光掠影似的情况简介,这样文牍似的财务分析对企业挖潜堵漏、完善管理没有丝毫价值。

二忌千篇一律,文章格式化

每一个时期的财务分析无论是形式和内容都应有自己的特色。内容上突出重点、有的放矢,形式上灵活、新颖、多样,是财务分析具有强大生命力的首要条件。形式呆板,千篇一律,甚至抽换上期指标数据搞"填空题"似的八股文章,是财务分析之大忌。

财务分析本来就专业性强,形式上的呆板、内容上的千篇一律,其可读性必然弱化,久而久之财务分析势必变成可有可无的东西。要焕发财务分析的生机和活力,充分发挥其为领导决策当好参谋的职能,财务分析无论是内容和形式都要求新、求实。从标题上就不能只拘泥于"×××单位××季(月)财务分析"这种单一的格式,可灵活地采用一些浓缩对偶句对当期财务状况进行概括作为主标题,也可引用一些贴切的古诗来表述,使主题精练,一目了然。在表述手法上,可采用条文式叙述,也可穿插表格说明;可三段式(概况、分析、建议),也可边分析、边建议、边整改;分析既可纵向对比,也可横向比较。总之财务分析不应拘泥于一个模式搞"万马齐喑"。

三忌只是数字的堆砌罗列,没有活情况说明

要分析指标变化,难免没有数字的对比,但若仅停留于罗列指标的增减变化,局限于会计报表的数字对比,就数字论数字,摆不出具体情况,谈不清影响差异的原因,这样的财务分析只能是财务指标变动说明书或者说是财务指标检查表的翻版。这种空洞无物、枯燥死板的"分析"肯定不会受欢迎。

只有把"死数据"与"活情况"充分结合,做到指标增减有"数据",说明分析有"情况",彼此相互印证、补充,财务分析才有说服力、可信度,逻辑性才强,可操作性才大。

四忌浅尝辄止,停留于表面现象

我们知道,往往表面良好的指标后面隐藏着个别严重的缺点、漏洞和隐患,或若干难能可贵的某些优点被某些缺点所冲淡。这就要求我们既不要被表面现象所迷惑,又不要就事论事;而要善于深入调查研究,善于捕捉事物发展变化偶然中的必然,抱着客观的姿态,克服"先入为主"的思想,通过大量的详细资料反复推敲、印证,去粗取精、去伪存真地加工、分析,才会得出对企业财务状况客观、公正的评价。如,仅指标的对比口径上,就要深入调查核实,换算其计价、标准、时间、构成、内容等是否具有可比性。没有可比性的指标之间的对比,只能扭曲事物的本来面目,令人误入歧途。

五忌报喜不报忧

真实、准确、客观是财务分析的生命。要诊断、观察企业经济运行状况,维护企业整体健康运行,就应敢于揭短,敢于曝光,才不会贻误病情,才能对症下药。所以财务分析既要肯定成绩,又要揭露企业中存在的问题;既要探寻影响当期财务情况变化的客观因素,更要侧重找出影响当期财务情况变化的主观原因。实事求是,客观全面地分析,才能有的放矢,扬长避短,兴利除弊,努力为企业的挖潜堵漏、开源节流服务。

六忌上报不及时

财务分析是企业领导了解企业财务状况,同时也是企业财务人员参与企业管理,提出合理化建议的最有效途径,其指导性的价值就在于其时效性。企业经济信息瞬息万变,时过境迁的财务分析对企业改善经营管理的作用将大打折扣。财务分析的上报应与会计报表上报同步,并形成制度化。

七忌专业味太浓

财务分析主要是服务于企业内部经济管理的改善,经济运行质量的提高,为领导当参谋,让群众明家底的手段。所以财务分析应尽量淡化专业味,少用专业术语,多用大众词汇,力戒矫揉造作、莫测高深;做到直截了当、简明扼要、通俗易懂。

资料来源:中华会计网校 http://www.chinaacc.com

想一想

【案例一】　　　　　　　　**金融海啸中的巨额离职费**

据美国媒体报道,2008年美国次贷危机造成美国金融体系近乎崩溃。然而,就在华尔街金融海啸当中一个个金融公司接连垮掉,员工丢掉饭碗的同时,这些公司的高管却带着"黄金降落伞 Golden Parachute"离开——获得数以千万美元计的巨额离职费。这是因为公司高管在上任之初就与企业就未来被迫离职时的遣散费做好了约定。随着华尔街危机的蔓延,这些破产企业高管的天价报酬激起了众怒。美国财长保尔森表示将"支持限制金融机构高管薪资,以化解国会议员的疑虑"。华尔街的明星高管们多年来享尽无限风光。来看看倒下的华尔街的 CEO 们:上任不到一年的美林公司前 CEO 赛恩能得到至少 970 万美元的离职金,贝尔斯登前 CEO 吉米·凯恩离职时带走了 6 130 万美元。"失败"对企业来说是破产,对员工来说是失业,但对这些 CEO 们来说,则是"全身而退"加"巨额离职补偿金"。原先为阻止恶意购并的"毒丸"设计(黄金降落伞),此时却因为与企业获利脱钩,导致华尔街的 CEO 们肆无忌惮地高杠杆扩张信用,膨胀风险,即便企业倒闭,也可安然无恙领取巨额补偿并全身而退,此一制度最终导致此次蔓延全球的金融海啸(Financial Crisis)。

濒临倒闭的美国 AIG 集团在获得美国政府的 850 亿美元解困后,全体高管集体赴加利福尼亚州豪华海滩度假胜地疗养,花费超过 44 万美元;布什政府虽然强烈抨击,但依然又拨出 378 亿美元解困,这已经证明,美国政府其实已经被这些"金融海啸"的祸首们"绑架"了(只给钱解困,没有要求 AIG 的高管必须达成何种指标)。

从此次华尔街的金融海啸发生的原因来看,有人说是金融衍生商品泛滥所惹的祸,但更重要的是未能形成有效的企业经营活动评价指标体系,这些 CEO 们的收益与企业获利脱钩。

资料来源:http://blog.sina.com.cn/raodaotw

【案例思考】

(1) 金融海啸的巨额离职费与企业经营活动评价失效是否有关?

(2) 企业应如何完善企业经营活动评价?

【案例二】　　　　　　　　**华能集团经营指标考核**

华能集团资产经营指标考核制度的基本要点有:考核对象、考核指标、考核方法、考核结果与奖惩、考核办法的实施。

一、考核对象

在华能集团的各类企业中,由集团公司进行资产经营考核的是集团公司全资、控股的一级子公司,包括三类企业:一是集团公司直接投资和管理的全资企业,包括集团成员公司、地方实业公司和其他全资子公司;二是股东会授权由华能集团公司直接管理的控股子公司,包括控股成员公司、发电企业和其他控股企业;三是集团公司的各地分公司和办事处。分公司和办事处都授权管理当地一些华能企业,这些授权管理企业的资产总和就是集团公司对分公司、办事处实行资产经营考核的对象。

在上述考核对象中,由分公司负责管理的企业,集团公司通过分公司进行分级考核,即首先由分公司汇总所管企业的指标,集团公司统一考核分公司,然后由分公司根据集团公司的考核结论和考核原则,再反馈考核所管企业。对集团公司直管的全资子公司,集团公司直接下达指标并确定考核结果;对集团公司的控股子公司,由集团公司对考核指标和考核结果提出建议方案,最后由股东会或董事会通过和确认。

二、考核指标

1997年以后,华能集团针对电力企业、非电企业和分公司(办事处)三种企业形态,设置了不同的考核指标。电厂类企业的指标是:利润总额、发电量、电厂归还贷款、安全生产。非电公司的指标是:利润总额、净利润、净资产收益率、总资产报酬率、归还集团公司贷款、年末借贷余额、上缴利润。分公司(管电分支机构)的指标是:电力部分(同电力类企业指标)、非电部分(同非电力公司指标)。

其中,净资产收益率 $=\dfrac{\text{税后净利润}}{\text{平均净资产}}\times 100\%$

总资产报酬率 $=\dfrac{\text{利润总额}+\text{利息支出}}{\text{平均资产总额}}\times 100\%$

需要解释的是,电力企业之所以不直接使用资产收益率指标,是因为电力项目目前尚不能完全自主经营决策,与电价、电量政策有关,而且电力资产流动性极差,一个电厂一旦投资建设,其固定成本就确定下来了。

三、考核方法

考核指标分为记分指标和扣分指标两类,经济效益指标为记分指标,设基本分100分,其中净资产收益率基本分为60分,总资产报酬率基本分为40分。经营结果完成指标时得基本分,超过指标时加分,完不成指标时扣分。归还贷款、上缴利润和重点工作为扣分指标,完成指标不扣分,完不成指标按比例扣分。

四、考核结果与奖惩

目前,华能实行岗位效益工资制度,年度资产经营考核结果调控当年效益业绩工资额,其中包括两项,即各公司全年效益业绩工资的发放额和各公司总经理全年效益业绩工资总额。

对各公司工资总额的确定办法是:根据华能现行的工资制度,当公司资产经营考核总得分为100分时,公司全年效益业绩工资为核定工资总额的50%;超额完成考核指标的,考核总得分每超过1分,效益业绩工资占工资总额的比例增加0.5个百分点;未完成考核指标的,每减少1分,减少0.5个百分点。

对公司总经理年度效益工资的确定办法是:按集团公司考核制度规定,各公司资产经营考核结果按得分划为四个档次:超额完成指标的公司,其总经理全年效益业绩工资为本单位职工效益业绩工资平均数额的2.5~2.8倍;全面完成指标的公司,其总经理全年效益业绩工资为本单位职工效益业绩工资平均数额的2~2.5倍;未完成指标但未出现亏损的公司,其总经理全年效益业绩工资为本单位职工效益业绩平均工资数额的1.3~1.8倍。

由于经营不善造成亏损的公司,其总经理全年效益业绩工资不超过本单位职工效益业绩工资的平均数。

五、考核办法的实施

每年年初,被考核单位向集团公司上报本公司当年各项指标的计划值,由集团公司财务部汇总,会同其他有关部门分别核定,集团公司统一下达。年终,被考核单位向集团公司上报本公司全年各项指标的实际完成情况,由集团公司财务部会同其他有关部门审查确认。财务部以其财务决算为依据对财务指标进行审核计分;电力生产经营部对分公司(办事处)的电量、资金回收指标以及电厂的考核指标进行审核、计分;重点工作由总经理部考核计分。财务部根据确认的指标计算考核得分,报集团公司批准。人事部根据考核结果确定应发效益业绩工资数额。

集团公司各分公司(办事处)对由其管理的实业公司和其他全资、控股企业的资产经营指标进行汇总,集团公司对汇总指标进行考核后,再由各分公司(办事处)考核所汇总的公司。

控股成员公司和控股电力公司及其他列入考核范围的控股企业,由股东会或董事会参照集团公司的资产经营考核办法对企业进行考核。工资关系纳入华能系统管理的控股企业,其考核标准和考核结果由集团公司提出建议,由股东会或董事会确定。

华能集团业绩评价体系的优劣表现为:

1. 华能集团考核指标设计简单可行。首先,对考核对象分类分级,考核对象特点不同,划分不同的责任层次和责任中心。其次,华能考核指标设计是多元的,有财务效益的考核,也有经营过程的指标,还有重点工作的考核。考虑了一般和特殊的结合。再者,华能的考核指标不是按照国有资本金的考核细则设置多层指标,而是在企业不同目标方面选择一到两个核心指标作为评价指标进行考核,简单易行。

2. 实现了定量分析与主观判断的结合,有效克服了单纯定量分析或主观判断的局限性,使分析评价更趋科学、准确。

3. 考核指标的评价方法和奖惩方法直接挂钩,年度资产经营考核结果直接调控当年效益业绩工资额,使员工的切身利益与企业的价值增加成正比例变动,调动了员工的积极性。

4. 当然,有利必然有弊。考核指标的简化便于各子公司和分公司的理解和执行,但考核指标的制订只到子公司这一层次,只适用于对子公司这一责任中心的年度综合评价,无法作为其执行过程中的动态评价和监控。例如,上缴利润是一个结果指标,集团公司无法在年度中了解利润的实现和计划的预期完成情况,无从控制利润实现的过程,指标的分解仍然过于粗放。如果管理体系可以进一步精细化,推行全面预算管理系统,就可以变综合业绩评价为动态业绩评价,如果再结合企业信息自动化系统的控制,就可以变动态业绩评价为实时业绩评价,换言之,就是实时控制。

5. 作为出资者的集团总部,把子公司"实现利润"或"上缴利润"作为业绩评价的重心是无可非议的,但是该集团所选用的指标几乎没有资产营运状况和偿债能力状况的评价指标是不恰当的。

华能集团业绩考核制度经历了三个发展阶段:

第一个阶段是"目标系统"阶段(1989—1991)。在这一阶段,考核指标主要是一些绝对量,如主要产品产出单位、完工百分比、利润、还贷和管理费等。这个系统的主要缺陷是,没有对投资效果进行考核,从而使得子公司投资失控。

第二个阶段是"以合同为基础的管理责任系统"阶段(1992—1996)。该系统除了利润指标外,还增加了一些反映经营效率方面的指标,如净资产收益率、净资产增加值、偿还母公司贷款和利润上交等指标。但是,这一系统的问题是,不同子公司具有不同的获利水平,使用统一的标准不能达到考核经营效率的目的。同时,该系统也没有考虑对过程的监控。

第三个阶段是"业绩考核制度"阶段(自1997年以来)。为了考察投资效益,同时考虑到不同产业的差异,华能集团在1997年把以合同为基础的管理责任系统改为业绩考核制度。华能集团还调整了考核指标,以反映经营效率和过程控制,如采用了净资产收益率及其他比率。同时,为了体现债务风险和偿债能力,以及改变华能集团存在的高负债现象,华能集团用总资产收益率代替净资产增加值。随着改革的深入,华能集团的电力生产子公司成为自主经营的企业。对于电力生产子公司,新系统强调对生产过程的控制,采用了电力产出、利润、贷款偿还和安全措施等指标。对于那些主要从事对能源公司进行管理的分支机构,则使用了利润和净资产收益率等指标。

资料来源:http://wenku.baidu.com/view/53ed31eb856a561252d36fc9.html

【案例思考】

(1) 华能集团经营指标评价制度有哪些优点和缺点?

(2) 华能集团应如何完善企业经营活动评价?

一、单选题

1. 某企业全部市场占有率为30%,其最大的三个竞争者的全部市场占有率分别为30%、20%、10%,则该企业的相对市场占有率为( )。

    A. 30%   B. 40%   C. 50%   D. 60%

2. 某产品市场销售增长率为负数,一般情况下该产品处于市场生命周期的( )。

  A. 导入期   B. 成长期   C. 成熟期   D. 衰退期

3. 某产品的销售单价是180元,单位成本是120元,本月实现销售2 500件,则本月实现的毛利额为( )元。

  A. 300 000   B. 450 000   C. 750 000   D. 150 000

4. 从营业利润率的计算公式可知,当主营业务收入一定时,营业利润越大,营业利润率越( )。

  A. 高   B. 低   C. 小   D. 无关

5. 某企业期初资产总额为1 000万元,期末资产总额为1 200万元,则其平均资产总额为( )。

  A. 1 000万元   B. 1 200万元   C. 1 100万元   D. 2 200万元

6. 某企业2004年末流动资产为200万元,其中存货120万元,应收账款净额20万元,流动负债100万元,计算的速动比率为( )。

  A. 2   B. 0.8   C. 0.6   D. 0.5

7. 某企业的流动资产为360 000元,长期资产为4 800 000元,流动负债为205 000元,长期负债为780 000元,则可计算出资产负债率为( )。

  A. 15.12%   B. 19.09%   C. 16.25%   D. 20.52%

8. 从理论上讲,计算应收账款周转率时应使用的收入指标是( )。

  A. 主营业务收入   B. 赊销净额   C. 销售收入   D. 营业利润

9. 正大公司2004年年末资产总额为1 650 000元,负债总额为1 023 000元,计算产权比率为( )。

  A. 0.62   B. 0.61   C. 0.38   D. 1.63

10. 资产运用效率,包括资产利用的有效性和( )。

  A. 完整性   B. 充分性   C. 真实性   D. 流动性

二、名词解释

1. 市场占有率
2. 产品市场销售增长率
3. 销售毛利率
4. 存货周转率
5. 流动比率
6. 速动比率

三、问答题

1. 简述相对市场占有率的含义并对该指标进行分析。
2. 营业利润率的比较分析通常有哪些分析方法?
3. 如何对过高的速动比率进行具体分析?

4. 简述应收账款周转率的含义并对该指标进行分析。
5. 资产运营效率主要包括哪些指标?

四、计算及分析题

某公司本年12月31日的资产负债表(单位:万元,下同)和年度的利润表如下:

资产负债表

编制单位:××公司　　　　　　　××年12月31日　　　　　　　　　　　单位:万元

资　　产	年末余额	年初余额	负债及所有者权益	年末余额	年初余额
流动资产:			流动负债:		
货币资金	250	362	短期借款	350	320
应收票据	120	183	应付票据	0	40
应收账款	650	790	应付账款	540	625
其他应收款	360	393	其他应付款	180	115
存货	1 020	1 472	应付职工薪酬	110	140
流动资产合计	2 400	3 200	未交税金	20	40
非流动资产:			应付股利	0	0
长期股权投资	150	150	流动负债合计	1 200	1 280
固定资产	1 400	1 320	非流动负债合计	600	1 250
在建工程	200	650	实收资本	2 000	2 000
无形资产	350	180	资本公积	190	313
非流动资产合计	2 100	2 300	盈余公积	218	263
			未分配利润	292	394
			所有者权益合计	2 700	2 970
资产合计	4 500	5 500	负债及所有者权益合计	4 500	5 500

利　润　表

编制单位:××公司　　　　　　　××年度　　　　　　　　　　　　　单位:万元

项　　目	本年金额	上年金额	项　　目	本年金额	上年金额
一、营业收入	7 615	8 629	二、营业利润	386	432
减:营业成本	6 600	7 476	加:营业外收入	44	35
营业税金及附加	50	63	减:营业外支出	20	17
销售费用	130	140	三、利润总额	410	450
管理费用	324	378	减:所得税费用	140	153
财务费用	125	140	四、净利润	270	297
加:投资收益	0	0			

本年其他财务数据如下:全年赊销为 5 400 万元,全年利息费用为 150 万元,本年向投资者分配利润 150 万元。已知企业所在行业有关财务指标的行业标准如下:流动比率=2,速动比率=1,资产负债率=50%,利息保障倍数=3.5 倍,存货周转率=9 次,应收账款周转率=6 次,总资产报酬率=8%,净资产收益率=12%,营业毛利率=18%。

要求:

1. 根据报表资料,分别计算该公司本年的盈利指标、资产运用效率指标及偿债能力指标。

2. 结合所给资料,进行比较分析,评价该公司经营活动及经营效益。

(本题改编自孔德兰. 企业财务管理. 北京:中国财政经济出版社,2009)

1. 通过互联网收集一份上市公司上年度的资产负债表及利润表。
2. 分组计算经营指标,评析该公司经营活动及经营绩效。
3. 针对该公司经营状况提出可能的改进措施。

参考文献

1. [美]科特勒. 市场营销教程. 北京：华夏出版社，2004.
2. [英]沙尔坦·克默尼. 大师论营销. 北京：华夏出版社，2005.
3. [美]斯蒂芬·P·罗宾斯. 管理学. 北京：中国人民大学出版社，1996.
4. [美]查尔斯·M·萨维奇. 第5代管理. 珠海：珠海出版社，1998.
5. 贾里斯·米勒. 国际企业经营面临的挑战与对策. 北京：中国对外经济贸易出版社，2002.
6. 彭好荣. 工商企业经营管理. 北京：经济管理出版社，1997.
7. 黄建军. STP营销. 北京：中国人民出版社，1998.
8. 李永生，郑文岭. 仓储与配送管理（第二版）. 北京：机械工业出版社，2008.
9. 徐烈成. 成功的经营管理案例. 北京：中国旅游出版社，1998.
10. 杨宗. 攻克沃尔玛——如何成为国际零售大鳄的供应商. 现代商务，2005(3).
11. 中国工业经济协会培训部人事部人事考试中心. 工业经济专业知识与实务. 北京：经济管理出版社，1998.
12. 王朝晖. 国际企业管理. 北京：机械工业出版社，2006.
13. 王坚平. 国际企业管理学. 北京：科学出版社，2000.
14. 张善轩. 国外著名企业营销案例评析. 广州：广东经济出版社，2002.
15. 李先国. 经营理论与实务. 香港：香港天马图书有限公司，2001.
16. 高湘一，高湘鸿，李晓荣. 跨国经营论：理论·策略·实务. 北京：新华出版社，1994.
17. 秦辉. 跨国经营与跨国公司. 杭州：浙江人民出版社，2005.
18. 徐小平. 企业经营管理. 哈尔滨：黑龙江出版社，1998.
19. 中国企业管理研究会《企业管理》编写组. 企业经营管理. 北京：经济科学出版社，2002.
20. 冯成华. 企业经营管理经典案例评点（决策卷）. 南宁：广西人民出版社，1996.
21. 赵晓瑛. 企业经营管理经典案例评点（项目开发卷）. 南宁：广西人民出版社，1996.
22. 肖刚. 现代企业经营决策学. 北京：中国经济出版社，2001.
23. 韩光军. 现代企业经营咨询. 北京：中央民族大学出版社，1997.
24. 戴建明. 现代商务. 北京：高等教育出版社，2002.
25. 李先国. 经营理论与实务. 香港：香港天马图书有限公司，2001.
26. 李永生，郑文岭. 仓储与配送管理（第二版）. 北京：机械工业出版社，2008.
27. 中国企业网 http://www.qiye.gov.cn/
28. 中国企业管理咨询网 http://www.consulitng-china.cn/
29. 管理资源网 http://www.m448.com/
30. 聪慧网企业管理 http://www.eco.hc360.com/